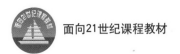 面向21世纪课程教材

赵敦华 著

A Brief History of Modern Western Philosophy

现代西方哲学新编

（第二版）

北京大学出版社
PEKING UNIVERSITY PRESS

图书在版编目(CIP)数据

现代西方哲学新编/赵敦华著.—2 版.—北京：北京大学出版社，2014.7
（博雅大学堂·哲学）
ISBN 978-7-301-24314-5

Ⅰ.①现… Ⅱ.①赵… Ⅲ.①西方哲学 Ⅳ.①B5

中国版本图书馆 CIP 数据核字(2014)第 118219 号

书　　名	现代西方哲学新编（第二版）
	XIANDAI XIFANG ZHEXUE XINBIAN
著作责任者	赵敦华　著
责任编辑	田　炜　张凤珠
标准书号	ISBN 978-7-301-24314-5
出版发行	北京大学出版社
地　　址	北京市海淀区成府路 205 号　100871
网　　址	http://www.pup.cn　新浪微博:@北京大学出版社
电子邮箱	编辑部 wsz@pup.cn　总编室 zpup@pup.cn
电　　话	邮购部 010-62752015　发行部 010-62750672
	编辑部 010-62752025
印 刷 者	三河市北燕印装有限公司
经 销 者	新华书店
	965 毫米×1300 毫米　16 开本　24.75 印张　386 千字
	2001 年 2 月第 1 版
	2014 年 7 月第 2 版　2024 年 5 月第 11 次印刷（总第 33 次印刷）
定　　价	65.00 元

未经许可，不得以任何方式复制或抄袭本书之部分或全部内容。
版权所有，侵权必究
举报电话：010-62752024　电子邮箱：fd@pup.cn
图书如有印装质量问题，请与出版部联系，电话：010-62756370

第二版序言

自从我1988年开始在北京大学讲授现代西方哲学,到2000年把多次讲课稿编修成《现代西方哲学新编》,再到13年后的今天修改这部教材,现代西方哲学在中国已从一棵树生成出一片树林。如果当年的讲课和教材是在那棵树上剪枝摘叶,那么现在则要在树林里漫步欣赏,摘取果实。近20年来现代西方哲学领域中新成果层出不穷,令人目不暇接,在浏览思考国内外新成果之余,原先打算在原有框架中增删修改部分内容的修订版在不经意间变成了一本新书。

第二版的结构、线索和内容与第一版不同。在结构上,第二版分四编,每编都有一个导言,说明本篇所阐述的时代背景、主要问题和基本倾向,各章内容之间的联系,发展线索和历史影响。在内容上,第二版用较多篇幅阐述重要哲学家的代表作,并增加了狄尔泰、布伦塔诺、利科等人的专节,删除了巴特尔、拉康等专节。

本书的主要工作有:第一,概要阐释现代西方哲学发展线索和主要派别、代表人物重要思想;第二,引导学生阅读原著,依据文本理解哲学。第二版增加了原著选读的分量。鉴于现代西方哲学的重要著作几乎都已被译为中文的学术进展,第二版的大多数引文取自中译本,只在行文和理解等方面有需要时才对少数引文作了必要改动,有改动处标明"参阅",请读者查阅原著或中译本,不要在学术著述中转引本教科书中的引文。

第二版涉及西方哲学史更多的背景知识,读者先要熟悉西方哲学史的知识,使用本书作教科书的学生需先修"西方哲学史"课程,学一点数理逻辑。

教科书的主要任务是传授成熟的知识,但现代西方哲学是一门相对年轻正在成长的学科,研究者在材料的取舍和组织、结构线索及是非评价等方面见仁见智,分歧较大。因此之故,国外写作19世纪后的哲学史多是国别史、流派史、专题史,系统性的教材很少,国内的现代西方哲学学科要求教材的系统性,已有不少成果,对本书很有益处。最后列明参考书目,恕不一一致谢。

  本人在《西方哲学简史》的"前言"中表明了"写有个性的西方哲学教科书"的意旨,本书是《西方哲学简史》的续编,继续突出前书的个性。本人自认为的个性有三点:依著解史,由博入约,清楚明白。本书的主要内容是对哲学家著作的解读,用简明扼要的解释贯通这些著作中的主要思想,用中国人言简意赅、喜闻乐见的表达,阐明西方哲学玄思奥博、艰深复杂的思想,旨在体常知变,知通统类。至于本书是否符合这个目标,读者自有判断,望不吝指教。责任编辑田炜、王晨玉为本书出版付出辛勤劳动,特此致谢。再次向第一版编辑张凤珠表示感谢!

赵敦华

2013 年 8 月 18 日于北京大学蓝旗营

目录

第二版序言/1
导论/1

第一编　黑格尔之后

第一章　非理性主义者/11

第一节　叔本华/11
　一、表象世界/12
　二、意志主义的本体论/14
　三、悲观主义的人生观及其出路/16

第二节　尼采/19
　一、文化批判的肇始/19
　二、重估一切价值/22
　三、虚无主义：从消极到积极/31

第三节　克尔凯郭尔/36
　一、生存的真理/36
　二、生存三领域/40
　三、恐惧与绝望/45

第四节　柏格森/47
　一、意识和绵延/48
　二、形象与世界/50
　三、生命之流与直觉主义/52
　四、封闭社会与开放社会/56

第二章　德国"精神科学"的哲学/60

第一节　新康德主义/61
　一、西南学派/62
　二、马堡学派/65
　三、卡西尔/67

第二节 狄尔泰/70
    一、自然科学与精神科学的划界/70
    二、描述和分析心理学/71
    三、精神科学的历史方法/73
    四、作为哲学认识论的解释学/75
第三节 布伦塔诺/77
    一、意向性理论/78
    二、真善美的现象学描述/80

第三章 实用主义/83
第一节 皮尔士/83
    一、探究信念的科学方法/84
    二、清楚思维的原则/87
    三、实效主义/89
    四、形而上学的纯化/90
第二节 詹姆斯/91
    一、实用主义的真理观/92
    二、彻底经验主义/94
    三、信仰的权利/97
第三节 杜 威/98
    一、工具主义/99
    二、实验主义/101
    三、发生学方法/104
    四、经验的自然主义/107

第二编 "哲学革命"

第四章 分析哲学的诞生/113
第一节 弗雷格/114
    一、命题函项/114
    二、逻辑实在论/116
    三、含义与指称/117
第二节 罗 素/119

一、外在关系说/119
　　　二、罗素悖论/121
　　　三、摹状词理论/123
　　　四、逻辑原子主义/125
　第三节　早期维特根斯坦/126
　　　一、世界的逻辑结构/127
　　　二、图式论/130
　　　三、语言的界限/132
　　　四、神秘主义/132
　第四节　维也纳学派/134
　　　一、证实原则/136
　　　二、物理语言和现象语言/138
　　　三、排拒形而上学/139
　　　四、伦理规范的意义问题/141
　　　五、对逻辑经验主义的批判反思/141

第五章　现象学运动/145
　第一节　胡塞尔/146
　　　一、心理主义批判/148
　　　二、意向性理论/149
　　　三、先验自我/155
　　　四、生活世界/159
　第二节　海德格尔/161
　　　一、现象学存在论/161
　　　二、基础存在论/164
　　　三、"此在"的历史性/171
　　　四、后期思想/174
　第三节　梅洛-庞蒂/177
　　　一、行为的结构/177
　　　二、现象学的方法/180
　　　三、身体—主体/181
　　　四、知觉世界/184

第三编　文化批判哲学

第六章　存在主义/197

第一节　萨　特/198
一、意识与自我意识的区分/198
二、自我意识与他人意识/200
三、自在与自为/202
四、绝对自由/204
五、存在主义的马克思主义/207

第二节　加　缪/209
一、荒谬问题/209
二、反抗的人/212

第三节　有神论的存在主义/213
一、马塞尔/213
二、雅斯贝尔斯/218

第七章　社会批判理论/225

第一节　战后的法兰克福学派/226
一、意识形态批判/226
二、"工具理性"批判/227
三、弗洛伊德的马克思主义/228

第二节　马尔库塞/230
一、理性辩证法/231
二、"爱欲"与人的解放/232
三、发达工业社会批判/233

第三节　哈贝马斯/236
一、危机与批判/236
二、社会科学的哲学/237
三、社会交往理论/238
四、商谈伦理学/240
五、后现代主义批判/241

第八章　结构主义和后结构主义 /245

第一节　列维-斯特劳斯 /246
一、人类学和哲学 /246
二、人类学的结构分析 /247
三、人是意指动物 /249

第二节　阿尔都塞 /251
一、反人道主义 /251
二、意识形态的下意识 /252
三、"认识论断裂" /253

第三节　福柯 /255
一、结构和解构 /256
二、疯癫与理性 /257
三、知识型 /258
四、政治解剖学 /262
五、"生命—权力"的历史流变 /265

第四节　德勒兹 /267
一、欲望—机器 /268
二、"欲望"与"革命" /270
三、游牧思想 /272

第五节　德里达 /274
一、逻各斯中心主义 /274
二、替补的逻辑 /275
三、哲学的边缘 /277
四、"延异"与"撒播" /280
五、解构的来源 /282

第九章　解释学 /284

第一节　伽达默尔 /285
一、哲学解释学 /285
二、有效历史 /287
三、语言和文本解释 /289
四、实践哲学 /291

第二节　保罗·利科/292
　　一、象征引起意义/293
　　二、信仰与理解的解释学循环/294
　　三、文本解释的自我理解/296

第四编　面对日常世界的英美哲学

第十章　日常语言分析哲学/303
第一节　后期维特根斯坦/303
　　一、"语言—游戏"/304
　　二、家族相似/307
　　三、"遵守规则"的悖论/309
　　四、"治疗型"哲学/312
第二节　牛津学派/314
　　一、赖　尔/314
　　二、奥斯汀/316
　　三、斯特劳森/318

第十一章　分析的实用主义/322
第一节　蒯　因/322
　　一、"本体论承诺"/323
　　二、自然主义/323
　　三、整体主义的句子系统/325
　　四、译不准定理/326
第二节　实在与真理/327
　　一、克里普克/327
　　二、戴维森/329
　　三、达米特/334
　　四、普特南/336
第三节　罗　蒂/338
　　一、"心灵之镜"的笛卡尔—康德模式/339
　　二、分析哲学的自我消亡/340
　　三、后哲学的文化/341

第十二章　英美科学哲学和政治哲学/343

第一节　卡尔·波普尔/344
一、证伪主义/344
二、三个世界/347
三、历史主义批判/349

第二节　社会历史学派/351
一、库　恩/352
二、拉卡托斯/354
三、费耶阿本德/356
四、后现代科学哲学/359

第三节　自由主义/360
一、自由主义的困境/361
二、罗尔斯的正义论/363
三、诺齐克的资格正义论/367

第四节　社群主义/371
一、麦金太尔的"德性伦理"/372
二、泰勒的"现代性之隐忧"/374
三、桑德尔的"自由主义局限"/376

插叙　罗尔斯的回应/379

参考文献/382

导 论

一、为什么以黑格尔划界？

"现代西方哲学"可谓一门典型的"中国特色"学科。西方人所说的"现代哲学"开始于17世纪,西文中没有与中文"近代"相对应的单词,中国人所说的"近代西方哲学"相当于西方人所说的"早期现代哲学"(early modern philosophy),而中国人所说的"现代西方哲学"相当于西方人所说的"晚期现代哲学"(late modern philosophy),但西方人一般不用这个词组,因为歧义太大,以至于早到18世纪启蒙,晚到二战结束的1945年,都可以被不同人等视为"晚期现代哲学"的开端。与中国人所说的"现代西方哲学"相接近的西文术语是 contemporary western philosophy(当代西方哲学),但西文的 contemporary 的意思是"同时代",当代哲学家和他们的研究者是生活在20世纪的同时代人,"当代西方哲学"因而即是20世纪西方哲学。而中文的"现代"或"当代"却不是一个时间的概念,比如,"当代中国哲学"指1949年之后的中国哲学,"现代中国哲学"则开始于清末或"五四"时期,比西方人称谓的"现代西方哲学"晚得多。

中西哲学的学科称谓差异反映出来的事实是:哲学史不等于编年史,哲学史上的时代不是文本材料堆砌出来的,而是思潮变迁的结果。借用梁启超的话说:

> 凡"思"非皆能成"潮";能成潮者,则其思必有相当之价值,而又适合于其时代之要求者也。凡"时代"非皆有"思潮",有思潮之时代,必文化昂进之时代也。①

---

① 梁启超:《中国近三百年学术史》,东方出版社,2004年,第12页。

区别"近代""现代"或"当代"的标准在于思潮的明显变化。如果说近代西方哲学由那些与中世纪经院哲学明显不同的思潮构成,那么现代西方哲学有哪些与近代哲学明显不同的思潮呢?答案取决于选择何者作为对比的参照系。如果选择17世纪人物作为近代(early modern)哲学的代表,那么18世纪初的洛克哲学就算作现代(late modern)哲学思潮的开始;如果选择经验论和唯理论作为近代哲学的代表,那么康德就是标志现代哲学的里程碑;如果把从笛卡尔、康德到实证主义当作一以贯之的"现代性"思潮,那么二战后开始的哲学就是与之对立的"后期现代"或"后现代"(post-modern)思潮的滥觞。对中国式的"现代西方哲学"所作的任何辩护,都需要回答这样一个问题:为什么从黑格尔之后直至今日的西方哲学构成了一个相对独立的时代思潮?

在过去一段时间里,国内占统治地位的看法是:两者以黑格尔为分界点,只是由于马克思主义的诞生。列宁说:"哲学的领域是资产阶级意识形态的真正的'巴士底狱'。"①但马克思之前的西方哲学史同样含有积极、进步甚至革命的部分,这集中表现为黑格尔的辩证法与费尔巴哈的唯物主义;只是以此为来源的马克思主义哲学诞生之后,资本主义才被断定进入垂死的、帝国主义的阶段,现代资产阶级哲学于是也被判决为没落、腐朽和反动的意识形态。

现在,中国学者清楚地认识到,过去那些说法以意识形态代替学术标准,用唯物史观的社会形态分期代替哲学史的分期,断定现代西方哲学中没有积极因素,是不符合实际的。实际上,现代西方哲学和传统西方哲学一样,是全人类精神财富的一部分,包含着真知灼见和可贵探索。并且,现代西方哲学的时代感强,思想新颖,信息量大,其中不少学说容易引起现代化转型过程中那些"精神饥渴者"的共鸣。因此,现代西方哲学领域在改革开放的中国成为被大力开垦的处女地,西方国家时髦的或过时的、专业的或普及的、宏观的或细碎的学说或杂文,潮水般地涌入汉语哲学界,如同初次收获的果实。很多中国人尝到一个个果实的滋味,却很难理解为什么那么多个别果实的共相是"现代西方哲学"。

从黑格尔所说"能吃樱桃和李子但不能吃水果"的比喻,可以引申出一个关于黑格尔的问题:为什么黑格尔之后形形色色的思想构成了一个被称

---

① 列宁:《列宁全集》第55卷,人民出版社,1990年,第464页。

为"现代西方哲学"的时代思潮？克洛纳(Richard Kroner)在《从康德到黑格尔》中有一段耐人寻味的话：

> 文德尔班曾经说过："了解康德就是超过康德"，我们也可以说：了解黑格尔就是看透了绝对不能再超过黑格尔。如果还可以有一个"后黑格尔"的话，那就必须作出一个新的开端。①

二、影响黑格尔之后哲学的历史事实

为了理解黑格尔之后的西方哲学发生了什么变化，首先需要考虑两个事实，然后按照这些事实的导航来辨别现代西方哲学的地图。

第一个事实是德国的崛起和衰落。《剑桥哲学史1870—1945》开篇就说："1870年，普鲁士军队在色当战役大败法兰西军队；1945年，德国军队在第二次世界大战中遭到败绩。在此期间，德国曾成为欧洲第一强国，确曾两次试图主宰欧洲。也是在此期间，德国哲学家以及奥地利传统的哲学家对哲学作出的重要贡献，得到世人的广泛认可。但在1945年以后，无人会明显坚持这一看法。因此，本卷在某种意义上也涵盖了德国哲学影响在这一时期的兴衰沉浮。"②这个看法很有见识，但我们还是要补充三点。其一，德国哲学的影响在1914年左右开始减弱，其标志是分析哲学的兴起，虽然弗雷格、维特根斯坦、维也纳学派等德语国家哲学家是分析哲学的开创者，但分析哲学只有和英国经验主义传统及美国实用主义相结合，才能成为广泛的哲学思潮。因此，第一次世界大战之后，欧陆的现象学与英美分析哲学两大新兴思潮对峙的局面已经形成。其二，德国哲学的影响即使在1945年后依然明显存在，对法国哲学的影响尤为强烈，3H(黑格尔、胡塞尔、海德格尔)影响着二战后的法国哲学。其三，如同其他时代一样，现代西方哲学的思想观念通过与重大社会运动的互动而成为时代思潮。除了两次世界大战之外，1968年从巴黎"五月风暴"开始的西方世界抗议运动是影响西方哲学的又一重大社会事件，它为后现代主义或解构主义以及政治哲学的兴起提供了社会推力或压力。

我们需要注意的第二个事实是西方哲学共同体的建立。虽然哲学是一

---

① 洪谦主编：《现代西方哲学论著选辑》上册，商务印书馆，1993年，第157页。
② 托马斯·鲍德温编：《剑桥哲学史1870—1945》上册，周晓亮等译，中国社会科学出版社，2011年，第7页。

门古老学科,虽然大学建制开始于中世纪,但直到19世纪,德国的大学中才有了哲学院系的独立建制,随后,英国、美国和法国等著名大学受德国大学模式的影响纷纷成立哲学系。以哲学系为据点,一些哲学期刊先后问世,如德文的《理性》《哲学与哲学批评期刊》《哲学与教育学期刊》《哲学史年鉴》《康德研究》《现象学和哲学年鉴》等,法文的《形而上学和道德评论》《卢汶哲学评论》等,英文的《思辨哲学杂志》《心灵》《哲学评论》等。[①]哲学系的建制使得哲学成为大学教育和科学研究的一个专业,哲学家是如同其他专业的从业者一样的专家,而哲学期刊则成为哲学专家群体相互交流和评价的平台。依赖哲学系的专业机构和哲学期刊发表的研究成果,哲学家们组成了"哲学共同体"。如果说库恩所说"科学共同体"依赖共同的范式决定"常规科学"的标准和运作程序,那么现代西方的"哲学共同体"则以比较模糊的方式决定了什么是"常规哲学"。"常规哲学"是现代哲学区别于此前任何时代哲学的一个显著特征。以前从来没有"哲学共同体",哲学曾经是"最自由的学问",哲学不是与其他学科、专业并列的一个学科或专业,哲学家不是一门职业,从事任何职业的人都可以进行自由的哲学思考,通过公开发表的著述自称并被人承认为哲学家。传统哲学的这些不成文的"行规",得到现代社会的宽容对待,但受到现代哲学共同体严格限制,职业哲学家和业余哲学家壁垒分明。固然,职业哲学家依然从其他学科汲取思想材料,但这些材料只有经过"常规哲学"的解释才能被融入现代哲学的共同体所接受。其他学科的专家和普通作家尽可自由地抒发他们的哲学思考,但他们的哲学作品只有通过哲学期刊的评论才能被哲学共同体所认可。哲学共同体的建立是一个历史过程,直到20世纪初期才定型。定型并非一成不变,事实上,哲学共同体因环境和地区而变化,其范围时大时小,其标准时而严谨时而宽松,其领域或者"纯粹"或者跨学科。但总的趋向是专业化:专业的问题,专业的术语,专业的方法。如果说19世纪后期还有像叔本华、尼采、克尔凯郭尔那样蔑视"哲学教授"的著名哲学家,那么20世纪与他们有相同思想的哲学家很少有不是大学教授的。

三、流派与阶段

以上两个事实似乎外在于现代西方哲学思想自身的逻辑性与合理性,

[①] 托马斯·鲍德温编:《剑桥哲学史 1870—1945》,第 11—12 页。

但却可以帮助我们理解黑格尔之后各式各样的思想如何构成一个前呼后应、推陈出新的时代思潮。简而言之，现代西方哲学是对黑格尔哲学的反应（reaction），但不是一次性的反应，而是连锁反应。第一次是直接反应，第二次是对第一次反应的反应，第三次则是对第二次反应的反应。经过两次"稀释"，对黑格尔否定或肯定的反应在不同阶段的各派哲学中越来越不明显，但反差却越来越明显。第一次反应虽然是直接针对黑格尔的批判，但各派哲学的目标依然是通过重新审视黑格尔曾经阐明的"精神"的某个环节——宗教、科学、经验、道德、美学——以达到一个完整的世界观—价值观—人生观，在此意义上，这些哲学依然是"精神科学"，虽然它们的内容、旨趣和风格与黑格尔大相径庭。第二次反应则是对所有"精神科学"——无论黑格尔式或非黑格尔式的——全盘反动（reaction），分析哲学和现象学视之为"哲学革命"。第三次反应则是这两个"哲学革命"引发的思想效应，"革命"的后继者们为适应"后革命"时代多元化社会文化，用各种各样的方式，把"革命"的对象、成果、目标和方法分解为大大小小的碎片。至此，黑格尔与"常规哲学家"的反差犹如柏拉图之于智者，亚里士多德之于皮罗主义者，阿奎那之于人文主义者；经过这一番周折迂回，现代哲学仿佛又回到了近代哲学的原点。

与"三次反应"的解释模式相对应，本书把现代西方哲学分为三个阶段，相应地，本书结构如下：

第一阶段（1840—1914）：第一编包括意志主义、生命哲学、实证主义、功利主义和实用主义等流派；

第二阶段（1900—1945）：第二编包括早期分析哲学和现象学运动这两大派别；

第三阶段（1945—至今）：分欧陆哲学和英美哲学两篇，第三编包括存在主义、批判理论、解释学、结构主义和解构主义；第四编包括日常语言分析哲学、分析的实用主义、科学哲学和政治哲学。

以上区分的标准是依照时间顺序，把现代西方哲学的流派分派在某一阶段。阶段不等于时期，阶段之间没有严格的时间界线，第一和第二阶段在时间上有交叉，划归某个流派中的一些哲学家也是跨阶段的。比如，第一阶段的柏格森、杜威等的一些著作发表在第二阶段，第二阶段的梅洛-庞蒂的重要工作完成于第三阶段。

四、学习和研究现代西方哲学的批判方法

哲学从来都是时代精神和社会风尚的集中反映。现代西方哲学也不例外,它成长在世界大战、意识形态论战和西方社会动乱的环境之中,它承袭了启蒙运动之后的思想文化条件,见证了基督教式微、道德堕落、意识形态激化、经济全球化、大众文化膨胀、科学技术日新月异等前所未有的变化。虽然近一百来年发生的这些变化超过了几千年人类文明引起的改变的总和,现代制造了比两千多年哲学史文献数量还要多的哲学"产业"(industries),但黑格尔之后哲学始终处在哲学危机之中,形形色色的流派蜂起与消失,一个个哲学派别的兴衰荣枯,一批批哲学家熙来攘往,构成现代西方哲学一幅幅扑朔迷离的场景。

学习现代西方哲学需要有把握全局的见识和整体批判的心态。批判是学习和研究西方哲学的应有之义,现代西方哲学家大多具有批判创造、标新立异的鲜明个性,现代西方哲学尤其如此。哲学派别之间、同派别的哲学家之间相互批判而又都被后来者所批判是现代哲学的时代风尚。但是,哲学批判从来不是一厢情愿的否定,而是理性的最高要求。它需要文本的证据、合理的建构和公平的评论。批判既是外部的,也是内部的。所谓外部批判,就是根据一个哲学家的社会环境、生活经历和他的思想所产生的社会效果,对他的理论的意义、价值和影响进行评判。内部批判是在一个理论的内部,从它可以接受的原则出发,使用与它相同的术语开展哲学争论,争论或引申出与该理论相违背的结论,或用该理论所不能解释的事实揭露其内部矛盾、困难或缺陷,或提出改善、发展该理论的方案。学习者需要围绕他们争论的问题,依据有影响的批判和反批判的既有成果,方可达到理解知识、训练能力的学习目的。

在读本书之前,我请学生们接受以下两个劝诫:

第一,理解一个哲学家就是理解他的问题是什么;

第二,学习他思想的最好方法就是知道如何批判他。

学习者需要围绕本书涉及的哲学家们争论的问题,依据有影响的批判和反批判的既有成果,方可达到理解知识、训练能力的学习目的。

第一编　黑格尔之后

按前引克洛纳的说法,黑格尔之后的哲学家没有、也不能超过黑格尔,但他们取代黑格尔体系的种种哲学思想成为西方哲学的新开端。现代西方哲学的开端有以下四类。

第一,用"物质"的范畴代替"绝对精神"的范畴,这是唯物主义的立场。除了我们熟知的费尔巴哈和马克思的唯物主义外,还有 19 世纪后期在德国流行"科学唯物主义"。其代表人物海克尔(Ernst Haeckel)试图依据力学规律把精神和意识还原为物质现象,提出了严格的唯物主义一元论。

第二,用非理性主义代替黑格尔的理性主义体系的体验,用"意志""生命冲动""生存体验"等否定一切理性主义的形而上学和知识论。非理性主义者透过自己的体验看待人生、社会和世界,但他们极具个性的情感和写作方式可被重构为概念化的理论,冠以"意志主义""生命哲学"和"生存哲学"等名义。

第三,用新的"经验"概念代替德国唯心论。德国古典哲学家在经验领域添加先验因素和超验的精神,把经验的领域扩大到人类知识的所有领域,但始终用先验唯心论或绝对唯心论规定经验。黑格尔的《精神现象学》的副标题是"关于意识经验的科学",之后的经验主义者尽可不同意黑格尔体系,但他们可以承认,黑格尔探讨的一切经验现象应该得到科学的解释。当时的新黑格尔主义是这样,自觉反对德国唯心论的其他哲学家也是这样。区别他们的关键问题是:用什么视角看经验?按何种科学解释经验?除新黑格尔主义外,其余经验主义者分成以下三个阵营:

(1)如果按当时实证科学的标准衡量经验,人类经验按照时间顺序被区分为由低到高的三个层次,在最高的层次又有不同科学领域的区分,其中某一科学具有决定意义,这是实证主义。其创始人孔德(August Comte)把人类历史概括为神学、形而上学和科学由低到高发展的三个阶段。英国实证主义的主要代表斯宾塞(Herbert Spencer)把物质世界归结为力学现象,并用"生存竞争"的社会进化论解释人类社会。

(2)按社会功利的标准,道德情感和政治原则,乃至传统经验论忽视的数学和逻辑,都可得到经验主义的解释,这是功利主义。其创始人边沁(Jeremy Bentham)把善与恶的标准归结为人的快乐与痛苦,把最大多数人的最大幸福原则当作判断社会政治的目标。约翰·密尔(John Stuart Mill)认识到,快乐不仅有量的规定性,而且有质的规定性,快乐有精神的和肉体的两种,精神快乐高于肉体快乐。他把"最大幸福原则"中的"大多数人"解释为"有资格的鉴定人"即精英分子。为了保护少数人的自由,他提出反对"大多数人的暴政"的自由主义学说。

(3)按效用的标准,经验是人类知识解决问题的过程和后果,这是美国的实用主义。实用主义者所谓的效应,既是个人的也是社会的,既是直接的也是间接的,既是物质利益也是精神满足,既是科学实验的,也是逻辑思维的,因此可以广泛地利用自然科学、逻辑学、心理学、宗教学、美学和社会科学的知识对经验作全面扫描,扫描的方位和角度可随社会关注和哲学热点问题的不断变化而变化。这也是为什么实用主义长久不衰且能与不同哲学流派相结合的原因所在。

第四,面对自然科学突飞猛进、实证的社会科学方兴未艾的挑战,德国大学的学院派用"精神科学"的哲学取代黑格尔的"绝对精神"的科学大全。德国哲学家从未放弃为所有具体科学奠基的目标。针对当时流行的历史主义和心理主义的实证方法,新康德主义、狄尔泰、布伦塔诺等人对精神科学的性质和方法进行了深入解释。

第一章　非理性主义者

叔本华、尼采、克尔凯郭尔、柏格森都认为只是通过自我的生命体验,人才接近真实的实在。至于"自我"是谁,何种体验,什么样的实在,他们有各自的说法。尽管他们的结论是非理性的,并有意识地使用文学表现手法来避免理性主义的推理论证,他们的阐述却有自身合理性和连贯性。只有对他们的思想作出理性解释,才能说他们是非理性主义的"哲学家"。恰恰因为他们是哲学家,他们的影响如此深远,以致非理性主义成为西方现代哲学有别于传统哲学的显著特征。现代几乎所有的非理性主义思想的来源都可追溯到他们中一个或几个人的哲学。在此意义上,他们可谓现代非理性主义的四大鼻祖。

第一节　叔本华

阿瑟·叔本华(Arthur Schopenhauer, 1788—1860)1813年毕业于耶拿大学,在其博士论文《论充足理由律的四重根》中已形成成熟的哲学思想,30岁时发表代表作《作为意志和表象的世界》。1820年后在柏林大学任编外讲师,他偏偏选择与黑格尔授课时间相同的时间开课,以示向黑格尔的权威地位挑战,但根本不能动摇黑格尔如日中天的地位,据说只有三个学生选他的课,在柏林大学六年间开课时间不足一学期。他离开教职后,独处著述。著有《伦理学的两个基本问题》(1841),包括挪威皇家科学院征文获奖作品《论自然意志》(1836)和丹麦皇家科学院有奖征文的落选作品《论道德的基础》(1840),以及《附录与补遗》(1851)。

叔本华在黑格尔哲学盛行之时,就预示了德国唯心论的没落。他尖锐地批判费希特、谢林和黑格尔是"三个著名诡辩家",他们的"绝对思想"是

"瞎吹牛和江湖法术"①。他尖锐地说:"黑格尔的所谓科学是一种故弄玄虚的神秘主义……用愚不可及的废话来取代实际思想的伪科学。"②这些以及其他场合激烈攻击"德国教授"的话,不应只被理解为他在大学失意经历所产生的嫉恨,也表达了他决意用自己的哲学体系取代黑格尔体系的自我主张。

叔本华在《作为意志和表象的世界》的序言中说,这本书是"一个思想的系统","保有最完整的统一性"③,康德、柏拉图和《奥义书》是理解这本书体系的前提。叔本华对康德有很高的评价,自认为继承和发展了康德的真传,他致力于把康德哲学改造为意志主义的认识论、本体论、美学和伦理学。他说,第一、二篇阐述"真"的概念,第三篇阐述"美"的本质,第四篇说明"善"的本来意义。大致来看,第一篇是关于现象的学说,第二篇是关于"物自体"的学说,第三篇是审美学说,最后是道德和宗教学说。

一、表象世界

叔本华说:"世界是我的表象。"这个结论的前提是康德"哥白尼革命"的主体性思想。他说:"一切的一切,凡已属于和能属于这世界的一切,都无可避免地带有以主体为条件的性质,并且也仅仅只是为主体而存在",他声称,他"不认识什么太阳,什么地球,而永远只是眼睛,是眼睛看见太阳;永远只是手,是手感触地球"④。他把康德的"现象界"说成是"世界的表象"。《作为意志和表象的世界》第一篇首先考察了表象世界的依据和人的认识方式。

叔本华说,读者需要先懂得《论充足理由律的四重根》,才能理解他的体系。如同康德追问表象的可能性条件的问题,叔本华把人认识表象的方式称作"充足理由律",而认识表象的最后根据是充足理由律的"根"。表象的方式被分为四种,每种方式的"根"都有相应的学问。叔本华按照先易后难的认识顺序⑤,把充足理由律的四重根排列如下。

(1)"关于生成的充足理由律"。对象的变化状态被表象为"原因"与

---

① 叔本华:《作为意志和表象的世界》,石冲白译,杨一之校,商务印书馆,1997年,第13页。
② 叔本华:《伦理学的两个基本问题》,任立译,商务印书馆,1996年,第12页。
③ 叔本华:《作为意志和表象的世界》,第1、2页。
④ 同上书,第25、26、28页。
⑤ 叔本华:《论充足理由律的四重根》,陈晓希译,商务印书馆,1996年,第56页。

"结果"的关系,人们按照因果律认知对象在空间中的生成变化。这是物理学认识的运动。

(2)"关于知识的充足理由律"是概念的理性认识方式,概念是对直观对象的抽象,理性把概念联接为判断,遵循逻辑规则把判断联接为知识。这是逻辑学的理性。

(3)"关于存在的充足理由律"是对康德时空观的新解释:物质在时空中被表象为个别物体,它们存在的依据在于数学规则,因此人所表象的存在是有形的(几何形状)和连续的(算术计数)。这是数学所规定的存在。

(4)"关于意志主体的充足理由律",身体是一种特殊的物体,身体行动是一种特殊的变化,遵循主体的"动机律"。这是人的行为的直接动力。

我们知道,在康德认识论中,直观和知性是感性认识与概念认识的理论知识的前两个阶段,而不能产生知识的理性是第三阶段。叔本华却混淆了康德的区分,按照自己的想法进行界定。

首先,叔本华把"直观"分为"直观表象"和"抽象表象"。时空中存在的事物、它们之间的因果关系,以及意志主体行动都是直观表象,而概念的逻辑联系是抽象表象。

其次,直观表象不是康德意义上的感性直观,而是知性直观。叔本华认为,即使动物也有知性,动物对自己身体的直观是"纯粹知性的认识方式"。知性的功能在于由身体感觉而直观造成感觉的原因,"如同太阳升起而有这个可见的世界一样,知性由于它惟一的单纯的职能,在一反掌间就把那迟钝的、无所意谓的感觉转变为直观了"①。就是说,任何行动主体都能够直观地领悟它的动机的原因——意志。

再次,叔本华把康德归于知性的概念思维混淆于抽象的理性。他说,抽象概念来自直观表象,是"表象之表象"。抽象概念有两面性:一方面由于保持着与直观表象的联系而有正当用途,另一方面由于脱离了直观表象而歪曲现实。比如,知性直观可以"完全认识一个杠杆,一组滑轮,一个齿轮,一个拱顶的安稳",但不足以构造机器和建筑物,因此需要抽象概念作为行动的准绳,"必须先在抽象中拟好一个计划",借助理性组织一些人的协同②。

---

① 叔本华:《作为意志和表象的世界》,第37页。
② 同上书,第76、93、96页。

最后,叔本华混淆了康德关于理论理性、实践理性和判断力的区分。他说,抽象概念在实践中既可行善,也可作恶,"理性既可以和元凶大憝,也可以和美德懿行伙同行事,由于理性参加任何一方,那一方才发生巨大的作用"。在个人举止风度方面,概念既可以"防止粗暴的自私自利之心和兽性的发作",但也可以是虚情假意的伪装①。在审美领域,艺术只能从直观表象出发而不能从概念出发,但概念也可以为从部分到整体的方式完成一个艺术作品提供思想先导。

直观表象和抽象表象虽然在认识、道德和艺术领域相辅相成,但直观比概念更直接、全面地认识表象世界。例如,真理感、美感、正义感、宗教感、道德感、快适感、荣誉感、耻辱感、健康感、有力感、性爱感,等等,都"仅仅是直观地意识到、还没有在概念中沉淀",即使掌握抽象的逻辑和数学的知识,也需要逻辑感和数学感②。直观认识比理性知识更真实、更可靠、更全面地感触到表象世界的知识,但这只是对相对的、现象的知识,而不是关于绝对的、本体的知识。

二、意志主义的本体论

叔本华接受了康德关于现象与本体的区分。对于康德而言,两者有不可逾越的认识论鸿沟,但叔本华认为,对表象世界的直观接近了对世界本体的认识。他说:"直观是一切证据的最高源泉,只有直接或间接以直观为依据才有绝对的真理,并且确信最近的途径也就是最可靠的途径。"这条途径就是与身体须臾不可分离的行动的意志。意志的每一个活动都立即表现为身体的活动,而身体活动就是客体化的意志。比如,胃和肠道的蠕动是客体化的食欲,生殖器的勃起是客体化的性欲。叔本华把"我的身体是我的意志的客观化",称作"意志和身体的同一性"原理③。

意志虽然最接近人的本体,但不局限于人。"意志和身体的同一性"原理也适用于动物,还适用于一切有形物体。石头自由落体运动,地球被太阳吸引,磁针指向北方,水流向前奔腾,植物受到刺激,生物盲目生长,动物的欲望冲动,等等,在叔本华眼里都是意志本体的活动。叔本华于是得出这样

---

① 叔本华:《作为意志和表象的世界》,第135、98页。
② 同上书,第91页。
③ 同上书,第114、155、154页。

的推论:既然所有直观的表象都是意志主体的客体化,既然意志主体是所有表象的内在本质,意志主体必然表象世界的本体;既然人的、动物的、植物的、无机物的意志都是同样的完整,同样的彻底,那么意志本体必然是一个唯一的统一体。叔本华的结论是:"唯有意志是自在之物。"①

叔本华的意志本体论贯穿着两条线索:先从身体与意志关系出发,自下而上地推断出意志本体的存在;当他达到了本体论的高度,再从意志的属性出发,自上而下地解释表象世界的现象。我们可以把他自上而下的解释概括为下列六条。

第一,意志本体自身是统一的主体,而不是客体,但这个唯一主体的客体化"就是那些理念","它的客体化是无穷等级的,有如微弱的晨曦和最强烈的日光之间的无限级别一样"。② 如同柏拉图说的可感世界对理念世界的模仿,自然界的无机物、植物和动物千差万别的种类都是意志客体化产生的表象。

第二,意志主体按照"个体化原则"客体化为个体,"在意志的客体性较高的级别里我们看到显著的个性出现,尤其是人"。③ 在较低等级,只有种属的差异,只有人有鲜明的个性。比如,性欲是所有动物的本能,动物在寻求性满足时没有个性的选择,而人的性选择却有强烈的激情。

第三,意志主体是充溢的"生命意志",无法遏制地外溢,表象世界的所有事物都分有了生命意志,由此都有生命力,不仅生物有生命,无机物的活力也是生命,它们的共同本质是内在驱动力,由此产生生生不息的运动变化和因果联系。

第四,有欲求才有生命,欲求是一切生命意志的本质。但意志本体的欲求并不追求自身以外的目标,因为在本体之外没有其他目的和理由。意志本体的欲求是自我给予和自我消耗,它的自我给予创造了绵延不绝的生命形态,它的自我消耗是永无止境的满足和痛苦的循环。作为意志的镜子,表象世界充满着"永远的变化,无尽的流动",表现为"从愿望到满足又到新的满足的不停的过程,如果辗转得快,就叫作幸福,慢就叫作痛苦;如果陷于停顿,那就表现为可怕的、使生命僵化的空虚无聊"④。

---

① 叔本华:《作为意志和表象的世界》,第165页。
② 同上书,第189、190页。
③ 同上书,第192页。
④ 同上书,第236页。

第五,意志本体的欲求、消耗、饥饿、痛苦是自我分裂的过程。这个充满矛盾的过程在表象世界表现为"我们在自然中到处看到的争夺、斗争和胜败无常"。较高种属吞噬了一切较低种属的生命,这个种属内的较强个体在克服较弱个体的生存竞争中在较高程度上实现了生命的向上冲动。"这里就已经是这一条'蛇不吃蛇,不能成龙'的规律在支配着。"人类个体的生存斗争尤为残酷,"人把那种斗争、那种意志的自我分裂暴露到最可怕的明显程度,而'人对人都成狼'了。"①

第六,意志本体在表象世界之外,因此不受理智驾驭,超越善恶,没有理由,"意志本身在本质上是没有任何目的、没有止境的,它是一个无尽的追求"②,它注定以不能遏止的盲目活动。在不受任何约束的意义上,意志本身是自由。但人的意志是它的表象,不是自由意志。在《论自由意志》一文中,叔本华把人的意志是否自由的问题归结为人的意欲是否自由。他论证说,欲求服从表象世界的因果律,人的意欲受外部表象的刺激而产生,人的动机受欲望控制,不由自主,不受理智控制。

三、悲观主义的人生观及其出路

叔本华反对把人看作是无个性的理性动物,他根据意志既能动又盲目的特点,把人理解为具有多方面、多层次的欲望、禀有喜怒哀乐之情的活生生的人,描绘了人生之画的全景。他从由低到高的四个层次上看待人生:(1)具有共同人性的群体,(2)具有个性的个人,(3)天才,(4)圣徒。不过,即使在最高层次,人也不能摆脱悲观主义的命运。

(1)在最低层次上,人不自觉地受生命意志的支配,人看似主观任意,为所欲为,但实际上是客观盲目的冲动。在多数情况下,意志不服从理智,我们甚至不知道自己真实的意愿动机是什么。(这类似于后来弗洛伊德所说的"下意识")。人只不过是生命意志的工具,生活对人是折磨和苦难。欲望满足是遮蔽了人生的痛苦的"摩耶之幕",使人乐此不疲地追求痛苦。以性欲为例,性欲不是人能控制或选择的欲望,而是盲目的生命意志的实现,人似乎做了他愿意做的了,其实只不过不自觉地、无目的地做了生命意志延续自身的工具,个人的归宿是死亡。人们往往对人生的宿命有所醒悟

---

① 叔本华:《作为意志和表象的世界》,第212、213 页。
② 同上书,第235 页。

与后悔,然而,人还是要在生命意志支配之下,再次追求性的满足。叔本华说,性欲是生命意志最集中的表现,性欲的满足等于延续了人类的生命,这不过是人写给意志的"卖身契"。① 个人的性欲满足肯定了人的生命意志,但终究逃脱不了死亡对人的生命的否定。

(2)个性是一个人特有的性格。人的性格从出生之时就被意志严格决定,千差万别的性格不过是意志的多样形态。如同一个人不能选择体质一样,他也不能选择性格。人的性格就是他的命运,一个人的善恶是天生的,幸福与不幸也是命中注定。但人们却相信,自己的努力可以塑造个性,改变命运,这是人世纠纷争斗的根源。性格的作用是表现和实现一个人的意志,而"我的身体和我的意志是同一事物"②,人的性格是自己欲求和满足的特征,人的个性必然是利己的。利己主义的生活不是贪得无厌,就是恐惧不安,或是百无聊赖。个性越显著,则欲望越强烈,痛苦越深刻。

(3)叔本华区别了遵循根据律的认识方式和独立于根据律的认识方式,前者是大多数人的生活方式,后者是少数天才的生活方式。天才的生活是审美活动。

叔本华在《作为意志和表象的世界》第三篇提出一套关于艺术本质的独特理论。他认为,艺术是表达对理念的认识。按照理念客体化由低到高的等级,叔本华依次讨论了艺术的不同类型:建筑艺术、田园和风景画、雕刻和叙事图、绘画、文学、音乐。悲剧是文学的最高形式,悲剧英雄在感受意志与其自身的冲突之后否定了意志,遗弃了自我。作为全部艺术的最高形式的音乐是"全部意志的直接客体化的写照,犹如世界自身",以旋律作为时间形式再现了意志,谐音的起伏变化表现了意志的斗争和挣扎,音乐的效果不是这个或那个感受,"而是表示欢愉、抑郁、痛苦、惊恐、快乐、高兴、心神宁静等自身"③。

叔本华吸收了康德关于艺术无利害性的思想,认为在创造和欣赏艺术时,人们超越了根据律的限制,不受经验、环境和利益的支配,叔本华称之为"自失":"人自失于对象之中,也就是说,人们忘记了他的个性,忘记他的意志",在欲求道路上"那永远寻求而又永远不可得的安宁就会在转眼之间自

---

① 叔本华:《作为意志和表象的世界》,第 500、451 页。"摩耶之幕"在印度教中指显现为真实世界的幻象。
② 同上书,第 155 页。
③ 同上书,第 357、362 页。

动的光临,而我们也就达到了十足的怡悦"。① 他对康德关于美和崇高的区分作出新的解释,美的对象没有刺激意志,个体意志始终沉浸于美的观赏;而崇高感的对象构成了对个体意志的威胁,需要强力挣脱才能达到安宁和愉悦。不过,艺术创作和欣赏只是暂时的解脱,大多数时候天才和平常人没有区别。

(4) 伦理"圣徒"高于艺术"天才",因为伦理生活是摆脱生活折磨的恒常之道。叔本华说,《作为意志和表象的世界》第四篇对伦理宗教的阐述是全书"最严肃的一部分"。②

伦理学是一般人行善避恶的行动准则。人对善的追求包括正义感、同情和禁欲。正义感是不义行为的对立面,其本质不是对罪恶的外在惩罚,而是利己主义冲突所引起的良心自责;它不能把人从罪恶中解脱出来,只能加深内心的痛苦。为了摆脱良心自责的痛苦,一些人克服利己主义,同情他人,"一切仁爱都是同情",同情或使人像关爱自己那样关爱他人,或牺牲自己利益满足他人欲求。但关爱他人并不能解脱他人的痛苦,好比是对乞丐的施舍,"今天维系了乞丐的生命以便在明天延长他的痛苦"③。

彻底解脱之道是禁绝欲望,万念俱寂。非如此不能取消生命意志,也就不能彻底摆脱痛苦。虽然叔本华在福音书和基督教苦修的圣徒中找到禁欲主义的榜样,但他说"在印度教和佛教徒中更多",而且基督教中有与此相反的犹太教因素。因此,他要向古印度智慧学习,以达到摆脱生老病死"四苦"的涅槃。他说:"这个最优秀、最古老的民族的这一上古教义能够紧密地配合这一如此少数人所能问津的哲学真理",但他意识到,这个哲学真理与西方哲学传统无关,"一个圣徒不必一定是哲学家,同时一个哲学家也不必是圣徒";除了能把圣徒的教义纳入抽象的知识,"哲学家不应再搞什么,也不能再搞什么"。禁欲主义的结果是虚无主义的世界观:"没有意志,没有表象,没有世界。"但是,虚无主义者同时超脱生命的人生观,即是:"那高于一切理性的心境和平,那古井无澜的情绪,那深深的宁静,不可动摇的自得和怡悦"。④

叔本华的哲学不合时宜,长期默默无闻,直至 1848 年德国革命失败之

---

① 叔本华:《作为意志和表象的世界》,第 250、274 页。
② 同上书,第 371 页。
③ 同上书,第 514、273 页。
④ 同上书,第 524、489、525、563 页。

后,民众对哲学教授在革命中碌碌无为深感不满,叔本华思想才在悲观失望的德国市民阶层中流行开来。从此,叔本华思想影响了不少20世纪的文学家和艺术家,也影响了弗洛伊德、维特根斯坦等哲学家,在他同时代的追随者中,有瓦格纳和青年尼采。尼采说:"我属于叔本华的那些读了他的第一页之后就确定无疑地知道将读完每一页并且倾听他说过的每一句话的读者。"①即使在与他的思想决裂之后,尼采仍称他为"我的第一位、也是惟一的一位教育者——伟大的阿瑟·叔本华"②。

第二节 尼 采

尼采(Friedrich Nietzsche,1844—1900)出生于新教牧师世家,他先在波恩大学学习神学和古典学,后转到莱比锡大学学习古典学。1869年,25岁的尼采尚未毕业就担任了瑞士巴塞尔大学的古典学副教授,次年成为教授。1879年因病辞职,在瑞士、意大利、法国等地疗养写作,1889年1月在意大利都灵突患精神病,1900年8月死于魏玛。

尼采著作可分为早中晚三个时期。早期包括:《悲剧的诞生》(1872)和《不合时宜的沉思》(1873—1876)。中期包括:《人性的,太人性的》(1879)、《朝霞》(1881)、《快乐的科学》(1882)、《查拉图斯特拉如是说》(1883—1885)。晚期包括:《善恶的彼岸》(1886)、《论道德的谱系》(1887)、《瓦格纳事件》(1888)和《偶像的黄昏》(1888),去世后出版的《敌基督者》《尼采反对瓦格纳》《瞧,这个人》等著作,以及以《权力意志》为题编辑出版的笔记。尼采著作和手稿编入30卷的《尼采全集考订版》(KGW)和研究版(KSA)。

一、文化批判的肇始

《悲剧的诞生》对希腊文化的艺术本质作了独特论述,当时流行的一种理性主义观念认为,希腊戏剧、哲学等后起的文化形式是在克服早期神话中的非理性因素过程中发展出来的理性文化。尼采则认为,希腊神话体现了希腊人健康的生命价值观,希腊人已经了解叔本华揭示的道理:生命是苦

---

① 尼采:《不合时宜的沉思》,李秋零译,华东师范大学出版社,2007年,第254页。
② 尼采:《人性的,太人性的》,杨恒达译,中国人民大学出版社,2005年,第302页。

难、危险、孤独、恐惧的。但这种认识并未使他们否认生命的价值,相反,他们敢于直面人生,但不是肯定生活的苦难,而是赋予苦难生活以积极的价值。他们的价值观表现于酒神狄俄尼索斯和日神阿波罗这两种精神。

酒神的性格最初表现为原始的酒神崇拜仪式和庆典,酒神象征着生命之流,它冲破所有羁绊,不顾一切禁忌,撕破现象世界的面具,沉醉在与大地的原始统一之中。酒神精神揭示了自然与人、苦难与光荣、生与死、奴役与自由的统一:"在酒神的魔力下,不但人和人重新团结了,而且疏远、敌对、被奴役的大自然也重新庆祝她与她的浪子人类和解的节日。"①日神象征着光明、限制,代表着个体化原则,并通过这一原则构造出美妙的现象和梦幻,用以消除人生的痛苦。

酒神和日神不是对立的,日神为酒神阻挡了来自亚洲的动物崇拜的肉欲和凶残的冲击,保障了希腊人健康的价值观。酒神精神用音乐艺术表现如痴如醉的艺术,日神精神用造型艺术表现梦幻般的仙境。希腊艺术既有音乐旋律和曲调中跳动的生命冲动,又有对美的型相的爱和静观。两者之间既有张力,又互相补充,共同构成了希腊人对生命价值的积极态度和追求。

悲剧最初是表现酒神精神的歌队合唱,但第一位悲剧作家埃斯库罗斯设置了第一个演员,经过索福克勒斯的发展,欧理庇德斯用演员表演成为悲剧的主要形式,塑造了代表日神"个体化原则"的人的形象。苏格拉底是第一个颓废的天才,他把生命的价值归结为对知识的追求,这是对生命的变相否定,因为只要我们用知识去评价生活,我们势必把生活看作是消极的、被动的东西,把有意义的生活看作是沉思而不是行动。尼采说:"我们只要清楚地设想一下苏格拉底命题的结论:'知识即是美德,邪恶仅仅来源于无知,有德者即幸福者。'悲剧的灭亡已经包含在这三个乐观主义的基本公式之中了。"②苏格拉底式的乐观主义理性不但与酒神精神格格不入,而且把日神的性格形象转变为无生命的木偶。与苏格拉底辩证法相适应的艺术形式是歌剧,歌剧是悲剧的堕落。虽然希腊哲学和歌剧使得酒神精神和日神精神的结合不再可能,尼采告诉人们的道理是,真正能表现希腊文化精神的典型是艺术而不是哲学,真正能表现希腊艺术精神的典型是悲剧而不是歌剧。

---

① 尼采:《悲剧的诞生》,周国平译,生活·读书·新知三联书店,1986年,第6页。
② 同上书,第60页。

尼采对希腊悲剧的解释没有得到古典学界的认可,他意识到他的创造性思想不合时宜。《不合时宜的沉思》一书由四篇论文组成,前两篇说明他的"不合时宜"恰恰是由于德国教化的自满和贫乏,后两篇推崇叔本华和瓦格纳为卓尔不群的"不合时宜"。第一篇以大卫·斯特劳斯的新书《旧信仰和新信仰》为例,说明德国"知识庸人"的特征。尼采是在高中读了斯特劳斯的《耶稣传》后放弃基督教信仰的,但这个他曾相信的人却以"新宗教"的创始人自居,鼓吹达尔文主义、唯物主义和爱国主义的世界观。尼采尖锐地批判说,斯特劳斯的"新宗教"迎合达尔文主义,企图"与现代科学重合,现代科学根本不是宗教"[①]。这本内容低劣、文理不通的书成为畅销书,只是迎合了德国知识界的犬儒主义,既想抛弃"老信仰"又要用"新信仰"保留老道德。

第二篇对德国大学地位显赫的"历史科学"提出"不合时宜"的质疑。尼采区分了三种历史:"纪念式的历史学、好古式的历史学和批判式的历史学。"纪念式历史学属于行动者和强者,他们在过去寻找现在进行的伟大斗争的榜样、导师和慰藉者,可以通过改动、曲解、虚构来效仿过去。尼采批判说:"纪念式的历史学用类比进行欺骗,它用诱惑的相似来刺激勇敢者鲁莽,刺激兴奋者狂热。"如果掌握在自私自利的人和恶棍手中,它的效果就是"让死人埋葬活人"。好古式的历史学是保存者和敬仰者的学问,他们把自己置身于祖先时代,景仰过去是对现在存在的感恩,但他们把过去存在的一切都搜集和珍藏起来,成为会走路的百科全书,他们的格言是"只要有真理,哪怕生活沦亡"。批判式历史学指圣经历史批判学派。尼采说他们的破坏和清除没有为有希望的未来腾出地基建设新的房屋,他们把基督教"转化为历史知识的宗教,一个完全在科学认识的宗教,在这条道路的终点就是毁灭"。[②]

在第三篇"作为教育者的叔本华"中,尼采没有论及叔本华的悲观主义,而称赞他真诚、快乐和坚韧的德性。更使他赞赏的是,叔本华独立于国家和政治之外,不像康德以来的德国大学中的哲学家。尼采认为与国家结盟的哲学是"一种开玩笑的哲学或假哲学",因为国家不关心真理,"而是只关心对它有用的东西,无论这是真理,半真理,还是谬误"。按照国家利益高于真理的标准,国家区分了好哲学家与坏哲学家,并把所有教席分派给好

[①] 尼采:《不合时宜的沉思》,第96页。
[②] 同上书,第157、195—196页。

第一编 黑格尔之后

哲学家。叔本华不属于"好哲学家",因此成为能够吸引整个民族追随自己的哲学家榜样。①

第四篇借拜雷特戏剧节剧院奠基之际祝福瓦格纳。在亚历山大征服而造成的希腊化式微的时代,瓦格纳被视作新的亚历山大正在接近。瓦格纳是戏剧、精神、文化和整个生活的革新者,他"应当马上像一个下凡的神一样"②。在拜雷特剧院矗立着瓦格纳不合时宜的舞台上,表现出从黑暗通向兄弟姐妹、敌友、主仆之间的无私的忠诚。

然而,拜雷特上演瓦格纳最后一部作品《帕西法尔》。在尼采看来,他"变成腐朽的、绝望的浪漫主义者,突然束手无策地彻底瘫倒在基督的十字架前"③。对瓦格纳评价的根本转变标志着尼采的思想和风格从批判德国庸俗文化进入了更彻底、更激进、更深刻的"重估一切价值"。

二、重估一切价值

尼采中晚期作品除《道德的谱系》是论说文外,其余是格言体作品。这些作品按章节标题的提示,由长短不一的格言组成,格言可以是一个警句,一个比喻,一个寓言,一首诗歌,也可以是一个问题,一段对话,一篇短文。不同章节的格言通常没有逻辑关联,但贯穿于尼采格言和论文的共同主题是:"重估一切价值。"

尼采认为,价值评估是人类赖以生存的条件,人是价值评估者。④ 科学家用"真"和"假"评价知识,审美者用"美"和"丑"评价艺术,道德家用"善"和"恶"评价道德,教士用"上帝"评价宗教,哲学家用"实在"和"表象"评价世界。所有流行价值观都是用错误的概念和病态的情感来评估生命的价值,其结果是损害、虚弱,而不是助益、增强生命的力量。尼采把叔本华的"生命意志"转变为"能把我们的全部本能生活解释为一种基本意志,即我所说的权力意志"⑤。"权力意志"(Willezur Macht)的"权力"(Macht)有统治的意思,但与政治权力无关,而是指"强力的增长形式"⑥。人类可感

---

① 尼采:《不合时宜的沉思》,第275、335页。
② 同上书,第395页。
③ 尼采:《人性的,太人性的》,第304页。
④ 尼采:《查拉图斯特拉如是说》,钱春绮译,华东师范大学出版社,2007年,第62页。
⑤ 尼采:《善恶的彼岸》,朱泱译,团结出版社,2001年,第13页。
⑥ 尼采:《权力意志》下卷,孙周兴译,商务印书馆,2007年,第1242页。

知的全部作用力都可"毫不含糊地界定为权力意志"①。按照权力意志的标准,

> 什么是好?——一切提升人之中的权力感、权力意志、权力自身的东西。什么是坏?——一切源于软弱的东西。什么是幸福?——权力增长的感觉——克服阻力的感觉。②

然而,若按照削弱、损害权力意志的标准,人类迄今所有的价值就是颠倒了好坏、善恶、真假的价值,他要按照"权力意志"的标准,重新评估一切价值。如考夫曼所说,"'重新评估'意在进行一场反对现行公认价值的战争"③。尼采的价值重估考察了科学、哲学、道德和宗教领域的"真、善、美、神"的价值与权力意志关系。

1. 重估科学价值:"真理是不可辩驳的谬误"

尼采重估的科学包括物理学、化学、生理学、心理学、医学、社会学、历史学、语文学,乃至数学、逻辑。所有科学虽然适用于不同对象,但有以下六个共同特点。

(1)"科学精神的威力在于局部而不是整体",科学是"以严格的方法发现的不起眼的小小真理","科学划分出的各个最小领域人们都是纯客观地加以探讨的"。如同物理学、化学从微观层次认识事物,应从生理学、医学解剖的身体器官和神经系统解释人的心理活动。"人类不能始终避免心理上的解剖台以及台子上的刀和钳子等残酷景象。"他认为对身体行为的细致观察可以发展成砍到"人的形而上学需要"根上的一把利斧。尼采还认为,理性、逻辑、精神如同化学的"升华"一样从低级的感觉、情感产生出来,他希望建立"一种道德、宗教和审美观念与感激的化学"。④

(2)科学透视从一大堆混乱的无机或有机的材料中选出对生活有用的部分,把长久有用的部分固定为真理,把那些没有用或被淘汰的部分看作虚假。但是,真理和谬误的区分不是一成不变的,随着人类生活的变迁,原来

---

① 尼采:《善恶的彼岸》,第41页。
② 尼采:《敌基督者》,吴增定、李猛译,生活·读书·新知三联书店,2012年,第2节。
③ W. Kaufman, *Nietzsche, Philosopher, Psychologist, Antichrist*, Princeton University Press, 1974, p.111.
④ 尼采:《人性的,太人性的》,第19、17、46、47、16页。

的真理变成被驳倒的谬误;反之,原来的谬误变成不可辩驳的真理。尼采用一个比喻说明"三个思想家"的不同:看待流淌的矿泉,"外行根据水流量估量它们,行家按照水的成分,或者恰恰按照它们当中不是水的东西来估量它们"①。外行根据信念把矿泉等同为泉水,低级行家分析水的成分,高级行家则通过排除法找出测评矿物质的标准。

(3) 科学真理是多元的,因为有各式各样的眼睛看世界:"世界是可以不同地解说,它没有什么隐含的意义,而是具有无数的意义,此即'视角主义'。"②不同的视角满足不同欲望和需求,因此是相容的、互补的。人文学科和自然科学应是贯通的,"历史哲学不再抛开自然科学来进行思考"③。只想用一只眼睛看世界事物是"欲望的一种支配欲","想把自己的透视角度当作规范强加给其他欲望"④。他称斯宾塞企图把所有科学还原为力学的想法是"思想病态和愚蠢"⑤。

(4) 数学在科学中起到很大作用,这是因为"对一个特殊的种群来说,要维持它自身并增加其力量,它关于现实的概念必须包含足够可计算的和恒定的事物,使得这个种群把一个行为计划建立在这个概念的基础上"。对于任何物种,"可计算性"都是衡量生存环境的标准,"对于植物,整个世界是一株植物;对于我们,整个世界是人类"⑥。人类生存所需要的"可计算性"要处理极其广泛和复杂的关系,因此数学具有高度精确性。由于用处的不同,有的科学不需要数学精确性,数学并非在所有科学都适用。比如,人的身体器官和生理活动是按照适合生命过程的计算构造出来的,但数学不能计算从感觉"升华"而来的意识活动,"一旦我们扣除神经系统和感觉,扣除掉'终有一死的外壳',我们就是计算错误"⑦。

(5) 所有的科学都是人性科学:"全部科学都是'认识你自己',——只有当人最终认识所有事物之后,他才能认识他自己。因为事物不过是人的

---

① 尼采:《人性的,太人性的》,第315页。
② 尼采:《权力意志》上卷,第363页。
③ 尼采:《人性的,太人性的》,第15页。
④ 尼采:《权力意志》上卷,第363页。
⑤ 尼采:《快乐的科学》,黄明嘉译,华东师范大学出版社,2007年,第382页。
⑥ Nietzsche, *Philosophy and Truth*, p.38.
⑦ 尼采:《敌基督者》,第14页。

边界。"①事物是人的外在部分,人很难把不把事物"看作一个人"②。人总是把非人的现实人格化,把非人类的行为看作人的行为。即使最抽象的数学,也是"为了确定人与事物的关系。数学仅是一种辨识人的工具罢了"。比如,"1+1=2"的人际关系含义是:"一个人无法证明自己,所以两个人就无法可以驳倒。"同样,逻辑矛盾律和同一律起源于"根据谋生之道和根据敌视他的人去发现'同类',谁若对事物的归纳概括得过于迟缓和谨慎,那么谁继续生存的可能性就小于能从一切相似中立即找到同类的那一个"。③

(6) 最后也是最重要的是,科学是权力意志一种特殊方式——"真理意志",科学因而是快乐的。尼采深知,权力意志如无阻力就没有快感,但严重的阻力则可扼杀权力意志,"快感乃是在轻微的阻力上引发的权力感"④。而科学探索遇到过时观念的障碍正是那种可以战胜的轻微阻力,科学探索者由于克服轻微阻力而引发权力意志的胜利感。即使在孤独的科学思考和探索中,也可感受到真理意志的力量,"出于与体操练习的同样原因:它即使没有旁观者也照样富有乐趣"。科学探索者通过不断战胜轻微阻力而获得一点新知识,"就有超越一切之上的感觉,并感到自己是这方面惟一知道正确答案的人"⑤,这是自由而快乐的权力意志的整体感。

2. 重估哲学价值:"体系意志是正直的匮乏"

在与科学的对比中,尼采反思哲学脱离现实生活的虚浮,反对哲学僭用"最高科学""科学体系"的名义祸害权力意志。哲学与科学的反差主要表现在以下四个方面。

(1) 与科学在"最小领域"中的探讨相反,哲学是"整体的一般性的大学问"⑥,如果说科学透视从身体各部分和神经系统的化学反应的"升华",通过生理、心理体验与生活密切相关,那么哲学以"气体力学"的方式上升到一个虚无缥缈的形而上学世界,"把那些'最高的概念',就是那些最普

---

① 尼采:《朝霞》,田立年译,华东师范大学出版社,2007年,第85页。
② 尼采:《人性的,太人性的》,第389页。
③ 尼采:《快乐的科学》,第254、257、197页。
④ 尼采:《权力意志》上卷,第238页。
⑤ 尼采:《人性的,太人性的》,第175页。
⑥ 同上书,第19页。

遍、最空洞的概念,实现那蒸发着的最后雾气,作为开端"加以崇拜①。这些最高概念与生活毫不相干,毫无用处:"关于这个世界是一切知识中最无关紧要的一种,甚至比处在暴风雨危险中的水手眼中的水的化学分析的知识还无关紧要。"②高高在上的形而上学世界规定:"高级的东西不允许从低级的东西里长出,更不允许生成";"低级的东西"被当作虚假世界,而"所有最高的价值均隶属第一等级,所有最高概念,存在,绝对者,善,真实,完美"都是"自因"③。尼采把"自因"斥为"迄今构想出来的自相矛盾的最佳例子",探求第一原因的意志是"暴虐的冲动本身"。④

(2) 所有哲学家"不自觉地认为'人'是一种永远真实的事物,一种在流变中都保持不变的事物,一种可靠的事物的尺度……缺乏历史感是一切哲学家的遗传缺陷"⑤。哲学家把在特定时间、特定社会习俗中人的形象凝固为永恒不变的人性,把人的本质归结为"理性人""道德人"等等。尼采并不反人性,他认为科学对人自身矛盾、变动和无序的体验及人所感受的外在变化是对人性的活生生的透视,而哲学家所说的人性则是"太人性"的抽象和拔高。

(3) 尼采反对一切哲学体系,认为"体系意志是正直的一种匮乏"⑥。他在回答"我们为何不是唯心主义者"时说:"理念同感官相比,是更具威胁性的蛊惑,它具有冷静而贫血的外表,但又是靠哲学家的'血液'为生的……研究哲学成了吸血鬼的吸血行为了",这个"长期隐蔽的吸血鬼,它初始吞噬感官,终则留下作响的白骨一堆","总之",尼采说,"一切哲学上的唯心主义迄今成了一种疾病"⑦。尼采也不赞成唯物主义的一元论。他用归谬法批判唯物论的感觉论:他们说外部世界是我们感官的产物,但又把我们的身体作为外部世界的一部分,"于是",就得出一个显然荒谬的结论:"我们的器官就是我们器官的产物"⑧。尼采还反对原子论,认为原子只是

---

① 尼采:《偶像的黄昏》,卫茂平译,华东师范大学出版社,2007 年,第 57 页。
② 尼采:《人性的,太人性的》,第 21 页。
③ 尼采:《偶像的黄昏》,第 57 页。
④ 尼采:《善恶的彼岸》,第 219 页。
⑤ 尼采:《人性的,太人性的》,第 16 页。
⑥ 尼采:《偶像的黄昏》,第 35 页。
⑦ 尼采:《快乐的科学》,第 380—381 页。
⑧ 尼采:《善恶的彼岸》,第 15 页。

为了计算世界而虚构出来的"永恒不变的东西"①。

（4）尼采反对哲学的根本理由不是它的抽象无用,而是因为哲学与道德和宗教的结合,哲学家建造的体系实际上是"道德的宫殿"。尼采以"四大谬误"为例,说明哲学如何利用理性为颓废的道德服务。第一是混淆原因和结果的谬误,这是指把从感觉抽象出来的概念反过来当作感觉的原因,比如,"善"原来不过是一切好的东西的名称,哲学家反倒把这个名称当作一切好的东西的原因。尼采说,这个谬误是"理性的真正堕落","在我们中间被神圣化,它拥有'宗教'和'道德'的名称"。第二是内在原因的谬误,即把行动的原因归结为自我、意识或动机等"内在事实"②。第三是把原因等同为幻想的谬误,这是指用从未经历的东西解释熟悉事物,"上帝""至善"等幻想就是这样形成的。尼采说:"道德和宗教的全部领域可归到这个幻想的原因概念之下。"第四是自由意志的谬误,即,"责任"和"罪"是"自由意志"的结果,而"罪"是人必受上帝之"罚"的原因。于是,这些"心理学中最基本弄虚作假的对象被确定为心理学自身的原则"③。

3. 重估道德价值:"非道德主义"

尼采说,他重估道德价值的策略有两条:"一是否认人们所谓道德动机真正推动人们的行动,即认为它们只是一些言辞,目的是或巧或拙的人的欺骗(特别是自我欺骗),而且也许正是那些最著名的道德家最精于这种欺骗;二是否认道德判断以真理为基础。"④《道德的谱系》运用的是第一种策略,即尼采所说的"教士心理学";第二种策略是考察从习俗、善恶区分到道德堕落的"道德的自然史"⑤。

（1）"道德的自然史"

尼采说:"道德首先是一种根本上保存集体、防止其毁灭的手段;然后是在某种高度上,是一种保存集体生存质量的手段。"在自我保存的原初习俗中,并没有"合乎道德"与"不合道德"、"善"与"恶"、"利己"与"不利己"的区别,人们按照公平回报的观念判断好坏。凡有利于族群生存、促进个人

---

① 尼采:《权力意志》上卷,第361页。
② 尼采:《偶像的黄昏》,第76、79页。
③ 同上书,第83、86页。
④ 尼采:《朝霞》,第138页。
⑤ 尼采:《善恶的彼岸》,第101页。

享乐的东西都是好的；反之，凡有损于族群生存、阻碍个人享受的东西都是坏的。在习俗阶断，"动机格外激烈，格外有力，格外粗俗。最恐怖的手段不得不在这里发挥作用"，在道德的进一步阶段，用"你应该如何"的戒律要求人们对自己动机和行为负责。最初的道德戒律并不要求惩恶扬善，相反，它肯定

> 善行是升华的恶行，恶行是变得粗野、愚蠢的善行。个人对自我享受的唯一要求(以及害怕它会丧失的担心)在任何情况中都得到满足，人可以如他能够做的那样去做，无论是虚荣、复仇、快乐、有用、恶意、狡诈的行为，还是牺牲、同情、知识的行为。①

最初意义上的善恶观念并非完全没有明确界限，它的最高价值是按照原先公平回报的习俗，明确地区分出两个界限分明的族群：

> 谁有力量以德报德、以怨报怨，即感恩图报和有仇必报，那他就被称为好人；谁无力进行报答和报复，就被看作是坏人。好人属于"善的"群体，因为有公共意识，因为所有个人都通过报答和报复的意识密切地相互结合在一起；"坏人"属于"恶的"群体，是一堆没有公共意识、卑躬屈膝的无能之辈。好人是一个种姓集团，坏人是尘土般的乌合之众。②

这是尼采对两种道德区分的首次表达，他使用的 Kaste 这个词指印度种姓，后来他用"主人道德"和"奴隶道德"表示古希腊罗马时代的区分。尼采认为这两个群体不是敌对的，"强者"或"主人"不把"弱者"或"奴隶"视为仇人，后者按照自己的道德服从于主人的统治。

但是，道德家、宗教家在哲学家的帮助下，却用颠倒的善恶标准，掩盖弱者的无能，限制强者的力量。尼采说："无论是摩奴、柏拉图、孔子，还是犹太教和基督教的老师，都从不怀疑他们说谎的权利……迄今被用来使人变得道德的所有手段，究其根源，是非道德的。"③既然道德沦为用弱者的生命意志否定强者的生命意志的手段，既然增强生命意志的道德本源必然被谴责为非道德，尼采乐意当"非道德主义者"：

---

① 尼采：《人性的，太人性的》，第465、83页。
② 同上书，第52页。
③ 尼采：《偶像的黄昏》，第96页。

从根本上说，我说的非道德主义者这个词，含有两个否定。第一，我否定迄今为止被认为是高尚的那种类型的人，如善良的人，亲善的人，行善的人；第二，我否定有影响力的和占统治地位的道德，——颓废的道德，更明确地说，就是基督教道德。①

(2)"教士心理学"

《论道德的谱系》把教士的动机作为奴隶道德战胜主人道德的原因。尼采解释了三个问题：基督教为什么要反对主人道德？主人为什么能够接受奴隶道德？奴隶道德为什么能够主宰西方文化？怨恨、坏良心和禁欲理想是尼采的回答。

与贵族和骑士相比，教士是低等者和卑贱者的代表，他们出于怨恨，否定想要而得不到的有价值的东西——权力、财富、享受、强健、智慧，于是

> 咬紧了充满深不可测的仇恨（无能的仇恨）的牙关声称"只有苦难者才是好人，只有贫穷者、无能者、卑贱者才是好人……只有他们才能享受天国的幸福，——相反，你们这些永久凶恶的人、残酷的人、贪婪的人、不知足的人、不信神的人，你们也将遭受永久的不幸、诅咒，并且被判入地狱！"②

尼采说，基督教的复仇"从无能中生长出来的仇恨，既暴烈又可怕，既最富有才智又最为阴毒"③。最有才智的仇恨的教士彻底改变了历史。在胜利者的意义上，尼采说："只有三种可尊重的人"：有才智的教士、杀戮的战士和创造的诗人。④

教士的恐吓之所以能够奏效，是因为主人自己屈服于"良心的谴责"。"良心"和"责任"起源于债权人和债务人之间的契约关系，惩罚仅限于对不遵守契约的人。强者的惩罚是对外的，从来不知道内心的惩罚。随着公社瓦解，国家建立，"人的外向的发泄受到了限制"，强者的残酷本能在不能对外释放时就转向反对自身，在良心的名义下折磨自己："仇恨、残暴、迫害欲、突袭欲、猎奇欲、破坏欲，所有这一切都反过来对准这些本能的拥有者自己；这就是'良心谴责'的起源。"备受良心谴责的强者如同"渴望而又绝望的

---

① 尼采：《瞧，这个人》，黄敬甫、李柳明译，团结出版社，2006年，第148页。
② 尼采：《论道德的谱系》，周红译，生活·读书·新知三联书店，1992年，第18—19页。
③ 同上书，第18页。
④ 尼采：《权力意志》下卷，第765页。

囚徒",在这种历史境遇中,他们遭遇到基督教从怨恨精神内生长出来的坏良心,基督教关于罪责、惩罚和上帝拯救的学说对他们来说是"新奇的、深邃的、前所未闻的、自相矛盾的和前途光明的东西",适应了强者摆脱内心折磨的需要。强者接受了基督教"良心谴责",也脱离了强者的本能。①

教士的"禁欲主义理想就是他们的基本教义,是表现他们的强力的最好工具"。这一理想用谦恭取消差别,用禁欲否定生命意志的冲动。由于在历史上没有对手,禁欲主义的理想成为反对生命意志的占统治地位的价值观,这意味着虚无主义的开始。哲学家是隐藏的教士,与教士是一丘之貉。哲学的虚无主义意味着现实世界的消失,只有"自我"的存在:"世界毁灭了,哲学诞生了,哲学家诞生了,我诞生了!"②

4. 重估基督教价值:"上帝死了"

尼采重估的宗教包括希腊神话、伊斯兰教、佛教、犹太教和基督教。他的攻击矛头主要指向基督教。犹太教是基督教的来源,首先发动了弱者反对强者的战争,基督教是这场战争的胜利者,并正在"发动了一场针对更高类型的人的殊死战争",因此尼采的宗教批判集中反对基督教,发出"上帝死了"的呼喊。

尼采描写的场景值得注意。一个疯子在市场上打着灯笼找上帝,引来"一群不信上帝的人"的嘲笑:"上帝失踪了吗?"他们揶揄说:"上帝像小孩迷路了吗? 或者他躲起来了? 他害怕我们? 乘船走了? 流亡了? 那拨人就如此又嚷又笑,乱作一团。"疯子瞪着双眼,死死盯着他们看,嚷道:

> 上帝哪里去了? 让我们告诉你们吧! 是我们把他杀了! 是你们和我杀的! 咱们大伙儿全是凶手! ……在白天是否必须点燃灯笼? 我们还没有听到埋葬上帝的掘墓人的吵闹吗? 我们难道没有闻到上帝的腐臭吗? 上帝也会腐臭啊! 上帝死了! 永远死了! 是咱们把他杀死的! 我们,最残忍的凶手,如何自慰呢?③

尼采的意思是,"上帝死了"是"不信上帝的人"("你们")和自称相信上帝的人("我们")共同谋杀但又不愿承认的事实,他挑明这个事实是因为

---

① 尼采:《论道德的谱系》,第63、64页。
② 同上书,第75、85页。
③ 尼采:《快乐的科学》,第208—209页。

大家仍然生活在上帝的阴影中,或继续受到上帝的腐蚀,或因失去上帝而吵闹不休。上帝是如何被杀死的呢?尼采在不同著作中都有暗示,《敌基督者》集中了散见各处的格言,毫无顾忌地表述"上帝死了"的学说。

尼采尤其厌恶基督教"爱上帝和爱人"的教导。在他看来,"人对自己也是最残忍的动物","人本是恶的"。人这头野兽从来没有驯服过,罗马斗兽场中的享受,古代基督徒对殉道的迷恋,西班牙斗牛场上的狂热,普鲁士工人对流血革命的向往,日本人的自我折磨,都说明人的残忍野性。根据对人类文化底层的观察,尼采说:"为上帝而爱人""不要任何补偿地爱人类只不过是一种愚蠢和残忍行为"①。

尼采的批判以叔本华"爱即同情"的公式为前提,"同情"的德文 Mitleid 由"同"(mit)和"痛苦"(Leid)组成。尼采否定基督教之爱的主要理由是,同情不但是无益的,而且是危险的。其之所以无益是因为痛苦是个人的感受,同情既不能缓解也不能代替别人的痛苦:"无论我们怎么样想与一个不幸者分忧,在他面前,我们总有些像演喜剧似的。"②同情之所以危险是因为痛苦感是对生命意志的损害和压抑,"同情加剧并且成倍地加剧了对生命的损害,受苦本身通过同情而传染;在某些情况下,同情还有可能导致生命和生命能量的全盘损害"③。

即使基督教衰落、"上帝死了"之后,"人们也会构筑许多洞穴来展示上帝的阴影"④。基督教依然是现代堕落文化的根源:"法国大革命乃是基督教的女儿和继承者"⑤,"新教本身是德国哲学的原罪"⑥。西方人为基督教上帝建筑的洞穴还包括民族主义、国家主义、反犹主义以及社会主义、无政府主义、民主运动、男女平等、商业文化,等等。他们按照"平等"和"过分的同情精神"⑦的基督教原则,造成了大多数人统治少数强者精英的"畜群文化"。

三、虚无主义:从消极到积极

尼采的价值重估不只是对现存所有价值的否定。在《快乐的科学》中,

---

① 尼采:《善恶的彼岸》,第161、63页。
② 尼采:《朝霞》,第332页。
③ 尼采:《敌基督者》,第7节。
④ 尼采:《快乐的科学》,第191页。
⑤ 尼采:《权力意志》下卷,第1139页。
⑥ 尼采:《敌基督者》第10节。
⑦ 尼采:《善恶的彼岸》,第122页。

尼采说："我只希望在某个时候变成只说'是'的人！"①随后出版的《查拉图斯特拉如是说》中所说的承载精神重负的骆驼变成旷野之王的狮子、再变为创造新价值的孩子的"三段变化"②，暗示尼采要从攻击型的狮子变成创造型的新人。如果说他的早期著作是承载健康文化的"骆驼"，中期著作中对堕落文化的攻击是"狮子"，那么他现在要成为创造新价值的"孩子"了。

尼采认为，否定权力意志的价值是"消极虚无主义"，而增强权力意志的价值是"积极虚无主义"。"上帝死了"敲响了"消极虚无主义"的丧钟。尼采说，"上帝死了"的消息对"我们这些哲学家和'自由的天才'"而言意味着新的起点："我们的航船再度起航，面对重重危险；我们再度在知识领域冒险；我们的海洋再度敞开襟怀，如此'开放的海洋'堪称史无前例。"③"我们这些哲学家"和"自由的天才"就是他在《查拉图斯特拉如是说》中所说的"超人"，而"开放的海洋"则是"永恒轮回"。

1. "超人"

超人（Übermensch）是一个极易引起误解的概念。"超人"并不是生物进化将形成的一种新人类。当尼采说"超人"是"一个更强大的种类，一个更高级的类型"时，他是在用"比喻"说明如何从人类生命内部的"对立运动"中离析出健康的、上升的力量④。尼采用心理透视法分析人性，认为创造与排泄、精华与废料这两部分生命要素不可分割地结合在每一个人身上。尼采把人的这两部分比喻为两个"裸人"："最伟大的人和最渺小的人——这两种人彼此太相似了。"⑤

尼采把迄今为止的人类视为从希腊酒神精神中不断颓废的产物，"超人"属于未来的生气勃勃的"年轻人"。"超人"虽然属于未来，但不是现在可望不可企及的妄想。未来的"超人"与现在人内部的上升与下降、伟大与渺小、创造与颓废的生命力是相通的。在此意义上，尼采说："人之所以伟大，乃在于他是桥梁，而不是目的；人之所以可爱，乃在于他是过渡和没

---

① 尼采：《快乐的科学》，第266页。
② 尼采：《查拉图斯特拉如是说》，第2页。
③ 尼采：《快乐的科学》，第324页。
④ 尼采：《权力意志》上卷，第529页。
⑤ 尼采：《查拉图斯特拉如是说》，第101页。

落。"①从现在人类过渡到"超人"的途径在于把健康、积极的价值从现在人的生命现象中提炼出来。尼采说:"我的问题并不是:什么东西将取代人;而是:应当选择、意愿、培育何种具有更高价值的人。"②这是要培养、教育出"超人"。

在《查拉图斯特拉如是说》的"前言"中,查拉图斯特拉出于"我爱世人"的理想下山。他对世人说:"瞧,我教你们做超人。超人是大地的意义"③。经过"下山(第一卷)—上山(第二卷)—再下山/上山(第三卷)",与形形色色的相信上帝或不信上帝、追随他或反对他、有道德或无道德的人交谈辩论,查拉图斯特拉满腹狐疑地返回山上。他经过梦中启示而康复,但只能在山上向他的动物传达他的启示。

尼采在其自传中说,他之所以选择查拉图斯特拉,因为他"创造了这个最具有灾难性的错误:道德;因此,他也肯定是第一个认识到这个错误的人"④。第三卷结尾处查拉图斯特拉要纠正的错误是:

> 人类社会——就是一种试验,我如说教导——一种长期的探求;可是他们探求发号施令者!人类社会只是一种试验,而不是什么"契约",给我驳倒这些软心肠和半吊子人物的这种言论吧!⑤

2. 永恒轮回

尼采说,超人的"任务本身还另有所求——即要求他创造价值"⑥。"超人"将要创造的价值是什么呢? 1884 年再版的《查拉图斯特拉如是说》增加了第四卷,查拉图斯特拉第三次"下山—上山",在山上欢迎一群"高人"和"最丑陋的人"来访。"高人"们相信,崇拜一个死去的上帝总比没有上帝好,他们重新变得虔诚,"根据最虔诚者的证言,据说上帝是永恒的"。最后,"发生了一件在那惊人的漫长的一天里最惊人的事","最丑陋的人"说:

> 碰上今天这一天——我是第一次对我活了这一辈子感到满足了……跟查拉图斯特拉在一起过了一天,过了这一次庆祝活动,教会我

---

① 尼采:《查拉图斯特拉如是说》,第 16 页。
② 尼采:《权力意志》下卷,第 902 页。
③ 尼采:《查拉图斯特拉如是说》,第 5、7 页。
④ 尼采:《瞧,这个人》,第 147 页。
⑤ 尼采:《查拉图斯特拉如是说》,第 251 页。
⑥ 尼采:《善恶的彼岸》,第 140 页。

爱这个大地。"这就是——人生?"我要对死亡说,"好吧!再来一次!"①

在第四卷和此后的著作、笔记中,"超人"和"永恒轮回"成为同一个学说。这个学说有三个以下要点。

(1)"永恒轮回"不是时间循环的概念,不是"侏儒"表达的时间观:"一切成直线的都是骗人的,一切真理都是曲线的,时间本身就是个圆周。""永恒轮回"和"超人"一样是"大地的意义"。"大地的意义"是相对于"侈谈超脱尘世希望的人"而言的,如今"上帝死了",人们必须"忠于大地"②。就是说,人必须正视他始终生活在其中的生成变化的生命状态,接受生成创造的价值观,认识到"'生成'的总价值"与"一个受苦受难、综观万物的上帝,一种'总意识'和'普遍精神'"之间的对立③。

(2)生成变化不是表象。在尼采看来,上帝这个存在整体或最高存在者(Sein),只是人对某种"定在"(Dasein)的神化,并把这种片面、静止的定在说成真实世界,而把人们直接感知和生活在其中的生成变化事物当作虚假世界。尼采在反对区分"真实世界"与"虚假世界"的形而上学时说:"在我们废除真实世界的同时,我们也废除了虚假世界。"④剩下的只是生成变化的生命意志之流。尼采把赫拉克利特的"万物绝对而无限地重复循环"的学说概括为"肯定消逝和毁灭,肯定对立和战争,肯定生成,甚至彻底否定'存在'这个概念",并说"永恒轮回"是"狄奥尼索斯哲学中的决定性的东西",也是"查拉图斯特拉的学说"⑤。

(3)"永恒轮回"的每一个时刻都是同一的。如果像赫拉克利特那样把"永恒轮回"当作与"存在"相对立的"生成"世界观,那么就会造成一个悖论:一方面,生成每一时刻都是常变常新的,另一方面,"生成的意义必定在每个瞬间都是已经充实了的,达到了的,完成了的"。这个悖论的实质是,"永恒轮回"究竟是超人创造的价值观,还是无意志的世界观。尼采肯定前者,他说,"世界的总价值不可贬值",因而"生成在每个瞬间都是等值

---

① 尼采:《查拉图斯特拉如是说》,第383、383、386页。
② 同上书,第179、7页。
③ 尼采:《权力意志》下卷,第707页。
④ 尼采:《偶像的黄昏》,第64页。
⑤ 尼采:《瞧,这个人》,第81—82页。

的"①。这一点涉及对"超人"的两种不同解释。

如果把"超人"理解为独行索居的个人,那么他的"永恒轮回"是在毁灭中重生的人生价值。如"最丑陋的人"面对死亡的"再来一次"的满足生活。加缪后来用"西西弗神话"诠释了这种生命价值观。西西弗的命运是把巨石推上山,就在石头被推上山的那一刹间,石头滚回山下,他又要开始新的劳动,如此循环,永无止境。加缪说:"应该认为,西西弗是幸福的。"②这是对尼采"永恒轮回"的生动诠释,如果不是绝妙讽刺的话。

第二种解释是,"永恒轮回"的总价值不变,每一时刻的价值等同于其社会政治意义,那就是过去、现在和未来的等级制的永恒化。尼采在《敌基督者》中说,种姓制度是"最高的统治的律法","头等的自然法则,不为任何意愿和'现代观念'所支配"。最高种姓是完善的等级,"拥有极少数人的特权,它代表幸福、代表美、代表地上所有的善";"第二等种姓是最具有精神者的追随者,是他们的左右手,是他们最优秀的门徒";第三等种姓是平庸的大多数,"对于平庸者来说,平庸是一种幸福",他们应成为"具有公共用途的东西,成为一个螺丝钉,成为一项职能"③。

令尼采痛恨的是,由于平庸者不安分守己,学会了嫉妒和报复,要求平等,永恒的种姓制遭到破坏。他在《查拉图斯特拉如是说》之后写的《善恶的彼岸》中预言:"小政治的时代已一去不复返;下世纪将发生争夺地球统治权的战争——这是大政治的原动力。""大政治的原动力"是"超人",他们是尼采召唤的哲学家,"哲学家是负有最重大责任的人,对人类的发展负有良心上的责任——会利用宗教来训练人和教育人"。未来的哲学家价值法则的制定者,按照这个法则,强者要用"创造者、雕塑家、铁锤的坚硬",用"塑造、捣烂、锻冶拉长、烘烤、淬火和精炼"的手段,毫不留情地去除人身上的"破布条、无节制、泥土、淤泥、愚蠢、混乱"。④ 这是尼采设计的对"人类社会的一种试验"吗? 这听起来令人毛骨悚然。难怪有一种流行观点:即使不能为尼采贴上法西斯主义的标签,我们也不能否认,尼采的政治思想完全允许这种滥用的可能性。

---

① 尼采:《权力意志》,下卷,第712、707页。
② 加缪:《西西弗的神话》,杜小真译,生活·读书·新知三联书店,1987年,第161页,详见本书第211页。
③ 尼采:《敌基督者》,第57节。
④ 尼采:《善恶的彼岸》,第136、63、155—156页。

第三节　克尔凯郭尔

索伦·克尔凯郭尔（Sören Kierkegaard,1813—1855）生于哥本哈根的富商家庭,1830 年进入哥本哈根大学神学院,在校期间热衷于咖啡馆文化生活,写过一些散文,在文化圈里小有名气。1838 年他经历一次宗教觉醒。1841 年以论文《论反讽的概念》获得哲学博士学位。此后孤独而满怀激情地写作,写出了大量著作。生前发表的匿名著作有:《非此即彼》（1843）、《畏惧与颤栗》（1843）、《再现》（1843）、《哲学片断》（1844）、《恐惧的概念》（1844）、《生活道路诸阶段》（1845）、《非科学的最后附言》（1846）、《序言集》（1846）、《致死的疾病》（1849）、《基督教的实践》（1850）等。实名发表的有:《我的著作之作者》（1848）,以及基督教训导书和一些散文。英文版《克尔凯郭尔著作集》（1978—2000）共 26 卷,丹麦文版《克尔凯郭尔文集》（1997 年至今）计划出版 55 卷。

一、生存的真理

"生存"对于克尔凯郭尔来说是只能适用于"个人"的概念,既不适用于生物学意义上的"种类",也不是社会政治的"群体"。"生存"就是一个人以自己特有的方式生活,只有个人才能生存,而其他事物不能生存,因为一只羊的规定性与一群羊没有什么不同,而每一个人都有人的类本质不能包容的东西,"单个的人是一个精神的范畴",而"精神发展是自我行动,直到死亡,一个个人都在自己精神发展"①。以这样的方式,克尔凯郭尔已经提出了存在主义"生存先于本质"和"存在是一个过程"的原则。

克尔凯郭尔批评说,"成为生存"的问题在从笛卡尔到黑格尔的近代哲学中从来没有讨论过,当斯宾诺莎用完满性定义上帝必然"存在"（esse）时,他认为,越是完善就越是存在,越是存在就越完满。然而,"克利马克斯"说,"存在"没有完善性大小程度的差别,只有"是"或"不是"的绝对区分,如同哈姆雷特所说的"生存还是毁灭"的抉择。他说:"谈论更多或更少的

---

① Sören Kierkegaard, *Concluding Unscientific Postscript to the Philosophical Crumbs*, ed. and trans. Alastair Hannay, Cambridge University Press, 2009, pp. 121,299.

'是'是没有意义的。一个苍蝇的'是'跟上帝的'是'一样多。"①就是说,"完善性"是"本质"的概念,而近代哲学家把存在混同为本质,他们的哲学都是本质性的知识,而不是关于存在的知识。

为了获得"本质性的知识",近代哲学家要求知识必须有确定性,必须从怀疑开始或没有前提,必须是非个人的,不受情感和利益的影响,必须不受历史和地点的限定,必须是理论性的。克尔凯郭尔说,这些要求忘记了认知者是生存的个人,哲学家"摒弃了生存",想象"抽象的思维最崇高",而让个人自己面对生存的难题。如此,思想家面临这样的选择:或者"尽最大努力忘记他生存着",或者"把他的注意力转向生存",尽力理解"如何去做一个人"②。两者是"客观思想"与"主观思想"的对立:

> 客观思想无视思维主体及其生存,而主观思想者生存着,从根本上关切他生存在其中的自己的思维。因此,他的思维是一种不同的反思,即,对内在和拥有的反思只属于这个主体,而不属于任何其他人。③

《附言》第二部分的1—3章对客观思想与主观思想的对立作了详尽考察,兹概述如下。

"客观思想"的真理观是思维与存在的符合,存在可以是经验事物,也可以是物自体。如果是前者,那么存在就是可欲之物,而思维是生存主体的欲望,可欲物和欲望都处在生成变化过程之中,两者的符合是通过不自觉的信仰而设定的接近。如果存在是物自体,那么思维与存在是同一的,就是说,我们的观念符合观念如此认识的现实。但两者的同一性不过是对思维自身同一性以及思维能够构造生成变化的同一性的信仰。相信思维与存在相符合的客观真理"离开了主体,主体和主体性变成冷漠的东西,真理也变成冷漠的","客观反思的方式于是走向抽象思维——数学、各种历史知识,远离主观的个人,从客观的角度看,他们的生存或非生存变得无限地冷漠是完全正确的"。④

克尔凯郭尔区分了客观真理与主观真理:"当真理的问题被客观地提出时,真理被客观地反思为认知者自身所联系的对象,被反思的不是联系,

---

① 参阅《论怀疑者》,陆兴华、翁绍军译,上海人民出版社,2006年,第108页。
② Sören Kierkegaard, *Concluding Unscientific Proscript to the Philosoplical Crumbs*, pp. 252, 102.
③ Ibid., p. 62.
④ Ibid., p. 163.

而是他自己所联系的真的东西即真理。仅当他自身所联系的是真理或真，主体才在真理之中。当真理的问题被主观地提出，一个人的联系才被主观地反思。仅当这一联系如何在真理之中，这个人才在真理之中，即便这种方式把他与不真的东西相联系。"①就是说，真理存在于关系，客观真理是主体与外在对象的关系，主体关心的是外在对象是否为真。尤其是黑格尔，他创造的无所不包的客观真理体系，犹如一座巨大的宫殿，令人感到滑稽的是，他自己却不住在其中。而主观真理是主体与真理的内在关系，具体的、孤独的个体生存在主观真理之中。

主观真理不是思想体系，而是悖论。克尔凯郭尔在黑格尔辩证法的矛盾的意义上使用"悖论"这个词，在反思悖论的意义上谈论"辩证"。与黑格尔不同，他不相信辩证法可以克服悖论、知识可以扬弃矛盾、生存着的个体可以被融解在思辨的体系之中。他认为，一个生存着的个体是悖论的根本条件。因为生存者的自我和他所面对的生活是一个充满着不可调和的矛盾的生成变化过程，他不可能从这个过程中抽象出来客观地思考。悖论不能离开语言的表达，对于真理的表达问题，他说："客观的强调是说了什么，主观的强调是如何说。"②追求客观真理的人关心的是真理的内容是什么，因而可以冷漠地、客观地表述外在真理；而紧握主观真理的生存者并不在乎内容是如何真，而十分在意如何表达悖论，如何表达悖论的方式也是他们生存的方式，最有激情的表达就是那最为深刻的生存体验、那最适合于他作为单独个体的生存方式。悖论不是应被否定或避免的思想障碍，而是激发存在者的主体性的积极力量。真理对生存者不是无关紧要的冷漠，不是主观符合或接近客观，而是通过激情拥有悖论。据此，克尔凯郭尔提出了真理的定义："通过拥有最有激情的内在性而紧紧把握住的客观不确定性，这就是一个生存着的个人的最高真理。"③"客观不确定性"即悖论，"激情的内在性"即主观性，在主观性内部拥有客观性，这就是主观真理。

但是克尔凯郭尔接着说：

> 上述真理定义是表述信仰的另外一种方式。没有冒险就没有信仰，信仰正是内在的无限激情与客观不确定性的矛盾。如果我可以客

---

① Sören Kierkegaard, *Concluding Unscientific Proscript to the Philosoplical Crumbs*, pp. 167-168.
② Ibid., p. 170.
③ Ibid., p. 171.

观地把握上帝,我就没有信仰;如果不能这么做,我必须有信仰。如果我希望留在我的信仰之中,我必须时刻关注地把握那个客观不确定性,处在 7 万浔(fathom),仍有信仰。①

就是说,信仰是生存者对"上帝—人"的反思而拥有的悖论:上帝不是思想,而是创造,上帝不是生存,而是永恒,上帝不是可人被思考的本质,而是可被信赖的无限;而人是生存和思维着的个人,生存介于思维和存在之间,把两者分开,生存者不能客观地确定上帝的永恒和行动,但在激情的信仰中进入上帝的无限性。

克尔凯郭尔所说的信仰不等于基督教的信条,他反思的悖论,犹如哲学史上的德尔图良命题"我因荒谬而相信"与安瑟尔谟命题"我因相信而理解"的个人信仰。他认为,是否承认思想与信仰之间的悖论是区别有无基督教信仰的标准,否认悖论的抽象思想如同六千年前的埃及人一样,"个人在大篷车里摆脱旅行在荒野时对强盗和野兽的惧怕,今天的个人因为被上帝遗弃而对生存感到恐怖,他们只敢生活在一大群之中,紧紧依附成群众,以使自己至少是什么东西。"②。

克尔凯郭尔对一切群体深恶痛绝。他说:

> 一个群体,不管是这一个还是那一个群体,不管是现存着的还是消亡了的群体,不管是卑贱的还是高贵的群体,富人的还是穷人的群体。一个群体在概念上就是错误,因为它把个人变得彻底的顽固不化与不负责任。或者退一步说,它削弱了个人的责任感,使人的责任成为一种幻觉。③

他所批判的"群众"主要不是异教徒,而是基督教世界中的"群众"。克尔凯郭尔说,生活在异教土地上的人真诚、热烈地崇拜偶像,也比生活在基督教世界的人冷静、消极地向上帝的祈祷更接近真理④。因为异教徒把假神视为与他们生存不可分割的内在关联,他们的崇拜充满激情,这比把真神

---

① Sören Kierkegaard, *Concluding Unsoplical Proscript to the Philosoplical Crumbs*, pp. 172-172. 浔是海洋测量的深度单位,1 浔 = 1.852 米。

② Ibid., p. 298.

③ Sören Kierkegaard, *On My Work as an Author*, ed., H. V. Hong and E. H. Hong, Princeton University Press, p. 107.

④ Sören Kierkegaard, *Concluding Unscientific Proscript to the Philosophical Crumbs*, p. 169.

视为客观真理的基督教世界的群众更接近生存的真理。

在克尔凯郭尔看来,相信客观真理的人与无神论者没有两样,无神论说上帝不存在,客观真理则说上帝与生存的人没有任何关联,上帝的存在与不存在没有质的差别。但是,并非所有相信主观真理的人都有基督的信仰。按照信徒与主观真理的关系,宗教有"宗教A"和"宗教B"的区分。"宗教A"的信徒处在"与永恒幸福的关系"之中,与之相随的情感是谦让、苦难和罪责,这些消极的情感"辩证地"在信徒内心引起永恒幸福感;而"宗教性B"是"悖论的宗教性",内在的辩证是"第二性"的,它首先设定了某个确定的东西,他"比永恒幸福更亲近",同时又使信仰者感到"被抛弃","亲近"与"被抛弃"的悖论产生"新的激情"。可以说,"宗教A"是内心的宗教,上帝在信徒内心之中,信仰的消极情感与积极希望是手段与目的关系,两者在信徒内心被调和而无悖论;而"宗教B"是超越的宗教,上帝超越信徒,他以无限的爱吸引人,而人对他的信仰不能逾越从有限到无限的鸿沟,信仰是与上帝亲近与被上帝抛弃的悖论,伴随的是信赖与绝望相互矛盾的激情。悖论双方的差距越大,激情的矛盾越强烈,则信仰越坚定。克尔凯郭尔认为,"宗教A可以存在于异教和基督教,可以存在于一切人的宗教性之中"①;只有"宗教B"才是激情充溢的基督信仰,也是人的生存的最高阶段。

二、生存三领域

个人的生存不是固定的状态或一种特定的体验,而是一个"成为生存"的人生过程,这个过程包括审美、伦理,以及"宗教A"和"宗教B"等领域。关于生存三领域,克尔凯郭尔的说法是:

> 生存有审美、伦理和宗教三个领域……伦理领域只是一个过渡,它的最高表示是悔过这一否定活动。审美是直接性的领域,伦理是要求的领域(其要求如此无限,以致个人总要崩溃),而宗教是充满的领域,注意:充满不是往施舍箱里塞东西,也不是用金子装麻袋。(伦理)要求业已特地开创了一个无止境的空间,由此导致宗教的矛盾:向着8万浔高的水面同时充满欢悦。②

---

① Sören Kierkegaard, *Concluding Unscientific Proscript to the Philosophical Crumbs*, pp. 465-466.
② Sören Kierkegaard, *Stages of Life's Way*, trans. H. V. and E. H. Hongs, Princeton University Press, 1980, p.476.

三个领域虽是由低到高的三阶段(Staduim),但不是每个人必经的三个发展阶段,大多数人一辈子停留在审美领域,即使进入伦理领域也不能进入宗教领域,尤其难以进入"宗教 B"的领域。三个领域也没有界线分明的区分,每两个领域之间有"阈限域"(Confinium),生存的人兼有相邻两个领域的特征,"最后的才是真正的阶段,其他的这些阶段没有独立的存在"①。

作为反对体系的哲学家,克尔凯郭尔从未系统地论述三领域,而在不同著作中,以具体人物为典型,细腻地分析他们的内心矛盾,分别描述三领域的属性,它们的过渡、交叉,直至最后的"飞跃"。克尔凯郭尔虽然抛弃了黑格尔体系,但他至少保留了黑格尔辩证法的两个基本点:一是强调由低到高的过渡是"扬弃",二是强调内部矛盾是过渡发展的动力。

(1) 审美领域

克尔凯郭尔生前实名发表的唯一哲学作品是《我的著作之作者》,其中说道,他对基督教的哲学反思是"间接沟通"是"把人引向真理的反思性沟通"。"沟通"指人与上帝之间的沟通,"间接沟通"是必要的,两个原因使得人神不能直接沟通:一方面,上帝是隐秘的,不可能直接知道;另一方面,大多数生活在基督教世界的人通过审美作品相互沟通,不能也不愿与上帝沟通。"间接沟通"就从一般人熟悉的审美生活开始,把他们引向上帝。②克尔凯郭尔死后发表的自传《我的著作之作者观点》中还说:

> 我像是一个有高级用途的密探,为观念服务。我没有新东西要宣讲,没有权威,自己隐藏在伪装中。我不径直行事,却有间接的狡猾。我不是圣人,我是密探,在暗中监视中,学着知道所有不真实的行为、幻想和可疑角色;当他检查这一切时,最细心地检查他自己。③

他特别强调《勾引者日记》是"一本极大的真诚之书"④。

1840 年克尔凯郭尔与名媛奥尔森订婚,次年执意解除婚约,原因并非不爱她,相反,他在私人日记中写道:"我爱她,我从来没有爱过别人,我也永远不会再爱别人"⑤。为什么不愿与最爱的人结婚? 他在解除婚约后不

---

① 克尔凯郭尔:《非此即彼》上卷,京不特译,中国社会科学出版社,2009 年,第 79 页。
② Sören Kierkegaard, *On My Work as an Author*, pp. 7-8.
③ Ibid., p. 87.
④ Ibid., p. 92.
⑤ 转引自汝信:《克尔凯郭尔文集》中文版序,《非此即彼》,上卷,第 6 页。

久写的《勾引者日记》中提供了答案。化名为"约翰纳斯"的"勾引者"就是克尔凯郭尔本人,"借助于他的精神天赋,他知道这样去引诱一个女孩,去吸引她,而没有想要去在严格的意义上占有她"。他在勾引女人的同时也被女人所勾引,在自己堕落的同时也使别人堕落,好似在内心深处迷失方向的人,"我无法想象还有什么比一颗机关算尽的脑袋失去了对机关的控制更为痛苦的折磨"。为了摆脱毫无目标的忙乱,"勾引者"在被他勾引的女人身上看到了迷人的美丽,与她订婚。然而,订婚没有使他满足,因为"在审美的天空下一切都是轻松、美丽、短暂的,而当伦理参与进来时,一切就变得艰难、生硬、无限地无聊乏味"。他对订婚和结婚的反思得出的结论是,结婚是为他人而存在,而不是单个人的"生存",对女人尤其如此:"女人是朵花"意味着"她身上精神性的东西是以一种植物的方式在场的。她完全处在自然定性之中","女人是实体,男人是反思"。但是,"'为他者的在'一向就是瞬间的事情"①,而爱情所爱的是"无限",爱情所畏惧的是"界限",因此他决意解除婚约。此后,"爱情"变成他对上帝的无限的爱:"一切有限的和世俗的东西都被忘记了,只有那永恒的东西剩下,爱的力量,它的渴慕,它的至福。"②从订婚到解除婚约这段经历中,克尔凯郭尔体验了从审美、道德到宗教的三个领域的生活,这成为他写作生活的新开端。

《非此即彼》第一部分"那些直接的爱欲阶段或者那音乐性的爱欲阶段"中的唐璜则是始终停留在审美领域的典型人物,他的生活被肉欲所支配。唐璜对女人是绝对的胜利者,从村姑到60岁的风骚老妇他都勾引,还能使她们感到幸福。性爱对他是持续不断的重复,看到她和爱她是一码事,刹那之间,一切结束,然后是同样瞬间的无尽重复。一般认为,莫扎特的乐曲《唐璜》是同题材的最高典范,克尔凯郭尔却认为莫里哀的歌剧《唐璜》高明得多。他不同意当时流行的叔本华关于无语言的音乐是最高艺术的观点,认为只有走到语言王国的边境"以便去发现音乐"。音乐中唐璜的勾引瞬间即成,做起来比说起来还要快,翻一个筋斗即把少女变成少妇。但莫里哀的歌剧有内在结构,"一旦他说一句台词,一切就全被改变了"。歌剧的第一幕唐璜的仆人歌咏主人的伟力,最后一幕石像现身

---

① 克尔凯郭尔:《非此即彼》上卷,第384、386、45、52、522页。
② 同上书,上卷,第533、535页。

向唐璜索命，"莫里哀的唐璜比莫扎特的唐璜更为道德化"①。克尔凯郭尔后来在《附言》中说："悲剧是受苦的矛盾，喜剧是无痛的矛盾。"②喜剧的幽默是对审美者的自嘲，它揭示出享乐与痛苦、满足与空虚的矛盾。以爱美之心追求无穷的官能享受的人总是不得满足，在达到一个目标以后又有新的追求，最后变成一场无目的的游戏，感官刺激在百无聊赖的重复中变成空虚而又痛苦的煎熬。严格地说，审美不是一个生存领域，因为感性的(esthetic，即审美的)个人要依赖他人才能存在，但审美的幽默却指向了生存或不生存的抉择：人可以在官能享受中自暴自弃，或者超越官能享受，做一个有道德的人。

（2）伦理领域

在伦理领域，人的生存为道德准则所支配，追求普遍性、理性，以"善"为人生目标。伦理领域的典型人物是苏格拉底。有道德人的相信自己的意志和理性能克服自身弱点，相信道德自律和自我完善的可能性。但是，苏格拉底是悲剧式人物，他被他所热爱的人民杀死。苏格拉底本人明白伦理生存的悲剧命运，苏格拉底的名言"我知道我一无所知"表达了道德人不可能实现道德律、获得完善的德性的矛盾；他的反讽是揭示伦理领域善的理想与恶的现实之间不可克服的矛盾。《论反讽的概念》指出了反讽的三个特征：第一，"反讽的矛头可以指向整个生存"，它坚持本质与现象、内在与外在、一般与个别的对立，可任意用一个方面怀疑另一方面，因而是"主观性的自为存在"；其次，"反讽本质上是实践的"，"反讽所关心的不是事物，而是他自己"；第三，"反讽意识到生存是毫无实在的，从而提出了和虔诚的心灵同样的命题"，即"永恒实在的东西将显现出来"③。反讽背后的"永恒实在"实际上是宗教领域的上帝，他的无知是《旧约》中"敬畏主是智慧的开端"（《旧约·诗篇》111:10）的希腊版；但苏格拉底的反讽为伦理过渡到宗教作好了准备，他却没有完成这个过渡。因为

> 古希腊的理智性太幸福、太天真、太审美了、太反讽了、太诙谐机智了，也就是说，太有罪了以至于无法理解人竟然可以有意不行善，或明知什么是对的，却去做那不对的……希腊文化建立了一种"理智性的

---

① 克尔凯郭尔：《非此即彼》，第 71、112、121 页。
② Sören Kierkegaard, *Concluding Unscientific Proscript to the Philosophical Crumbs*, p. 431.
③ 克尔凯郭尔：《论反讽概念》，汤晨溪译，中国社会科学出版社，2005 年，第 221 页。

绝对命令"①。

(3) 宗教领域

克尔凯郭尔说，通过罪的概念，"基督教决定性地在质的意义上与异教区分开了"②。罪的概念或学说仅仅是基督教的开始，它为信仰者面向上帝跳跃进入宗教领域准备了前提条件。宗教领域信仰者的典型是《旧约》中的阿伯拉罕。他听从上帝命令，准备牺牲儿子以撒。亚伯拉罕对上帝命令的回应可被概括为三个悖论。首先是伦理与宗教的悖论："伦理的表述是，他想要谋杀以撒；而对之宗教表述是，他想要牺牲以撒做献祭。"其次是信仰与被弃绝的悖论：依赖对上帝应许的信仰，亚伯拉罕100岁得到以撒，希望成为现实；而上帝命令他献出"你独生的儿子，你所爱的以撒"（《旧约·创世记》22：2），这无异于弃绝了他的现实性。再次是个体与普遍性的悖论：荷马史诗中的阿伽门农为平息神的愤怒而祭献女儿，《旧约·士师记》中的耶弗他为信守对神的诺言而祭献女儿，罗马史书中的布鲁图斯按照法律而杀死自己的儿子，他们为了民族利益而牺牲私情；亚伯拉罕祭献独生子却没有任何理由，"不是为了拯救一个民族，不是为了强调国家理念，他这样做，不是为了去与发怒的诸神和解"，"亚伯拉罕逾越了'那普遍的'"最后是沉默与抒发的悖论：亚伯拉罕默默无言地忍受心灵的颤栗，他没有对妻子撒拉、忠实的仆人以利以谢和儿子以撒说任何话，"他的处境是一种'宗教意义上的内心冲突'，因为对于在他所逾越的'那普遍的'之上'那普遍的'，他没有更高的表达词"③，他在举刀的最后时刻仍然保持沉默；他的沉默既不是大理石雕像体现的希腊悲剧效果，也不是苏格拉底临死前大义凛然的悲剧英雄，而仅仅是因为听从上帝的声音。

亚伯拉罕身上的悖论体现的是宗教"对'那伦理的'目的论的悬搁"。他所悬搁的是无限的放弃，而获得的是信仰。④

> 无限放弃是信仰之前的最后一个阶段，每一个不曾作出这一运动的人都没有信仰；因为只有在无限的放弃之中我才不会在我的无限的有效性中对我自己而言准备就绪，并且只有在这时才谈得上"依据于

---

① 克尔凯郭尔：《致死的疾病》，京不特译，中国社会科学出版社，2013年，第508页。
② 同上。
③ 克尔凯郭尔：《畏惧与颤栗》，第22、55、56页。
④ 同上书，第53页。

信仰去抓住生存"。①

亚伯拉罕"作为单个的人而变得比'那普遍的'更高",他不是悲剧英雄,他为了上帝而越过了阿伽门农、耶弗他和布鲁图斯这三个伦理权威,被人称为"信仰之父",他在上帝声音中畏惧和颤栗的激情无法言表,也不能对人说,如果"有一样东西在不同的人生之中都是相同的,那么我们所说的这东西就是激情,在激情之中所有人生都是相同的,而信仰就是激情"②。

三、恐惧与绝望

既然基督徒既可以属于"宗教 A",也可以属于"宗教 B",这两种意义的基督徒关系如何?克尔凯郭尔在《恐惧的概念》和《致死的疾病》两书中作了具体阐述。前书首先从心理学角度解释基督教的"原罪"教义。据他分析,当上帝命令亚当不能吃善恶树上的果子时,亚当其实并没有善或恶的概念,有的只是恐惧,因为他是自由的人,恐惧是有限的人面临自由的无限可能性的生存体验。罪不是人自由选择的产物,而是恐惧向下的跳跃。"跳跃"是突如其来、不可解释的,"新的'质'伴随着'那最初的'、伴随着'跳跃'、伴随着'那谜一样的东西'所具的突然性而出现",正如使徒保罗所说,"罪从一人入了世界"(《新约·罗马书》5:12),是谓"原罪"。从此,世人都处于罪的状态之中。

虽然恐惧本身不是罪,但罪加重了世人的恐惧。因为只有罪人才有善恶之分,只有知道了善恶之分才有恐惧,亚当因自由而畏惧于是变成了世人的恐惧。克尔凯郭尔区分了不同层次的恐惧。首先是只知道快乐的乐观主义及其继承者"基督教中的异教"的无精神性,"虽然在'无精神性'之中没有恐惧,但恐惧还是在的,只是等待着"③。其次是异教对命运的恐惧,命运是外在于精神的乌有,"'命运'是'恐惧'之'乌有',因为一旦'精神'被设定,'恐惧'就被取消"。再次是犹太教对'罪责'(guilt)的恐惧,罪责无所不在,不断重复,"而这'重复'的更进一步后果则会是一种纯粹怀疑——一种作为'对牺牲行为本身的反思'的纯粹怀疑"。最后是基督教对"那恶的"即

---

① 克尔凯郭尔:《畏惧与颤栗》,第 36 页。
② 同上书,第 61、62 页。
③ 克尔凯郭尔:《恐惧的概念》,第 288、289、295、338、332 页。

魔性的恐惧,"那魔性的是一种'不自由'",是"'那内闭的'和'那非自愿地公开的'";人因对魔性的恐惧而在内心生悔,"悔把'罪'的后果解读为苦罚,而把'迷失'解读为'罪'的结果。它迷失了,对它的审判已经被宣告了,对它的定罪确定了,并且判决被加重;这'个体'将被拖扯着,通过一生,最终被拖到行刑地点。换句话说就是,'悔'已经变得疯狂了"。如何摆脱恐惧呢?只有一条道路,那就是生存的个人向上的一次跳跃,才能摆脱向下一次的跳跃所造成的恐惧,回到给予他无限自由的那个创造者。①

《致死的疾病》进一步说明,恐惧不足以使信仰者向上帝跳跃,只有当恐惧发展到绝望才有向上跳跃的可能。绝望是这样的主观意识:

> 作为罪人,人被与上帝区分开,分界线是"质"张开大口的深渊。当然,当上帝赦免诸罪的时候,上帝又以同样的"质"的裂开豁口的深渊与人区别开来。②

面对人的罪与上帝恕罪之间深不可测的渊薮,罪人对上帝或者冒犯,或者信仰。

冒犯有三种形式。第一种是无知的形式,置身于上帝的恕罪之外,即把上帝视作与人的罪无关的客观对象。这一形式实际上指客观思想家的冒犯。第二种是否定的形式,信仰上帝但不相信上帝的恕罪,如同一个打工者被告知国王要招他当驸马,他认为这一定是个玩笑,别人也拿这个好消息戏弄他。这一形式实际上指"宗教 A"的追随者的冒犯,他们在恐惧中自寻出路,不愿或不敢接受上帝的恕罪。更有甚者是肯定形式的冒犯,"它宣称基督教为非真相和谎言,它要么是以幻影论的方式要么是以理论性的方式拒绝基督","这种形式的愤慨是反对圣灵之罪",是"罪的最高强化"③。

基督的信仰者的绝望因冒犯而成为绝对的悖论:他一方面意识到人与上帝之间无限的质的差距,另一方面意识到上帝其实离他非常亲近,恕罪之爱是唾手可得的赠予。他的信仰是生存者直面上帝的选择,从深不可测的渊薮向慈爱的上帝冒险一跃,不但因信仰而满怀信心和欢悦,而且超越了生存中的无限和有限、永恒和有朽、必然和可能的悖论而实现了真正的自我。

克尔凯郭尔的思想是反潮流的,不合时宜的。但是,20 世纪的人发现

---

① 克尔凯郭尔:《恐惧的概念》,第 288、289、295、338、332 页。
② 克尔凯郭尔:《致死的疾病》,第 549 页。
③ 同上书,第 557 页。

了他思想的价值。在神学领域,卡尔·巴特在新保守派的开山之作《罗马书释义》的序言里承认,如果说他有什么思想体系的话,那不过是对克尔凯郭尔所说的人与上帝之间"无限的质的差别"的观点的再认识。①在哲学上,克尔凯郭尔对个人的生存、主观真理的推崇,对快乐、痛苦、焦虑、恐惧、绝望等个人体验细致入微的分析,以及"间接沟通"的文学表现手法,被认为是存在主义的先驱。

第四节 柏格森

亨利·柏格森(Henri Bergson,1859—1941)出生于巴黎的犹太人家庭,1881年毕业于巴黎高等师范学院,后任中学教师,1897年起任巴黎高师哲学教授。代表作有《时间与自由意志》(1889)、《物质与记忆》(1896)、《笑》(1900)、《形而上学导言》(1903)、《创造进化论》(1907)和《道德与宗教的两个来源》(1932)。1941年1月,纳粹德国占领军强迫巴黎犹太人登记,柏格森在寒风中站立数小时,罹患肺炎。他与前来探望的人若无其事地谈哲学,最后像平常下课时那样说:"先生们,五点钟了,课程到此结束。"言毕溘然辞世。

本章前述三位哲学家都对"哲学教授"抱有敌意,柏格森却是显赫的学院派哲学家,担任法兰西科学院院士,法国政治和精神科学院院长等要职;他还是国际活动家,一战时代表法国出使美国,促成美国总统参战,战后担任国际联盟设在巴黎的"国际知识文化合作委员会"(二战后改为联合国科教文组织)的主席。1927年获诺贝尔文学奖,柏格森在写给评委会的信中说:"诺贝尔奖的尊严在于理想性和国际性",激发崇高活力的作品是理想主义的,而各国心灵共同体的理智价值是国际性的评价标准。这也是他对自己著作的自我评价,他一方面用"生命冲动"提升精神力量,另一方面按照知识界的理智标准肯定科学技术和国际社会的进步。如果说他是非理性主义者的话,那是对近代知识论中以机械论为模式的理性主义的批判和改善,而不是对理性的全盘否定。

---

① 卡尔·巴特:《罗马书释义》前言,香港汉语基督教文化研究所,1998年,第17页。

一、意识和绵延

柏格森的博士论文的题为《意识材料与自由》(英译本改为《时间与自由意志》)。这本书的主题是从分析意识材料入手，区分两种时间：纯粹时间和物理时间，纯粹时间构成他的哲学的基础——绵延。柏格森把构成意识的材料分为两类："情绪性感觉和表象性感觉"①。他吸收了心理学的新近研究，认为感觉是神经系统的运动，对某个特定刺激的特定反应产生表象性感觉，而多种刺激引起的神经系统内持续多变的运动是情绪性感觉。这两类感觉都是杂多的意识材料，但不同类别的杂多材料之间的关系却大相径庭，两者的差别主要表现为两点：一是衡量材料强度的方式不同，二是连接材料的方式不同。

表象性感觉的强度可由刺激它产生的原因来衡量，比如，"较强的光感无疑是较多的光源产生的"②；再如，

> 拔牙齿时受到的痛觉比拔头发时的痛觉强烈；艺术家毫无疑问地知道，大画家名作给他的愉悦比店铺招牌给的强烈；弄弯一片薄钢片比弄弯一根粗钢棍所费的力气要少些。③

这些意识材料的强度可以用同一个标准衡量，因此可被量化，用数字规定其强度的大小。情绪性感觉如渴望、嫉妒、同情、欢乐、悲伤等，有着质的差异，不可能用同一标准衡量，比如，不能说恋爱的欢乐比失去亲人的悲伤更强烈，也不能说对自己需要的渴望的强度不如对他人的同情。质的差异使这一类意识材料不能被量化。

按强度能否被量化来衡量，有两类意识材料不同的连接方式。可被量化的表象性感觉被安排成数字的系列，如同一根直线把一颗颗珍珠连成一串。柏格森强调，异质的意识材料不能被想象为前后持续的直线系列，它们是一个接着一个地涌入、激发或返回、再现的连续状态，由此造成的是神经、肌肉和情绪之间不可分割的同步变化。以审美情绪为例，柏格森说：

> 急促不连续的动作之所以不优美，正是因为每个这样的动作是自

---

① 柏格森：《时间与自由意志》，吴士栋译，商务印书馆，1989年，第22页。
② 同上书，第3页。
③ 同上书，第4页。

足的而不预报后来会有什么动作,曲线之所以比断线优美,正是由于曲线时刻在转变方向,每个新方向都被前一方向指示出来。这样就发生了一种转变:原先我们在运动中看见轻松;一转变,我们掌握了时间的川流,在现时中把握住了未来,因而感觉愉快……当优美的举动表现又有音乐伴奏时,就有了第三种因素加入……整个动作的节奏已经完全支配了我们的思想和意志,这样就有了一种在动作上的同情加入到优美感里去。我们若分析这种同情的动人之处,我们就会发现它之所以讨人喜欢,乃是由于它和道德上的同情是性质相似的……这种同情正是高级优美的要素。这样一来,我们就把审美感之一系列的由小到大的强度分析为同样长短的系列有质的差异的情感;这系列中的每种情感都由在先的一种情感带路,继而出现于前驱情感中,然后取而代之。①

意识材料的两种连接方式是两种不同的时间观念。连接可量化的意识材料的方式正是传统哲学家把时间想象为前后相连的点组成的一条直线的观念;如果说,直线是时间的形式,那么意识材料就是充实这条直线上前后持续的点的内容,因此构成了过去、现在和将来的意识状态。而连接异质的意识材料的方式则是柏格森所谓的绵延(duration)。绵延是意识材料不可分割的连续的流动状态,在绵延状态中,分别不出前后彼此的界线,连续出现的每一个状态相互渗透,每个当下发生的状态都包含了过去,预示着未来,而与另外状态有质的差异。意识的这种绵延状态就是时间之流。

柏格森强调,绵延是真正的时间,而用直线想象时间是时钟的计数时间。计数时间是物理时间,它用物理学方法,用空间来想象时间,从而把时间分解为一系列独立的、连贯的单元加以计算。物理时间是把绵延空间化、数量化的结果,好比是电影放映机的放映效果,一帧帧胶片在放映中看起来是连续的画面,但每一帧胶片是人为割裂的静止图象,利用人们视觉的短暂中止而制造出连续的效果。同理,物理时间是把绵延之流分割成固定的、静止的、有形的单元并加以连接的结果。

柏格森不否认物理时间在科学和日常生活的用途,但强调物理时间在哲学上是不合理的,它表面的连续性实际上是无限可分的瞬间,微积分的计

---

① 柏格森:《时间与自由意志》,第8—9页。

算可以保证物理时间的用途,但不能解决芝诺关于时间无限可分的悖论,因此不能保证自身的真实性。康德的时空观试图为数学衡量时间提供哲学证明,由于他混淆物理时间和绵延的差别,结果造成关于决定论与自由意志的二律背反。现在只有承认无形的、超空间的绵延是真实的意识状态,才能认识到人的精神是自由意志。

二、形象与世界

柏格森关于两种时间的区分提出了一个问题:绵延的意识状态如何产生对外部世界的认识?《物质与记忆》在绵延的基础上综合了传统哲学关于精神与物质、身体与心灵、唯心论与实在论的对立。这些对立的综合需要一个中介,这个中介就是柏格森所说的形象(image)。他说:"我们所说的形象,是这样一种存在物,它大于唯心论者所称的'表象',而小于实在论者所称的'物体',它是一种介于'物体'与'表象'中间的存在物。"这是说,表象和物体只是大小程度不等的形象,而不是根本的对立。柏格森对"物质"和"知觉"的定义是:"我把物质称为形象的集合,把对物质的知觉看作与物质完全相同的形象,它们涉及一个特殊形象(我的身体)的最终动作。"[①]

但把"物质"和"知觉"归于表象并不能调和唯物论(即柏格森所说的实在论)和唯心论。唯心论者贝克莱把物质当作心灵所感知的形象,而唯物论者则把知觉作为身体对物质刺激所作的反应。问题的关键因此变成:知觉的主体是心灵还是身体?笛卡尔以二元论的方式提出这个问题,导致了唯物论与唯心论的对立。柏格森看到,对立的每一方的前提都蕴涵着另一方的结论。唯心论以心灵为中心解释对物体的知觉,然而所有知觉之间的融会贯通把物体综合为一个物质世界。反之,唯物论把身体作为物质的一部分,但物质刺激引起的身体知觉最终由大脑控制,物质世界变成以大脑为中心的知觉内容。

柏格森从当时生理学家和心理学家的研究出发解决身心关系问题。他们研究了神经系统内的双向运动:输入神经把激动传输到中枢神经,然后输出神经把中枢神经中的激动导向边缘。心灵和身体分别是这两种神经运动

---

① 柏格森:《材料与记忆》,肖聿译,华夏出版社,1998年,第1、12页。汉译本中的"材料"(matiere)应改为"物质"。

的衍生物:输入神经的向心运动在中枢神经中衍生关于外部世界的表象;输出神经的离心运动衍生身体一部或全部的运动。柏格森认为,大脑和神经系统并不是制造形象的机器,相反,"输入神经是形象,大脑是一个形象,感官神经传输的、在大脑增生的激动也是形象";如果认识到身体是"特殊形象的结构"①,那么神经系统的双向运动不过是以身体为中心的知觉,而心灵和身体活动分别处于知觉过程的两端。

在知觉初始活动的开端,柏格森设定了"纯粹知觉",它是过滤掉所有与身体有关的形象而剩下的孤零零的形象,唯心论者称之为心灵。"纯粹知觉"只是一个虚拟空间,一个理论假设,它的作用在于使我们认识到具体知觉如何在意识中发生,虚拟空间如何变成真实时间,最终导致身体的行动。具体知觉的功能是选择,它从身体周围环境中选择对身体有用的形象,被选择的形象最终将成为身体行动的动力或者成为指引、暗示身体行动的符号。形象的动力被唯物论理解为物体对身体的刺激,而形象的符号则被理解为"物质"实体。意识的知觉活动与身体活动相一致,表明意识与身体不是对立的,而是看待不同程度的形象,被知觉的意识是从作为世界的形象集合中选择出来的形象,而身体则是被激活和强化了的形象的行动。

重要的是,形象是时间中相互关联的连续体,知觉对当下出现的形象的注意,伴随着对过去形象的记忆,以及对未来行动的形象的情感。在记忆中,过去的形象提醒着现在,预示着未来。他说:

> 如果记忆是存活下来的过去形象,那么这些形象肯定会不断地与我们当前知觉混合在一起,甚至会取代当前的知觉。因为如果它们存活下来的目的在于用途,它们在每一瞬间都参与完成我们的当前体验,用已经获得的体验丰富当前的体验。由于以往体验在不断增多,其结果必然是它渐渐覆盖或淹没当前体验。②

柏格森说:"记忆恰恰是大脑与物质的结合部"③,记忆是他解释身心相统一的关键。记忆被分为两种:形象记忆和机械记忆。形象记忆存在于形象之中,形象固然不能离开大脑而存在,但大脑不是记忆的储存器,而是起

---

① 柏格森:《材料与记忆》,第9页。
② 同上书,第51页。
③ 同上书,第4页。

着电话交换机和过滤器的作用,大脑的记忆功能来自意识知觉和保存形象的能力,它只保留那些与身体及其将来行动有关的形象,通过大脑的记忆功能,意识活动和身体活动保持一致。反复出现的记忆形象与身体关系如此密切,以致变成身体器官的习惯,这就是机械记忆。机械记忆只记住结果,不需要记忆或忘记过程,如同习惯性的走路动作只记住目标,而忽视步伐。机械记忆把形象从知觉过程之中变成过程之外,好像是吸引或阻碍身体行为的物体。一切有机生物都有记忆,比如,心理学家用动物做实验,得出这样的结果:饥饿的动物所见的只有可吃的和不可吃的东西,正在逃命的动物眼里看到的只有可藏匿的或不可藏匿的场所,这可用机械记忆只记住身体行为的目标来解释。人类的形象记忆与机械记忆作为同一种记忆活动的不同程度的区别,表明"内在"与"外在"不是对立的,"意识"和"物体"之间没有不可逾越的界限。

《物质与记忆》中讨论的知觉和记忆的形象只是认识绵延的一种方式。柏格森在《形而上学导言》中谈到三类形象。首先也是主要的一类是知觉和记忆的形象,它们犹如展开的卷轴,又像是不断把线缠绕到线团上,"但它既非展开又非缭绕","因为超出第一个瞬间的第二个瞬间总是包含了第一个瞬间遗留给它的记忆。可以体验到两个同一瞬间的记忆必定是无记忆的意识"。第二类是颜色的形象,"光谱的连续的色调总是彼此处于外在关系,它们是空间中的并列"。第三类是无限小的有弹性的物体,可被压缩为一个点,这个点可作不断延伸的线,但是,"可以分割的东西不是运动的动作本身,而毋宁说是静止的线"。总之,这三类形象"每一个都是不充分的","任何一个都不能代替绵延的直觉","因为绵延是处于创造中"①。

三、生命之流与直觉主义

《创造进化论》对《物质与记忆》间接认识的绵延作了形而上学的解释。柏格森对形而上学的中心概念"存在"作了新的诠释。在他看来,存在不是实体,既不是精神,又不是物质的实体;存在只是流动和变化。从巴门尼德、芝诺时起,存在被当成生成的对立面。从字面上分析,"生成"(becoming)是正在进行中的、尚未完成的存在(coming to be),是既非存在,又非不存在

---

① 柏格森:《形而上学导言》,刘放桐译,商务印书馆,1963年,第6、7页。

的"半成品"。柏格森说,正是这种拘泥于语词而不切现实的存在的概念造成了否认变化和运动真实性的芝诺悖论,一直困惑着西方哲学家。他说,在现实中,运动变化比事物更恒久、更实在:"没有已造成的事物,只有正在创造的事物;没有自我保持的状态,只有正在变化的状态"①;"一切都在不断生成,而生成本身即是实体,无须何物支撑,不复有惰性状态,不复有僵死的事物,有的只是运动,生命的稳定性即由运动构成"②。与我们意识之流的绵延有内在联系的"别的实在"就是"生命之流"的绵延。

柏格森把自己的理论与当时流行的形形色色的进化论区别开来。他说,"斯宾塞的伪进化论"把物质还原为原子、把精神还原为生理反应,是机械论的进化论。莱布尼兹的物活论把事物和生物看作实现"预定和谐"的计划,属于目的论的进化论。柏格森批判了达尔文进化论的消极方面,他认为"生存竞争和自然选择"把现存的物种看作微小差异积累产生的偶然秩序。他比较赞赏强调个体努力可以遗传的拉马克主义,但要求"在比新拉马克主义者设想的更深刻的心理意义上理解'努力'这个词"。他把"努力"理解为"存在在于变化,变化在于成熟,成熟在于不断自我创造"的生命历程,故曰"创造进化论"。③

生命进化和创造的力量从一开始就在自身之中,即使最初的生命形态也有"一种神奇的内在冲动"即"生命冲动"(l'élan vital),"最终,这种冲动把它们提高到生命的最高形态"。生命冲动是冲破阻力的冲动,由于阻力的反作用,生命冲动不能一路直行,而是分裂成两种"倾向"。柏格森用大炮发射的炮弹炸成的碎片形容生命冲动形成的"生命碎裂为个体和物种",又用高压蒸汽喷射落下的水珠比喻说:"生命库必定不断地喷射出生命流,每个落下的生命水珠都是一个世界,生物物种在这个世界内的进化表示继原始喷射的原始方向之后,以及与沿着物质性的相反方向继续前进的进化冲动以后存在下来的东西。""但是,"他补充说,"我们对这种比喻不必太认真。"④因为生命进化不只是"向上"和"向下"两个倾向,"向上"和"向下"也不只是"精神"和"物质"的对立。柏格森说明的进化过程是,最初生命冲动分裂为两个倾向,每一个倾向继续分裂出来两个分支倾向,直到人类产生,

---

① 柏格森:《形而上学导言》,第29页。
② 陈启伟主编:《现代西方哲学论著选读》,北京大学出版社,1992年,第48页。
③ 柏格森:《创造进化论》,姜志辉译,商务印书馆,2004年,第5、54、70、13页。
④ 同上书,第87、86、206页。

只有人才能进行精神的创造。柏格森关于"一分为二"的生命进化过程可被概括为三个阶段。如下图所示：

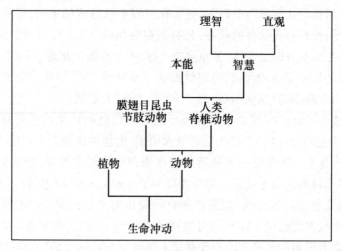

第一阶段是植物与动物的分化，两者打破了原初生命体中运动性和不动性的平衡；"在植物界，天平向不动性倾斜，在动物界，天平向运动性倾斜。这两种对立的倾向明显地导引两种进化"①。植物的进食方式把直接从气、水和土壤吸取营养的生命功能发展到极致，动物继续在分化中进化。

第二阶段是脊椎动物与节肢动物，两者用两种不同倾向发展运动器官，节肢动物的运动器官多，每个器官有特殊功能，运动灵活性强，易于逃避和攻击；而脊椎动物的运动器官集中在两对肢体上，肢体的功能分工不明显，人类的手是最完全的运动肢体，可以完成任何工作。"节肢动物的进化在昆虫尤其是在膜翅目昆虫中达到最高点，而脊椎动物的进化在人类中达到了最高点。"②

在人类身上，进化达到最高点。在此之前，"在其大部分表面上，在不同的高度上，生命之流被物质转化为在原地打转的漩涡"，它只在人类这个"惟一的点上自由奔腾，拖着障碍，障碍使它的前进步伐变得沉重，但不能阻止它的前进"；人类进化有智慧和本能两种倾向，智慧和本能都是"预先存在的灵魂"，经过许多溪流，汇合成生命的大河，最后流在人的身上。所

---

① 柏格森：《创造进化论》，第95页。
② 同上书，第114页。

不同的是,"智慧朝向意识,本能朝向下意识";①或者说,智慧显现为意识,而本能遮蔽意识。"大自然赋予我们智慧,其本质就是制造工具"②,"所以人类不是'智人'(homo sapiens),而是'工人'(homo faber)"③。工具是人的身体的延伸和加强,在发明和制造工具的过程中,人与身体相关的意识发展为理智。理智的特征是分析,是从整体到部分、从运动到静止的几何与逻辑的方法。科学的方法是理智,理智认识的对象是空间中的事物,使用的媒介是概念化的语言,科学把意识截成一段段同质、并列的事物的系列,以便发现它们之间的因果关系,科学具有巨大的物质力量,但科学摆脱不了机械论、目的论与决定论。

理智对科学技术和日常生活不可或缺,但理智不能把握生命的本质——绵延。只有直观的方法才能把握绵延。柏格森说:"所谓直觉,就是一种理智的交融,它使我们置身于对象之内,以便与对象中那个独一无二、不可言传的东西相契合。""理智的交融"相当于康德所说的理智直观,但康德说人类不可能有理智直观,柏格森说康德犯了一个大错误,理智直观之所以可能,在于它是对事物本身(即康德所说的物自体)的直觉,"使自身处于运动的东西中并把握了事物的生命本身"。④康德的感性直觉尚无自我意识,而柏格森的直观在自我的核心内观意识的绵延,并与生命的绵延运动相契合。

直觉可以通过意识的形象这个中介,但要在深度和"具有某种类似第四维度的东西,使先前的知觉仍然与现在的知觉联系着,并使直接的未来本身变成已在现在被部分地勾勒出轮廓的东西"⑤。知觉不妨借助语言,但那不是一个个字符的串联,而是一支我们沉湎于其中的悦耳的乐曲。直观的不是"恍如牧竖临卧川,睡眼朦胧看水流"的静观⑥,而是哲学家沉思和艺术家创作的活水源头,他们是对生活实际和物质方面"心不在焉"的理想主义者,"当他们看一个事物时,他们看到的是那个自为之物,而不是为我之

---

① 柏格森:《创造进化论》,第223、122页。
② 柏格森:《道德与宗教的两个来源》,王作虹、成穷译,贵州人民出版社,2000年,第270页。
③ 柏格森:《创造进化论》,第118页。
④ 柏格森:《形而上学导言》,第3—4、33页。
⑤ 陈启伟主编:《现代西方哲学论著选读》,第72—73页。
⑥ 洪谦主编:《现代西方哲学论著选辑》上册,商务印书馆,1993年,第170页,参阅《形而上学导言》第25页。

物……他们是为知觉而知觉,不为任何目的而知觉,只为喜欢这样做而知觉";而"我们愈是专注于生活,我们就愈少乐于沉思,行动的需要限制了我们的视野"。哲学家和艺术家对生命本身的直观把我们从只关注生活需要中解放出来,扭转了理智思维的习惯,给予人类进化新的创造力。在直观中,

> 在我们的知觉中被冻僵不动的东西又暖和过来,运动起来了。我们周围的一切都复苏了,我们之内的一切都重新赋有生机了。一个伟大的冲动力推动着万物。我们感到自己被这个伟力激动得精神昂扬,陶醉入迷,被它牵引进去,我们现在更富于活力了。①

传统的形而上学把世界看作不变的实体,沉溺于理智的方法,其错误在于混淆了绵延和广延、连续和连贯、质和量,最后被科学所取代,被日常生活所鄙视。柏格森在形而上学面临危机的时刻,极力恢复形而上学的权利。他说,直观方法"可以既克服唯心主义,又克服实在主义"②,"唯一有效的形而上学只会是一种直观形而上学"③。不过,他并不想恢复哲学的"科学女王"地位,哲学和科学应当相互支持、共同发展,因为两者都是进化创造最高成就的智慧,"一种真正的直觉哲学,必能实现人们渴望已久的这种形而上学与科学的统一"④。

四、封闭社会与开放社会

《创造进化论》主要论述理智和直觉,而把人类本能当作下意识。他在该书的开始说,虽然"大脑的机制都是为了把差不多全部的过去压抑到无意识之中",但"只有那些十分难忘的回忆才暗中穿过微开的意识之门,这些回忆是无意识的使者,它们向我们指出我们后面拖着的东西",让我们"朦胧地感觉到我们的过去仍然在我们的现在之中",告诉"我们究竟是什么?什么是我们的性格?"⑤直到25年后发表的《道德与宗教的两个来源》中,柏格森才对本能的下意识如何影响我们的现在这一问题作了全面回答。

---

① 陈启伟主编:《现代西方哲学论著选读》,第56、55、73页。
② 柏格森:《形而上学导言》,第25页。
③ 陈启伟主编:《现代西方哲学论著选读》,第48页。
④ 柏格森:《形而上学导言》,第33页。
⑤ 柏格森:《创造进化论》,第10—11页。

在这本书中,柏格森把意识(理智与直觉)与下意识(本能)的对立引申到道德、宗教和政治领域。人类本能创造的道德、宗教和社会的特征是封闭和静态。人类最初适合居住在小群体中,已被膜翅目动物发展到极致的防卫和攻击本能是人类小群体的"伪本能",因为他们需要动物所不需要的道德和宗教才能维持小群体的封闭和静态。封闭道德的内容是义务整体,它是加诸人的身体的压力,把所有个体凝聚为一,所有个体都像蚂蚁和蜜蜂那样为群体工作。然而,人毕竟也有从脊椎动物那支进化而产生的最高成就即意识,个体意识干扰着"社会自我"的心灵,理智虽然不能否定义务整体,但对它持怀疑态度。首先,理智把专注于外部工作转向自身的快乐;其次,理智意识到个体必然死亡,死亡的阴影动摇了对义务整体的确信;再次,理智意识到行动的后果有不可预测性,因此产生忧虑。原始宗教是本能对理智动摇封闭社会的防护性反应。它用禁忌和禁止惩罚那些追求自己快乐的人,用灵物崇拜和祖灵崇拜的仪式和万物有灵、灵魂不朽的观念驱散对死亡的担忧,用巫术的仿效魔力保证行动和后果的一致性。通过这些防护性的反应,宗教维护封闭社会的稳定和静态。

但是,生命的创造进化是不可遏制的,静态宗教的防卫不可能阻止意识的前进。具有决定性影响的意识变化总是首先发生在少数英雄和圣徒身上,他们同感和同情的意识把对家庭的爱、对祖国的爱、对人类的爱一步步推广开来,他们的仁爱原则是开放的道德,怀抱人类,广及动物、植物和大自然全部。封闭道德与开放道德是加诸个人的压力与个人对外开放的推力的反复较量,爱的力量在封闭道德的义务整体中打开一个缺口,马上又会被静态宗教的防护合拢。直至出现了一批对爱有神秘体验的人把爱的意识提升为高于社会的诸神,古代希腊、印度和中国的多神教是这种意义的动态宗教的开始,而"精神的扩张、传递的热情、推动力、运动,所有这些都源自于犹太—基督教",耶稣是位"神秘大师",但只有当基督教浸润了整个西方文明,由它间接地产生出来的工业主义使人摆脱了饥荒,神秘主义才不至于只是救苦救难的灵魂拯救,"灵魂不再被迫退守自我封闭,它可以向整个宇宙之爱敞开自己的大门"。基督教依靠西方文明的全部成果,用神圣的吸引力推广爱的活力,这就是博爱。①

柏格森认为开放社会就是民主社会。法兰西共和国的格言"自由、平

---

① 柏格森:《道德与宗教的两个来源》,第 69、209、198 页。

等、博爱","自由"和"平等"本是相互冲突的姐妹,只有"博爱"能使她们相互协调。"博爱才是本质性的东西。这一事实使我们能够说,民主是福音,它的动力是爱。它的情感起源可以在卢梭的精神中找到,它的哲学原理可以在康德的著作中找到。它的宗教根据可以在这两个人的思想中找到。康德深受虔信派的影响,而卢梭深受新教和天主教的影响。美国《独立宣言》(1776)是1789年《人权宣言》的范例,其措辞的确有清教的意味"。如果有人认为不能对民主作出精确的定义,那么柏格森请人们想象非民主社会可能提出的相反格言:"权威、等级、仇恨"。他说,从民主制度的反面,"你看到了民主的本质"①。

反民主的格言并非想象,而是现实中的封闭社会。原始的封闭群体发展成为现在规模更大、危害更大的封闭社会。现代封闭社会用"理性、自由"装饰的整体规划依旧是"本能的领域中蚂蚁巢穴和蜜蜂窝的设计"。静态宗教在这里转化为爱国主义的激情,"它散布在整个国家并唤起整个民族,吸收了民族的精华,慢慢地从记忆和希望、从诗歌和爱情演变出来,带有道德的幽情";封闭道德演变为人民乃至于统治集团内特权人物对一个最高领袖的义务,"一方面是绝对的权威,另一方面是绝对的服从"。柏格森批评说:"尼采的错误就是相信存在这种分类,一种是'奴隶',另一种是'主人'。"现在的封闭社会对内为了眼前的政治需要而滥杀无辜,如同"工蜂在认为蜂房已不需要雄蜂时便把它们刺死";对外则把历史上为征服而战争的本能发挥到极致,由于"我们文明所铸造的武器",战争本能不再表现为部落之间的偶然战争,而是全体人总动员对抗另一个民族的本质性战争,"造成的屠杀规模是过去的人做梦也想不到的"。注意这些文字是在一战后写的,但柏格森表达的是对未来的忧虑。他在书的结尾认识到新成立的国际联盟无济于事,对自己设想的节制享乐和科技创造更多财富的方案也顾虑重重,最后寄希望于"我们视为恩人的杰出人物插入进来""制造神灵"。他预见到未来世界大战的可怕灾难,但却无能为力。②

总的来说,柏格森的哲学充满对子:生成和停滞、绵延和广延、时间和空间、意识与身体、直观和理智、哲学和科学、开放和封闭,等等。柏格森的风格是先对两者作出区分,然后在前者高于后者的前提下综合两者,这仍是传

---

① 柏格森:《道德与宗教的两个来源》,第247页。
② 同上书,第240、243、244、245、251、277页。

统形而上学的思维方式。但他对意识材料、生成变化、身心关系的新颖看法对詹姆斯、梅洛-庞蒂和德勒兹等人产生了深刻影响,开放社会与封闭社会的对立的看法更是现代政治哲学的重要话题。

第二章　德国"精神科学"的哲学

德文"科学"（Wissenschaften）与英文"科学"（science）的概念大相径庭，哲学与精神科学（Geisteswissenschaften）和自然科学（Naturwissenschaften）的关系问题，始终是德国大学争论的一个焦点。康德晚年发表的《学科之争》中把哲学分为历史知识（历史、地理学、语文学、人文学、博物学等）和纯粹历史知识（纯数学、纯哲学、自然形而上学和道德形而上学），传统大学的其他高等学科——神学、法学和医学都要"为了科学的利益"，接受哲学对它们进行的审核和批判。[①] 德国古典哲学在大学享有的崇高地位和典范作用是黑格尔的《哲学全书》的写作背景和发生广泛影响的原因。黑格尔哲学是一个大全的科学体系，包括精神现象学、逻辑学、自然哲学和精神科学。

黑格尔之后，德国大学朝向洪堡制定的"学术机构的顶峰"的目标和途径，自然科学研究越来越精深，达到世界最高水平，精神科学的一些科目，如心理学、历史学、社会学、法学、比较语言学和宗教学等也取得了开创性的成果。但黑格尔的辩证思辨体系与这些新兴学科毫无关联。自然科学家和精神科学家因为排斥黑格尔的影响而把哲学从科学的顶峰贬低到"冷宫"。精神科学当时面临以下三种选择。

第一是密尔的心理主义。他的《逻辑体系》试图克服传统经验论把数学、逻辑和道德当作先天命题的不彻底性，要把自然科学中"成功遵循的方法普遍化"作为道德科学和数学的基础。他认为，自然科学的成功方法是心理状态的简单联想律，一切社会活动归根到底都可以用心理联想的因果律来说明，数学真理也可以用"经验和联想"的因果律来解释，因为数学"从原初前提演绎出这门科学的其他真理，但这些前提却显然是反向地由观察

[①] 康德：《康德著作全集》第七卷，李秋零译，中国人民大学出版社，2010年，第24页。

和经验获得,以感觉证据为基础"①。对数学基础的心理主义解释后来遭到了罗素、弗雷格、胡塞尔等哲学家的反对,但他的心理主义当时被很多人作为人文社会科学的方法论基础。

第二是冯特创立的心理学方法。冯特创建了实验心理学,把感觉和思想活动还原为刺激—反应的实验材料的构造,并用科学反思的方法解释意识的内容。冯特并不满足于对个体心理发生过程的科学研究,他主张精神科学的基础是"民族心理学"(Volkerpsychologie),其研究对象是各民族的语言、神话和伦理等社会现象,通过比较和解释的方法,解释人类心理机制。冯特的个体心理学和民族心理学相结合的方法与密尔的心理主义不同,对德国精神科学更有吸引力。

第三是兰克学派的实证史学。他们认为黑格尔哲学中的"世界精神""历史规律""历史进步",以及进化论、目的论等流行观念都是妨碍历史科学的偏见。历史科学是关于过去发生事实的经验知识,历史科学的方法是搜集原始的第一手资料,通过分析比较鉴别真伪,用可靠的史料无偏见、客观地重现历史真相。历史科学虽然需要对历史材料进行分类整理,概括出"倾向""时代"等类型,但概括没有任何先验法则,也不能服从于研究者的意愿或社会的需要,而只服从历史事实之间的经验联系。实证史学学派解释历史现象的态度、方法和原则也被称为历史主义。

以上三种方法都是从经验事实中概括出来的,而不是哲学的方法论。为了维护哲学在精神科学领域的领导地位和在所有科学领域的奠基作用,19世纪中期到20世纪初期几乎所有德国哲学家都参加了关于精神科学研究对象、性质、范围和方法的讨论。他们的问题是:自然科学和精神科学有何区别?精神科学在何种意义上是科学?精神科学的规范和方法是自然主义、心理主义或历史主义,还是只有哲学才能提供的方法?新康德主义、狄尔泰和布伦塔诺在争论中建立了新哲学。

第一节 新康德主义

19世纪下半叶,德国学院派哲学的沉闷与自然科学和精神科学的活力形成鲜明对照,很多哲学家们认为这是黑格尔的思辨体系被抛弃的结果,他

---

① John Mill, *A System of Logic*, vol.2, London, 1949, pp.148-149.

们希望在康德哲学中找到哲学发展的新方向。1865年,奥托·李普曼在《康德及其后继者》中说,自然科学和历史研究"虽然不能提出令人振奋的东西,但却能够提供价廉物美、营养丰富的食物",而哲学却"完全陷入各门具体科学的泥潭",或只是作为哲学史而存在。① 为了拯救哲学,他发出"回到康德去"的号召。"回到康德"的新康德主义遂成为德国学院派的主流,从19世纪70年代到二战前的70年间,德国几乎所有大学哲学教授的席位都被新康德主义者所占据。新康德主义分为以文德尔班、李凯尔特为代表的西南学派(以弗赖堡、海德堡、巴登等大学为据点)和马堡大学的朗格、柯亨、那托普、卡西尔等人的马堡学派。这两个学派都继承了康德哲学为科学奠基的传统,都有"要理解康德就必须超越康德"的与时俱进精神,都把自然科学与精神科学的关系当作哲学基本问题,差别在于,西南学派始终关注价值问题,而马堡学派发展康德的先验逻辑。

一、西南学派

新康德主义的价值论(Axiology)源于赫尔曼·洛采(Hermann Lotze,1817—1881)的影响。洛采在1858年发表的《小宇宙:论人及其与世界的关系》②中,作出事实、规律和价值三个领域的区分。"价值"的概念是康德的"人是目的"命题的引申和发展,包括人格的尊严和正义,但其源泉是"神圣"和"至善",因此,价值具有终极的意义,事实和规律是获得价值的手段,判断事实和规律的真假也是一种价值标准。洛采认为,在人的经验中,思想概念、事实变化和价值秩序相互关联,如果只局限于科学经验而排除价值,那将使经验变得不可理解。

洛采的学生、西南学派的领袖文德尔班(Wilhelm Winderlband,1848—1915)的《哲学史教程》最后对19世纪哲学的概括是:"哲学虽然走过一条极其崎岖不平的弯路,但终于能够回到康德关于普遍有效的价值的基本问题上来。"他的结论是:

> 哲学有自己的领域,有自己关于永恒的、本身有效的那些价值问

---

① 转引自谢地坤主编:《西方哲学史(学术版)》第七卷(上),江苏人民出版社,2005年,第179—189页。

② Rudolph Hermann Lotze, *Microcosmus: An Essay Concerning Man and His Relation to the World*, trans. E. Hamilton and E. C. Jones, Edinburgh: T&T. Clark,1899.

题,那些价值是一切文化职能和一切特殊生活价值的组织原则。但是,哲学描述和阐述这些价值只是为了说明它们的有效性。哲学并不把这些价值当作事实而是当作规范来看待。因此哲学必须把自己的使命当作"立法"来发扬。①

文德尔班在1894年大学校长就职讲演《历史与自然科学》中,认为不应按研究对象的不同区分精神科学与自然科学,而应按照研究目的,划分"规范化科学"(nomothetisch)与"表意化科学"(idiographisch)。"规范化科学"的目的是制定事物发生、发展的一般法则;无论对物质运动还是对生命和意识过程的研究,都要服从法则的规范。而"表意化科学"描写历史上发生的一次性事件,比如,"某一个人或一个民族的存在和生活,某一种语言,某一种宗教,某一种法制,某一种文学、艺术或科学成就的特点或发展;这些对象中间的每一种都是要求得到一种切合其特殊情况的论述。这种认识的目的,永远在于把那种在现实中只呈现一次的人的生活如实地描述出来,加以了解。很明显,这里所指的就是各门历史科学的整个领域"。文德尔班的区别是两者的对立:自然科学是"制定法则的知识",而历史科学是"描述特征的知识";"自然研究中,思维是从确认特殊关系进而掌握一般关系,在历史中,思维则始终是对特殊事物进行亲切的摹写";"自然科学思想中主要是倾向于抽象,相反,在历史思想中主要倾向于直观";两者各有各的用途:制定物质世界法则的知识不断扩大人对自然的支配,而历史知识构成世代相传的文化生活。他认为,哲学并不能把两者统一起来,因为"规律与事件乃是我们的世界观中最后的不可通约数,永远处于对峙状态中,这是一个极限"。② 文德尔班认为,逻辑是从个别事例抽象出普遍判断,是自然科学制定规范的工具,而心理学是服从规范的自然科学,两者都不可能成为历史科学的方法论。

那么,哲学本身是不是科学,属于哪一类科学呢?文德尔班在《逻辑原则》(1912)中作了回答,他把价值领域说成是"规范意识",它是存在于每个科学、道德和审美具体经验中的一般;它既不是形而上学也不是心理的存在物,而是"存在物之间的相互联接和关系的总和",这些关系"自身既不是事物也不是状态或活动;它们只是作为认知心理功能的内容而成为'现

---

① 文德尔班:《哲学史教程》下卷,罗达仁译,商务印书馆,1993年,第862、927页。
② 洪谦主编:《现代西方哲学论著选辑》上册,商务印书馆,1993年,第68、71、72、80页。

实'……这个有效领域自身是支撑所有存在的东西的形式和秩序";他得出的结论是:价值的"整体对我们的知识是封闭的;我们只能知道它的一些片段,而且没有希望把这些碎屑缝补在一起"。作为价值论的哲学因而不能等同于科学或生活的实践规则,不能引导人类体会到科学、道德和审美经验,体会到人性到"绝对判断原则"。① 文德尔班遗留下不少问题,比如,如果价值是不可认识的,那么历史科学对一次性事件的描述如何具有科学的客观有效性呢?再如,如果心理学和逻辑不是历史科学的方法论,那它有没有其他的方法论?还如,如果哲学不属于科学,那么它如何与科学相关联?文德尔班的学生李凯尔特(Heinrich Rickert,1863—1936)致力于解决这些问题。

李凯尔特在《文化科学和自然科学》(1899)中,认为既可以根据研究对象、也可以根据研究方法的不同区分精神科学和自然科学。区别不同对象依据"质料分类原则",区别不同研究方法依据"形式分类原则"。按照质料来区分,精神科学的对象是文化,而自然科学的对象是自然。"价值"原是经济学概念。李凯尔特从词源上说,价值是文化所固有的,因此可以把文化称为财富(Güter,"好的"),而自然是事实,则无价值。他说:"关于价值,我们不能说它们实际上存在或不存在,而只能说它们是有意义的,还是无意义的。文化价值或者事实上被大家公认为有效的,或者至少被文化人(与自然人相对——译者注)假定为有效的。"文化价值是大多数人公认的财富,因此,"文化包括了宗教、法学、史学、哲学、政治经济学等等科学的一切对象",但不包括心理学,因为心理现象是一种存在,"心理生活的规律也就是自然规律"。李凯尔特关于文化与自然的区别保障了文化科学的普遍性。他指出,文化与自然不是个别与普遍的区分,而是评价与规律、普遍有效与普遍存在的区分。正如自然科学规律概括的是普遍存在,文化科学评价的价值是或者事实上被所有人普遍公认为有效的,或者至少被文化集团的全体成员公认为有效的,"文化价值的这种普遍性,使历史概念的形成排除了个人的主观随意性"②。

从研究方法来区分,李凯尔特提出了关于"现实的连续性和异质性"的"形式分类原则"。连续性是共同性,异质性是差异性,现实同时具有这两

---

① Winderlband, *Logic*, trans. B. E. Meyer, London:Macmillan, 1913, pp.59,65.
② 李凯尔特:《文化科学和自然科学》,涂纪亮译,商务印书馆,1986年,第21、22、49、86页。

种性质,但自然科学和文化科学从形式上把这两种性质分开。自然科学认识现实的方式是用数学方法把现实改造为同质的连续性,而文化科学则用历史方法把现实改造为异质的间断性。也就是说,自然领域里,个别事物是一般规律的事例。而在文化领域,事实都是个别的,始终都是一次性、不可重复的历史事件,它们的意义不在于一般的、与普遍规律的联系,而在于自身的独特的价值。李凯尔特强调,价值是一个历史概念,"历史概念,就其特殊性和个别性而言是只发生一次的事件的概念,与普遍规律概念处于形式的对立之中"[①]。

历史方法和数学方法一样是客观的,正如自然领域有规律以外的事物,历史中也有许多没有意义的事件。历史的个别化方法是"价值联系方法",它对事实作出有意义或无意义的判断,并在有意义的事实中作出本质与非本质的区分,经过如此处理的历史事实与特定的价值相联系,揭示历史的本质和意义。这是研究文化的客观的方法,研究者个人主观评价需要得到文化集团的公认才是有效的,文化科学因而是客观的科学。

李凯尔特明确地把哲学归于文化科学,他看到哲学不能像过去那样构造超自然的学说,"而需要与历史的文化科学本身发生最密切的接触,哲学只能希望在历史的东西中接近超历史的东西。这就是说,对有效性提出要求的文化价值系统,只能在历史生活之中发现"[②]。哲学研究构成历史文化生活的基础的普遍价值,以及被所有人或文化集团都支持和促进的一般文化价值的前提。李凯尔特只是提出了一个任务,他本人未能建立一个文化价值系统,但这对他的同事兼好友马克斯·韦伯的社会科学类型法有很大影响。

二、马堡学派

马堡学派注重研究先验逻辑与先验方法的认识论问题,他们为适应科学发展提出的新问题,对数学和科学的先验性质做了新的解释。康德把先验直观形式和先验范畴分别看作是欧几里德几何和牛顿物理学的"可能性的条件"。非欧几何的出现和量子力学对牛顿物理学的修正,似乎说明几何学不一定以三维空间和一维时间为前提,物理学也不一定以"实体""因

[①] 李凯尔特:《文化科学和自然科学》,第17页。
[②] 同上书,第129页。

果关系"等范畴为基础。这就逼得马堡学派对什么是先验因素的问题作出新的回答。

马堡学派的早期代表人物阿尔伯特·朗格(Friedrich Albert Lange, 1828—1875)在《唯物主义史》中对历史上的唯物主义思想作了全面评述，他肯定唯物主义重视感觉对科学发展的促进作用，具有抽象思辨的唯心主义不可比拟的地位。但他认为唯物主义把意识当作物质刺激产物，不能说明知识和经验的本质；康德把感性与知性结合起来的先验论克服了唯物主义，同时弥补了唯心主义的缺陷。朗格试图把康德的先验认识形式解释为生理和心理组织结构，试图调和唯物论和先验唯心论。

马堡学派的其他成员没有接受朗格的生理主义的解释，他们主张把科学的先验条件解释为纯粹的逻辑结构。赫尔曼·柯亨(Hermann Cohen, 1842—1918)在《纯粹认识的逻辑》(1902)中把科学的先验性看作是纯粹思想的逻辑，先验逻辑是在一切科学事实中提炼出的纯粹理性规律，并可以被经验事实所验证。他说，康德提出的认识何以可能的问题不是关于认识的起源或主体能力的问题，而是科学依据的问题；因此先验形式不是主观的，也不因科学理论形态的改变而改变。科学知识的逻辑结构是客观的，不以人的认识过程为转移，同时，它在各门学科中也是统一的，是科学知识系统化的基础。科学知识的逻辑结构和形式是用数字方程式表示的确定规则，而不必用时空形式和范畴来表示。柯亨对康德三大批判都著有详细的诠释，但常把他认为康德应该有的思想和康德自己的思想混为一谈。

保罗·那托普(Paul Natop, 1854—1932)在《精确科学的哲学基础》(1910)中，克服康德把数学建立在时空直观基础上所遭遇的困难。他考虑到非欧几何的发展，把数学看作是纯粹的逻辑构造。在"康德与马堡学派"的总结性讲演中，他澄清了柯亨诠释的中心思想："柯亨论述康德的经验论、伦理学、美学的三部书始终坚持一贯地、有意识地强调一个方面，只是瞄准一点，就是把方法刻画成康德思想结构的推动性的、向前推进的、创造性的力量。"他说，先验方法是彻底的、无止境的主观化追求，它的主观性意味着"客体之为客体，总是相对于认识达到的那个阶段而言，对于更高阶段来说就不再是客体，对于任何更低阶段来说也不是客体"。他还反驳了马堡学派只关注康德理论哲学、而不关心实践哲学的说法。他说，西南学派所说的"价值世界"是康德伦理学"奠定的真正的、纯粹的意志"，"我们永远重视康德的自由学说,并且从它出发,至少开始为经济学、法学、教育学、历史学,为全部自然科学奠定了哲学基础"。他还说明了马堡学派与西南学派的区别在于,后者把文化科学与自然科学对立起来,而"我们一开始就已经把康德哲学,把先验方法论的哲学理解为文化哲学……但是我们决不把这种文化哲学与自然科学或自然哲学对立起来看待。总之,我们是把作为哲学对象的自然,把自然科学的自然看成人类文化的一个重要基础"。①

的确,马堡学派的代表人物不是钻在康德著作故纸堆里的学究,朗格写《工人运动》一书,与恩格斯通信。柯亨说,康德关于人是目的自身的思想是社会主义的先声,康德是社会主义的奠基人。他在《纯粹意志的伦理学》中调和个人主义与社会主义。通过对"纯粹意志"的分析,他说,"人"的概念中包含了个体性和社会性的统一,两者的统一只有在一个体现了权利的正义原则的国家中,才会真正实现;也只有在这样的国家中,自由的个人才会有公共的理想目标。社会民主主义的国家就是这种伦理意志的体现。科亨反对社会革命,说人道主义者相信教育能改善人,并通过改善人性来改善社会。第二国际的领袖伯恩斯坦等人企图用新康德主义的伦理社会主义修正马克思主义,列宁严厉批判了"'回到康德那里去'的反动口号"②。

三、卡西尔

恩斯特·卡西尔(Ernst Cassirer,1874—1945)是柯亨的学生,曾任汉堡大学校长,是德国哲学界的代表人物。因有犹太血统,在纳粹上台的1933年离开德国,先在瑞典哥特堡大学,后到美国耶鲁大学任教。

卡西尔有"马堡学派的理论总结者"之称,实际上,他的三卷本《符号形式的哲学》(1923—1929)及其简写本《人论》(1944)是李凯尔特提出的文化价值系统和那托普提出的文化哲学的综合。他看到西南学派把自然科学与文化历史科学对立起来的弊病,李凯尔特以为历史科学可以解决价值系统的客观有效性,卡西尔指出:"倘若一个普遍的价值系统乃是历史学家必须具备的必要条件的话……倘若他力求在历史本身基础上建立这种客观有效性,那么他势必陷入一个循环论证的危险之中。"③卡西尔也不局限于马堡

---

① 洪谦主编:《现代西方哲学论著选辑》上册,第81、95、105、106页。
② 列宁:《列宁全集》第55卷,人民出版社,1990年,第438页。
③ 卡西尔:《人文科学的逻辑》,沉晖等译,冯俊校,中国人民大学出版社,1991年,第77页。

学派对先验逻辑的研究,他认为必须找到比康德所说的先验形式更基本、更普遍的认识形式,才能把自然科学与精神科学统一为同一个文化世界。

卡西尔发现的人类最基本、最普遍的形式是符号,符号是把人与动物界分开的决定性因素。当时生物学家认为"刺激域"和"反应域"决定物种的形态,"刺激域和反应域的关系,犹如监狱之高墙一样牢固地包围着该生物"。符号的使用把人类解放出来,符号是"刺激域"和"反应域"的中介,"这种中介物的特征表征人类全部知识的特征,它同时也是人类全部行为的典型特征"。①动物与外部对象的直接关系,在符号系统中成为间接关系,通过符号化的过程,不但延缓了人对外界的反应,而且改变了外界刺激的作用,符号给予外界刺激以普遍的指称意义,给予直接的感性对象以多方面的联系和抽象的结构形式。经过符号处理的感受对象不再是物理世界,而是符号化的世界。卡西尔说:"人不再直接地面对实在,人的符号活动能力进展多少,物理实在似乎也就相反地退却多少。在某种意义上说,人是在不断地与自身打交道而不是在对付事物本身。"②在此意义上,他得出了"人是符号动物"的结论。

符号化过程是人类从自然逐步走向精神的历史过程。符号的功能在历史中发生变化,由此构成语言、神话、宗教、艺术、科学等不同的文化世界。卡西尔说:"这些世界并非我们嵌入现成世界的简单结构,我们必须把它们理解为功能",即符号的功能,符号的"每一种功能运用不同的工具,使用完全不同的准则和标准,并以此为前提,因而结果也是不同的。真理和实在的科学概念不同于宗教的概念"③,赋予文化形态以特殊的价值或意义。卡西尔说,文化哲学是"符号形式的哲学",它的任务

> 在于确定每种个别的文化形式"是什么",即语言、宗教和艺术的"本质"。首先,它们的含义是什么?它们具有什么功能?其次,应当确定语言、神话、艺术和宗教之间是怎样相互关联的?它们有什么区别?是什么将它们联结在一起?④

《符号形式的哲学》第一卷论述语言,第二卷论述神话思维,第三卷论

---

① 卡西尔:《人文科学的逻辑》,第61、62页。
② 卡西尔:《人论》,甘阳译,上海译文出版社,1985年,第33页。
③ 卡西尔:《语言与神话》,于晓等译,生活·读书·新知三联书店,1988年,第225页。
④ 卡西尔:《人文科学的逻辑》,第152—153页。

述认识的现象学,它们从符号体系的四个层次,考察了符号系统的六种形式。

符号体系的第一层次是语言与神话。语言是最古老、也是最典型的符号形式,语言伴随着其他文化形式。它的功能是赋予主观的、流动不居的世界以确定的意义,使之成为客观的稳定世界。卡西尔引用洪堡"语言是人的世界观"的名言,说明语言构造世界的功能。神话是语言的孪生兄弟,神话用感情将世界生命化;图腾是生命一体化空间形式,祖先崇拜则是生命一体化的时间形式。

符号体系的第二层次是宗教。原始宗教产生于神话,把生命一体化引向个体意识,人格化的神的功能在于用有明确形象的个体性来确定神话语言所表达的游离而含糊的普遍性。

在第三层次上,符号体系表现为艺术和自然科学。两者都是对感觉世界深层结构的认识,艺术发现的是变幻的动态世界结构,自然科学用抽象的数学公式表现简约稳定的世界结构;艺术以审美活动摆脱物质利益的压力、超越现实,科学通过系统性与和谐性的知识来超越现实,两者都是追求可能性的自由活动。

最后,在第四层次,历史科学对人本身加以反思。历史以上述形式中的人的活动为对象,借助对过去符号的识别和解释来复活过去,对过去解释都是从现在出发的,并给予过去事实以面向未来的理想性。因此,历史也是追求可能性的自由活动。

语言、艺术、宗教和科学作为"人不断自我解放的历程",其原因在于符号的功能是象征,每个符号系统既象征现实世界,也象征可能世界。符号化使人具有超越现实、追求可能世界的能力。能够区别理想和现实并不断超越现实的界限是人的特殊能力,低于人的动物或高于人的神都没有或不需要这种能力。歌德说:"生活在理想的世界,也就是要把不可能的东西当作仿佛是可能的东西那样来处理。"伽利略的不受外力影响的运动物体、负数、无理数、虚数,柏拉图的"理想国",莫尔的"乌托邦"、卢梭的"自然状态",等等,都属于可能世界,都是按照理想对现实世界的塑造,并成为文化世界的现实。卡西尔总结说:"在所有这些阶段中,人都发现并证实了一种新的力量——建设一个人自己的世界,一个'理想'世界的力量。"[①]

---

① 卡西尔:《人论》,第 288 页。

第二节 狄尔泰

　　威廉·狄尔泰(Wilhelm Dilthey,1833—1911)出生于一个牧师家庭,早年在海德堡大学和柏林大学神学院学习,1856年通过国家神学考试之后,跟随施莱尔马赫学生特伦德伦堡(Friedrich Adolf Trendelenburg)和波克(Philipp August Böckh)学哲学,1864年以题为《施莱尔马赫的伦理学原理》的论文获哲学博士。其后相继在巴塞尔大学、布雷斯劳大学任教,1882年到柏林大学接任洛采担任的哲学教席。他生前发表的著作有《施莱尔马赫传(第一卷)》(1870)、《精神科学导论(第一卷)》(1883)、论文集《体验与诗》(1905),以及很多论文。他生前发表的和大量未刊的几百种作品被编辑成《狄尔泰全集》(已出版26卷)。狄尔泰始终关注自然科学与精神科学的关系问题,总是把自己的理论与各领域的历史知识和同时代的研究成果结合起来,对精神科学的基础、性质和方法论作出哲学认识论的解释。

一、自然科学与精神科学的划界

　　《精神科学导论(第一卷)》针对实证主义和文德尔班等人的观点,对自然科学与精神科学的划界提出一家之言,建立了自己哲学的框架。狄尔泰认为任何科学都是经验科学,但在什么是经验的问题上,

> 洛克、休谟和康德所设想的认识主体的血管之中并没有流淌着真正的血液,而毋宁说只存在作为某种单纯的思想活动的、经过稀释的理性的汁液物",而实证主义"截短、毁伤历史现实以使其屈就于自然科学的概念和方法。①

　　在他看来,经验就是"作为一个生命单位的我们自己的人格","在真实的生命过程中,意志、情感和思想只是不同的方面"②。人类的经验分外部和内部两种,由此出发,分别产生自然科学和精神科学这两种不同的认识。

---

① 狄尔泰:《人文科学导论》,"前言",赵稀方译,华夏出版社,2003年,第3页。
② 同上书,第4页。

外部经验出于意志受到来自感觉方面的阻力(如具有阻力的触觉),因而"必须忽视从感觉到内在直觉的过程"。在外部经验中,外部现实"占据了我们自我意识的全部,它影响我们,抵抗我们的意志,引起我们的愉快和痛苦的感觉","我们知道,主体在那里,但不能确定它是什么"。由于外部现实是加诸人的动力性的东西,人们必须用概念把外部力量分割成部分,研究各部分的因果关系,"我们所面对的只能是发明的概念,而不是现实",比如,原子、以太、振动等概念只是为了对外部经验进行计算而产生的"具有高度人为色彩的抽象物","以便我们获得数量精确的感觉印象,及相应地预言未来的印象"。狄尔泰承认自然科学是"人类在历史中通过屈服而获得的掌握自然的方式"。但他指出了自然科学的局限性。首先是它的前提是假设,"自然"或"物质"的整体概念来源于不可类比的经验数据,"我们只能既定地接受它们,它们的真实性对于我们来说是深不可测的"。其次,自然科学"完全不能证明外部现实的各个方面","它仍然不能解释生命的有机形式,它的构成法则,它的发展,及其与有机体类型的差异模式"。[①]

内在经验是人对自身的意愿、认知、推理、决心、目标和评价等意识状态和过程的认识。人的内在经验是精神科学的对象,内在经验是人的生活经验(Erlebnis),包括直接生活经验和间接生活经验两部分。关于直接生活经验的知识是心理学,心理学是精神科学的基础;而关于间接生活经验的知识构成文化系统的科学(包括历史学、人类学、宗教学、伦理学、文学),以及社会外部组织的科学(包括政治学、法学、社会学、政治经济学)。为了构造精神科学的体系,狄尔泰需要回答三个问题:心理学为什么能够成为精神科学的基础?如何从研究个体内在经验的心理学过渡到研究人类共同经验的文化科学和社会科学?如何科学地表述内在经验?

二、描述和分析心理学

狄尔泰从精神科学与自然科学相对立的角度,说明个人心理是"精神科学的最基本成分","真正的主体",世界"只存在于这样的个体表象之中"。他还说,作为精神科学基础的是描述事实的描述心理学,而不是从一

---

① 狄尔泰:《人文科学导论》,第10、139—140、19、10、141页。

个假设推导另一个假设的说明心理学。① 在《描述和分析心理学的观念》(1894)一文中,狄尔泰批判当时流行的三种心理学观念:把心理学方法还原为外在观察的实证主义,密尔的心理主义,以及把心理学划归自然科学的新康德主义西南学派。他还指出,说明心理学使用自然科学的假设建构表象的方法,先假设心理要素的存在,再用假设的关系把这些要素连接在一起。但是,自然科学的假设可通过外部观察和共同量度获得,这些条件不适用于心理事实,因此,"说明心理学现在不能、将来也永无可能构造关于心理现象连接的客观知识"②。

狄尔泰所说的"连接"(Zusammenhang)是内在经验的本质特征,至少有三重意义:首先指"最初在生活经验中被给予的东西";其次指"人的心理生活所有成熟模式中齐一的成分及其连续";最后指"生活经验中被给予的功能系统"。描述心理学从描述生活经验的各种连接开始,然后把这些连接组成一个整体,最后直接体验到生活经验整体的功能。狄尔泰说,描述心理学对生活经验的连接和整体的把握同时也是对被给予的心理要素或模式的分析。他认为表象、情感和意愿是三种基本的意识状态或模式,分析的作用是"确定目标指向、动机、目的与手段关系、选择和偏好等概念,并揭示它们之间的关系"③。

描述和分析心理学的重要性在于它所提供的"理解"(Verstehen)和"意义"(Sinn, Bedeutung),是全部精神科学的方法论基础。狄尔泰说:

> 在生活经验中,个别事件发生在心理生活整体之中,而心理生活整体属于直接经验。后者决定了我们对自己和他人的理解的性质……在理解中,我们从活生生给予的连贯整体出发懂得个别东西……正是我们生活在连贯整体意识之中的事实,使我们有可能理解某一个句子、姿势或行动。所有心理思想都拥有这样的基本特征,即,对整体的把握使得对个别的解释成为可能,并决定了这种解释。④

就是说,理解是依据生活经验的功能整体,对个别心理事件的意义的

---

① 狄尔泰:《人文科学导论》,第31、34页。
② Wilhelm Dilthey, *Descriptive Psychology and Historical Understanding*, trans. R. M. Zaner, K. L. Helges, The Hague: Martinus Nijhoff, 1977. p.49.
③ Ibid., pp.28,35,36,56,70.
④ Ibid., p.55.

理解,而心理事件的意义不局限于意识内部,更重要的存在于它与其所指向或导致的行动的关系之中,正如狄尔泰后来所说:"理解深入到人类历史可观察的事实之中,达到感觉所不能进入、但影响外在事实的领域,如价值和目标"①。

狄尔泰认为,精神科学的"理解"与自然科学的"说明"(erklaren)是区别两者的不同认识方式。如前所述,理解是从自身内部的生活经验整体出发,把握发生在其中的个别事件的意义和价值,特别是对它与自己行动的切身关系作出评估。而说明是从外部经验对象的观察出发,按照一定的假设,从特殊事实中抽象出普遍概念或规则,特别是那些能够说明特殊事实之间因果关系的规则。自然科学的说明涉及环境对社会影响的评估,但不会直接引起个人行动,不涉及个人目标、手段和选择、偏好等生活价值。简而言之,理解在自己生活经验内部体验人的生命的意义,而说明则对外部经验对象的因果性进行推理和概括。

三、精神科学的历史方法

对个人生活经验的内部体验式的理解,如何过渡到对社会文化的理解?狄尔泰的回答是通过历史方法。他的历史方法与文德尔班和李凯尔特的历史科学不同,后者排斥心理学,而把历史科学作为精神科学的本质。狄尔泰则认为,历史是一个连续发展的过程,不可能说出历史最终的秘密;但历史观应是精神科学的方法论,因为,

> 一个社会历史现实分析能够得到的最简单的结果在心理学之中,因此,心理学在个别精神科学中是第一位和最重要的。它的真理进一步构成了精神科学的基础。然而,它的真理仅仅反映了这一现实的一部分,对于这个更大的现实只提供了一个参照点。②

他以个人的内在经验为参照,通过三条途径理解个人内在经验的心理学转化为研究社会文化现实的历史方法。

第一条途径是个人传记的写作。狄尔泰说,要把心理学发展成为真实的社会心理学,"传记是一种非常重要的资源",杰出人物的传记描写,"使

---

① Dilthey, *Selected Writings*, ed. H. P. Hodges, Cambridge University Press, 1976. pp. 172-173.

② 狄尔泰:《人文科学导论》,第34页。

一个生命体的本性、发展和命运变得容易理解",传记写作的"生命个人行为的准则"可以成为反思生命体的实在知识、发现意志和感觉之价值的科学方法①。他后来更明确地说,传记的这种方法就是历史方法,因为"人对他是什么的领悟,不是靠沉思他自己,也不靠作心理学实验,而靠历史"②;个人生命体是历史的"胚胎细胞",从中"生长出特定的历史范畴"。传记对一个人生命的记忆"勾勒了在历史中形成的一个生命过程,记忆把生命的多种表达连接在一起,使其成为符合时间和动力关系的客观精神的一部分,这就是历史"③。

第二条途径是人际心理的移情式交流。狄尔泰说:"社会状态是可以从内部加以理解的;在某一个具体点上,我们可以在我们自身知觉的基础上自己再造它们;爱和恨、激情的欢畅、我们感情的全部,令我们的历史世界表现得生机勃勃。"他还用比喻说:"一条瀑布由奔向一处的不同水流构成,但一句口语——仅仅是嘴唇的一个呼吸运动——通过唤起个人动机的相互影响,就可以在世界的某一个地方搅动整个人类社会。"④他后来说:

> 我们理解他人、他们的行为和他们作品的方式从根本上与理解我们自己的方式是相同的。因而,通过把我们已经获得的实际经验投射到自己和他人的生命表达上,才能理解我们自己和他人。只有把相互间的经验、表达和理解相互联系,人才能成为精神科学的对象。⑤

第三条途径是内在经验与历史相同的时间结构。狄尔泰如同柏格森那样区别了两种时间,他称之为心理学的"生活时间"和物理学的"抽象时间"。前者是具体的、真实的时间,后者是假说和抽象。他说,生活时间"不是由有着同等价值的部分组成的直线……这里没有什么'是者'"。生活时间"由不间断的进行中的现在构成,当下的东西变成过去,将来变成现在;就是说,我们在过去一个时刻的期待、愿望和惧怕变成现在……这是真正时间的特征……现在总是我们生活、奋争和回忆之处"。同样,历史也有这样

---

① 狄尔泰:《人文科学导论》,第35页。
② Wilhelm Dilthey, *Descriptive Psychology and Historical Understanding*, p.62.
③ *Meaning in History: W. Dilthey's Thought on History and Society*, ed. H. P. Rickman, London: Allen & Unwin, 1961. pp.73,89.
④ 狄尔泰:《人文科学导论》,第38、39页。
⑤ Dilthey, *Selected Writings*, p.176.

的"真正时间的特征"。狄尔泰说:

> 我们无时不处在历史产物之中。生命表达的精神特征总是明天,它们的存留就是历史。随着时间流逝,我们处在罗马废墟、大教堂和贵族消暑城堡之中。历史与时间不可分离,也不因时间距离而从现在割裂出去。①

上述三条途径使个人心理在历史中变成"人民精神"(Volksgeist),使个人体验的生活时间变成不同历史阶段的"时代精神"(Zeitgeist 或 Geist des Zeitalters),从而把理解个人生活经验的心理学扩展为理解文化系统科学和外部社会组织科学的历史方法。这些社会科学对生活经验的间接知识是心理学研究的直接知识的"次级真理",比如,政治经济学使用的"需要、节俭、工作、价值"等概念是依赖于心理学基本概念的"次级概念"②。但"次级"不等于"次要"。相反,狄尔泰认为,文化系统科学和外部社会组织科学是精神科学的主要组成部分,因为人天生是文化存在者和社会交往者,人性的表达依赖于文化系统和社会组织,人的内在经验只有被客观化为社会历史现实,才能变成系统的、客观的科学研究对象。从根本上说,精神科学是人性科学,而系统的人性科学只能是一种间接知识,虽然它的基础是对生活经验的直接理解。

四、作为哲学认识论的解释学

狄尔泰认为,哲学是精神科学中的一门特殊科学,他说:"作为认识论,它从对体验的实在的意识和对外部知觉的客观事实的意识追溯到我们知识的这些前提得以成立的根据。作为这样的认识论,哲学就是科学。"③他把对精神科学的认识论考察称作"历史理性批判"④,包括论证历史方法和批判形而上学源流两个方面。他在后期受毕生研究的施莱尔马赫的启发,把解释学从神学领域转变为哲学认识论。

狄尔泰在施莱尔马赫的解释学中看到两种因素的交替:一是勘定《圣经》历史文本的语文学,二是解释《圣经》文本真实意义的神学。两者是部

---

① Meaning in History: W. Dilthey's Thought on History and Society, pp.98-99,125.
② 狄尔泰:《人文科学导论》,第46页。
③ 陈启伟主编:《现代西方哲学论著选读》,第78页。
④ 狄尔泰:《人文科学导论》,第106页。

分与整体的关系,文本的部分既决定文本整体,又被文本整体所决定,由此形成了"解释学循环"。用狄尔泰的话说:"所有解释的一般困难是,一个作品的整体必须依据个别词语和它们的结合来理解,但对一个部分的完全理解以理解整体为前提"。他还说:"理解需要把词语连接成意义,把部分的意义连接成语词系列构成的整体的结构。每一词语既被决定又不被决定……对决定—不决定的这些个别的决定是解释学的特征。"①

狄尔泰把解释学定义为"解释人的生存的文字记录的科学",但把解释学应用到文本解释以外的理解上。文字只是表达人的生存的一种方式,任何有生命意义的活动都是表达,如有意图的口语、姿势、行为,等等。他区别了初级表达形式和高级表达形式:前者的例子是"拿起一个东西,用锤子敲,用锯子锯木头";表达的高级形式包括复杂的社会行为以及精神科学研究的全部对象。所有表达形式都具有需要解释才能理解的生命意义,因此都处在解释学循环之中。狄尔泰说:

> 意义的范畴指示内在于生命之中的部分与整体关系……这种关系永不完成。人们可以等到生命结束时,在死亡的那一刻方可确定一个人各部之间整体关系的概貌。人们也可以等到历史的终结以得到决定历史意义所必需的全部材料。

对一个人的理解固然可以盖棺论定,但"历史的终结"只是一个假设,狄尔泰的"解释学循环"必然导致相对主义的历史观,正如他明确地表示:"历史比较揭示了所有历史信念的相对性,它们都被环境所限定。"这种相对主义包含着历史无是非的观点,如他所说:"所有美的东西、神圣的东西和牺牲品都在被再生和解释,它们开放了揭示实在的某些部分的视角。我们把恶、恐怖和丑作为世界某处的填充物同等地接受下来,它们也有在一个事物体系中被证成的实在性。"②

我们将看到,狄尔泰的很多观点出现在胡塞尔、海德格尔、伽达默尔等人的思想中,他们都在思考狄尔泰提出的生活意识和历史方法等方面的问题,并要避免他的历史主义后果。

---

① Dilthey, *Selected Writings*, pp. 259, 231.
② Ibid., pp. 228, 220, 235-236, 112, 167.

第三节　布伦塔诺

弗朗兹·布伦塔诺(Franz Brentano,1838—1917)生于一个意大利裔德国知识分子家庭,他先后在慕尼黑、乌尔兹堡、柏林等大学学习数学、诗学、哲学和神学,1862年以题为《论亚里士多德的"存在"多重意义》的论文获得哲学博士学位,在乌尔兹堡大学任教。1864年被任命为神父,因不能接受梵蒂冈第一次大公会的"教皇无误"教义,1873年辞去神父职务,同时辞去新晋升的乌尔兹堡大学教授职务,被洛采推荐到维也纳大学任教,1875年成为教授。1880年与伊达订婚,由于奥匈帝国法律禁止担任过神父的人结婚,布伦塔诺不得不辞职回德国结婚,蜜月返回后却不能恢复教授职务,只能在维也纳大学任编外讲师。1895年妻子伊达去世后移居意大利佛罗伦萨,一战时移居瑞士苏黎世。

布伦塔诺在大学屡遭挫折,但不妨碍他全心全意地投入教学,他的学生中有胡塞尔、迈农、艾伦费尔斯(Christian Ehrenfels,格式塔心理学创始人)、斯通普夫(Carl Stumpf)和弗洛伊德等,他的学生马萨里克(Tomas Masaryk)成为捷克斯洛伐克共和国的创建者和第一任总统。布伦塔诺生前发表的著作有《从经验的观点看心理学》(1874),以及该书第二卷《心理现象的分类》(1911),《亚里士多德和他的世界观》(1911),《亚里士多德的人类精神起源学说》(1911)。《从经验的观点看心理学》第三卷《感觉意识和心灵意识》于1928年编辑出版。他的学生们还把他生前发表的文章和遗留的大量手稿编辑成书出版。

布伦塔诺著作可分为两部分:第一部分是以亚里士多德为主的哲学史研究,他认为哲学史经历了理论创新、实践转向、怀疑主义和神秘主义这样由盛到衰的阶段,亚里士多德、托马斯·阿奎那、笛卡尔分别是古代、中世纪和现代时期哲学创新的典范,而康德是现代哲学时期神秘主义的开始,及至黑格尔,现代哲学对科学已无任何价值了。① 他的著作另一部分是三卷本《从经验的观点看心理学》和相关著述建立的"描述心理学"体系。这两部分思想相互渗透,他的逻辑和判断理论与他对亚里士多德的存在和范畴理

---

① 参阅 Brentano, *The Four Phrases of Philosophy*, eds. B. Mezei and B. Smith, Amsterdam: Rodopi, 1998。

论的解释密切相关。

一、意向性理论

布伦塔诺关注德国大学中关于自然科学与精神科学的划界问题,认为描述心理学能够提供与自然科学的数学方法同样严格和精确的方法,为精神科学提供基础。他和狄尔泰一样,区分了描述心理学与实验心理学,他称后者为发生心理学。发生心理学用第三人称立场,通过对研究对象的实验,按照自然科学的规范,由外到内地研究人的心理现象发生过程,只能得到模棱两可的假设。描述心理学同样是经验科学,但研究的是第一人称的内在经验,他称之为"内知觉"。内知觉相当于传统经验论者所说的反省,但克服了传统经验论把知觉和反省当作经验的双重来源的不彻底性。如果说知觉所认识的是外在的物理现象,那么反省认识的是内在的心理现象。

心理现象的特征是意向性。布伦塔诺说:

> 每一心理现象的特征在于具有中世纪经院哲学家所说的对象的意向性(亦即心理的)内存在(Inexistenz)和我们可用略为含糊的词语称之为对一内容的指称,对一对象(不一定指实在的对象)的指向,或内在的对象性(immanent objectivity)。每一心理现象都把某物当作对象而包容于自身之中,尽管方式可能不同。在表象中总有某物被表象,在判断中总有某物被肯定或否定,在爱中总有某物被爱,在恨中总有某物被恨,在欲望中总有某物被欲求,如此等等。这种意向性的内存在是为心理现象所专有的,没有任何物理现象能表现出类似的性质。①

布伦塔诺并不是说物理现象是意识之外的对象,物理现象和心理现象都呈现于意识之中,所以都是就其本意而言的"现象"。布伦塔诺为了把心理现象的意向性与物理现象的非意向性区别开来,指出了心理现象的六个特征。

第一,心理现象是内知觉,而物理现象是外知觉。两者有真假程度的差别,内知觉中的对象是直接的、自明的,我正在想象、欲求或热爱的东西必然

---

① 布伦塔诺:《心理现象与物理现象的区别》,刊登于陈启伟主编:《现代西方哲学论著选读》,第197—198页。

为真,但外知觉盲目地相信知觉对象为真,感觉常常有欺骗性,因而有"知觉(Wahrnehmung)就是错觉(Falschnehmung)"的说法。布伦塔诺说,就"知觉"一词的严格意义而言,内知觉是唯一的知觉。因为德文 Wahrnehmung 的本意是"当真"。

第二,心理现象的真实程度依赖于内知觉自身的强度,强度越大,则意向对象越明显,判断越正确。布伦塔诺不否定内知觉可能有误,并用强度不够解释内知觉犯错的原因,他认为,如果内知觉强度微弱,那就是人们所谓的下意识,而下意识的判断或情绪通常不正确。而物理现象的真实程度依赖于感官激发和本能偏好或主观动机,感官刺激越强,或越是愿意相信对象越显得真实。

第三,物理现象和心理现象都具有意识的统一性,人们可以在同一时刻知觉到众多物理现象,但只能知觉到一个心理现象。这不是因为内知觉在一个时刻只有一种活动,而外知觉是多种活动;而是因为:"内知觉所把握的多重心理现象总是以一个统一整体的面目出现;反之,外知觉所能同时把握的众多的物理现象却并非如此。"① 比如,内知觉的多重活动是相互伴随的,如在听音乐的同时感到愉悦、同时品尝美酒,这些是统一的心理现象;而外知觉可以同时把握多重现象,如看到远处物体和触摸身边物体、闻到周围气味是不同的物理现象。

第四,物理现象和心理现象都是心理活动与对象的对应关系。物理现象的两个关系项是观察活动与感觉对象,两者都是实际存在。虽然心理现象的内知觉活动是自明的真实存在,但它内在的意向对象却可以是实际并不存在的"内存在",比如,情感中的巴黎或想象一座美丽而实际不存在的城市都是意向对象。意向对象不像感觉对象那样是可观察的对象(如实际游览巴黎),因此布伦塔诺说内知觉不是内观察活动,并否认了内观察活动的存在。意向对象虽然可以是实际不存在的事物,却是与心理活动相对应的一个独立项。布伦塔诺称心理现象为"准关系"(Relativliches)。

第五,物理现象是感觉内容,而心理现象则是心灵(neotic)活动。外知觉停留在"那些因感官受到物理刺激而产生出来的物理现象","物理科学还通过科学抽象的方法使呈现于感觉中的物理现象与相伴随的心理状态相

---

① 陈启伟主编:《现代西方哲学论著选读》,第 206 页。

分离,从而使它们成为纯粹的物理现象,使它们只能相对于稳定的感官能力而呈现"①。内知觉以感觉内容为基础,对它们进行思考、判断、表态,这些活动及其产生的逻辑、概念在心灵中呈现,不依赖于感官能力。

最后,物理现象是实际存在的事物并列或相继关系,依赖对已存在事物的重复记忆。而心理现象是流动的时间意识,在其中,每一个已知觉的"过去"连续地变成正在知觉的"现在",如同乐曲从第一个音符开始,一个音符接着另一个连续地引起心灵的共鸣。布伦塔诺既不把"现在"当作"过去"的重复,也不认为"过去"被"现在"所取代,他认为心理的记忆是"过去"与"现在"的"最初联想",贯穿于一个心理现象全过程。

二、真善美的现象学描述

在上述关于意向性的定义中,布伦塔诺区别了三种心理现象:首先是感觉或意向的对象呈现在心灵,由此产生观念、思想等表象;其次接受或排斥这些表象,由此产生判断;最后还对这些表象表示爱或恨的态度,由此产生情感现象,包括激情、感情、欲望和意志。在这三类心理现象中,表象的呈现最根本,其他两类心理现象是对表象的反应。布伦塔诺后期把描述心理学称为描述现象学,认为其是严格的理论科学;而把研究判断的逻辑学、研究情感的伦理学和美学看作是应用描述现象学的实践科学,把"真""善""美"的价值作为描述心理学的具体现象。

布伦塔诺反对把真理当作思想与外在事物的符合,因为作为外知觉对象的外在事物是含糊不清的。他把真理标准归结为明证(Evident)。明证有两种:一是内知觉的直接明证,二是绝然(apodictic)明证。直接明证不是完全无误的,但直接明证依据逻辑规律作出的否定判断是绝对无误的,在此意义上,绝然明证是先天必然的明证。他说:"真理与一个判断正确的人的判断相关……他断定的判断是明证所断定的判断。"②"判断正确的人"是具有明证的人,他的肯定或否定都是有明证的判断。比如,当他对一对象有明证时,作出该对象存在的真判断,或对与明证相矛盾的对象作出不存在的真判断。反之,在没有明证时作出存在或不存在判断,都是假判断。他把真理的

---

① 陈启伟主编:《现代西方哲学论著选读》,第209页。
② Brentano, *The True and the Evidence*, ed. R. M. Chrisholm, New York: Humanities Press, 1966, p.139.

标准从判断对象转变为判断者本身,类似于希腊格言"人是万物的尺度",不过这里的"人"指明证的判断者,而"真"或"假"就是他通过判断活动所拥有的价值。

伦理学的基础是爱和恨的情感,两者分别是对表象作出肯定或否定的情感反应,情感类似于判断,也有正确和不正确之分。布伦塔诺说,正确的情感是"一个人的情感与对象相合适——恰当、合宜和配合意义上的合适"①。如果正确地爱一个对象,那么就说这个对象是好的;如果正确地恨一个对象,那么它就是坏的。爱与恨不是主观的,如果有人爱一个对象,另一个人恨一个对象,两者只可能有一个是正确的,两者不可能是同时正确的。伦理学把握正确情感的方式是比较情感的具体情况,比如,对具体知识的爱、对具体行为的爱和对具体人物的爱是同质的,但有程度差别,对于不同的人来说,一种具体的爱比另一种更好。一个人生活的正确目标就是在好的对象中选择最好的。

美学的基础是表象的价值所产生的快乐或痛苦的感觉。表象自身具有价值,判断和情感是对表象价值的反应,如果两者对一个表象的价值作出正确的肯定反应,就认为这个对象是美的,同时产生愉悦感;相反,如果判断和情感对一个表象的价值作出正确的否定反应,就认为这个对象是丑的,同时产生厌恶感。那么,我们是否会对表象的价值作出不正确的反应呢?从布伦塔诺的观点看,不大可能如此,我们的判断和情感可能会犯错,但我们的快乐或痛苦不会,我们不可能为美的对象痛苦,而对丑的对象快乐。

布伦塔诺首倡意向性理论,最困难的问题是"意向对象"的本体论地位,他在不同著作中说意向对象是"内存在",是内在对象,而不是实际存在。这些说法引起误解和争议。有人把意向对象解释为心理内容,布伦塔诺坚决否认,他说,把意向对象归结心理内容就好像一个人承诺与另一人结婚、又说此人是理性物(ensrationis)的悖谬。虽然他试图用亚里士多德的范畴理论解决"意向对象"是否存在、是何种意义的事物的问题,但留下了没有解决的问题。他的学生迈农(Alexius Meinong)和胡塞尔继续对"意向对象"的存在问题进行深入思考。胡塞尔的现象学得到德国哲学界的广泛认

---

① Brentano, *The Origin of the Knowledge of Right and Wrong*, trans. C. Hague, Westminster: Archibald Constable, 1902, p.70.

可。布伦塔诺的意向性学说是胡塞尔现象学的直接来源，但胡塞尔思想与狄尔泰和新康德主义的方案也有直接或间接的联系，因此可以说，胡塞尔的现象学是19世纪德国精神科学哲学的新的综合。19世纪德国精神科学的哲学是德国古典哲学与现象学运动的一个中间环节，没有这个中间环节，无论从黑格尔还是从康德出发，都不能理解20世纪的欧陆哲学。

第三章 实用主义

法国历史学家托克维尔在1850年写道:"在文明世界里没有一个国家像美国那样不注重哲学。美国人没有自己的哲学派别,对欧洲的相互对立的一切学派也漠不关心,甚至连它们的名称都几乎一无所知。"他同时看到,"美国人虽然从未下过功夫界说他们的准则,但他们却有一个大家共通的哲学方法",托克维尔把美国人的哲学方法归结为四点:(1)"摆脱一统的思想、习惯的束缚、家族的清规、阶级的观点,甚至在一定程度上摆脱民族的偏见";(2)"只把传统视为一种习得的知识,把现存的事实视为创新和改进的有用学习材料";(3)"依靠自己的力量并全凭自己的实践去探索事物的原因,不拘手段去获得结果";(4)"不管形式去深入本质","对超自然的东西几乎达到表示厌恶的地步"。[①] 二三十年之后诞生的实用主义很快否证了美国人对欧洲哲学派别几乎一无所知的说法,但却证明了美国人的哲学方法确有那四方面的特征。由于实用主义扎根于本土,在美国长盛不衰,即使20世纪下半叶分析哲学传入美国之后,实用主义也能采取语言分析的形式继续发展。本章先介绍实用主义的创始者。

第一节 皮尔士

查尔斯·皮尔士(Charles Sanders Peirce,1839—1914)的父亲是哈佛大学著名数学家,美国测绘局创建者。皮尔士从小接受良好的哲学和科学的训练,10岁拥有化学实验室,11岁写化学史,16岁进入哈佛学化学,1859年毕业后在国家测绘局供职32年,发明五点投影的地球测绘法,生前出版的

---

① 托克维尔:《论美国的民主》,董果良译,商务印书馆,2006年,下卷,第518、520页。

唯一专著是《光度学研究》。他在数学、物理学、天文学、度量学和心理学等学科都有深入研究，还是符号学和数理逻辑的开拓者，被选为美国人文和科学学院、美国国家科学院和伦敦数学学会会员（fellow，或译作"院士"）。但他谋求哲学终身教职的目标始终未能如愿，只在哈佛、霍普金斯等校任兼职讲师，并在各大学发表一系列哲学讲演，还在哲学期刊上发表一系列文章，但反响不大。直到1898年詹姆斯把皮尔士1878年1月发表的《如何使我们的观念清楚》的讲演当作实用主义的开始，人们逐渐认识到他作为实用主义创始人的地位。皮尔士的遗稿近10万页，大部分未发表，部分文章合集于8卷本的《皮尔士文集》，按时间编纂的《皮尔士文稿》计划出版20卷，至2010年已出版8卷。

一、探究信念的科学方法

皮尔士十分重视方法。他说："你要把你的最后一块美金押在方法上，而不是学说上。因为生命力很强的方法将修正自己以及学说。学说是水晶体，而方法是酶。"[①]他在人的认识过程和哲学史的结合上考察思维方法，论证科学方法的合理性和目标。

1. "信念—怀疑—探索—信念"的探索过程

皮尔士把实用主义的"初始前提"归结为"这样一条笼统的格言：'去掉自欺欺人'"。"自欺欺人"是指不同派别哲学家这样的共同主张："我们决不能在人们一般的思想状态，特别是初涉哲学者的思想状态中去寻求哲学的起点，相反，我们必须在他们所不具有的这种或那种思想状态中去找到它。"[②]笛卡尔式的怀疑，经验论的"观察最初感觉印象"都是一般人不具备的思想状态。

皮尔士认为，我们的知识既然与人的经验和心智的本性相关，就必须从人们一般的思想状态出发，信念是我们思想的自然或普遍的状态。他说："信念并非意识的瞬时样态，它实质上是具有持久性的思想习惯"，"它是完全自足的"；而"怀疑则与之相反，它不是习惯而是习惯的阙如……正因为

[①] 转引自科尼利斯·瓦尔：《皮尔士》，郝长墀译，中华书局，2014年，第48页。
[②] 陈启伟主编：《现代西方哲学论著选读》，第127、123页。

它是一种反常状态,它必须被一种新的习惯所取代"。① 从怀疑到信念的过程是探究,探究的唯一目的和功能是产生能够成为新的思想习惯的信念。他还说:"信念的本质在于建立一种习惯。"信念先于怀疑,在怀疑之前,我们已经拥有一套习以为常的信念系统,怀疑发生在已有信念的舞台之上或背景之中。怀疑开始于一个问题,这些问题"最经常是由我们行为中瞬间的犹豫不决所引起的",有时"只不过是假想我处在一种犹疑状态而已"。怀疑"激发了思想进行或强或弱、或急或缓的活动",是"一种必须平息的焦虑"。由怀疑引起的探究所获得的新的信念使思想暂时放松和休息。"信念—怀疑—探索—信念"的思想过程是"贯穿于我们的感觉系列的一套乐章",信念是"我们精神生活的交响乐曲中结束一个乐句的半休止符",很快又要开始新一轮乐章。②

2. 四种方法

皮尔士虽然把信念当作是思想和知识的常态,但认为怀疑对科学探究的方法有重大作用。皮尔士考察了四种方法。第一,固执的方法固执地维护和不断重复已经获得的信念,并以轻蔑和仇恨的心理拒绝搅扰该信念的一切意见和经验,以逃避被取代的危险。第二,权威的方法的固执主体不是个人,而是有强制力量的社会机构,如国家、教会等,它们把某些信念固定为教义教条,强行灌输,压制不同信念。第三,先验的方法按照不同的趣味和偏好,探究与自然原因相一致的信念,其结果是形而上学;先验的方法要求合乎理性,允许讨论对话,因而更为理智;但先验的方法"把探究看成某种与趣味发展相类似的东西,不幸的是,趣味始终是多少有些时尚的东西,因此形而上学从来没有达到固定一致的见解"。③ 最后,科学的方法是经验和推论的方法,从已知的、观察到的事实出发,通过回溯、归纳和演绎的推理,产生对未知之物的知识。

科学的方法的目的是实现理性的自我控制,包括:平息怀疑的搅扰,不受含糊思想的支配,排除"懒散文人的纯粹消遣和游戏"。历史中,固执的、权威的方法产生的习惯的信念固然也可控制思想,但不是理性的自我控制;

---

① 陈启伟主编:《现代西方哲学论著选读》,第129页。
② 洪谦主编:《现代西方哲学论著选辑》上册,第182—184页。
③ C. Hartshrone and P. Weiss eds., *Collected Papers of Charles Sanders Peirce*, 8 vols., Harvard University Press, 1931-1960, vol. 5, p. 383.

先验的方法产生形而上学模糊观念,可以进行理性的争论,但不能自我控制。只有科学的方法通过把"实验现象"作为思想习惯的途径达到理性自我控制的目的。皮尔士说:"人的自我控制的最终目标是达到终极性的习惯状态","即已经取得了完美无缺的知识"。这里的"最终目标"指"实验现象"成为全社会的思想习惯,而"完美无缺的知识"是"所有科学的信徒"这样的信念:"研究的过程只要推进得足够远,就会对他们所研究的每一个问题,提供一个确定的解答。"①

科学的方法的主体不是自我意识,而是"所有科学的信徒"组成的共同体。皮尔士说:"确信并铭记这两点是至关重要的:其一,一个人绝非一个单纯的个体,他的思想就是他'与自己的对话'……所有的思想都是符号,并且大都具有语言性质。其次要记取的是,人的社会圈子类似一个松散的集合人,在某些方面,它是高于作为个体有机体的人的。"②个人思想使用的社会语言和科学探究"社会圈子"即共同体这两条基本事实,使得个体不可能成为真理的裁决者。皮尔士说,探究者"统一的赞同构成了真理"③;他对"统一的赞同"的意义有两个规定性:其一,其成员超越任何私利和私见,为真理的目标而相互合作;其二,探究者共同体在历史中延续,每个共同体的普遍同意都要接受后来共同体的考验,有些被修正或抛弃。④

3. 思想的连续性原理

皮尔士说:"连续性原理是可错论思想的具体化。因为可错论是这样的学说,我们的知识永远不可能是绝对的,而总是如其所是地游弋在不确定性的连续之流"⑤。可错论的知识论与科学的理性控制并不矛盾。"信念—怀疑—探究—信念"是连续的思想过程,每一阶段的信念是可错的,因而需要不断探究;但经过理性探究的信念被固定在符号系统和逻辑规则之中,在一定阶段是稳定的;除非有实验的新证据,不会轻易地被怀疑所动摇。

---

① 洪谦主编:《现代西方哲学论著选辑》,上册,第 132、123、195 页。
② 陈启伟主编:《现代西方哲学论著选读》,第 131 页。
③ *The Essential Peirce*, ed. N. Houser and C. Kloesel, vol. 1, Indiana University Press, 1992, p. 90.
④ Ibid.
⑤ *Collected Papers of Charles Sanders Peirce*, vol. 1, p. 171.

思想连续性原理说明知识的发展规律:"我们在任何时刻都拥有特定的信息,就是说,我们都具有认识,它们通过归纳和假设逻辑地从先行认识中推导出来,这些先行认识具有较少的普遍性,更少的明晰性,我们对它们的意识具有更小的生动性。"① 正是因为后来思想比先行思想更普遍、更明晰、更生动的发展规律,皮尔士说:"每个命题的理性意义存在于将来。"②

二、清楚思维的原则

皮尔士把科学的方法精确化为"科学逻辑",后来称之为"实用主义的翻译原则"。根据这一原则,为了科学的目的,必须把模糊的、抽象的观念"翻译"成清楚的观念。那么,(1)科学的性质是什么?(2)观念清楚或不清楚的标准是什么?(3)清楚地思维的规则是什么?(4)模糊观念是如何产生的?皮尔士在《如何使我们的观念清楚》《实用主义要义》等文章中对这些问题作了解答。

(1)关于科学的性质,皮尔士明确地说,科学即是实验科学,实验科学家的典型态度是:"不管你作何种论断,他都会这样来理解它:'如果你这样或那样进行实验,就会产生这种或那种经验'。"他补充说,科学实验不是彼此隔绝的,而是一个"实验集合体"(collective experiment),包括实验者、可证实的假说,以及"实验者对这个假说的真理性的真诚怀疑"等要素。为了消除怀疑,实验者选择一定的可辨别的对象进行操作,接着,他借助外部的行动来改变这些对象,而后观察到外部世界对他的活动的反应,最后得出实验的结论。科学的目的是通过行动和外界反应,达到目标和计划的统一。他说:"当一个实验科学家按照自己的头脑中所设想好的计划而行动时,某种(料想的)事情就会发生,而它的发生如同降落在以利亚祭坛上的圣火,把怀疑者的一切怀疑都予以清除。"③

(2)然而,皮尔士说,逻辑学和哲学不能满足科学的目的,"迄今为止,我们尚未跨进科学逻辑的门槛"。逻辑学不但要求清楚的定义,而且要求明晰的理解,而笛卡尔把真理的来源归结为清楚、明晰的观念。但"清楚性

---

① *The Essential Peirce*, vol. 1, p. 311.
② 陈启伟主编:《现代西方哲学论著选读》,第 134 页。
③ 同上书,第 123、133—134 页。引文中典故取自《旧约·列王纪上》第 18 章:先知以利亚在密迦山筑坛求雨,上帝降下天火烧尽祭物,随即降雨解除七年大旱,由此消除了以色列人对上帝的怀疑。

和明晰性的理论"只是"逻辑的装饰",可以陈列在"古董珠宝陈列室",思想的现代用途要求"远比逻辑学家们的'明晰性'程度更高的清楚地思维的方法"。① 清楚思维的方法是理性的方法,而"理性的意义在于实验现象",即,"任何人,只要他满足了某些条件,则某一特定事件必将对他出现"②。这是清楚地思维的标准。

（3）历史上各种方法都自觉或不自觉地把清楚地思维作为自身目标。如果把固有习惯的信念视作第一级清楚观念,那么抽象观念的逻辑则可以定义为第二级清楚观念,但两者都不能克服人们头脑中大量的模糊观念。皮尔士于是提出了"达到第三级的理解清楚性规则"："考虑一下我们设想我们概念的对象应该具有什么样的效果,这些效果能够设想有着实际的影响,那么,我们对这些效果的概念,就是我们关于对象的概念的全部。"这就是"实用主义的翻译原则",它把语词或概念的意义"翻译"为行动的"效果"或"实际的影响",这些效果或影响"不但是实在的,而且还可以有物理效用",这里的物理效用没有任何形而上学的意义,它不过是指如下的一种常识:人的目的和意图具有物理效用"。比如,"这块黄油是软的"的效用是:"如果刮这块黄油,可以很容易地刮出明显的凹处"。再如,"室内的空气不好"的效用可能导致窗户被打开。③

思想的物理效用是因人、因时、因地而异的,这样就会产生这样一个问题:"一个命题可以有多种翻译,究竟应把哪一种看作该命题的意义呢？"皮尔士回答说:"在实效主义看来,它应是使该命题对人类行为有实际效用的那种翻译,而且,这种作用不应局限于这些或那些特定境况,也不应局限于一个人的这种或那种意图,相反,它必须在任何情况下,对任何目的都能直接地作用于人的自我控制。这是实效主义者把意义置于未来之中的理由,只有未来的行为才是自我控制所能支配的行为。"然而,实证主义者片面地强调单个实验中结果对设想的证实。有鉴于此,皮尔士强调:"实效主义只谈实验现象的普遍种类",理性认识是广义的思想实验现象,"思想贯穿于一切理性生活中,而人的实验性的行为正是思想的一种操作活动",都应服从实用主义的"翻译"原则的理性控制。④

---

① 洪谦主编:《现代西方哲学论著选辑》上册,第 198、180—181 页。
② 陈启伟主编:《现代西方哲学论著选读》,第 133、187、138 页。
③ 同上书,第 134 页。
④ 同上。

三、实效主义

为了能够清楚地思维,皮尔士指出了产生模糊观念的种种途径。比如,虽然较少的清楚观念比许多的糊涂观念更有价值,观念贫乏单调的人"比那些在概念的无边泥潭里徒然翻滚的人有幸得多";但同样的事实是,"与清楚性有关的智力的成熟,总是姗姗来迟",很难劝导青年人牺牲他的大部分思想,以挽救其他部分,"隐藏在青年人头脑里一个不清楚的观念,一个无意义的公式……使它的受害者正当智力旺盛才思焕发的时候萎缩下去。许多人好像有一种嗜好,常年偏爱着一个观念的某种模糊影象"。再如,由于不同思想习惯而展开的争论造成很多"虚假的区分","尤其是当我们站在形而上学立场时,更应该警惕这些陷阱"。另外,"一种特殊的迷误是:把由于思想不清楚而产生的感觉,误认为是我们思维对象的特征。我们不仅没有觉察到这种模糊纯粹是主观的,反而以为我们悟到了对象的一种本质上神秘的特征"。此外,还有一种迷误,即"把两个语词纯粹语法构造上的差异,错误地当成是它们所表达的观念之间的差别。在这卖弄学问的年代里,当一大群作家们对言词的注意远超过对事物的注意时,这种错误是十分常见的"。①

皮尔士看到,形而上学是深奥难懂的学科,它从反面告诉人们要避开这些"暗礁",实用主义要把形而上学的观念从云霄高处拉下到经验的低层。正如他所说:"在观念问题上,大家宁愿廉价而平庸的东西"②。但"廉价而平庸的东西"不是不精确、不清楚的东西,而是符合科学逻辑的东西,如同科学实验那样有效应的东西。在反形而上学的意义上,皮尔士说:"实用主义是合格的实证主义",不过,"合格的"(proper)对他而言只是一个术语的前缀,"标志该术语的宽泛的或不确定的延伸了的意义"③。但是,"实证主义"本身就是一个不清楚的观念,"合格的实证主义"更是如此。皮尔士还欠他的听众一个关于什么是实用主义的清楚说法。

皮尔士在1905年"实用主义要义"的讲演中,针对詹姆斯认为"实用"词义来源于"实践"的说法,明确区分了"实用"(Pragmatisch)和德文"实

---

① 洪谦主编:《现代西方哲学论著选辑》上册,第198、184—185页。
② 同上书,第196—197页。
③ 陈启伟主编:《现代西方哲学论著选读》,第132、125页。

践"（Practisch），并说实验科学家在康德意义上的"实践"领域无能为力，实用主义完全不是实践主义。皮尔士也不满意詹姆斯把实用主义归结为"彻底经验主义"和F. S.席勒把实用主义说成是一种人道主义，以及英国人拿"实用主义"这个词来开美国人的玩笑。他说：为了不让"自己生出来的'孩子'被人们如此肆意滥用"，为了"扼要表述我的学说的原本定义"，他创造一个新词"实效主义"（Pragmaticism）取代"实用主义"（Pragmatism），因为这个新词"丑陋异常，足可免遭绑架"①。

四、形而上学的纯化

把形而上学从高处拉下来，只是皮尔士思想的一面，他的实效主义还有把平凡经验上升到形而上学高度的另一面。他说："实用主义者不像其他合格的实证主义那样喋喋不休地讥笑形而上学，而是从其中提炼出能给予宇宙学和物理学以生机和光明的思想精髓；同时，这种学说在道德领域的运用也是积极的、有力的。"他说明了实效主义区别于实证主义的三个不同点：首先，"对已经纯化了的哲学的保留"；其次，"对那些我们本能加以信仰的基本成分的毫无保留的接受"②；最后，对经院实在论的维护。

在皮尔士看来，形而上学的核心是个体与共相的关系问题。皮尔士说，"个体主义和错误是同一的"，因为存在于时间中的事物"都可以被逻辑划分，因此它们在这段时间里会经历关系方面的变化"，因此，一切存在物都是普遍的，没有时间延续的绝对个体最多只是某种理想之物。我们所能谈论的个体仅仅是单称的个别（singular），它是为了言谈、思想或研究的需要，我们"截断众流，从连绵不断的经验之流中指定出来的"。③

从科学的逻辑看问题，历史上唯名论与实在论的争论只是向后看还是向前看的问题。唯名论不断地追溯先行思想，直至认识之外的完全的个体之物，感觉和思想成为认识实在的障碍，唯名论声称的个体实在是形而上学的虚构。只有在思想的连续过程中更普遍、更清楚、更生动地认识共相的实在论才是对存在世界的正确认识。

---

① 陈启伟主编：《现代西方哲学论著选读》，第134页。
② 同上。
③ Collected Papers of Charles Sanders Peirce, vol. 3, p.93.

皮尔士把"存在的样态"概括为三个基本范畴。"第一性"是"如此"（suchness），它指当下感觉到的存在样态，没有比较，没有关系，没有想象和反思，只有"是其所是"[注意"是"（is）与"存在"（being）的联系]的纯粹肯定性。"第二性"相当于司各脱所说的"此性"（haecceity），指一事物与其他事物不相同的存在样态，它相对于其他事物而成为所是的东西；"事实""物质""实存"（existence）、"个体""知觉对象""经验"等概念都属于"此性"范畴。"第三性"是共相和规律，它是中介的范畴，把"第一性"和"第二性"带入相互关联，使它们成为自身所是的本质。同时也能在"第一性"和"第二性"的基础上预测"何者将是或可能是（would be）"的存在样态。①

皮尔士说，"第三性"是"构成实质本质的范畴。当然，仅凭它自身尚不能构成整个实在"。整个实在具有"如此""此性"和"共相"三重结构。他说，实效主义属于主张三元实在的理论，如果黑格尔不轻视第一性和第二性，如果他不把第三性当作足以构成世界的范畴，"那么实效主义者想必会把他推崇为他们学说的先驱了"②。

皮尔士的形而上学思想还表现在，他思考的实在不是被已知的科学规律所决定的世界，而是充满着自由意志和奇迹的未知因素，形而上学和神学关于世界的沉思对科学和人生都是有益的。他要用"科学的方法来确定信仰"，广义的实验探究的对象包括上帝之内的实在的本质。他说，上帝是否存在，实际上是这样的问题：物理学仅仅是琐碎的解释，还是完整的、统一的理论？释迦牟尼、孔子、苏格拉底等伟大的精神领袖的思想仅仅是他们的任意观念，还是对现象背后的常人想象不到的本质的洞察？神父们拒绝世俗享受的超人毅力仅仅是愚蠢的狂热或天真的热情，还是来自中立的伟大力量？③他的答案是后者，而不是前者。

第二节　詹姆斯

威廉·詹姆斯（William James，1842—1910）出身于一个富裕的纽约"新

---

① *Collected Papers of Charles Sanders Peirce*, vol. 1, pp. 303, 405, 66, 420.
② 陈启伟主编：《现代西方哲学论著选读》，第 140 页。
③ *Collected Papers of Charles Sanders Peirce*, vol. 6, p. 503.

教会"神学家家庭,自幼在家里受人文主义私人教育。他于1869年在哈佛大学获医学博士,1876年起在哈佛哲学系任教,70年代参加"形而上学俱乐部",结识了皮尔士。1898年8月26日,詹姆斯在伯克利大学发表题为"哲学概念和实际结果"的演讲,宣布实用主义作为一个哲学运动的开始。他的主要著作有《心理学原理》(1890),以及讲演论文集《实用主义》(1907)、《信仰的意志》(1897)、《宗教经验种种》(1902)、《多元的宇宙》(1909)、《真理的意义》(1909),以及《哲学若干问题》(1911)、《彻底的经验主义》(1912)等。他的著作选编为两卷本《詹姆斯文集》,1975年开始编辑的《詹姆斯著作集》已出版17卷。

一、实用主义的真理观

詹姆斯是最早发现皮尔士创新思想的人,他曾举荐皮尔士到哈佛大学哲学系任教,但未成功,还资助晚年穷困潦倒的皮尔士,他在美国和英国四处讲演,把实用主义推广开来。皮尔士对詹姆斯的讲演颇有微辞,并非吹毛求疵,两者确有重要差异。詹姆斯说,实用主义"首先是一种方法,其次是关于真理涵义的发生学理论"。他的实用主义方法强调行动。他说,"实用"的意思是"实践"(practice),"实在"的含义就是影响我们实践的东西。他把皮尔士的清楚思维原则理解为:"我们关于一个对象的思考,要达到完全的清楚,只需要考虑那个对象可能涉及了什么样实际的可以理解的结果——我们从它那里会期待着得到什么样的感觉,我们必须准备作出什么样的反应。"按照这个方法,"实用主义者决然地将哲学教授们所喜爱的那些根深蒂固的习惯抛在一边。它拒绝了抽象和不充分的东西,拒绝了字面上的解决,拒绝了不好的先验的理由,拒绝了固执的原则,封闭的体系与虚构的绝对和起因。它追求具体和恰当,追求事实,追求行动和力量"。詹姆斯所说的"反应""事实""行动"等都与实际或期待的感觉等心理因素相关,而皮尔士的科学方法与逻辑和符号论密切相关。[①]

詹姆斯的实用主义最有特色之处是他的真理观。传统的真理观一般都是"符合说",詹姆斯追问,"观念和实际的符合"到底是什么意思。他举例说,墙上挂着一个钟,我们看它一眼,会有一个印象,以后在记忆中也会有摹写式的画面;但是,静态的摹写和印象不是"符合"的根本意思,因为我们对

---

① 万俊人、陈亚军选编:《詹姆斯集》,上海远东出版社,1997年,第13、4—6页。

钟的内部运转毫无所知,而钟如何工作对我们的生活极其重要,如果我们的观念仅仅符合钟的外表,而不是钟的工作过程,那算不上什么真理。詹姆斯说:"掌握真实的思想意味着随便到什么地方都具有十分宝贵的行动工具。"拥有真的观念或错误的观念在生活中造成的后果是极为不同的。他举例说,一个人在森林里迷了路,他发现地上好像有牛走的痕迹,他随着这一似乎是牛走过的路径的痕迹走,如果他的思想是真的,那么就得救了,否则就会饿死在森林里。他说,真理是生活的先决条件,因为真理的对象(比如上例中人的住处)对人是至关重要的。真理不是静止的观念或判断,真理是一个过程,一个事件,在此过程中,人们通过真的思想获得了真理的对象,这才是"观念与实际相符合"的真实含义。詹姆斯把按照思想行动和思想预期结果的符合称作证实的过程,这一过程有起点和终点,因此,既可以说"观念之为真,因为它有用",也可以说"观念之有用,因为它为真"①。第一句话表达了证实过程开始时人们对于真理的期望,第二句话是在证实过程结束时人们对于真理作用的评价。

詹姆斯说,真理是有兑换价值的。这并不意味着真理的用途只是立即兑现的价值,如同用现钞购买货物那样。很多真理只是潜在的,每个人除了拥有现实生活所必需的真理之外,他还储备了一批"额外的真理",它们在平时潜伏不用,在需要时随时可供调遣使用。"兑换价值"这一比喻还意味着真理是可交换的,是公共的。真理好像是金融的信用体系,人们互相交换被证实为有用的观念,你接受我对这个事件的证实,我接受你对那个事件的证实,人们无须对所有的真理一一加以亲身检验。但"被某人具体证实的信念是整个上层建筑的支柱",如果没有"某个地方的直接的、面对面的证实为前提,真理的建筑物就会崩溃,好像没有现金为基础的金融系统一样"。②

詹姆斯承认:"我们的绝大多数真观念并不容许直接的或面对面的证实",比如《圣经》记载的该隐和亚伯的故事,大洪水之前的怪兽,以及恺撒的真实存在。詹姆斯说,人类思维是推论的,观念的交换在社会交往中必须借助语言,"因此所有真理都逐字得到确定、储藏,并对一切人有效"。如果观念用保持不变的词语在历史中流传,那么我们自己与从古到今的语言和

---

① 詹姆斯:《实用主义》,陈羽纶等译,商务印书馆,1997年,第104—105页。
② 万俊人、陈亚军选编:《詹姆斯集》,第26页。

事实世界联系的系统是不可分割的。在此背景中,"过去的时光本身是存在的,这是由于它和现在所有事物之间的融洽关系所保证的。正如现在是真实的一样,过去也是真实的"。①

詹姆斯也不否认先天真理,但先天真理也是经过前人证实的,它的用途经过时间的沉淀,已经成为不知不觉的习惯,人们反思习惯观念的普遍性和必要性时,把这些观念称作先天真理。先天真理不是像唯理主义想象的那样,来自先验的、绝对的对象,而同样是证实过程的产物。詹姆斯说,这里的关键是要把习惯和活动分开,"真理在我们的某些观念和信念的证实活动的间歇时间里变成我们的某些观念和信念的习惯了。但是这些活动是全部事物真实性的基础,也是任何习惯在间歇时间里存在的条件"②。就是说,先验真理只在一段时间里有效,并随着习惯的改变而改变。

二、彻底经验主义

詹姆斯哲学包括彻底经验主义和实用主义两个部分。连接这两者的关键是他的"经验"概念。早期的《心理学原理》一书中的"经验"既不同于传统的经验论,又不同于当时的实证主义,而是经验者面对面地和所予对象(the given)直接接触,乃至融入对象,体验对象的实在性。他把人与所予对象合一的经验称作"思想流"或"意识流",思想流的特征是:一方面具有成为私人意识一部分的趋势,另一方面又总是在应付似乎独立于思想对外的对象;一方面在个人意识内具有被感知的连续变化,另一方面又总是以欢迎或排斥的态度选择对象。他试图破除感性与理性、经验与思想、心理与生理的二元论,但并不彻底,经验中仍有内在体验和所予对象的两极。

彻底经验主义是早期经验主义心理学的发展。詹姆斯说,彻底经验主义是一种活的方法,"用这种活的方法去实际经验一个人的个人的连续,就是去认识连续性的观念和相同性的观念之源本,去认识这两个词所具体代表的东西,去把它们所能意味着的全部东西拿过来据为己有"③。"活的方法"和"据为己有"与实用主义在行动中应用和验证观念的方法是一致的,彻底经验主义比实用主义更多的元素是"连续性"和"相同性"观念。

---

① 万俊人、陈亚军选编:《詹姆斯集》,第 28、29 页。
② 詹姆斯:《实用主义》,第 114 页。
③ 詹姆斯:《彻底的经验主义》,庞景仁译,上海人民出版社,1965 年,第 27 页。

詹姆斯说:"一种经验主义,为了彻底,就必须既不要把任何不是直接所经验的元素接受到它的各结构里去,也不要把任何所直接经验的元素从它的各结构里排除出去。"传统经验论把"相同性"观念或共相归结为感觉要素的连接,但"连接"属于"关系"的范畴,他们把"关系"从经验的结构中排除出去,因此只能把感觉要素的连接当作经验内容,而不得不把"经验对象"纳入经验的结构,因此造成了"要素"与"关系"、"经验内容"与"经验对象"相分离的二元论。如何把"关系"归结为直接经验?这是对詹姆斯至关重要的问题。他说:"要作一个彻底的经验主义者,这意味着在一切关系中特别坚持这种连接性的关系,因为这是战略性的要点,如果在这个阵地上稍有疏漏,则一切辩证法的败坏勾当,一切形而上学的虚构,都要通过这个缺口倾入我们的哲学里来。"①

在经验连接性问题上,詹姆斯受柏格森的影响。他们两人是朋友,柏格森接受了詹姆斯心理学研究的一些成果,而詹姆斯晚年说柏格森使他"抛弃了理智的方法和逻辑是决定可能与不可能的可靠量度的流行观念"。与柏格森的"意识材料"一样,詹姆斯的"纯粹经验"是亲身体验的、变化的、性质多样的素材。传统经验论所说的感觉要素不是实际的状态,而是从连续的经验中拆散出来的。他说:"我们应当让本来是现成的连续性好好地呆在那里,我们没有权利对它们有所偏持或者随心所欲地顺来倒去。"詹姆斯并不否认直接的纯粹经验有时是非连续的,实际上,纯粹经验的多样性的差异,实际生活中从一种体验过渡到另一种体验的间隙,都意味着不连续性。詹姆斯认为经验的连续和非连续都是变化,"'变化'意味着与非连续性过渡相反的连续性的过渡","连接和分离在任何情况下都是对等的现象"。连续或非连续、连接或分离、同质或异质,都是我们体验到的纯粹经验,除此之外没有其他实在。②

詹姆斯反对一切形式的"表象论",因为"表象"设置了"经验内容"与"经验对象"之间的外在关系。他和柏格森一样,用某些经验的特殊用处和概念化解释空间中的物质事物。詹姆斯说,有些知觉具有影响我们的能力,而另一些则没有。我们根据有无能力产生一定结果的标准,把经验分为"实在的"和"心理的"两类:"心理的三角板是尖的,但是它的尖并不能扎

---

① 詹姆斯:《彻底的经验主义》,第22、26页。
② 同上书,第25、27页。

人,相反,用'实在的'东西,就总会产生结果;这样一来,实在的经验就从心理的经验分出来,事物就从我们对事物(不论是想象的事物,或是真实的事物)的思维分出来,沉淀成为整个'经验混沌'的稳定部分而称之为物理世界。物理世界的核心就是我们的知觉性经验,由于知觉性经验原本是强硬的经验,我们在知觉性经验上加上一大堆概念性经验,使概念性经验也在想象里强硬起来,并且借助于概念性经验建立起物理世界的较为遥远的部分。"①

詹姆斯的彻底经验主义力图克服传统经验论和心理学中的二元论,但他对"纯粹经验"的解释不是一元论,而是多元论。"纯粹经验"不只是知觉经验,而且是情感和意志等生活体验;经验的效用不仅是认知,而且是心理的满足和自由选择。詹姆斯在其思想发展的各个阶段,一直强调情感比知觉和理智有更根本的心理作用,当他谈到经验时,往往指的是情感的过程,当他谈到需要和满足时,往往指情感的满足。他对情感的强调和皮尔士对逻辑的强调是他们两人明显的分歧。

詹姆斯提出人的气质决定他的哲学,这个论断以他对情感的看法为依据。他说,气质能够"造成比较重情感或比较冷酷的宇宙观"②。气质是人的情感的结构和一般特征,它有"柔性"与"刚性"之分,因此产生出如下二元对立的哲学立场:

柔性的	刚性的
理性主义的	经验主义的
理智主义的	感觉主义的
唯心主义的	唯物主义的
乐观主义的	悲观主义的
有宗教信仰的	无宗教信仰的
意志自由论的	宿命论的
一元论的	多元论的
独断论的	怀疑论的③

詹姆斯后期发表的《多元的宇宙》在上述两种对立的哲学立场中各取

---

① 詹姆斯:《彻底的经验主义》,第18页。
② 詹姆斯:《实用主义》,第7页。
③ 同上书,第9—10页。

所长。比如,他在黑格尔哲学中发现了理智主义的优点,在费希纳哲学中看到感觉主义的优点。他的结论是,貌似对立的哲学只是"十足同等的假说",而"这个世界,说到最后,可能是一个大块宇宙",一元论"坚持那种永远完备的永恒的宇宙",而"多元论的哲学假定宇宙的不完备性"。虽然两者都是不完备的假说,但多元论能够通过我们的行动弥补理论的不完备性,"这样,哲学和实在、理论和行动,在同一个循环里无限期地相互作用下去"。① 这种多元论的哲学观并不符合彻底经验主义,而与实用主义的真理观相一致。

三、信仰的权利

詹姆斯出身神学家家庭,终生维护宗教信仰,他的哲学辩护有两个来源:从实用主义观点看,宗教信仰在历史和现实中有着不可取代的生活价值,因此是真实的。从彻底经验主义的观点看,"当我们观察某些事实时,我们的情感和意志似乎构成了我们全部信念的基础"②。

詹姆斯说:"如果神学观念能够证明它们对具体的生活有某种用途,那么对实用主义来说,这些观念既然有那么大的用途,也就在这一意义上是真的。"③詹姆斯相信科学真理,但他认为科学所能认识的只是世界的一小部分,他说:"未知世界是大海,我们的科学是一滴水。"④科学有很多前提,比如,"世界是统一的","存在的重量是不变的","自然按照最简单的方式活动","自然界不飞跃",等等,是科学自身不能证明的,它们是"理性的预设"。理性的预设通常是相互矛盾的,如多元论和一元论、决定论和非决定论。情感的一个功能是选择理性的预设,很多形而上学的命题,甚至数学公理都是以一定的美感、和谐感为基础的。同样,宗教情感有选择信仰的权利。詹姆斯说:"我们有权利相信物理秩序只是某一种秩序,此外还有一种看不见的精神秩序。如果我们因相信这一秩序而生活得更好、更有价值,那么我们就有把精神秩序补充到世界里的权利。"⑤宗教的合理性在于情感选择的权利和"信仰的权利",即,"我们有权自己承担风险,信仰任何充满生

---

① 詹姆斯:《多元的宇宙》,吴棠译,商务印书馆,1999年,第179、180页。
② 万俊人、陈亚军选编:《詹姆斯集》,第351页。
③ 詹姆斯:《实用主义》,第202页。
④ W. James, *Will to Believe and Human Immortality*, Dover, New York, 1956, p.54.
⑤ Ibid., p.52.

命力的、吸引我们意志的假说"。①

当詹姆斯把宗教信仰说成"吸引我们意志的假说",他面临一个问题:为什么选择宗教比选择无神论或不可知论更可靠,更合理呢?他认为,宗教是一种"强制性的选择",就是说,在上帝是否存在这样的问题上,只能作出肯定或否定的回答,中间态度是没有的,不选择是不可能的。在此问题上,不可知论也是否定选择,因为不可知论的生活态度与无神论者是一样的。帕斯卡"赌上帝存在"代表了这样的选择:"虽然这样做你肯定要冒有限的风险,但如果存在无限获得(永恒至福——引者注)可能性的话,那么任何有限的损失,即使是确定无疑的,也都是合理的。"同样,宗教给予人们未来的希望是我们"不可能找出比这更好的面对死亡的方式"②。

詹姆斯的实用主义和彻底经验主义的宗教观的社会背景是美国"第三次宗教觉醒",对美国宗教的世俗化有积极贡献。③ 詹姆斯这个"新教会"神学家的儿子所论述的"宗教经验"或"信仰权利",充其量只是一般的宗教哲学,与基督教信仰没有特别关系。詹姆斯抱怨说,他关于信仰的权利的文章不幸地题名为"信仰的意志"。杜威批评说:"甚至'权利'一词都是不幸的,因为它似乎表明一种特权。"④ 确实,如果宗教信仰仅仅意味着信徒个人对世俗化社会的积极参与,那么它不应拥有比其他世俗的参与方式更大的权利。

第三节 杜　威

约翰·杜威(John Dewey,1859—1952)可谓实用主义的集大成者,犹如"实用主义神圣家族的家长"⑤。如果说皮尔士创立了实用主义的方法,詹姆斯建立了实用主义的真理观,那么杜威则建造了实用主义的理论大厦。

---

① 万俊人、陈亚军选编:《詹姆斯集》,第 370 页。
② 同上书,第 352、372 页。
③ 参阅尚新建:《美国世俗化的宗教与威廉·詹姆斯的彻底经验主义》,上海人民出版社 2002 年,第 49 页。
④ 杜威:《杜威全集》,中期著作 4:89,刘放桐主编,华东师范大学出版社,2010 年至今,全集后数字代表"卷数:页码",下同,不另注。
⑤ M. 怀特:《分析的时代》,杜任之译,商务印书馆,1981 年,第 178 页。

杜威一生著作浩繁,涉及科学、艺术、伦理、政治、教育、社会学、历史学和经济学诸方面,使实用主义成为广泛的美国社会文化。杜威论述实用主义的主要著作有《哲学的改造》(1920)、《经验与自然》(1925)、《确定性的追求》(1929)、《逻辑:探究的理论》(1938)、《能知和所知》(1948)等。《杜威全集》共37卷,中译本至2013年已出版21卷。

杜威于1919年应胡适的邀请来中国讲学,发表了五篇演讲。经胡适的推介,杜威的实验主义在中国有较大影响;后来对胡适的批评又波及杜威和实用主义。但是,不论推崇还是贬斥,都没有触及杜威实用主义的核心。他的核心思想可从以下四个方面加以阐明。

一、工具主义

实用主义在开始阶段遭到欧洲哲学界的鄙视,皮尔士提倡"廉价而平庸"观念,詹姆斯所说的真理的"兑换价值"和"有用即真理",常常遭到误解。当时对实用主义的理论批评来自唯心论(新黑格尔主义)和实在论(英国的摩尔、罗素和美国的新实在论)。比如,罗素说:"对真理的爱好在美国已被拜商主义所阻碍,实验主义就是这种状况的哲学上的表现。"[①]杜威反唇相讥:按照罗素的解释模式,

> 英国的新实在论是英国人贵族式势利的一个反映;法国思想的二元论倾向是除了一个妻子之外还有一个情人的所谓高卢气质的表达;而德国的观念则是把啤酒与腊肠同贝多芬与瓦格纳的精神价值提升为一个更高的综合能力的表现。[②]

杜威归谬法的要点是,批评者根本就没有理解真理与社会习俗的关系。杜威认为,"实用主义当前所追求的,是一种对于这些不同问题和在每一个问题中实践意味着什么的清楚一贯的认识"。詹姆斯说:"真理是令人满意的东西"。但"令人满意"是私人的主观体验,与人的文化背景和趣味或气质有关,这样就把实用主义的真理观建立在主观主义和人本主义的基础之上。为了澄清和纠正"令人满意"的意义,杜威说:"除了当观念作为工作假设或尝试方式,以实现其意图的方式,被运用于先前存在时所产生的那

---

① *The Philosophy of John Dewey*, ed. P. A. Schilip, vol. 3, Evanston, 1939, p. 52.
② 杜威:《杜威全集》,中期著作 13:265。

种令人满意之外,我从来没有将令人满意与观念的真理性等同起来"。作为观念的工作假设或尝试是"修正现存世界的行为方案","令人满意"指特殊意义的"好的"后果,"它们实际上由与先前存在的合作与运用于先前存在的观念的工作所产生的"。所有这些条件与私人的主观体验或趣味无关,而与改变现实的实践相关,正如杜威所说:"从根本上说,观念是意图(计划和方法);作为观念,它们最终想要的是未来——在早先存在着的那些事物中的某种变化。"①

杜威参与了当时英美哲学界关于真理是命题属性的讨论,并进一步追问命题如何与实在相符合的问题。在这个问题上,理智主义唯心论的符合论主张的是陈述思想的命题与陈述思想对象的命题之间的符合,但为了比较两者是否一致,又需要另外一个命题,如此陷入无穷倒退,"唯心论者最后实际上没有真理,有的只是一个更大、更系统化的'观念';对这个'观念',他所能说的全部也许仅仅是它是一个系统化的幻觉"。经验主义的实在论预设命题陈述的经验事实,两者的符合不过是不断重复既有的经验事实。杜威批评说:"参照过去并未穷尽命题的意义,甚至并未包含意义;相反,命题的要点在于将过去的事情、做完了的事情与未来的后果联系起来,构筑命题就是要帮助我们达到这些后果。"②

杜威在过去、现在和未来的实践中规定思想与实在的符合。他说:"我坚持独立于观念的存在物,先于、同时和后于观念的存在物。""先于"和"同时"指"观念的起源就在于某种经验的、心灵之外的情景中,这种情景激发了作为反应样式的观念";而"后于"指"通过形成和运用观念来改造环境"。实用主义的符合论指"未定的和相互冲突的倾向"与"这种状况呼唤出来的思想、估算、意图和计划"所产生的尝试性调整之间的"相互连结、相互调整的作用"构成了真理;反之,"彼此不能相互呼应、不能一起运作构成了错误和过失"③。

如果说钟表指示时间是过去事件的重复,詹姆斯所举的走出森林的事例是证实思想的直接后果,杜威用水手操作罗盘的比喻说明具体情境中思想和实在相符合的操作实践。过去运转正常的罗盘是可信赖事物,但水手

---

① 杜威:《杜威全集》,中期著作 4:81,4:85,4:81,4:84,4:77。
② 同上书,中期著作 6:28,4:31。
③ 同上书,中期著作 4:3—4,6:5。

要根据具体条件操作罗盘,调整航程,最终达到目的地。参照航行后果来定义真理,水手和罗盘的符合如同"两个朋友相符合","即,相互检查、相互激励、相互援助、相互更正,或者在'机器的部件之间相互符合'的意义上使用的"。杜威没有把人当作机器的一部分,而是把命题当作通过人操作的工具。在此意义上,他的真理观是工具主义,或者说,命题是真理的工具,人不只是拥有、认识命题,而是为达到预期目的而操作命题。用他的话说,"真理只存在于对命题所声称的内容的检验中,存在于成功地实现它所规定的后续的行动中","随着这种变化,命题得到了一种面向未来的外观和参照"。杜威晚年很少使用"真理"这个词,因为既然命题只是我们与环境打交道的工具,那么它们的操作只是有效或无效、恰当或不当、节俭或浪费的行动,而不是真理和错误的认识论区分。为了理解杜威的真理观,有必要更全面地理解他对知识的看法。①

二、实验主义

詹姆斯评价说,人本主义的实用主义者席勒的"话语的宇宙"是"最小的,本质上是心理的",他自己的是"认识论"的,而杜威的是"全景式的,在三者中最为宽广"②。杜威全景式实用主义是实验主义。实验主义把知识解释为人与环境交互作用的实验关系。他说:"知识的对象是一个事件,它是有指导的实验活动的结果,而不是什么在知识活动之前就已自足存在的东西。"③杜威并不是说实验造成了事物的存在,而是说,实验建立了"知"与"知的对象"的关系,如果没有这一关系,事物不成其为知识的对象,也无经验可言,因此,实验是有决定意义的。杜威以天文学观察为例,说天文学观察当然不能改变天体,但它却改变了星光到达地球的方式,天文学家捕捉到那些不经过实验就无法发现的变化。所以知识是一种"转化",它把人以外的事物转化为知识的对象,把人的活动转化为对外界有指导、有目的的反应。知识或经验是人所特有的接受刺激和给予反应的方式。

杜威强调,皮尔士所说的"知识的连续性原则"是实验主义的基本原则。按照这个原则,人的知识是人和环境之间交互作用的连续过程,从日常

---

① 杜威:《杜威全集》,中期著作 6:35,6:30。
② 同上书,中期著作 6:导言 5。
③ Dewey, *The Quest for Certainty*, New York, 1929, p.171.

感觉到科学实验,从实验科学到数学和逻辑,它们之间并无"知识论的区分"。感觉并不是消极地接受刺激,它也是主动的反应。比如,记笔记的人只是按书写习惯活动,对笔并无感觉,但当笔头断了或秃了的时候,他感觉到出了事情,引起对笔的注意,并有所反应,把笔削尖,或找另一支笔。杜威说:"感觉标志着行为习惯发生了从一个过程进入另一个行动方式的过渡,在这个意义上,感觉都是'相对'的。"① 这里"相对"的意思是,在有感觉和无感觉以及感觉和思考、无意和有意行为之间并无决定性的界限。他说:

> 有机体的器官和组成部分,当然主要不是为了纯粹理智或者理论沉思而存在于那里的。大脑,思想的这个最后的物理器官,是为了让环境适应于这个有机体生活要求的那同一个实践机制——腿、手和眼都属于它的一部分。大脑把有机体的行为从直接物理条件的绝对奴役中解放出来,它使得实现遥远且不断扩张的目标的能力有可能得到释放。②

数学和日常经验的界限也是相对的。杜威说:"人们开始计数和度量东西是和他们开始捣碎和熔化东西一样的……某种方法成功了,不但在目前的实际意义里,而且在触发兴致、引起注意、鼓动尝试,以促进改良的意义里,也是成功的。"③ 这段话不但说明了数学是长期经验的总结,而且强调具体的活动结果为从事数学这样的抽象活动提供了动力。

按照实验主义的观点,逻辑的主要功能不是推理、证明,而是解决疑问的探究。他反对为怀疑而怀疑的怀疑主义。他说:"人类的天性不是将疑问坚持到底,而是尽快地解决疑问","思维过程只是在确定替代疑问时才有用";逻辑思维"就是要缩短在怀疑与暗示领域的逗留时间,还要尽快地回归到人能够行动的世界"。④ 在不同的历史情境中,固定的观念,讨论的规则,沉思和内省,比较和分类,都是人们尽快解决疑难的思想实验。而推理和证明是这个思想实验的高级阶段,

> 推理就是整理安排一系列的术语和命题,直到我们能够坚定地把某个有疑问的事实联系到一个虽然遥远却毋庸置疑的事实。这是一种

---

① 洪谦主编:《现代西方哲学论著选辑》上册,第215—216页。
② 杜威:《杜威全集》,中期著作4:103—104。
③ 杜威:《哲学的改造》,许崇清译,商务印书馆,1958年修订版,第74页。
④ 杜威:《杜威全集》,中期著作1:107—108。

规则的方法,某一个命题被用来给一个不稳定的命题施加压力,给后者穿上前者霸道的外衣,直到我们得到这个结果,能走好每一步,并且能保证走得正确,我们就有了证明。①

现在,法庭上的辩论,实验室里寻求既有原理的证实,以及公司的审计都在应用推理和证明的逻辑。但推理和证明不是近代科学革命以来的逻辑。科学的兴趣是从已知推导未知,不断发现新的事实。科学的探究逻辑是:

> 这一过程中需要应用规章,即方法,不能盲目出击,需要活动计划。因此,所谓的科学的实际应用,如培根的"知识就是力量",孔德的"科学就是预见"都不是超逻辑的附属物或额外的收益,它们是逻辑方法本身固有的。逻辑方法是为了理解并抓住新的经验的有序的研究方法。②

人类知识连续性原理是杜威主张"哲学的改造"的依据。他认为,最初人类通过记忆保存过去的经验,但保存过去经验没有认知的用途,而是有选择地回忆有趣的往事以增加生活的情趣,诗歌戏曲由此产生。为了获得心情的慰藉与安宁,人类发明了宗教和艺术,宗教固定为教条,而艺术分裂为慰藉精神的文艺与日用的工艺技术。古希腊主人和奴隶相区分的社会学意义是闲暇和劳动的分野:一边是优越地位的人在安静环境中的消极的自我完善,一边是靠双手为生的人们的劳作。希腊人所偏爱的静态的、理智主义的知识观与宗教趣味相结合,把宗教的超自然世界转化为只有少数经过哲学训练的人才能认识的本体世界,而艺术和日常经验的世界只是不完整的现象世界。只是在情趣和想象不能为两个世界辩护时,希腊哲学家才把逻辑论辩和证明当作主要工具。

现代社会和科学革命性变化瓦解了两个世界的区分,推倒了教条,解放了人格,"环境被看作须加以变化以求真知的一种东西,人人就得到勇气而对于自然径直采用攻势了","就一种深刻的意义来讲,知识已不是静观的,而成了实用的"。③

---

① 杜威:《杜威全集》,中期著作1:115—116。
② 同上书,中期著作1:121。
③ 杜威:《哲学的改造》,第62、63页。

杜威承认，即使近代自然科学革命之后，"迄今深刻而广泛地渗透进人类实际事务中去的科学，是片面而不完全的科学，它在自然方面是胜任的，现在对于生理学方面的状况也日益胜任；但是，对于人来说极其重要的事情——即那些特别属于人的、为了人的和由人而来的观念——却还不胜任"①。杜威的实用主义主要不是一种实验的、证实的操作方法，而是一种价值观，公正、个体自由和公开性是科学精神的核心价值。实用主义把西方哲学改变为适应科学精神及其价值观的思维方式和生活方式，代表了西方文明的发展方向，但他并不认为实用主义只适用于西方。公正、个体自由和公开性"这三个西方精神中最好的因素，它们即使对东方文明而言，也有着最大的价值。这是因为，这些因素既不是东方的，也不是西方的，而不如说是跨民族的，是人类所共有的"②。

三、发生学方法

按照休谟以来关于事实与价值的二元对立的观点，描述历史事实的进化论是不能被应用于对道德价值和规范的研究。在1902年发表的《应用于道德的进化论方法》中，杜威提出了进化论的方法为什么能够应用于道德研究的问题，得出"惟有运用进化论观念即历史的方法才能将道德置于科学领域内"③的结论。

杜威指出，科学的实验方法就其实质而言是发生学的方法（genetic method）。他说："实验方法可被称为发生学方法，它处理的是事物变成经验存在的方式或过程。"以水以例，只有在实验中观察到氧原子和氢原子化合成水的发生过程，我们才能科学地认识水的"经验存在"。杜威扩大了"实验方法"的范围，使之与历史方法一样，是对个别事物的发生学考察。针对德国哲学中自然科学与精神科学的对立，杜威说："在实验方法对于我们的物理知识的助益与狭义的历史方法对于精神领域即意识价值领域的助益之间，所存在的不仅仅是类比，而是严格的等同。"④杜威并不否认实验方法与历史方法的差别。前者为了控制和制造事物，把个别事物的发生过程概括为一般化的过程；而后者探讨个别事物起源是为了找到一个简单化的

---

① 杜威：《杜威全集》，中期著作，12：204—205。
② 同上书，中期著作 13：378。
③ 同上书，中期著作 2：15。
④ 同上书，中期著作 2：17。

起点,为研究整个过程提供一个限制性的条件。但是,两者只是用途和目标上的不同,而不是方法论上的根本差异。

如果不注意实验方法和历史方法的差别,就会产生杜威所说的"唯物论的悖谬"。实验方法的研究对象是物质的生成,并把这物质的过程一般化。但历史方法不能把物质的生成过程当作历史的全过程,不能认为最早发生的物质是贯穿全过程的本质。在实验过程中,起源可以被一般化为本质;但在历史过程中却不能把起源概括为本质。杜威说:"有一种观点认为时间上较早的东西更具有价值,但这只是方法上的价值,而不是存在的价值。那些以序列中后期条件项呈现给我们的,其形式之复杂和混乱让人难以分辨,而这却可以通过早期条件项以相对简单和透明的方法得到显示。"①就是说,在历史变化的系列中,确定一个起点只是为了设定一个限制性的条件,而不能把以后发生的事件从这一起点中"推导"或"演绎"出来。从存在的形态和价值上看,后起的事件可能比起源更加高级和重要。

在历史演化的过程中,物质在先,精神在后。研究精神现象必须从物质的生成变化开始,但如果由此认为物质是精神的本质,关于精神的知识可以从关于物质的知识中推导出来,那就是"唯物论的悖谬"。不过,杜威同时指出,如果不顾最初的物质条件的制约,片面强调精神的重要性,那也会落入唯心论的窠臼。"正如唯物主义者把早期条件项分离开来并神化为实在的典范,唯心主义者对于后期条件项也是如此。"②

进化过程是连续的,把这一过程出现的一个事物抽象出来,当作独立对象来研究,这是科学的需要,在方法论上也是允许的。如果把这一对象看作是孤立的本质或本原,认为其他事物或对象都要与它相等同,那犯了"把过程的连续性与内容的同一性混淆起来"③的错误,唯物论和唯心论共同犯了这种错误。根据"知识的连续性原理",杜威说:

> 应用于道德事实的进化论方法,没有给我们留下两个极端,一边是纯粹的动物本能,一边是精神上的绝对命令。它向我们揭示的是一种连续不断的过程,其中动物本能和责任感都有它们的位置。它使我们

---

① 杜威:《杜威全集》,中期著作 2:8。
② 同上书,中期著作 2:11。
③ 同上书,中期著作 2:13。

拥有了一个具体的整体全部。①

在杜威的伦理学著作中,进化论的方法有两方面的运用。一方面,杜威根据人类学关于原始部落习俗的材料,或从刺激—反应的心理机制,说明道德的起源;另一方面,用环境和社会的变化说明群体道德向个人道德、社会习俗向道德自律的发展过程。

达尔文主义不仅是沟通了道德的自然价值(起源)和伦理价值(自律),而且为科学事实和精神价值的统一提供了理论的和方法论的基础。在《达尔文主义对哲学的影响》(1909)一文中,杜威说,达尔文的《物种起源》"引进了一种新的思维方式,它最终必定会改变知识的逻辑,并而改变人们对待道德、政治以及宗教的方式"。杜威还说,虽然进化论至今遭到神学的抵制和批判,但进化论与神学的对立不是科学与宗教的对立,而是新旧两种哲学的对立。杜威说明了进化论所说的"物种"与传统哲学的"种"和"本质"的根本分歧。后两个词在希腊哲学中都是"形式"(eidos),它表示事物不变的、永恒的规定性,最完满地体现为事物的运动变化所要达到的"目的"。进化论用物种的演化过程代替了本质论和目的论的哲学传统。杜威评论说,虽然从哥白尼、开普勒和伽利略以来的物理学描述了世界不断运动变化的图景,但在物理世界与人的心智和政治之间有一个植物和动物的王国;由于不了解生物界的变化,传统哲学仍然统治关于人的知识。达尔文就物种说出了伽利略所说的地球确实在转动的话时,"他便一劳永逸地解放了发生的和实验的观念,并使之成为提出问题和寻求解释的研究方法"②。

杜威从因果关系的角度阐述了进化论的方法论意义。他说,传统哲学在说明事物的第一原因或终结原因时,总是诉诸设计代替机遇、心灵代替物质的解释。达尔文用"自然选择"解释了生物进化的根本原因,克服了传统哲学的二元对立的解释。按照"自然选择"的原理,物种的变异是偶然的,但"自然选择"的作用却是必然的,只要发现物种的变异与自然环境之间的适应关系,就可以解释物种进化的原因,完全不需要预先的"设计"或"心灵"的作用等非科学的、不可验证的解释。进化论与传统哲学是两种根本不同的逻辑。传统哲学企图一劳永逸地发现永恒不变的全部真理,包括"绝对本质""最高的善""第一原因"和"终极目的"等。进化论标志着一个

---

① 杜威:《杜威全集》,中期著作 2:11。
② 同上书,中期著作 4:3,4:6。

根本的转折:从全部本质转向具体变化,从一劳永逸地规定事物的智慧转向具体地规定现实事物的智慧,从终极的善的目标转向公正和幸福的逐步改善。杜威说:"哲学放弃了对绝对起源和绝对终极性的研究,才能对产生出它们的具体价值和具体条件进行探讨。"传统哲学的绝对主义不仅无用,而且是不负任何责任的清谈。杜威把进化论的解释称为"发生学和实验的逻辑",这是关于具体事件的发生和发展的逻辑,它能够通过实验,增进我们的知识,改善我们的生活,使心智活动对事实负责,对社会负责。

《达尔文主义对哲学的影响》一文在杜威哲学中具有纲领性的意义,因为这篇论文勾勒出杜威后来主要著作的基本方法。《逻辑:研究的逻辑》对科学逻辑所作的发生学考察,《哲学的改造》对西方哲学的社会历史考察,《人的本性和行为》关于社会伦理价值的研究,《艺术经验》关于审美价值的研究,《共同的信仰》关于宗教价值的研究,《新旧个人主义》《民主和教育》和《公共领域及其问题》等著作对社会科学研究,都用了"发生学和实验的逻辑",对各个领域的事实和价值相一致的经验进行考察,这种逻辑考察把杜威哲学与人文和社会科学的具体学科区别开来。

四、经验的自然主义

杜威认为哲学面临调和经验科学与传统价值的重要任务:

> 在我们眼前没有什么问题比实用的科学和静观的美的鉴赏能否调和更为重要的。没有前者,人将成为他所不能利用又不能驾驭的自然力的玩物和牺牲。没有后者,人类将会变成一种经济的妖怪,孜孜向自然追求利得和彼此推行买卖,此外就是终日无所事事,由于空闲而懊恼,或将它仅用于夸耀的铺张和过度的奢纵。①

为达到调和的目的,他提倡经验的自然主义,使人们在"自由地接受现代科学的立场和结论"这条唯一途径的基础上,"一方面使我们能够成为一个真正的自然主义者,而另一方面仍然维护着许多以往所珍爱的价值"②。

实用主义虽然重视经验,但与传统的经验论格格不入。杜威在《哲学需要复兴》(1917)中批评传统经验论把经验限定在知识的范围,认为经验

---

① 杜威:《哲学的改造》,第68—69页。
② 杜威:《经验与自然》,傅统先译,江苏教育出版社,2005年,第2页。

是心理要素集合的现象,只是过去事情的记录,经验与思想截然相反。他看到这种"经验"的概念在人与自然之间设置了一层屏障,由此产生两个后果:一方面,先验论和唯心论用非自然、超自然方式超越这层屏障来认识自然;另一方面,唯物论的自然主义"把自然设想成完全是物质的、机械的……也就贬低和否定了那些构成经验特色的高贵而理想的价值"。这两种倾向都没有看到,"经验既在自然之内,也是关于自然的";"关于自然"指被经验的事物,如"石头,植物,动物,疾病,健康,温度,电力等等",而这些自然事物与人的机体的相互作用使经验达到自然内部。自然内部的经验"有深度,有广度,而且在广度上有无限大的伸缩性"①。

杜威借用詹姆斯关于经验的"双义语",区分了"一阶经验"与"二阶经验"。"一阶经验"是"一个原始的整体","各种经验的过程",原初的经验"与它类似的'生活'和'历史'一样,既包括人们所做的、所遭遇的事情,人们所追求的、所爱的、所相信的、所忍受的事情,也包括人们怎样活动和接受活动,人们行动和遭受、意欲和享受、观察、信仰、想象的方式"。比如,

"经验"既指耕种的土地,播下的种子,割下的收成,日和夜、春和秋、干和湿、热和冷的变化,以及人们观察、恐惧、期望的东西;它也指那个耕种和收割的人,那个工作、享乐、希望、畏惧、筹划、求助于巫术或化学的人,那个垂头丧气或得意洋洋的人。

"二阶经验"是指"反省从原始经验中分别出来的那些产物",它们是"连续不断的、有规则的思考研究所获得的经验材料","推演出来的、经过提炼的产物","系统的思维干预的结果"。杜威说,科学与哲学的对象,比如,"事物"和"思想"的区分,属于"二阶经验"。②

经验自然主义的另一个原则是"自然和经验是和谐地并进的",它与"知识连续性原则"和"发生学和实验逻辑"一样,在社会历史的演变过程中,考察自然经验和社会经验的同步进化。不过,经验自然主义重点考察的是艺术经验。杜威说:"人类经验的历史就是一部艺术发展史。科学从宗教的、仪式的和诗歌的艺术中明确地突然显现出来的历史,乃是一种艺术分化的记录。"③艺术发展史即是人在自然内享受的美感经验与行动的工艺经

---

① 洪谦主编:《现代西方哲学论著选辑》上册,第 233、234—235 页。
② 同上书,第 237、235—236、239 页。
③ 杜威:《经验与自然》,第 246 页。

验交错、连续的进化过程。

早期人类经验到的自然是"一个碰运气的世界",他们的存在是一场赌博,"这个世界是一个冒险的地方,它不稳定,不可思议地不稳定。它的危险是不规则的,不经常的",灾难和幸运出乎意料地降临,"没有一件事物范畴不是既体现过神圣的东西,也体现过被诅咒的东西"。然而,"人是善于攫取他的享受的,而且尽可能地走捷径来取得它",无论是工艺,还是巫术、神话,宗教仪式和节日,都是他们享受的方式;甚至丧礼也是如此,"丧事带来一个守尸的夜宴,而吊丧也是要飨以一桌祭肉的"。在获得享受的方式和享受生活中显现出很多具有最终价值的对象,人们欣赏它们的态度是审美,就是说,"超脱了实际的忧患,对偶然的东西和有效的东西间的交互作用的直接享受。美感、美术、欣赏、戏剧带有一种赞美的意味"。与此同时,哲学在纯粹理论中建立安全和稳定的办法,这就是偏向于统一、永恒、普遍而轻视杂多、变易、特殊的倾向。"既然他们是思想家,目的在于追求真理和知识,他们就把艺术放在一个低于科学的地位上,他们发觉唯一值得严肃注意的享受便是对思维对象的享受"。①

近代科学革命改变了希腊人把科学当作高贵和理想的对象的静观态度,人们转而把科学对象当作工具。但工具并非只有应用的、商业的价值,"制造和使用工具本身就内在地使人感到愉快。在为了大量生产而运用机器和为了利润而销售商品之前,用具本身时常就是艺术作品,在美感上使人感觉到满意"。更重要的是,"对倡导、发明和变异的要求超过了对赞助和顺从要求"的科学活动,造就了能够产生更大的社会安全和更丰富的社会生活的个体化心灵,现代个人主义表现出打破一切枷锁和限制的勇敢的独立性,肯定每个人是目的本身,从而"把过去表示种类、种族、共相的那些具有颂扬意义的谓词"转变成为"一个主体、自我,一个明显的欲望中心、思维中心和灵感中心"。个人心灵的艺术经验把科学创造、社会改善和审美享受统一起来。"于是艺术首先是自然中一般的、重复的、有秩序的、业已建立的方面和它的不完备的、正在继续进行着的、因而还是不定的、偶然的、新奇的、特殊的方面所构成的一个融会的联合。"如果说哲学思维方式是对人类早期艺术(工艺和审美享受)的否定,那么科学时代的艺术经验就是否定之否定。为了在科学精神与人文精神之间达到调和,杜威提倡经验的自然

---

① 杜威:《经验与自然》,第28—29、53、58页。

主义,使人们在"自由地接受现代科学的立场和结论"这条唯一途径的基础上,"一方面使我们能够成为一个真正的自然主义者,而另一方面仍然维护着许多以往所珍爱的价值"①。

杜威早年受黑格尔的影响,他说:"黑格尔的综合对我确实产生过广大无边的开脱作用,可以说是一种解放",黑格尔"把坚不可摧的起分裂隔离作用的铜墙铁壁给拆除了,这也深深地吸引了我"。他的晚期著作好像把黑格尔精神哲学中的哲学和艺术关系颠倒过来:艺术,而不是哲学,才能最终调和科学与精神价值的矛盾,因为它既有科学的"不确定地扩张的和放射的工具效能",也有审美鉴赏"加速领会、扩大眼光、精炼鉴别力、创造出能被进一步的经验证实和加深的欣赏标准"等"非工具特征"。②

---

① 杜威:《经验与自然》,第 229、98、139、229、2 页。
② 参阅《资产阶级哲学家资料选辑》第二辑,上海人民出版社,1965 年,第 218、233 页。

第二编 "哲学革命"

20世纪的前40年见证了两个重大哲学运动——分析哲学和现象学的兴起。两者针对黑格尔之后的19世纪哲学流派和主要哲学家所要解决的问题和由此出现的新问题,不仅提出了各自的解决方案,而且对西方哲学的传统进行了整体和彻底的批判。同时,两者用不同的方式表明自身可以真正实现传统哲学为所有科学奠基的作用,乃至成为与数学和自然科学同样精确、更加严格的科学。在这些意义上,分析哲学和现象学都自诩或被期许为"哲学革命",并实际上始终深刻地影响着20世纪哲学的发展,至今依然是西方"常规哲学"的主题。

分析哲学和现象学虽然分属不同的传统和阵营,在其后的发展中更演化为互不对话、甚至相互对立的派别、学说和倾向,但在本世纪初的理论条件下,分析哲学和现象学的创始人不约而同地关注着同样的问题。英国哲学家赖尔后来回顾说,胡塞尔与弗雷格、皮尔士、摩尔和罗素一样,

> 他们都起来反对休谟和密尔的心理学观念,都要求把逻辑从心理学解放出来,都在意义的观念中发现了脱离主观主义理论的道路;他们大多拥护一种关于意义、概念和命题的柏拉图主义;他们都为哲学与自然科学划界,认为自然科学探讨事实,而哲学探讨概念;他们大多以为哲学的概念探讨达到了对某种超级对象的超级查验(super-inspections),似乎概念探讨终究是一种超级观察的探讨。然而,他们在实际执行自己概念探讨中必然脱离了柏拉图式的知识论所要求的超级观察。胡塞尔所说的直观性本质如同摩尔所说的查验性(inspective)概念,如同罗素所说的对共相的亲知。但是,他们只是用智力的角力而不是理智的直观应付实际的概念困难。①

本篇阐述的"哲学革命"是加引号的,因为它并没有获得预期的成功。分析哲学和现象学的革命性与其说在于战果辉煌,不如说这两场智力角力异常紧张,以致吸引了越来越多的围观者和参与者,由是形成了20世纪的两大哲学阵营。

---

① G. Ryle, *Collected Papers*, vol. 1, London: Hutchinson, 1949, p. 180.

第四章　分析哲学的诞生

艾耶尔说,20世纪初受黑格尔影响的各种唯心主义占主导地位,剑桥的摩尔和罗素首先起来反驳黑格尔,"因此二十世纪的哲学史最好是以阐释他们的哲学事业作为开端",但他也说人们长期没有认识伟大的德国逻辑学家弗雷格的贡献。[①]

乔治·摩尔(George Edward Moore,1873—1958)于1903年发表的《批驳唯心主义》反对的是主观唯心主义的"存在就是被感知"的立场,而不是黑格尔的客观唯心主义。他的《伦理学原理》开创了分析"善"的概念意义的"元伦理学"。他说:"人们企图去回答问题,却没有首先精确地确定什么是他们所想要回答的问题。哲学家们试图以'是'或者'不是'的方式来回答问题,但这两种答案中没有哪一样是正确的"[②],因此,在回答问题之前首先要分析概念。这对通过语言分析批判形而上学的分析哲学家是一个启发。为了维护"常识世界观"的自明之理(truism),摩尔只是分析一个词语或表达式的日常用法,而没有进行逻辑分析工作。他的常识哲学和方法不代表早期分析哲学的方向。

早期分析哲学是在布尔代数、集合论和数理逻辑兴起的背景中,运用形式逻辑的方法进行语言分析,其目的或者是澄清科学语言,为数学和现代科学奠基,或者是揭示语言和世界的逻辑结构,或者是排拒形而上学。在数理逻辑的背景中,弗雷格、罗素和维特根斯坦共同创造了分析哲学。

[①] 艾耶尔:《二十世纪哲学》,李步楼等译,上海译文出版社,1987年,第25、26页。
[②] G. Moore, *Principia Ethica*, Cambridge, 1981, p. vii.

第一节 弗雷格

戈特洛布·弗雷格(Gottlob Frege,1848—1925),德国耶拿大学数学教授,在耶拿平静地度过一生,但他的革命性思想却与他的平静生活形成强烈反差,在这方面,他可以说是逻辑学界的康德。他的主要著作有:《概念文字》(1879)、《算术基础》(1884)以及《算术基本法则》(第一卷,1893;第二卷,1903),以及《论概念和对象》《论意义和指称》《思想》《否定》和《思想的结构》等重要论文。

大多数人在当时或者不理解、或者忽视了他的著作,只有罗素、维特根斯坦等少数思想敏锐的哲学家注意到他的开创性成果,从中获得很多启发。长期以来,人们只把他当作数理逻辑的开创者,对他的哲学贡献知之甚少。直到20世纪70年代以来,主要是通过杜麦特的解释,人们才把他看作分析哲学的主要创始人。杜麦特在《弗雷格的语言哲学》(1973)一书中,把他评价为"分析哲学之父"。杜麦特把弗雷格对分析哲学的贡献概括为"他所遵循的三条基本原则:永远要把心理的东西与逻辑的东西、主观的东西与客观的东西严格区分开来;要在句子形成的语境而不是孤立地探求词的意义;记住概念与对象之间的区别"[①]。我们按照这三条原则揭示弗雷格工作的哲学意义。

一、命题函项

《概念文字》的副标题是:"一种摹仿算术语言构造的纯思维的形式语言"。弗雷格为什么要构造一种"纯思维的形式语言"?他又是如何"摹仿算术语言构造"的呢?关于第一个问题,他后来写道:"在科学的较抽象部分,人们一再感到缺少一种既可以避免别人的曲解,又可以避免自己思想中错误的工具,这两个问题的原因都在于语言的不完善性。"日常语言的不完善性在于语法关系复杂,不服从逻辑规则,不能表达精确的意义,也不能进行严格的推理。亚里士多德以来的传统逻辑虽然企图规范语言形式,但却未获成功。原因在于传统的形式逻辑从根本上说是主谓逻辑。他批评说:"用主词和谓词构造判断……对我独特的目的是有妨碍的,并且只会导致

[①] 洪谦主编:《现代西方哲学论著选辑》上册,第270页。

毫无用处的详述。"①为了精确性的目的,弗雷格设计了一种形式语言,用它来代替主谓逻辑句。关于第二个问题,弗雷格设计的纯粹的形式语言与算术语言相似,两者都使用符号,避免了自然语言的繁琐语法和歧义,可以用演算的方式进行严格的推理。并且,这种形式语言采用的最重要的数学符号是函数符号。

我们知道,在数学中,$y=f(x)$ 表示 y 是 x 的函数,x 和 y 都是变量,在自变量 x 一个值域中取一个定值,因变量 y 的值随之确定。弗雷格把数学函数的概念应用于句子:正如"$y=x+7$"数学函数一样,"$y=$ 是人"是一个命题函项;正如当 x 是 5 时,$y=x+7$ 涵数值为 12,当 x 是"苏格拉底"时,"$y=x$ 是人"的函项值便成为"苏格拉底是人"。按这种想法,每一个句子都可以看作是一个命题函项的值,它取决于命题函项的变量在定义域里所取的值。数学函数符号,如 $F(x)$,$R(x,y)$ 等,都可以用来表示命题函项。

弗雷格的"语境原则"的核心是把句子作为意义的基本的、可运算的单元。命题函项是实现语境原则的工具。传统逻辑的基本单元是词,命题"苏格拉底是人"被分析为主词"苏格拉底"和谓词"人",由系动词"是"联结而成。按弗雷格的分析,该命题应被分析为命题函项"x 是人"和 x 的值"苏格拉底"这样两部分。这种分析的优越之处在于:第一,用命题函项代替了传统逻辑的谓词地位,命题函项作为句子的逻辑结构不再与"主词+谓词"的语法结构相混淆;第二,用名称(如"苏格拉底")与变元 x 之间的替代关系代替了主谓逻辑中系动词"是"的联结作用,这不但避免了"是"的歧义,而且避免了把词当作各类实体名称而产生的形而上学;第三,用命题函项表示句子的形式,可以用变元代替构成句子的一切词项,使词项与词项、乃至句子与句子之间的关系被形式化为如同数学函数那样可以进行精确演算的关系,因而可以排除词语的歧义、语法的混乱,进行严格的命题推理。所有这些,都为把自然语言改造为形式语言创造了条件。

逻辑函项的形式语言还需要其他一些算术语言所不具备的要素。弗雷格看到,算术的形式语言缺少逻辑联结词,因而不能说它是完全意义上的概念文字。为了克服这一缺陷,弗雷格把自然语言的联词形式化为逻辑联词符号,引入形式语言。用现在通行的方式表示,这些符号是:(1)用合取关系符号 ∧ 或 & 代替"和",(2)用析取关系符号 ∨ 代替"或者",(3)用蕴涵

---

① 《弗雷格哲学论著选辑》,王路编译,商务印书馆,1994 年,第 37、9 页。

关系符号→或⇒代替"如果…那么",(4)用等同关系符号 = 或↔代替"等同"。用联词符号联结的命题函项有确定的真值:或者正确(用英文字母 T 或德文字母 W 表示),或者错误(用 F 表示),它们因而又被称作真值函项,如 F(x)→ G(y),F(x)& G(y) ∨ ~H(z),等等,都是真值函项。此外,弗雷格还提出用逻辑量词符号代替"所有""有些""单个"等词的意义,把传统逻辑中的单称、特称和全称判断变为两类命题:普遍命题用普遍量词 ∀(x)表示,存在命题用存在量词 ∃(x)表示。

现在通行的逻辑符号不是弗雷格著作中所用的符号。虽然现在每个学生都可以在逻辑教科书上读到逻辑运算、命题函项、真值、逻辑联词和量词的基本知识,但这些符号对改造传统形式逻辑的革命性意义要追溯到弗雷格的思想,用这些符号表示语言的逻辑结构是对语言进行逻辑分析的前提条件。

二、逻辑实在论

弗雷格坚定地反对心理主义思潮,他一再强调,逻辑对象以及一切可被归结为逻辑的对象(如数学对象)不依赖于人的心理活动而独立存在,这是逻辑符号和规则普遍性及必然性的客观依据。他在反驳密尔认为自然数是从可感事物中抽象出来的心理主义解释时说:

> 1 双鞋和 2 只鞋可以是相同的可视可触现象,在这里,我们没有发现与物理差异相对应的数学差异,因为 2 只和 1 双并不是同样的东西,如密尔奇怪地相信的那样。[1]

为把数学的基础归结为逻辑,他首先证明可以用集合论规则定义自然数,而无须借助对可感事物的抽象。弗雷格在《算术基础》序言中指出:

> 心理学的思考方式在哲学中占据主导地位,它甚至侵入了逻辑领域。数学与这种方向没有共同点……把数的表象称为运动机能的、依赖肌肉的感觉时,没有数学家用这种无用的方式来认识数字。……不,算术与感觉根本没有关系……考察数学思维中出现的表象及其变化,可能确实有些用处;但是不要以为心理学能对算术的基础有任何帮

---

[1] G. Frege, *The Foundation of Arithmetic*, trans. J. L. Austin, Northwestern University Press, 1968, p. 33.

助……我们不要把如何形成一个表象的描述看作一条定义,不把对我们认识到一个句子的心灵和肉体条件的陈述当作一个证明,也不要把一个句子的思考与这个句子的真混淆起来!看来,人们必须记住,正像当我闭上眼睛太阳不会消失一样,当我不再思考一个句子时,它不会不再是真的。①

这一段话充分表达出弗雷格的逻辑实在论思想。一切存在的东西被分成三个领域:物理领域、心理领域和思想领域。物理对象不像心理主义者所相信的那样,能被归结为心理联想产生的影像;如同物理事物不是影像一样,思想概念也不是影像。心理领域和思想领域的区别是主观和客观的区别。思想不是心理过程和现象,而是心理过程的客观内容,与影像的主观内容截然有别。正因为如此,思想可以成为众人的共同目标和对象,一个不变的概念可以与不同人的不同心理状态和观念相对应。思想领域的规律也不同于心理领域的规律,心理规律即使普遍适用于全人类,也不能与思想规律相混淆,因为思想领域的规律不依赖于人类。弗雷格举例说,"那棵树绿叶茂盛"和"毕达哥拉斯定理"这两个句子,"前一句没有给出说话的时间,不是完整的思想;而毕达哥拉斯定理既不谈及人类,又不谈及时间,是关于真理的规则。""必须区别两类不同的形式:一是对思想的表达,二是断定。句子中包含的时间规定只属于对思想的表达,而在直陈句形式中得到承认的真却是永恒的。"②

弗雷格认为,思想领域的规律就是逻辑规律,它是不依赖于人类和人的思维的客观存在。思想领域及其规律是逻辑学的研究对象,另外两个领域则分别是物理学和心理学的研究对象。弗雷格的逻辑实在论带有柏拉图主义的色彩。但是,他的立论依据是逻辑的性质、逻辑学的发展需要以及与心理学的区别,他的逻辑主义不能简单地等同于柏拉图的理念论。

三、含义与指称

弗雷格不但用命题函项等逻辑工具概括自然语言的形式,而且对自然语言的意义进行逻辑分析。这就是关于含义(Sinn/meaning)和指称(Bedeutung/reference)的著名区分。我们知道,自然语言有两个层次的要素:词

---

① 弗雷格:《算术基础》,王路译,商务印书馆,1998年,第5—6页。
② 《弗雷格哲学论著选辑》,第136页。

和句。弗雷格关心的词只是名称,他关心的句子只是断定句,因为名称和断定句都是具有含义和指称的语言单位。

名称不等于名词,一切表示对象的语言表达都算名称,比如"该撒""太阳""离地球最远的天体""2+1""发明炸药的人""'不同于自身'概念的外延"等。可以看出,一切表示对象(包括实在和非实在的对象)的指示性名词和描述性词组都是名称。

名称的指称是与之相对应的客体,名称的含义是其表述的内容。弗雷格断定,一个名称具有并且只有一个含义,但最多只有一个指称。因此,名称的含义不同于指称,两个名称可以用同一指称,但却没有相同含义,比如,"晨星"和"暮星"指称同一颗星,但两者含义不同,它们是两个名称;"2+1"和"5-2"指称同一数字,但含义不同。名称的指称和含义的区别还在于,有的名称有含义却无指称,但反之却不然,有指称的名称必有含义。比如,像"离地球最远的天体""最大的素数"等即是这样的名称,都没有指称。弗雷格还提出了这样一个标准:如果一个名称是另一名称的部分,这个名称只有当它所属的名称有指称时才有指称。比如,"上帝的儿子",只有在"上帝"有指称的条件下才有指称。

弗雷格认为,一个独立的判断句也是一个名称,因此,关于名称的含义和指称的区分也适用于判断句。由此还可以引申出这样一个结论:一个句子的含义是它的思想内容,其指称则是它的真值。我们或许可以这样来理解名称与句子的含义和指称之间的关系。名称的含义可引申为关于客体的判断,因此可以看作是判断句的简缩形式。比如,"太阳"可引申为"太阳存在","2+2"可引申为"2+2=4","炸药发明者"可引申为"炸药发明者是诺贝尔"。这种引申是由名称到判断,由概念到思想的引申。如果说,名称的含义是概念的内容,那么,句子的含义就是思想的内容。句子的指称也与名称的指称有关,正如有些名称有含义而无指称,有些句子也有含义而无指称。例如,神话和幻想小说中的句子有思想,但却无指称,因为这些句子包含的名称没有指称,只有那些包含着有指称的名称的句子才有指称。但是,并不是一切有指称的判断句都是真判断。如果判断符合客体的实际状态,则判断为真;如果不符合客体的实际状态,则判断为假。这就是说,判断句的指称为真值;它的意思是,一切真句子的真值相同,一切假句子的真值也相同;无指称的句子则既不真,也不假。

弗雷格关于指称和含义的思想对于分析哲学意义理论的形成和发展具

有深远的意义。他揭示出对象、语言、思想和真值之间的关系,建构了讨论意义问题的基本框架。特别是他提出的有些名称和句子有含义而无指称的观点,为以后关于意义标准和界限的讨论,开辟出路径。纵观弗雷格的思想,我们可以看到,用新兴的数理逻辑来分析、处理语言,已经获得了一些有发展前景的新成果。

第二节 罗 素

伯特兰·罗素(Bertrand Russell,1872—1970),出生于贵族家庭,其祖父曾任英国首相,罗素从小受自由主义的教育。16岁时开始思考宗教问题,认定灵魂不朽、上帝存在的信条都不可信。罗素一生追求确定的知识,他先在数学、后在逻辑、最后在经验知识中,追求自己的目标。罗素同时还是一个社会活动家和政治家,从事过反战运动、女权运动、性解放运动和教育改革等活动,写过很多政论文章。他的著作甚丰,哲学著作只是其中一部分。1950年获诺贝尔文学奖。罗素的主要哲学著作有:《数学的原理》(1903)、《对莱布尼茨哲学的批评性解释》(1900)、《数学原理》(三卷,与怀特海合著,1910—1913)、《哲学论文集》(1910)、《哲学问题》(1912)、《我们关于外部世界的知识》(1914)、《数理哲学导论》(1919)、《关于逻辑原子主义的讲演》(1918)、《心的分析》(1921)、《物的分析》(1927)、《意义与真理的探究》(1940)、《西方哲学史》(1945)、《人类的知识》(1948),等等。1920至1921年间,罗素来中国,在北京大学等处做了"哲学问题""心的分析""物的分析""社会结构研究"和"数理逻辑"等五个系列演讲,当时北京大学西知书店把这些演讲结集出版。

罗素的哲学著作大致可分为两个时期:1914—1919年,他潜心研究数理逻辑,并把研究成果运用于语言分析,解决悖论问题,提出逻辑原子主义,对分析哲学的发生和发展作出贡献;第二时期为20年代之后,他研究认识论基础问题,50年代后主要从事社会政治活动和时政文章写作。罗素认为他的早期著作最有价值,事实上,奠定了他在哲学史上地位的主要也是这些著作。

一、外在关系说

1899年,由于主讲教师休假,年轻的罗素偶然地接替了讲授莱布尼茨哲学的任务。他对莱布尼茨哲学研究的成果后来发表在《对莱布尼茨哲的批评性解释》等著作里。据罗素的研究,莱布尼茨的哲学以逻辑为中心,但由于他有新旧两种逻辑思想,在他的哲学中也有不相协调的两种倾向。一方面,莱布尼茨仍然恪守传统逻辑,以矛盾律和充足理由律为基本的思想规律。传统逻辑是主谓逻辑,与之相配合的哲学是关于实体和属性关系的形而上学。罗素说,认为一切命题都可还原为主谓形式的命题,这是"莱布尼茨哲学几乎完全遵守的基本前提"[①]。按照这一前提,一切事物和现象都可还原为实体的属性。莱布尼茨相信只有单子才是实体,单子是封闭的实体,包含着一切事物的属性(他称之为"知觉")。另一方面,莱布尼茨又是符号逻辑的创始人,设想建构一个由最简单的符号为单元的符号系统。联结单元的关系不属于单元,而是逻辑研究的独立对象。把这种逻辑关系应用于单子论,他把单子说成众多的独立实体,每一个单子没有与其他单子相联系的"窗户";也就是说,不包含着与其他单子的关系。但是,没有"窗户"的单子如何联系形成宇宙本体呢? 莱布尼茨理应想到存在着与符号之间的逻辑关系相对应的、存在于单子之间的外在关系。但他囿于传统主谓逻辑的模式,把关系看作内在于实体的属性,因此无法逻辑地说明单子之间的关系,只能诉诸上帝创造"先定和谐"的神学来建立这种关系,罗素认为这是莱布尼茨的败笔,是新旧两种逻辑无法调和而导致的结果。

罗素从莱布尼茨哲学得出的一个教训是:传统逻辑的哲学基础是"内在关系"说,即认为关系是内在于、附属于事物的性质;而新兴的逻辑则需要"外在关系"说,即把关系看作是外在于事物的独立存在,像纽带一样在事物之间起联结作用。罗素所反对的"内在关系"说,不但是源于亚里士多德的传统观点,而且在当时的英国哲学界有强大的支持者,他们以新黑格尔主义者布拉德雷为代表。布拉德雷认为,一切事物和现象都因"绝对本体"而联系成整体,没有外在于"绝对本体"的任何关联。他提出了反驳"外在关系"的一个论证:假如 a,R,b 是三个独立的东西,R 是联系 a 和 b 之间的关系,那么在 a 和 R 之间又需要一个新的关系 R_1,在 a 和 R_1 以及 R_1 和 R 之间又需要一个新的关系 R_2,以至无穷。在 b 和 R 之间也含有无穷倒退的情况,永远也得不到 aRb 这样一个整体。可见 R 不是外在于 a 和 b,而是内在于 a 和 b 的关系。

针对这种"内在关系"说,罗素提出反驳。首先,如果 R 内在于 a 或 b,

[①] Russell, *A Critical Exposition of the Philosophy of Leibniz*, Cambridge, 1900, p. 3.

那么 R(ab) 和 R(ba) 便没有区别了,比如说,"伦敦在巴黎的西边"和"巴黎在伦敦的西边","张三比李四年纪大"和"李四比张三年纪大"等等,都将没有区别。这显然是荒谬的。其次,如果关系只是内在于实体的性质,那么,这种性质仍然要借助与其他相关的实体的关系才能得到说明。比如 a 大于 b,如果"大于 b"是 a 的性质,同时,"小于 a"也是 b 的性质。a 或 b 的内在性质需要借助与对方的关系才能说明,这恰恰表明,"关系"的范畴比"性质"更基本,不能被局限在一个实体内部。最后,关系具有不依赖于心理经验的必然性,比如,由"a 大于 b"和"b 大于 c"出发,必然推出"a 大于 c"。属性并不完全具有必然性,很多属性依赖人的主观经验,这已是经验论者反复证明过的道理。如果关系等同于属性,那么,"3 大于 2"和"苹果比梨子甜"将具有相同的有效性,"大于"将和"甜于"一样依赖于感觉。

罗素坚持认为,关系是外在于实体的独立存在,关系和实体具有相同的本体论地位。把关系当作实体的属性是传统形而上学的偏见,导致主谓逻辑对人类思想的长期统治。罗素提倡"外在关系"说的主要目的,并不是为了建立一种新的实体理论,而是为了替关系逻辑奠定哲学基础。他所说的关系,主要表现在命题的词项之间,以及命题与命题之间,主要指逻辑关系。"外在关系"说属于当时反对心理主义、提倡逻辑本体论的倾向。

二、罗素悖论

罗素在提倡"外在关系"说时,并不十分了解数理逻辑的进展,也不清楚如何建立与"外在关系"说相适应的逻辑。据罗素的思想自传,1900 年 3 月,他去巴黎参加国际哲学家大会,在会上接触到皮亚诺(G. Peano)思想,这成为他精神生活的转折点,皮亚诺的符号逻辑提供了罗素寻找多年的逻辑分析的工具。罗素应用符号逻辑分析数学的基本概念,独立走上了把数学基础归结为逻辑的探索之途。他当时还不了解弗雷格正在进行的工作。1901 年 6 月,在运用康托尔(G. Cantor)的集合论解决自然数数列问题时,罗素发现了悖论。1902 年 6 月 16 日,他写信给弗雷格,告知这一发现。弗雷格读后大为震惊,他在即将出版的《算术基本法则》第二卷的结尾处写了这样一段话:"一个科学家的工作完成之日,也是这一建筑物的基础倒塌之时,没有什么比这更糟糕了。当本书即将付梓之时,罗素先生的一封信把我置于这样的境地。"①

罗素发现的集合论的悖论为什么具有这样大的破坏力呢？弗雷格在用集合定义自然数时，首先把所有集合分为两类：一类是与自身相等同的集合的集合，另一类是与自身不相等同的集合的集合。然后，弗雷格把数目0定义为"一切与自身不相等同的集合的集合"，数目1被定义为"一切与0相等同的集合所组成的集合"，数目2被定义为"一切与0相等同的集合和一切与1相等同的集合所组成的集合"，依此类推，可定义0＋1＋1＋1…的一切自然数。弗雷格的方案看似完满，罗素却看出一个漏洞，问题出在"与自身不相等同的集合的集合"，试问：这一集合与自身相等同，还是不与自身相等同呢？如果它与自身相等同，那么它就是"与自身不相等同的集合"（因为这个集合按定义与自身不相等同）；如果它与自身不相等定，那么它就是"与自身相等同的集合"（因为"与自身不相等同"符合这个集合的定义）。这一矛盾具有"如果A是A，则A是非A；如果A是非A，则A是A"的形式，因而是一逻辑悖论。

罗素在1903年的《数学的原理》中提出以适当的逻辑类型来解决集合论悖论的设想，直到1906年之后，他才在和怀特海合著的《数学原理》里，提出解决方案。当时世界上能看完三卷本的《数学原理》的人极少，为了普及集合论悖论，罗素使用了自然语言的事例。其中之一是"说谎者悖论"。相传古希腊克里特岛的哲学家爱比米尼说："所有克里特人都是说谎者。"那么，他这位克里特人说的是真话还是谎言？很明显，如果他说的是真话，那么他就是在说谎；如果他在说谎，那么他说的就是真话。还有一个"理发师悖论"。相传有一个乡村理发师，声称他除了不给自己刮胡子的人刮胡子之外，给所有自己不刮胡子的人刮胡子。有一天他突生疑问：他是否应该给自己刮胡子？如果他给自己刮胡子，那么他不能给自己刮胡子（因为他声称"不给自己刮胡子的人刮胡子"）；但如果他自己不刮胡子，那么他必须给自己刮胡子（因为他声称"给所有自己不刮胡子的人刮胡子"）。

罗素用类型理论解决集合论悖论。罗素设定集合可用逻辑函项表示，并设定一切逻辑函项或都可还原为直谓式，即由一个谓词和变元所组成的逻辑函项。设 f, F, φ……为由低到高的谓词，那么，一个谓词只有用来表述

---

① *Translations from the Philosophical Writings of Gottlob Frege*, ed. P. Geach and M. Black, New York, 1952, p. 25.

较低级谓词和个体变元时才是有效的;如果用来表述自身或较高级谓词,则是无效的,就会产生悖论和无意义的表述。比如,"一切与自身不相等同的集合的集合"的逻辑形式是 $f(\sim f(x))$,这是违反类型的表达。"真理是真的"的形式是 $f(f)$,"红色是自然数"的形式是 $f(F)$,"白色是苏格拉底"的形式是 $a(f)$,都是违反类型的表述,或产生悖论,或产生同义反复,或是没有意义的词语组合。

类型理论虽然对解决自然数定义所遇到的集合论悖论有所帮助,但它所依赖的一些设定,比如,类型与逻辑函项式等值、一切函项式都可以化归为直谓式、类(或集合)与个体都是实体、两者共同构成实在的序列,都是未经证明的设定,在逻辑学和哲学领域都引起了争议。在分析哲学界,除蒯因等少数人外,没有人把它作为哲学的工具来使用。

三、摹状词理论

类型理论对于消除"理发师悖论"和"说谎者悖论"也无实际价值,因为这类悖论涉及的是说话主体"自我指涉"的语义问题,而说话主体是否"自我指涉"取决于语词的所指,是一个语义学问题。为了消除语义学悖论,罗素需要把日常语言的表述形式归结为命题函项式,为此,他提出摹状词理论。

罗素把迈农提出的"金山存在"命题作为语义学悖论的例证。他说,由于"金山"指称的事物不存在,所以"金山存在"为假,但当人们说"金山不存在"时,他们使用"金山"作为命题的主词已经肯定了与之相应的东西的存在,至少是"金山"的观念的存在。如此,无论肯定或否定"金山存在"都不正确,因此是个悖论。罗素于1905年发表了《论指谓》的论文①,针对迈农悖论提出解决方案。

按罗素的理论,一切名称都是摹状词(descriptive phrase)。通名是非限定摹状词,在英语中它们是以不定冠词 a 开始的描述性词组,比如"一个苏格拉底的学生",非限定摹状词适用于众多对象。专名是限定摹状词,在英语中是以定冠词 the 开始的描述性词组,比如"那个写《形而上学》的人",限定摹状词适用于一个特定对象。罗素主要讨论了限定摹状词的情况。

限定摹状词在句子中充当主词,但在很多情况下并不指称一个存在着的对象,因而使人们对句子的真伪很难作出准确的判别。迈农悖论即其中

---

① 参阅洪谦主编:《现代西方哲学论著选辑》上册,第341—357页。

一例,另一个典型的例子是这样一个句子:"当今的法国国王是秃子。"试问这句话是否正确。如果这句话不正确,那么根据排中律,其否定必定为真。但是,说"当今的法国国王不是秃子"也是不正确的,因为根本就不存在"当今的法国国王",这样便出现一个问题:排中律是否失效了呢?这样的句子是否有真值呢?

罗素肯定排中律仍然有效,这样的句子有真值。他认为其中的关键是对"当今的法国国王"这一摹状词的意义作出正确的分析。按照他的分析,每个限定摹状词都蕴涵着一个存在命题。"当今的法国国王"的蕴义是"存在且仅存在着一个当今的法国国王"。把这一存在命题代入原句,我们便得到这样一个完整命题:"存在且仅存在着一个当今的法国国王,并且他是秃子"。这一命题函项包括三个合取肢,根据合取规则,只要有一肢为假,则整个合取命题为假。"当今的法国国王是秃子"是假命题,其所以为假,并不是因为当今的法国国王不是秃子,而是因为没有一个人是当今的法国国王。根据排中律,假命题"当今的法国国王是秃子"的否定式应该是"不存在当今的法国国王"这样一个真命题。

罗素的摹状词理论为日常语言的逻辑分析提供了一个样板。这一理论成功地说明了这样一个道理:一个命题的逻辑结构不同于它的语法结构,它蕴涵的意义也不同于字面意思。语法结构和字面意思会造成思想上的矛盾和困惑。命题的真正意义是由逻辑结构决定的,需要经过逻辑分析才能揭示其形式结构和真实意义,这是避免日常语言的表达所引起的矛盾和混乱的有效途径。

罗素的摹状词理论的成功流行却使迈农思想成为一个语义学悖论,这对迈农并不公允。按照迈农的存在论和对象理论,"金山"是被给予的"自有"(esgibt),肯定"金山存在"是想象它是什么,这是否定"金山存在"的前提条件。再说,"金山"是否存在根本不是一个判断真假的问题,因为它不是思想所意向的客观对象,而是自尊的情感所意向的对象,想象金山给予人美感或善良的感情,不能因为金山不是时空中的"实存"(Existenz)或"实在"(Wirklichkeit)就断定"金山存在"是假命题。

日常语言分析哲学兴起之后,牛津哲学家斯特劳森在 1950 年发表的《论指称》①一文中批评说,罗素混淆了句子和句子的使用。句子的意义取

---

① 参阅洪谦主编:《现代西方哲学论著选辑》上册,第 829—856 页。

决于一般的句法规则,不符合句法规则的句子无意义;句子只有在使用时,才有真假的问题。罗素把有无意义的句法问题混同于判别真假的语义问题。在日常语言的使用中,"当今的法国国王是秃子"预设"法国国王存在"。如果预设为真,就是说,在法国国王存在的历史时期,这句话在说话时候的国王是秃子时为真,在他不是秃子时为假。如果"法国国王存在"的预设为假,则句子没有使用条件,句子在不被使用的情况下没有真假问题。我们只能说"当今的法国国王是秃子"这句话有意义(因为符合句法),但既不真也不假(因为没有被使用)。

四、逻辑原子主义

罗素于1914年在《亲知的性质》一文中提出了"世界感觉材料的逻辑构造"的思想。感觉材料(sense-data)是客观的,而不是主观的感觉(sensation)。感觉材料是个人感官所能经验到的最小、最基本的单位,如一小块色斑。感觉材料的逻辑构造就是世界的逻辑结构。在1918年的《逻辑原子主义哲学》和1924年的《逻辑原子主义》中,罗素使用"逻辑原子"概念指称感觉材料,对逻辑原子的陈述是原子命题,原子命题分两部分:一是"逻辑专名",由"这""那"等指示代词表示,它指称感觉材料;二是感应材料的性质或关系,它们是一些不可再被分析的简单性质和关系。原子命题是"这是红的","这先于那"这样一些命题。原子命题是语言最基本的单位,不陈述日常事物,所以不能包含专名或普通名词。凡是包括专名和普通名词的日常命题都是分子命题,它们由两个以上的原子命题通过逻辑连词的联结而组成。①

日常命题如何由原子命题组成?在这一问题上,罗素遇到了一些困难。其中一个棘手的困难是如何分析意向句。意向句指由"我想"或"我知道""我相信""我认为""我怀疑"等包含心理动词的句子为主句,以心理活动的内容为从句的复合句。比如,"托勒密相信太阳围绕地球转"是一意向句。按照罗素的分析,这个复合句是分子命题,由两个原子命题 P(托勒密相信)和 Q(太阳围绕地球转)组成,两者之间的逻辑关系是蕴涵。这个句子的逻辑形式是 P→Q。根据逻辑运算法则,蕴涵的前件为真,后件为假,则这个命题为假。但这一分析的结果显然不符合原句的意义,因为不管托勒

---

① 参阅罗素:《逻辑与知识》,苑莉均译,商务印书馆,1998年,第202、215—252页。

密的信念如何,他具有这样的信念是真的,并不因为"太阳围绕地球转"为假而为假。罗素承认,这类命题是"我们的动物园里的一种新动物,不是我们以前那些种类的新成员,而是一个新的种类。这一事实的发现应归功于维特根斯坦先生"。他倾向于把种类命题排除在逻辑分析之外,因为"感知的逻辑形式和相信的逻辑形式完全不同"。① 这样,他把心理事实与物理事实完全分开,他的逻辑原子主义只适用于物理事实。

后期的罗素放弃了逻辑原子主义。他于1920年在北京大学发表《心的分析》的演讲,后来又发表《物的分析》一书。这标志着他的思想由逻辑分析转入心理分析,用心理构造代替逻辑构造。此时的罗素认为感觉经验的基本单位不限于感觉材料,而且还包括感觉的产物——"影象";无论心理或物理现象,都是感觉和影象的构造,两者的区别在于构造方式不同,而不在于基本材料的差别。他企图通过这样的分析消除心物对立,达到"经验一元论"。他还发展了以心理分析为特征的意义理论,认为词是影象物,影象是词的意义。但这些思想缺乏独创性,不为世人所重视。

第三节 早期维特根斯坦

路德维希·维特根斯坦(Ludwig Wittgenstein,1889—1951)出生于奥地利的一个犹太工业家的家庭,父亲为了把他培养成工程师,让他来英国学习航空工程。在学习数学的过程中,他思考数学基础的问题,读了罗素《数学的原理》一书,激起学习逻辑和哲学的兴趣。他于1911年到剑桥,师从罗素学习逻辑和哲学,罗素非常欣赏他的这位学生的才能,把他视为最理想的接班人,摩尔也预言哲学下一步的重大发展将由维特根斯坦完成。第一次世界大战爆发之后,他自愿参加奥地利军队,任炮兵中尉,战争后期被俘。在战俘营里,他总结长期酝酿的思想,完成了《逻辑哲学论》。他把书稿寄给罗素。两位朋友在战后重逢,但终因意见不合而分手。在罗素的推荐下,《逻辑哲学论》于1919年出版,次年出版英译本,在哲学界引起轰动。但维特根斯坦以为他已经解决了一切哲学问题,退隐山林去当小学教师。他的早期著作还有《1914—1916年笔记》。

---

① 罗素:《逻辑与知识》,第272、275页。

一、世界的逻辑结构

维特根斯坦说:"逻辑是世界的一面镜子。"(T.6.13)[①]世界虽由千差万别、千变万化的事物组成,但这些事物都是按照符合它们内在属性的方式结合在一起。逻辑所反映的不是事物的具体形态、特殊性质和变化状态,而是事物之间的必然联系,所有事物必然联系的总和,就是世界的逻辑结构。正是在此意义上,可以说逻辑是世界的一面镜子。

逻辑所揭示的世界结构,不同于自然科学所描述的自然规律。每一门科学所研究的规律只适用于一定范围内的事物,事物之间的逻辑结构却是普遍适用、整齐划一的。再者,自然规律揭示的是事物之间的因果关系,因果关系不管在经验中出现的概率何等之高,仍然是偶然关系,总会有例外事件发生。逻辑关系却是必然关系,所谓逻辑必然性指一切可能性或不可能性之总和,不容许可能或不可能的例外。因此可以看出逻辑和自然科学的另一区别:自然科学的命题和规律依赖经验的发现和证实,但我们却无须依靠经验来发现和证实逻辑命题和规律。这是因为,我们的经验总是符合一定的逻辑规律,违背逻辑的东西不可能成为经验对象。维特根斯坦甚至说,即使上帝也不能违反逻辑规律来创造世界。(T.3.031)在我们的思想中,一事物总是和其他事物联系在一起的,孤立存在的事物是不可想象的。只要我们具有正常的思维能力,我们就必定会把握事物之间的逻辑联系。在此意义上,事物之间的逻辑联系是先天的。所谓先天,即先于经验之意。总之,世界的逻辑结构具有普遍性、必然性和先天性。

虽然逻辑研究对象与自然科学研究对象有上述种种不同,但是,对世界的逻辑分析却与科学的分析方法有类似之处。比如,物理学家把物质世界分析为一个个可见的物体,再把物体分析为原子,最后把原子分析为基本粒子。同样,对世界的逻辑分析也可分成三个步骤:首先把世界分析为事件的总和,再把一个事件分析为原子事件的组合,最后把原子事件分析为简单对象的系列。当然,逻辑分析和物理分析的相似之处只是一种类比,两者的差别是十分显著的。物理分析是一种实验方法,需要借助实验仪器,以观察数

[①] 维特根斯坦著作的标准页码是以缩写字母代表书名,数字表示章节。T代表《逻辑哲学论》(*Tractatus Logico-Philosophus*),中译本参阅《名理论》(逻辑哲学论),张申府译,北京大学出版社,1988年。

据为依据，并用数学公式描述物质模型。逻辑分析则不然，它按逻辑推理的必然性推演，并不借助经验观察，但需要陈述实在的命题作为分析对象和依据，因为逻辑毕竟由语言体现，只是逻辑分析的结果由逻辑符号和逻辑命题表示而已。维特根斯坦按照三个层次分析世界的逻辑结构。

1. 世界是事实的总和，而不是事物的总和。（T.1.1）

把世界看作事物（thing）的总和，是一种常识的观点；把世界看作事实（fact）的总和，则是一种逻辑的观点。从逻辑的观点看，我们平常所说的"桌子"这类事物不过是这种东西具有如此这般形状、性质或用途这一事实，我们平常所说的"张三""李四"等专名的意义不过是肯定这一个个人存在着这一事实。这就是为什么可以说世界不是事物的总和，而是事实的总和的理由所在。

2. 所发生的事情——事实——乃是事态的存在。（T.2）

在逻辑分析的第二层次，一个事实进一步被分析为一些事态。"事态"的德文原文为 Sachverhalt，指构成事实之要素。英译者最初征得维特根斯坦同意，将其译为 atomic fact（原子事实）。后来的英译者发现，"原子事实"是罗素常用的概念，常指经验要素，这未必是维特根斯坦的原意，因此将其改译为 state of affairs，现已成为通行译法。我们将其译作"事态"，表示构成一个事实的要素为该事实所处的众多状态，比如，"桌子存在"，这一事实可被进一步分析为桌子在某一空间位置的存在状态，在不同时间的存在状态，其颜色、硬度等性质的存在状态，等等。这些状态的集合便构成"桌子存在"的事实，而构成一事实的多种状态即"事态"。

从逻辑的观点看，日常语言中陈述单个事物的特殊命题仍然是普遍命题，它们可被分析为陈述这个事物的种种存在状态（如形状、颜色、硬度、持久性等）的诸多命题。再如，设想一位老师有十位学生，他在上课前说："今天有一位学生缺席。"这一命题可被分析为："或者赵大缺席，或者钱二缺席，……或者吴十缺席。"我们知道，日常的特殊命题陈述的是一件事实，既然这个特殊命题可被继续分析为一些更基本的命题，那么，相应的事实同样可被继续分析为一些更基本的要素，即事态。

3. 一个事态(事物之状态)乃是一些对象(事物)之组合。(T.2.01)

这里需要注意的是,引文所说的"对象"(object)和"事物"(thing)并非日常意义上的对象和事物,日常经验的对象和事物都是可以继续分析的,而这里所说的对象和事物,特指在逻辑上不能再继续分析的对象,其确切含义是"简单对象"(simple object)或"简单事物"。我们于是达到逻辑分析的第三层次,这是最后的层次。在此层次,一个事态被分析为逻辑分析的终极单元——简单对象。

简单对象不等于物理学研究的基本粒子。不管物理分析中达到多么基本的粒子,它们在逻辑上仍然是继续可分的,虽然在实验中已不再可分,但我们仍可设想它们继续可分的逻辑可能性。如中国古语说:"一尺之棰,日取其半,万世不竭。"这句话并不包含逻辑矛盾,它在逻辑上是可能的。简单对象却不然,它在逻辑上是不可分的,或者说,简单对象的可分性将引起逻辑上的矛盾。这是什么样的逻辑矛盾呢?维特根斯坦的回答是:

2.021 对象是构成世界的实体。这就是它们不能是复合的原因。

2.0211 如果世界上没有实体,那么,一个命题是否有意义,将取决于另一命题是否为真。

2.0212 在此情况下,我们将不能描述任何关于世界的图式(正确的或错误的)。

维特根斯坦上述这几段话,实际上构成以下的推理:
大前提:如果对象是复合的,那么我们将不会有关于世界的图式。
小前提:我们确实有关于世界的正确的或错误的图式。
结论:对象不可能是复合的。

我们可以看到,维特根斯坦完全基于语言意义分析方面的理由,论证"实体(对象)是简单的"这一古老的本体论命题。我们可以将他的理由复述如下:

语言的意义在于描述世界。如果世界上所有的对象或事物都是复合的,那么,这些对象或事物的名称都将是摹状词,可被分析为一些命题的集合;而这些命题所包含的名称也将是复合的,又可被分析为另一些命题,如此分析下去,没有止境。就是说,一个命题的意义将取决于另一命题是否为真,但如果每一命题都可被无止境地分析下去,我们将永远达不到一个真命题。其结果必然是：任何命题的意义都将不能确定，我们没有关于世界的任何图式。这显然是荒谬的。因此，我们必须设定存在着简单对象(实体)，关于它们的名称是不可再分的语言单位，以这些简单名称为要素的命题不可再被分析，这些命题直接陈述关于对象的事实，因而是真命题。正是这些真命题赋予其他可被分析的命题以意义，满足了语言描述世界的基本逻辑功能。

二、图式论

维特根斯坦认为，语言是关于世界的图式，每一命题都是描述一个事实的图式，语言是一个由无数小图式按照逻辑结构组合而成的大图式。一个图式之所以能够描述一个事实，起码满足下列两个条件。

第一，图画的每个组成部分和外界现象的每一组成部分有一一对应的关系。这种部分与部分相对应的关系被维特根斯坦称为图式关系(pictorial relationship)。维特根斯坦说："图式关系即存在于图式的要素与事物的对应之中。"(T. 2.1514)"这些对应关系实际上是图式联系现实的触角。"(T. 2.1515)

第二，联结图式各个组成部分的结构方式必须和联结被描绘的现象的结构相一致。这种在图式和现实中保持一致的结构被称之为图式的形式(pictorial form)。图式和现实的一致是形式上的一致。比如：一张图画中的事物可以在颜色、光线、形状大小、空间比例等方面和现实中的事物相似。但是，并不是每一张图画都是对现实惟妙惟肖的摹写。摹写所要求的是图画和被描绘物两者具有相同或相似的可感性质。但是图式描述事物的方式不是摹写，从逻辑的角度来看，运用什么样的可感材料来描绘现实是偶然的。比如，油彩、水墨、铅芯等可以作出反映现实的图画。在排除了所有的偶然因素之后，一张图画只是一张结构图。这个结构图就是维特根斯坦所说的图式的意思。图式就是一些符号按照一定的比例排列起来来描述现实事实的同构形式。这些符号本身并不一定要和现实中的事实具有同样的可感性质。

维特根斯坦强调，图式的本质特征是逻辑特征。事实的空间关系在图式中可以用逻辑符号来表示。他作出的"所有的图式都是逻辑的图式"的结论是《逻辑哲学论》的中心论点之一。按照这一观点，我们可以把人类多种多样、千差万别的反映形式都归结为逻辑同构的图式来研究。

维特根斯坦认为录音机的声音、音乐、绘画、符号都是图式。在各种形式的图式中他所关心的是语言，而语言图式是能够反映现实的逻辑图式。按照他的论证，语言是通过命题来描述事实的，每一个命题都是一个事实的图式,这是因为:第一,构成命题的语言符号和构成事实的要素有着一一对应的关系,或者说,在两者之间存在着图式关系。第二,构成命题的语言符号与构成事实的要素具有同样的逻辑结构,或有说,两者具有相同的图式形式。

根据图式论的命题必须要和事实有相应的组成部分和相同的逻辑结构的原则,以下两个推论是必然的。

第一,既然每一事实都是由一系列的事态所组成的,那么,描述一个事实的命题也应该由同样数量的一系列语言单位所组成。每一个这样的语言单位和一个事态相对应,并描述着这一事态。维特根斯坦把这样的语言单位称之为基本命题(elementary proposition)。其之所以基本,因为它们是组成一个命题的基本单位,如同事态是组成一个事实的基本单位一样。

第二,基本命题是在一定的逻辑结构中组成命题的。因为和它们相对应的事态是按照特定的逻辑结构组成事实的。维特根斯坦把这种逻辑结构表达为数理逻辑中的真值函项关系,并由此得出了一个重要的结论:任何命题都可以通过逻辑分析归结为基本命题的真值函项。

维特根斯坦通过图式论建立了语言和现实的对应关系。现实世界是由事实、事态和简单物体这样三个层次组成的。语言相应地也包括了命题、基本命题和简单名称这样三个层次。他论证了在每一层次上语言都是现实的图式。维特根斯坦的论述可以用下面的表格来总结。

层次＼对应项	世界	语言	关系
整体	世界是事实的总和(1.1)	语言是命题的总和(4.001)	正确的思想总和是世界的一幅图式(3.01)
日常	一个事实是一些事态的存在状态(2)	一个命题是一些基本命题的逻辑涵项(5)	命题是现实的图式(4.01)
微观	一个事实是一些简单事物的组合(2.01)	一个基本命题是一些简单名称连贯式的排列(4.22)	一个基本命题肯定了一个事态的存在(4.21)

三、语言的界限

维特根斯坦在青年时期,读过康德和叔本华的书,受他们的主体性哲学的影响,维特根斯坦把叔本华所说的意志主体和康德的知识主体理解为语言主体。作为语言主体的自我是语言和世界的界限。他说:"这个世界是我的世界,其显示在这样的事实中;语言的界限,即只有我能理解的语言的界限,意味着我的世界的界限。"(T.5.62)所谓世界的界限,指的是逻辑空间。维特根斯坦的推理过程是这样的:既然逻辑空间是命题的整体所规定的框架结构,既然命题的整体是语言,既然语言的主体是自我,那么,逻辑空间要由自我来应用;逻辑空间也是一切可能发生的事实的区域,既然现实是一切实际发生的事实的总和,自我通过规定逻辑空间应用范围限定了世界的界限。他认为,自我是语言的主体,也是限定这一语言所描述的世界的主体。它自身不可能是这个被限定的世界中的一个客体,也不是由客体所构成的复合体。他用眼睛和视野之间的关系来比喻自我和世界的关系。眼睛所能见到的是视野中的事物,但却不能看到它自己;同样,自我可以观察世界、描述世界,却不能观察、描述自身。所以维特根斯坦说:"主体不属于世界,反之,它是世界的界限。"(T.5.632)或者更确切地说,主体是他所理解的语言,所观察的世界的界限,"我就是我的世界(微观世界)"(T.5.63)。维特根斯坦并不否定"自我世界"同自然科学和常识所认识的公共世界的一致性。在他看来,认识世界总是通过个体的思维活动来实现的。每个人通过与他人的交流,获得对世界的共同认识。这些共同认识的积累便是自然科学和常识。同时,每个人又会对生活、对世界有自己的特殊体验,通过"我觉得""我相信""我想"等心理句表达自我体验。但重要的是,心理句表述的内容与语言表述的事实逻辑上是同构的。维特根斯坦说:"'A相信p''A想到p''A说p'都有'p说p'的形式"。(T.5.542)按照维特根斯坦的分析,令罗素感到困惑的"托勒密相信太阳围绕地球转"的逻辑形式是p→p,前件是主体的心理内容,后件是主体表述的事实,两者的逻辑同构性保证全句为真。

四、神秘主义

叔本华认为,世界万物都是意志的不同外在表现形式。《逻辑哲学论》一书也有唯意志论的痕迹。维特根斯坦在书中强调,意志是不受逻辑思维制约、独立于现实之外的。我们的语言只能描述世界中的事实,而不能描述世界的界限,更不能描述世界界限之外的领域。我们的个人意志却向我们显示(show)了这一领域。

按照西方哲学的传统,理智思维是寻求知识和真理的能力,而意志和情感是接近善和美的途径。维特根斯坦也把"真"、"善"与"美"看作两个不同领域;前者属于现实世界,后者是神秘境界。两者是事实与自我、理智与直觉的对立。这样一些对立归根到底是可说与不可说的对立。伦理学的原则、审美的感情和宗教的信仰等都是不可说的,神秘的直觉和体验却可以将它们在意志和感情中明白地显现出来。比如,伦理原则告诉人们应该做什么,不该做什么。人们遵守这些规则并不是因为追求奖励或惧怕惩罚,理智可以推断出遵守或不遵守伦理原则的后果,语言可以把这些后果当作客观事实来描述。但是,理智推理和语言表达都没有把握住伦理原则的实质。人们的伦理行为只服从意志的支配,意志不通过理智和语言而直接把握住伦理的原则。人们可以因为行善而感到欢乐愉快,因为作恶而惶恐不安,感情和意志已经向他们显示了什么是善和恶的意义,什么是人生的价值。理智和语言在这里不仅苍白无力,而且也是多余的累赘。在此意义上,维特根斯坦说:"我们不能谈意志是什么,因为它是伦理属性的宿主。"(T.6.423)

具有意志和感情的人总是现实世界的人,感情和意志也不可能和世界绝缘,生活把两者联结在一起。维特根斯坦说:"世界和生活是同一的"(T.5.621),"快乐之人的世界不同于不幸之人的世界"。(T.6.43)因为两者对世界有着不同的体验,体验决定了他们的不同的自我,并通过自我决定了他们对世界的不同理解。把握世界的意义就是洞察生活的价值。维特根斯坦因而断言:"世界的意义存在于世界之外。在世界里的一切都是按照其本来面目而存在、而产生的;没有价值存在于世界之中。"(T.6.41)世界中的一切事实都排列在因果关系的链条之中,在那里起作用的是铁一般严格的逻辑法则。事实是不依赖人的意志和感情而存在、变化的。人的意志和感情却能赋予事实世界以不同的价值和意义。维特根斯坦说:"把世界体会为一个有界的整体,这就是神秘所在。"(T.6.45)

维特根斯坦的神秘主义是对世界的结构进行逻辑考察的结果。对语言的结构进行逻辑分析揭示出世界的逻辑结果;凡有结构的东西,都是可以限定的,逻辑分析最后在我们心中升华为一种把世界看作一个有界的整体的神秘感情。维特根斯坦试图说明,站在世界之外来体会世界,使我们不至于局限在经验事实之中,沉溺于凡俗生活之中,要把握住现实的价值,就要与之保持一定的距离。这大概就是他要区别现实世界和神秘领域的根本动机。

维特根斯坦自己似乎意识到,在谈及神秘主义的时候,他的观点是难以自圆其说的。他说:"在哲学中正确的方法应当是只说可以说出的事物,即只说自然科学的命题——只说和哲学无关的事情,必须向他说明他的命题中的某些符号是没有意义的。这样做不会使他满意,他觉察不到我们是在教他哲学。但严格说来,这是唯一正确的方法。"(T.6.53)罗素在《逻辑哲学论》"引言"中批评说,维特根斯坦本人并没有遵循这样的方法,他并没有只说自然科学的命题,他写下的是一本哲学的书,探索的是几千年来哲学家们津津乐道的形而上学的不朽题材:世界、形式、结构、界限、逻辑、思维、语言、自我、意志、真理、价值、意义,等等。按照他自己的标准,他表述这些题材的命题应该也是无意义的。维特根斯坦并不否认这一点,他不无自我解嘲地说:"任何了解我的人终究要认识到我的命题是无意义的。这些命题只是他用来攀登的阶梯,当他超越了这些阶梯之后,他必须抛弃这个梯子。他必须超越这些命题,然后才能正确地看这个世界。"(T.6.54)这种辩护对罗素来说,"我自认那个神秘的东西留给我一种精神上的不安之感。"①

第四节 维也纳学派

维也纳学派所代表的思想是逻辑实证主义。顾名思义,逻辑实证主义有两个思想来源:一是实证主义,一是逻辑分析的哲学。实证主义是19世纪法国哲学家孔德提出了人类精神发展的三阶段理论。最初阶段是神学阶段,一切因果关系被归结为神的意志,比如,雷鸣电闪被解释为神的愤怒或恫吓。其次是形而上学阶段,人们用抽象观念代替神的意志来解释因果关系、自然物内部的抽象力或属性被认为是运动和变化的原因所在。最后是科学阶段,科学对观察到的现象加以描述,不进行主观想象和抽象解释,因此是实证的。孔德持历史进步观,认为这三个阶段是从低级到高级,从蒙昧到理性的前进过程。实证科学是人类精神发展的最高阶段,只有实证科学才能认识过去被歪曲了的实在。当然,孔德的实证科学不仅包括自然科学,

---

① 维特根斯坦:《名理论》,第13页。

而且包括社会科学。但他只有效仿伽利略以来的物理学的成功方法,才能建立被他称作"社会物理学"的社会学,包括社会静力学和社会动力学,而人们迄今为止只能在混乱无序的社会领域发现规律,建立秩序。

19世纪末奥地利的物理学家、哲学家马赫(Ernst Mach)按照实证主义精神,提出了感觉主义的标准,以此区别科学与形而上学。在他看来,科学的研究对象是由感觉要求所组成的,任何概念如果其意义不能被还原为感觉要素,或者说,如果它指示的东西不可被感觉所观察,那么它就是心灵的虚构。按此标准,不仅像"神""自由意志""灵魂"这样的概念是形而上学的虚构,而且像"原子""物质""以太"等当时在物理学中常用的概念,也属于形而上学的残余,应从科学中清除出去发。

1922年,石里克(Moritz Schlick)接替马赫担任维也纳大学的归纳科学哲学教授,在他的周围聚集了一批科学家,在科学界形成了一个哲学团体,这就是维也纳学派。学派的成员有:数学家哈恩(Hans Hahn)、社会学家纽拉特(Otto Neurath)、哲学家克拉夫特(Victor Kraft)、法学家考夫曼(Felix Kaufman)、物理学家弗兰克(Philipp Frank)以及一些经过科学训练的青年哲学家卡尔纳普(Rudolf Carnap)、魏斯曼(F. Waismann)和费格尔(H. Feigl)等人。一些外国学生也参加他们的定期聚会,比如英国的艾耶尔(A. J. Ayer)和我国的洪谦也是维也纳学派的成员。[1]

维也纳学派成员受马赫和法国的科学哲学家迪昂、彭加勒等人影响。但是分析哲学的"哲学革命"目标对他们的鼓舞更大,其领袖石里克于1930年宣称:

> 我确信我们正处在哲学上彻底的最后转变之中,我们确实有理由把哲学体系之间的无结果的争论看成结束了。我断言,现代已经掌握了一些方法,使每一个这样的争论在原则上成为不必要的,现在主要的只是坚决地应用这些方法。……这些方法是从逻辑出发的,莱布尼茨曾模糊地看到这些方法的端倪,在最近几十年里,戈特洛布·弗雷格和伯特兰·罗素曾开拓了重要的道路,而维特根斯坦(在1922年的《逻辑哲学论》中)则是一直推进到这个决定性转变的第一人。[2]

---

[1] 参阅洪谦:《维也纳学派》,商务印书馆,1989年,第3—5页。
[2] 洪谦主编:《现代西方哲学论著选辑》上册,第412页。

维也纳学派把逻辑实证主义的思想传播到欧洲各地。可惜好景不长，30年代中期开始，德国法西斯势力猖獗。法西斯主义的反犹政策威胁到逻辑经验主义阵营很多犹太血统知识分子的安全；而且，法西斯主义从根本上与逻辑经验主义提倡的科学民主精神格格不入。在严酷的政治压力下，石里克又意外地遭到一个患精神病的学生谋杀。维也纳学派在组织上瓦解。一些成员，如卡尔纳普、莱辛巴赫、弗兰克、费格尔、卡夫曼和亨普尔，流亡到美国，使逻辑经验主义在美国复兴。

"维也纳学派""逻辑实证主义"和"逻辑经验主义"是三个既有联系、又有区别的概念。维也纳学派是逻辑实证主义的主流和核心，但不等于逻辑实证主义的全部，因为逻辑实证主义还应包括与维也纳学派同时的柏林学派、里沃夫—华沙学派以及布拉格学派等；逻辑实证主义也不等于逻辑经验主义，前者主要指二三十年代在中欧流行的早期分析哲学的流派，后者的范围更广，逻辑经验主义贯穿分析哲学的全过程，尤其是在美国的发展。

一、证实原则

维也纳学派接受了休谟的区分：一切命题或者是先天的分析命题，或者是后天的综合命题；数学和逻辑命题属于分析命题，一切经验科学的命题属于综合命题。他们拒绝承认任何非经验的综合命题，认为康德所谓的先天综合判断完全是一个过时的概念。非欧几何证明了时间和空间不是先验的，相对论也证明了牛顿力学的前提也不是先验的，而是在一定的经验条件下（如随着区域扩大，速度增加到接近光速的情况下）而适用的。石里克说，精密科学根本没有、也不需要先天综合判断。分析和综合命题都有固定的意义标准，而先天综合判断既不能通过词语，也不能通过经验的验证来理解其意义，因而无意义。石里克提出："每个命题只有在能够证实的条件之下才有意义；它只说出所能证实的东西，完全不能超出这点以外还能有所说。"①

证实分析命题的方法是演绎推理，分析命题只要其字词意思不相互矛盾，就是有意义的。证实综合命题的方法是经验检验，也就是说，一个综合命题只有在能够被经验检验其真假的情况下，才有意义。证实原则是一个一般性的原则，维也纳学派成员对之有不同解释，特别是对于综合命题的经

---

① 洪谦主编：《现代西方哲学论著选辑》上册，第424页。

验证实标准有较大分歧。这里涉及两个问题：经验证实的程度和经验证实的终极性。

经验证实的程度问题是这样被提出来的：如果一切科学命题毫无例外都要经过经验证实而有意义，那么，很多涉及自然科学基础的命题将被排除在科学之外，比如，那些陈述一般规律的命题，有些尚未被证实、并且将来也不大可能被证实的假说，将被作为无意义的命题。显然，并不是所有陈述事实的命题都应该而且能够接受经验的证实。石里克于是对经验证实的范围作了宽泛的解释，他用"可证实性"代替"证实性"，就是说，检验综合命题的意义标准不在于是否已被证实，而在于是否有被证实的可能性。经验证实的可能性不是"非此即彼"的逻辑可能性，而是"或多或少"的或然性。这样，经验证实便成为一个归纳的过程，可证实性可被归结为归纳推理的或然性。

卡尔纳普在《可检验性和意义》一文中说，石里克所说的可证实性是物理的可能性，是在观察检验过程中实现的确证。因此，他建议用"确证"代替"证实"，用"可检验性"代替"可证实性"。他说："在许多情况下，有了数量不多的肯定例子，我们就达到了实际上足够的确实性，于是我们便停止实验。但理论上永远存在着把检验性观察的序列继续下去的可能性。所以在这里任何完全的证实也不是可能的，却只是一个逐渐增强确证的过程。"[①] 这里所谓"逐渐增强的确证"指的也是或然性越来越大的归纳。再比如，艾那尔提出强的和弱的可证实性的区别：强的可证实性指检验普遍命题的一切事例，这是在实际中很难实现的证实性；弱的可证实性是对普遍命题某些事例的检验。在科学领域，只要对足够多的事例进行检验，便可以得出普遍结论。证实原则所坚持的只是弱的可证实性。莱辛巴赫则提出"真理的意义理论"和"概率的意义理论"的区别，前者指已过时的证实原则，按此原则，意义即真值，非真即假，被证实的便为真，不被证实的便是假，不可能有真假相掺的中间状态。现代科学却表明，经验命题没有绝对真理，只有一定程度的可靠性，其程度由概率度量，用一系列的连续量的精确计量代替二元对立的真值。在科学中行之有效的检验标准只能是这种"概率的意义理论"。

---

① 洪谦主编：《现代西方哲学论著选辑》上册，第499页。

二、物理语言和现象语言

关于经验证实的终级性的问题是这样被提出的：经验证实是一个逐步验证的过程，最终必将被还原为一个自身无须再被验证的终极检验尺度，这一尺度何在呢？石里克认为，检验尺度必须是一切知识的确定基础，这就是终极的经验，即个人直接感觉状态，他把个人的直接感觉称作"给予"，他说："每个命题的意义只是通过给与才能确定下来。"这种把个人的"给予"看作是终极经验的观点被称作现象主义。现象主义把基本命题看作对个人直接经验的表述，如"我当下在这里看到了红色"，就是这样的命题。纽拉特不同意对经验证实的现象主义解释。他认为，个人经验具有因人而异的主观性、瞬时性、甚至相互矛盾，它们不能证实具有普遍性的科学命题。他主张使用物理语言代替现象语言，物理语言以物理事件为描述对象，一部分是科学的专门术语，另一部分与自然语言相重合。同物理语言表述的基本命题被称作记录句。记录句尽量用实验记录式语词代替自然语言。纽拉特举例说，"奥托正在观察"可以用"在档案中被列为第 16 号的那个人正在观察"的照片来代替，"档案中被列为第 16 号的照片"一词还必须由一系列数学公式来代替。同样，"现在""这里"等词也要由精确的时间和位置代替，事物的性质可用一系列数学公式来描述。同时，纽拉特也承认，记录句所需的术语总有一些是含糊的，不可能或不需要用高度精确的科学术语代替一切自然语词，"因而，在涉及统一科学整个领域的科学论文中，只有一种含有两种语言的语词的'专门术语'才是适用的"[①]。

卡尔纳普是继石里克之后的维也纳学派代表者。他致力于构造人工的形式化语言作为统一的科学语言。早期他基本上倾向于现象主义。在 1928 年发表的《世界逻辑构造》[②]一书中，他把普遍的经验语言符号按照类型学说分为不同层次，并由低到高地建构句子。最基本层次为个别经验。他自称采用"方法论的唯我论"看待经验，把它们看作暂时的、流动的"我的经验"。其次，个别的经验状态虽然是不确定的对象，但时空的四维结构可以数学地建构出来，不确定的个别对象在确定的时空结构中被建构为物理对象，并把他人的意识现象当作心理对象。"再次，以他人心理对象作为媒

---

① 洪谦主编：《现代西方哲学论著选辑》，第 423、558 页。
② 参阅卡尔纳普：《世界的逻辑构造》，陈启伟译，上海译文出版社，1999 年。

介,得出文化现象。而这些正好就是全部的知识论。"逻辑构造理论的知识论综合了不同的相互冲突的哲学派别。卡尔纳普说:"实在论、(各种形式的)唯心论以及现象主义这三个学派本身没有一个学派与构造理论发生冲突。"①

卡尔纳普后来接受了物理主义。在1934年发表的《语言的逻辑句法》一书中,他说:"物理主义的论点宣称物理学语言是科学的普遍语言。"科学的普遍语言是一种逻辑语言,这种语言的命题函项的变元相当于坐标,变元的值相当于坐标参数,变元的值可以用包括4个变元的命题函项表示时空坐标,用其他一些命题函项表示物理性质。这样就可以得到用逻辑命题表达的形式化的物理语言或逻辑句子。他还认为,其他科学的语言都可以被翻译为物理语言,比如,心理学、生理学的语言可以被翻译为描述人的身体行为的语言,而人的行为归根到底是物理事件,可使用物理语言加以描述。他得出结论,物理语言的形式是统一的科学逻辑,"科学逻辑是句法学"。20世纪50年代后,卡尔纳普接受哥德尔关于真理的定义,从句法分析转向语义分析。卡尔纳普思想多次转变,都是为了把证实原则的检验标准(他称之为确证)加以系统化、形式化。②

三、排拒形而上学

证实原则对于维也纳学派的作用是一把双刃剑:一方面论证自然科学的基础,另一方面分清科学与非科学。依照证实原则,形而上学的命题既不属于分析命题,也不属于可以用经验证实的综合命题,因而是"伪命题",即:表面上好像陈述事实,但实际上并无事实与之对应。因而没有任何意义。

卡尔纳普在早年写作的《哲学中的伪问题》和《通过语言的逻辑分析清除形而上学》等文章中,对形而上学持激烈的批判立场。他指出,形而上学的伪命题有两种:一种是所运用的词没有意义,如"神""始基""自在之物""理念""无限""绝对""自我""非我"等哲学术语,完全没有经验对象与之对应,它们所组成的句子也不能经受经验的检验;另一种是把有意义的词用违反逻辑法则的方式组合在一起,看起来像是句子,其实没有逻辑结构。卡尔纳普列举海德格尔在《什么是形而上学》一书中的一些句子,说明,对

---

① 洪谦主编:《现代西方哲学论著选辑》,第474页。
② 同上书,第490、491页。

"无"的发问,以"无"为认识对象,对"无"的存在加以肯定或否定,都是对"无"(Nothing)这个词的普通用法的误用,结果出现了"无是何样""我知道无""无不是任何东西""无存在",这样一些违反逻辑、因而无意义的命题。纽拉特对海德格尔的语言也有微词,他曾讥讽说:"爱因斯坦的理论或许可用班图语来表达,却不能用海德格尔的语言来表达,除非德语搞的那种语言的滥用也带入了班图语。"①

一般说来,分析哲学与现代欧陆哲学很少正面交锋,但卡尔纳普等人在批判传统形而上学时,却不禁将海德格尔(他对传统形而上学也持彻底批判立场)拉出来"陪斩",表现出对形而上学语言难以忍受的态度。他尖锐地指出:"形而上学的虚构句子,价值哲学和伦理学的虚构句子,都是一些假的句子,它们并没有逻辑的内容,仅仅能够引起听到这些句子的人们在感情方面和意志方面的激动。"②

卡尔纳普在《语言的逻辑句法》中把语言分为对象句和逻辑句两类,前者是"内容的说话方式",后者是"形式的说话方式"。形而上学的命题是用内容的说话方式表达形式的说话方式所要表达的意思。很多哲学句子用内容的说话方式表达全称的词,致使像"数字""事物""质性""经验""空间""时间"等全称的词被当作语言以外的对象,人们还把它们作为哲学研究的对象。他说:

> 哲学问题具有这样的病症,一直没有被人发现;错觉或自我错觉是产生它的主要原因。内容的说话方式的应用引起了这些错觉或自我错觉;它的外表掩盖了所谓哲学的基本问题不是别的,仅仅是涉及科学语言的句子以及它们中间关系的语言逻辑问题。③

卡尔纳普此时不再否认哲学命题的逻辑结构和意义,而是把被内容的说话方式所掩盖的形式的说话方式揭示出来,比如,"事物是感觉材料的复合"的哲学命题似乎是关于事物和感觉关系的陈述,实际上只是关于名称的句法的陈述。同样,维特根斯坦在《逻辑哲学论》中说:"世界是事实的总和,不是事物的总和",这句话不是关于世界整体、而是关于科学语言形式的陈述,可被翻译为"科学是一个句子系统,不是一个名称系统"。按照这

---

① 洪谦主编:《现代西方哲学论著选辑》,第558页。
② 同上书,第460页。
③ 同上书,第468页。

种方式,哲学命题都可被消解为句法命题,哲学成为真正的科学逻辑。

四、伦理规范的意义问题

维也纳学派的成员艾耶尔致力于揭示伦理学命题的无意义。在他看来,伦理价值判断并不是对事实的判断,没有知识内容,"对"或"错"仅仅表达赞赏或厌恶的情感。比如,说"偷钱是做错了"并不是对"偷钱"这一事实的判断,而是表达不能容忍偷钱的情感。艾耶尔甚至进一步说,情感本身并无是非高下之分。他说:

> "偷钱是错误的",我是说出了一个没有事实意义的句子——即是说,这个句子既不表达真的命题,也不表达假的命题。这个句子正如我写下"偷钱!!"——在这里,出于一种恰当的约定,惊叹号的形状和加重表示都表明,表达出来的情感是在道德上对这个行为特别不赞成……另外的人可以在偷窃是错误的这一点上与我的看法不相同……他可以因为我的道德情操而与我争论。但是,严格地说,他与我不可能有什么矛盾……要问我们之中哪一个是正确的,显然是没有意义的。①

艾耶尔的情感论是一种道德相对主义,容易导致不分是非的结论。但维也纳学派大多数成员并不持有这一立场。比如,石里克就认为伦理学是一门科学,具有知识价值,"把规范科学和事实科学对立起来,是根本错误的"。他认为,伦理学的方法是心理学,是可以被心理经验所证实的,"我们研究伦理学并不是为了使它具有独立性,而仅仅是为了探求真理"②。

五、对逻辑经验主义的批判反思

维也纳学派以及整个逻辑经验主义是一个开放的学派,其成员围绕技术性的问题,展开深入讨论,一个哲学家也会对自己过去的观点进行自我批判。经过多年发展之后,后期的分析哲学家对逻辑经验主义的一些基本原则和主要观点进行的批评,使得逻辑经验主义失去了在分析哲学中的强盛地位。以下重点介绍出身于逻辑经验主义的蒯因的批判和维也纳成员的自我批评。

---

① 艾耶尔:《语言、真理与逻辑》,尹大贻译,上海译文出版社,1981年,第122页。
② 洪谦主编:《现代西方哲学论著选辑》,第450、458页。

1. "经验主义的两个教条"

蒯因曾短期访问过维也纳学派、华沙学派和布拉格学派，熟悉卡尔纳普思想，后来转向批判逻辑经验主义。1951年发表的《经验主义的两个教条》把逻辑经验主义的证实原则归结为两个教条。第一个教条是分析命题与综合命题的区分。蒯因批判的重心放在分析命题的标准上，他指出这一标准最终仍要诉诸经验，因而不能与综合命题相区分。分析性的标准或是同义性，或是必然性，或是语义规则。这三者都要通过经验事实。比如，"单身汉是没有结婚的男人"的同义性涉及"单身""结婚""男人"等词语的经验对象；它的必然性涉及主词和谓词的外延，也需要求助经验才能断定两者是否相同；语义规则在被应用于对象语言时也要受到对象的限制，仍要使用同义性那样的标准。在这三种情况下，所谓的分析命题都不能与经验命题相区别。蒯因说，分析和综合命题的区分不是绝对的，而是相对的，其相对程度由人们所获得的经验而决定，"认为有这样一条界线可划，这是经验论的一个并非来自经验的教条，一个形而上学的教条"①。

蒯因所说的经验主义的第二教条是还原论，即，关于事实命题的意义可以还原为记录直接经验的语句。他指出，关于事实的命题是关于周围世界认识的一部分，并不只与个别的直接经验发生联系。单个的经验不能起到检验的作用。事实上，面对着不利的检验，命题体系内部可作必要的调整，总是可以使该命题与经验相符合。比如，命题"所有天鹅都是白的"不仅与天鹅的颜色有关，它的意义涉及我们关于鸟类的全部知识。如果一个人发现一只黑天鹅，他可以根据他关于鸟类的知识，说这只黑色的鸟不是天鹅，由此保证原先命题不被否证。命题组成一个体系，只是在边缘部分才和经验相接触，体系的核心是逻辑，经验命题的意义取决于命题体系，而不能被还原为记录直接经验的单独命题。

对于蒯因的批评，洪谦曾在《关于逻辑经验主义的几个问题》一文中有这样的反应：

> 蒯因对还原论的指摘，虽然在理论上有可取之处，但对卡尔纳普来说，似乎有点无的放矢。……蒯因似乎没有注意到卡尔纳普自己在其

---

① 洪谦主编：《现代西方哲学论著选辑》，第696页。

名著《检验性和意义》以及《世界的逻辑构造》新版前言中,对于这一缺点,已作了批评性的阐述和修正。①

应该说,早在蒯因的批评之前,逻辑经验主义者已经通过批评和自我修正,放弃了证实原则作为意义的唯一标准。

2. 宽容原则

维也纳学派对形而上学和传统哲学的激烈排拒遭到同样激烈的反击。比如,有人说,对于先天综合判断的否定是自相矛盾的,"没有先天综合判断"本身就是一个先天综合判断,分析和综合命题的标准对它都不适用。面对众多的反批评,后来的逻辑经验主义者对待形而上学的态度有所缓和。卡尔纳普于1934年提出"宽容原则":"逻辑中没有道义,每一个人都可以按照自己的意愿自由地建立自己的逻辑,自己的语言形式。"②宽容的证实原则不再是一道禁令,而是一种建议、一个常规。卡尔纳普虽然允许有多种多样的形式的说话方式,但却继续反对形而上学所用的形式的说话方式,因为它混淆了内容的和形式的说话方式。但是,即使同意他的这一批判,形而上学命题充其量也只是违反了一个常规,而不是无意义的伪命题。卡尔纳普后来也承认自己的立场过于简单。

艾耶尔在1959年也反省说:"我十分清楚,他们所做的实际上采用证实原则作为一种常规……但为什么要采用这一常规呢? 充其量只能证明,形而上学命题不属于逻辑法则、科学假说、历史叙事、知觉判断或关于自然界的常识描述的范畴,但不能由此推出它们既不真也不假,更不能说它们无意义。除非有人硬要如此推理,否则不能得出这种结论。问题在于,形而上学与常识和科学命题的差别是否尖锐到如此地步,非得强调这一差别才有用处。这样做的缺陷在于使人看不到形而上学问题的益处。"③艾耶尔此时认识到,形而上学是一个概念体系。它的发展符合科学发展方向,它虽然不是知识,但却具有认识价值。

逻辑经验主义是20世纪影响最广泛、持续最长久的分析哲学流派之一,它代表了自然科学对哲学的挑战。它的唯科学主义观点已成为现代哲

---

① 洪谦:《关于逻辑经验主义的几个问题》,载《自然辩证法通讯》1989年第1期。
② Kegan Paul, *The Logical Syntax of Language*, 1937, p.51.
③ *Logical Positivism*, ed. A. J. Ayer, Free Press, 1959, pp.15-16.

学摆脱不掉的"幽灵"。唯科学主义是这样一种思潮：它认为自然科学的方法是一切真理的尺度，自然科学的知识是人类其他知识，包括哲学和人文、社会知识的楷模。逻辑经验主义者站在唯科学主义的立场上，没有、也不可能完全排拒形而上学，但他们对形而上学问题和命题所作的分析性批判却使人们现在再也不能像过去那样思辨地建构形而上学体系了，他们提倡的澄清问题和意义的逻辑分析方法也成为一种普遍的哲学批判方法，这些都是值得肯定的历史贡献。

第五章 现象学运动

虽然布伦塔诺已开始使用"描述现象学"的名称,但现象学的创立者是他的学生胡塞尔。胡塞尔在建构自己理论时提出现象学直观、现象学分析、现象学描述和现象学还原等概念。胡塞尔逝世之后,现象学家们从各自问题出发,运用他们理解的现象学方法,发展出各自的理论。现象学是由不同理论、学派组成的哲学运动。那么,什么是现象学呢?梅洛-庞蒂在《知觉现象学》前言中对这个问题作出经典回答。梅洛-庞蒂首先指出对现象学的不同理解:它的主题是本质抑或存在,出发点是悬搁抑或直接面对已经存在的世界,它是严格科学抑或对生活世界的描述,它是关于自我的先验现象学抑或关于生活世界和存在论的本体现象学?为了综合各种貌似对立的理解,他对胡塞尔现象学的描述、还原、本质和意向性这四个关键问题加以澄清。

首先,现象学是描述的科学,"要描写,不要解释,也不要分析"是"'回到事物本身'的现象学所发出的第一号令"。现象学不能像其他科学一样,预先设定客观世界,然后解释世界与世界中的人的因果关系;也不能像笛卡尔、康德那样预先设定自我,然后用分析反思方法建构"我思"与世界的主客对应关系。梅洛-庞蒂说:"世界对主体是现成已有的,因为主体对反思本身是现成已有的。实在物是要去描述的,而不是要去建构。"[①]这个需要描述的实在就是一定环境和场所中的人所知觉到世界。

其次,梅洛-庞蒂说:"现象学的还原,远不像人们所相信的那样,是一个唯心论的公式,它乃是一个存在哲学的公式:海德格尔的'在世之在'只是在现象学还原的深处才出现。"胡塞尔想要还原到一个无遮透明的"先验

---

① 陈启伟主编:《现代西方哲学论著选读》,第724、726页。

自我",造成了自我与世界关系的断裂,留下了世界如何涌现的难题,"还原法的最大教训,就是一个完全的还原之不可能。这就是为什么胡塞尔老是反复对自己问到还原的可能性"。梅洛-庞蒂把还原理解为去除对自我与世界关系的因果性或传统哲学解释,"它承认思想本身是一件不可改变的事实,在发现我'在世界'时,它就消除了一切种类的唯心论"①。

再次,梅洛-庞蒂说,现象学的本质既是先验的,也是观念的。但本质"很明显不是目的,而是手段",现象学研究的对象不是本质,而是因为我们对现实世界的牵挂或通过两极对立的概念把握世界太狭隘了,"为了知道并克服它的人为性,需要观念性的场所"。观念性本质首先是语言的本质,但维也纳学派把意义赋予语言,而不知道语言的本质是"意识的名词和概念最后所要说的东西",寻找语言的本质"要在一切主题化之前,去找世界在事实上对于我们是什么"②。作为前语言、前客观的事实,人的表达活动是先验的本质。

最后,梅洛-庞蒂说:"胡塞尔区别行动的意向性和功能意向性",前者是判断和态度等自愿行为的意向性,有待充实的意向性;而后者"造成了自然的、在有谓词之前的世界和我们生活的统一,它在我们的欲望、我们的评价、我们的背景中表现得比在客观知识中更清楚,它供给原本,而我们的知识则试图成为它的语言的正确的翻译"。③ 不难看出,功能意向性是人与生活世界的原初统一,它是知识的源泉和原本。

总之,胡塞尔首创的现象学直观、现象学分析、现象学描述和现象学还原是现象学运动的基本原则和方法。海德格尔和梅洛-庞蒂的理论虽然与胡塞尔大相径庭,但基本上遵循了现象学方法。至于现象学运动的其他人,或更多受海德格尔影响(如萨特和伽达默尔),或对胡塞尔持批评态度(如德里达和里克尔),我们将在第三编介绍他们的思想。

第一节 胡塞尔

埃德蒙德·胡塞尔(Edmund Husserl,1859—1938)出生于摩拉维亚一

---

① 陈启伟主编:《现代西方哲学论著选读》,第731、730页。
② 同上书,第732页。
③ 同上书,第735页。

个城镇(现属于捷克)的一个犹太人家庭,早年先后在莱比锡、柏林和维也纳大学学习天文学、数学和哲学。1882年在维也纳大学以数学论文获得博士学位,随后跟随布伦塔诺学习哲学,1886年皈依路德宗。同年到布伦塔诺学生斯通普夫主持的哈勒大学哲学系任编外讲师,他的教授资格论文《论数的概念》是他第一部著作《算术哲学》(1891)的雏形。在这本书中通过对逻辑和认识论问题的深入思考,他发表了成名作《逻辑研究》(1900—1901),旋即被哥廷根大学聘为编外教授,1906年晋升为教授。哥廷根时期的代表作是《纯粹现象学和现象学哲学的观念》(第一卷,1913;后两卷手稿于1952年整理出版)。胡塞尔1913年创办的《哲学与现象学研究年鉴》,以及他的学生、助理组成的"哥廷根小组",标志着现象学运动的开始。1915年胡塞尔接替李凯尔特任弗赖堡大学哲学系主任,以他为核心的"弗赖堡小组"把现象学推向国际哲学界。1928年胡塞尔退休后写作发表了《形式的和先验的逻辑》(1929)和《笛卡尔式的沉思》(1931)。1933年纳粹上台之后,胡塞尔受到反犹太法的迫害,大学当局把他从大学教授名单中除名,并禁止他进入图书馆,但他享有国际声誉,被邀请到维也纳和布拉格作讲演,讲演稿《欧洲科学的危机与先验现象学》前两部分于1935年在南斯拉夫出版,1939年布拉格出版了他的《经验与判断》。

胡塞尔遗留的手稿多达4.5万页,为了防止被纳粹烧毁,胡塞尔的妻子(也是犹太人)委托方济各会修士、卢汶大学教授范·布雷达(Herman Leo Van Breda)把这些手稿转移至比利时,1939年在卢汶大学成立"胡塞尔档案馆",对胡塞尔用速记法写下的手稿进行全面编辑整理,出版《胡塞尔著作全集》(至2009年已出版40卷),《胡塞尔文献全集》(共四辑,其中第三辑是10卷本通信集),《胡塞尔资料全集》(至2006年已出版8卷),以及英文版的《胡塞尔文集》(至2008年已出版13卷)。这些手稿和著作极大地推动了二战后现象学运动的复苏和发展。

按照胡塞尔生前发表的7部著作的顺序,可把他的思想可分为四个阶段。(1)《算术哲学》对数学和逻辑基础的研究,(2)《逻辑研究》创立的关于意向性的现象学,(3)作为先验唯心论的现象学,(4)向"生活世界"转向的现象学。我们以意向性、先验自我和生活世界三个主题为核心,对胡塞尔的现象学作简要介绍。

一、心理主义批判

胡塞尔第一本著作《算术研究》的要点是：澄清一个概念就是确定它的心理来源；数学是计数的工艺，代数的主要研究对象是正整数，正整数概念的心理基础是表象；表象有本真和非本真两种，本真表象是直观，直接表象较小的正整数，非本真的表象是"集合组合"活动形成的符号，把握连续增加的正整数；代数思维和运作规则是"集合组合"的注意、抽象和反思等心理活动的产物。胡塞尔试图把布伦塔诺的描述心理学与他的博士指导教授，以及弗雷格、康托尔等人关于数学基础的研究结合起来，他的研究技术性和分析性很强。弗雷格在书评中批评胡塞尔混淆心理概念和数学概念的心理主义倾向。胡塞尔在此之后意识到数学不是一门技术，而是与逻辑一样的纯理论学科；他还认识到布伦塔诺的意向性理论不能解释诸如"当今的法国皇帝"那样不实际存在的对象，以及"圆的方"那样自相矛盾的思想。他独立地注意到"指称"(Bedeutung)和"意义"(Sinn)的客观性，计划阐释一门意义现象学。《逻辑研究》第一卷《纯粹逻辑学导引》对心理主义作了彻底、深入的批判，完全把心理主义从哲学领域驱除出去。

胡塞尔批判的心理主义不仅是当时很多哲学家所批判的密尔的联想心理学和方兴未艾的实验心理学，而且指向从洛克开始的经验主义传统，更重要的是，包括自觉与实验心理学划清界限的布伦塔诺的心理学和他的早期思想。比如，他否认数是表象，并说尽管算术概念有心理学起源，但把算术规律看作心理规律是极为错误的僭越。[1]

胡塞尔说，所有种类的心理主义都有一个共同的成见，即忽视了逻辑学（包括数学）与心理学研究对象的根本区别，以为逻辑的事实性的内容"不外乎是表象和判断"[2]。胡塞尔严格区分了逻辑学的观念性(Ideal)对象与经验科学的实在的(reell)对象，逻辑概念和规律具有确定性和精确性，而心理学属于经验科学，其对象和研究结果是含混、或然的。逻辑学的观念性、绝然性和先天性不能建立在心理学研究的经验事实的基础之上。

心理主义的错误是没有区别认识对象与认识活动。认识活动是一个有

---

[1] 胡塞尔：《逻辑研究》第一卷，倪梁康译，上海译文出版社，1994年，第148页。
[2] 同上书，第146页。

特定时间的过程,虽然逻辑和数学的规律通过特定的认识活动被认识的,但"没有一条真理是一个事实,是受时间规定的东西……真理本身是超越于所有时间性之上的,就是说,赋予它以时间上的存在、形成或消亡,这种做法是无意义的"①。

胡塞尔还批判了认为逻辑真理依赖人而存在的"人类主义"倾向。他说:"一个东西如果是真理便是绝对'自在地'为真理,真理总是同一的一个,无论它是被人还是被非人,被天使还是被上帝的判断所把握。"②无论我们的世界和实在的东西是否存在,"2+3=5"的数学真理永久有效。如果观念性的对象可以还原为心理活动的产物,那么真理和意义将因人、因时、因地而异,科学知识和日常交流将变得不可能,甚至心理主义的道理将是不可重复或共享的,因此将不得不否定自身,这就是心理主义必然导致相对主义并最终导致怀疑主义的原因所在。

胡塞尔的观念性对象与弗雷格所说的"指称"和"含义"都是不依赖人的心理活动的客观对象,但差别在于,弗雷格预设了一个柏拉图式的客观思想领域,而胡塞尔在反心理主义时虽然使用了一些类似于柏拉图主义的表述方式,但紧接着在第二卷中对观念性对象进行了现象学描述,使其成为意向经验朝向的某物,而不是一个形而上学预设。

二、意向性理论

《逻辑研究》第一卷对纯粹逻辑和数学的奠基工作是为第二卷"一般认识论"作准备的。第二卷的六个研究奠定了现象学的基础。在第二卷引言中,胡塞尔从意向的对象、活动和内容三个方面,阐述意向性概念。以后的研究对这三个方面进行描述、分析和反思。

1. 意向对象:"某物"的意义

我们看到,布伦塔诺遇到的最大困难是意向对象是否存在、如何存在的问题,他最后得出意向对象是"非物"的结论。胡塞尔把关于存在的本体论问题转变为是否事物本身的现象学问题。他说,现象"最一般的本质特征在于,它们是'关于某物的意识','关于某物的现象'……即知觉某物,回忆

---

① 胡塞尔:《逻辑研究》第一卷,第66页。
② 同上书,第103页。

和思考某物,希望某物,畏惧某物,决定某件事情,如此等等"①。现象学的口号是"回到事物本身","事物本身"即意向对象。

作为意向对象的事物本身与物理事物没有因果联系,就是说,不是外在对象的作用而产生的结果。当我思考不存在的对象、不可能的对象、未来的对象或观念性的对象时,并非因为这些对象作为原因决定了我的思考,而是因为我的思考朝向它们。比如,想象一头独角兽或看见一头牛并非是不存在或存在对象作用的结果,而仅仅是两者都是在意识中显现出来的对象。

然而,在"意识中显现"被布伦塔诺解释为与外部对象存在相对立的"内存在",这意味着意向对象是意识内容的一部分。胡塞尔认为,意向对象的特征不能被归结为存在。他认为存在是属性的总和,如他后来所说:"每个存在对象都是一个可能经验之大全的对象"②。而意向对象不包括外部存在或内部存在的全部属性,比如,我只能知觉一朵花的某个部分或侧面,再比如,我承诺的对象不一定要等到成为现实时才有意义。如果意向对象是意识内容的一部分,那么它将不成其为对象。

胡塞尔还反对布伦塔诺把意向对象看作与意识活动相对应的一个关系项。如果意向对象与意识活动之间有对应关系,这意味着我每次都将体验全新的对象,或者不同主体将不能体验同一对象。但明显的事实是,我们可以在不同时间、不同方式的意识活动中朝向同一对象,比如,"1870年普鲁士王国的首相是俾斯麦",无论何时、何人、何地说都是真的,虽然人们可以在不同意识活动中暂时想象他的面貌或穿着,或看他的肖像,或爱或恨他。③

胡塞尔说,对意向的内在对象与超越对象的区分是"一个重大错误"、"延续了许多世纪的错误","表象的意向对象与现实对象以及在可能情况下的外在对象是'同一个',并且,对这两者进行区分是一件悖谬的事情。如果超越的对象不是表象的意向对象,那么这个超越的对象就根本不是这个表象的对象,而且显而易见,这只是一个分析定律";他接着说:

> 如果我表象一个上帝或一个天使,一个智慧生物或一个圆的四角

---

① 胡塞尔:《现象学的方法》,克劳斯·黑尔德编,倪梁康译,上海译文出版社,1994年,第166页。
② 胡塞尔:《笛卡尔沉思与巴黎讲演》,张宪译,人民出版社,2008年,第23页。
③ 胡塞尔:《逻辑研究》第二卷第一部分,第103页。

形等等,那么这个在这里被指称的和超越的都需恰恰是被意指的,因此是一个意向对象;在这里,这个对象是否存在,是否被臆构,或者是否荒谬,这都无关紧要。①

"超越的"并不等于超出意识之外(否则就不是现象了),而是指逻辑上是一切意识对象的可能性条件;就是说,如果外在的、想象的、不存在的对象能够显现为对象,因为并仅因为它们首先具有意向对象的含义。

意向对象的含义只是一个不确定的"某物",但它却是一切具有确定意义的表述的前提条件。胡塞尔说:

> 当"某物"在运动,当它"簌簌作响",当"有人"摁铃以及如此等等时,我们所进行的表象,也是一个带有不确定朝向的表象;而这个"不确定性"在这里属于这样一些意向的本质,这些意向的确定性恰恰在于,表象是一个不确定的"某物"。②

意向的"某物"是观念性对象,它的不确定性保证了意向性的纯粹性,那就是,即使意识与外部实在(它是产生各种具体心理活动的原因)或意识的具体内容没有发生关系,意识也因"朝向某物"而保持自身的完整性与自主性。因此可以说,"朝向某物"是意识性的本质特征。当然,"某物"的不确定性只是意向性的先行特征或逻辑含义,而不是意向对象的全部特征。胡塞尔对意向活动和意识内容的分析和描述,进一步说明了意向对象的明证性和直观性。

2. 意识内容:特质和质料

关于意识内容,胡塞尔作出"特质"和"材料"的区分,特质用于区别意识的类别,如知觉、思考、想象、回忆、相信、怀疑等,材料是不同类别的意识的确定内容。意识特性与材料没有一一对应的关系,对于同样的材料,可以有不同特质的意识,如看见、想象、思考、回忆一棵树;同一特质的意识也可以有不同内容,比如,知觉的材料多种多样,瞬息变化。

意识的质料是实在的、杂多的、变化的,但保持着同一性,否则,不同类别或不同时刻的意识没有同一内容,我们也不能思考或谈论同一事物。他

---

① 胡塞尔:《逻辑研究》第二卷第一部分,第459—460页。
② 同上书,第433页。

吸收了布伦塔诺把表象当作知觉基本材料的观点,但取消了"内知觉"和"外知觉"的区别。如果知觉有内外之别,那么势必会把表象当作与外在事物相似的映像(image)。胡塞尔认为,相似性并不是对象的自然属性,"无论两个对象如何相似,它都不会使一个对象成为另一个对象的图画,只有通过一个表象自我所具有的能力……这个图像才完全成为图像"①。"表象自我的能力"指被称作"统觉"的意识特质,意识的特质和材料从一开始就是不可分的,表象不是自然给予的感觉材料,而是在统觉意识中被联接并赋予含义的材料。作为意识材料的表象如同作为意向对象的"某物"一样,不必是实际存在。胡塞尔说:

> 对于意识来说,被给予之物是一个在本质上相同的东西,无论被表象的对象是实在存在,还是被臆想出来,甚或可能是悖谬的,我对"朱庇特"的表象不会不同于我对"俾斯麦"的表象,对"巴比伦塔"的表象不会不同于"科隆大教堂"的表象,对一个"等千角形"的表象不会不同于"等千边形"的表象。②

"本质上相同的东西"不等于相同的表象内容,而是说,表象是意向对象的再现,"这个再现的图像对象与所显现的对象相同,它本身又是在一个(首先为图像性特征的奠基的)行为中构造出来的"③。通过表象的再现,超越的意向对象的逻辑含义现在变成具体的、实在的意识内容。

以表象为材料,胡塞尔和布伦塔诺一样,把认知、情感和意欲等不同类型的意识当作对表象所持的不同态度。但胡塞尔并没有简单地把这种态度归结为肯定、赞成和否定、排斥两类,而是把意识核心特点描述为对表象的"含义"(或指称)的解释,即把表象解释为这样或那样的事物。他说:"我们所'意识到'对象在意识中并不像在一个盒子里一样简单地在此存在,以至于人们可以单纯地在其中发现并且可以抓住它;相反,它首先是以对象的各种形式将自身构造成为一种东西,即我们将它看作它所是的东西。"④解释是把材料的"含义"的意义表述出来的构造活动,但"解释""含义"和"意义"不必是语言表述,首先而且主要是前语言或非语言的意识活动。这样,

---

① 胡塞尔:《逻辑研究》第二卷第一部分,第457页。
② 同上书,第414页。
③ 同上书,第459页。
④ 同上书,第173页。

我们必须超出"质料"与"特性"的关系,对意向活动的构造活动作进一步的分析和描述。

3. 意向活动:"意义给予"和"意义充实"

意向活动是意义给予的活动,在意向活动中,即使最简单的表象被给予含义,比如,当我听到"舒尔茨"的声音,"无论这个人的表象多么非直观,多么贫乏、模糊、不确定",也有一个简单的含义,并且,围绕这个人的可能情况,被给予更丰富、更清晰的意义。① 在"意义给予"这一意向活动中,众多简单含义的部分组成一个复合含义整体,即概念。胡塞尔的概念理论的独创性在于扭转了传统的关于知觉和概念的关系,指出概念不是从个别的具体事物中抽象出来的,而是意义给予活动从部分到整体的连续过程,而概念形成之后又反过来给予简单表象以意义。没有概念的意义,也就没有表象作为"某物"的含义。比如,如果没有任何颜色的概念,我们就不能知道我们所接受的光线刺激为何物;没有"桌子"的概念,我们看到的一件木制品可以是任何东西,但绝不是一张桌子。

意向活动给予的表象和概念的意义是空洞的,有待具体体验的刻画。比如,我有"巴黎"的图画性表象或概念,但只有置身于巴黎,才能用所见所闻、所想所感的体验充实"巴黎"的意义。意向活动是"意义给予"和"意义充实"的相互勾联,意义活动给予表象和概念的意义,经过亲身体验的材料的充实,意义被具体化,概念被客观化,成为关于一个事物或事态的完整现象。胡塞尔谈到意义充实活动的五个特征。

第一,它是直观活动,就是说,用直观材料充实意义。

第二,它是"连续上升"的过程,即,"直观行为以越来越扩展和上升的图像性来表象对象"②。

第三,它有终结目标,"充实发展的终极目标在于,完整的和全部的意向都达到充实"③。

第四,一个意义被完全充实,意味着达到了被意谓的对象的明见性,"它的客观相关物就叫做'真的意义上的存在',或者也可以叫做'真

---

① 胡塞尔:《逻辑研究》第二卷第一部分,第327页。
② 胡塞尔:《逻辑研究》第二卷第二部分,第82页。
③ 同上书,第117页。

理'"①。胡塞尔承认,完全被充实的意义是罕见的,于是他区分了绝然的明见、充分的明见和不充分的明见,以与连续上升的意义给予活动的不同阶段相适应。就是说,意义给予活动总可以达到一定程度的明见体验,都与一定程度的真事物相符合。胡塞尔既承认绝然明证意义上的客观的绝对真理,也承认不同程度的相对真理。他声称现象学克服了"相对主义与绝对主义的对立,主观主义与客观主义的对立"②。观念之真就是被实现了的意义,这只有在知觉阶段才能达到。

4. 范畴直观

最后也最重要的是,意义充实的最高形式是范畴直观。胡塞尔区别了感性直观和范畴直观。感性直观是对感觉对象(如颜色、硬度、形状等)的直观,这些直接感知的对象被吸收到意义之中,综合成为实在的知觉事物,如"桃树""帝国大厦"。范畴直观的对象是观念性对象,包括两类。第一类是诸如"正义""4 的平方根""惯性定律"等一般概念,对它们意义的直观是本质直观。第二类是系动词"是"和"一个""这个"、"并且"与"或者"、"如果"与"那么"、"没有"与"所有"、"某物"与"无物"等"命题要素";这些词的意义不来自表象,也不是感性直观,但它们的直观与感性直观对象同样真实。比如,在"金是黄的"判断中,"'是'作为含义因素出现,就像例如'金'和'黄的'也作为含义要素出现一样"③,如果只有对"金"和"黄的"感性直观,而没有对"是"的范畴直观,我们甚至连"金是黄的"的真假也无法判断。

胡塞尔强调感性直观和范畴直观是充实符号意义活动的两个不同层次,高层次必须在低层次的基础上发生。他说:"所有范畴之物最终都建立在感性直观的基础之上,甚至于,如果没有奠基性的感性直观,那么一个范畴直观,亦即一个知性明察、一个最高意义上的思维就是一个悖谬。"④

总的来看,胡塞尔的意向性理论面对"主观意识如何认识客观事物"的问题,用对现象的描述和分析建立了一个崭新的认识论。正如胡塞尔在 1927 年为《大不列颠百科全书》写的词条中所说,现象学是扩展了的经验主

---

① 胡塞尔:《逻辑研究》第二卷第二部分,第 121 页。
② 胡塞尔:《现象学的方法》,第 186 页。
③ 胡塞尔:《逻辑研究》第二卷第二部分,第 139 页。
④ 同上书,第 187 页。

义和理性主义,它一方面"用得到必然扩展的、原本给予直观的经验概念取代了经验主义者的有限'经验'";另一方面,"它通过最普遍的、与先验主体性、自我、意识以及被意识的对象有关的本质直观的理性主义克服了有限的、独断的理性主义"①。在《逻辑研究》中,胡塞尔可以说完成了前一方面的任务,后一方面是他的"先验现象学"所要完成的任务。

三、先验自我

胡塞尔在《逻辑研究》中把意向性理论标榜为"描述心理学",有人指责该书第一卷驳斥心理主义,第二卷又回落到心理主义,他在1920年写的第二版前言中说,这"在我看来是怪诞无稽的指责"②。但他承认:"《逻辑研究》完全没有达到这种原则上的明晰性的最高阶段。只有当研究超越《逻辑研究》的有限的问题领域而继续发展,只有对《逻辑研究》的问题领域进行彻底的扩展……我们才能有可能作出最终原则的澄清。"③这里所说的扩展有限的问题领域,是要把意识性理论扩展到关于意识本原及其与世界关系的"先验现象学"。

尽管胡塞尔在《逻辑研究》中宣称只有"唯心主义才是一门自身一致的认识论的唯一可能性"④,尽管考察知识和经验的可能性条件的现象学从一开始就是康德意义上的先验论,但《逻辑研究》中先验唯心论的因素是隐蔽而有限的。第一,该书没有把先验自我当作意向性的主体;第二,作为认识论的现象学也没有解释意识与世界的整体联系。在《纯粹现象学和现象学哲学的观念》和《笛卡尔式的沉思》等书中,胡塞尔从意识的本初状态去寻求意识性结构的根据和前提。他需要回答两个主要问题:第一,如何达到无前提的意识的本初状态?第二,意识的本初状态如何扩展为关于经验世界的意识?解决第一个问题的途径是现象学还原,解决第二个问题的途径是现象学构造。

1. 现象学还原

胡塞尔在两种意义上谈论还原:一是把具体事实还原为一般本质,即把

---

① 胡塞尔:《现象学的方法》,第187页。
② 胡塞尔:《逻辑研究》第二卷第二部分,第2页。
③ 倪梁康编:《胡塞尔文集》上册,上海三联书店,1997年,第323页。
④ 胡塞尔:《逻辑研究》第二卷第二部分,第152页。

现实中存在的事物还原为意向的本质,这是"本质还原"。我们看到,《逻辑研究》中关于范畴直观的论述,已经包含了本质还原的思想,但范畴直观只有相对的明证性,而且必须以感性直观为基础。胡塞尔后来在更完全、更彻底的现象学意义上谈论还原,现象学还原"悬搁"包括感性直观之内的一切存在的事实,以使一个纯粹的意识领域自明地显示出来。"悬搁"(epoché)来自古希腊怀疑主义者皮罗"悬搁一切判断"的主张。胡塞尔借用这一口号,中止未经考察就相信事实存在的"自然态度"。他认为我们关于存在事物的信念受我们的生理和心理结构及其他自然属性所决定,为了认识绝然明证的事物本身,必须暂时"中止"或"悬搁"对于存在事实的信念。这并不是否认事物的存在,只是在研究意识的起源时,把它们放进"括号"里,不让它们起作用,以免"自然态度"把不确定的、因人(或种族)而异的东西作为前提,这一过程就是"悬搁"。胡塞尔把物理现象和心理现象(包括自己的身体)、科学(自然的、社会的和历史的)中研究的现实对象、宗教信仰的超验对象,甚至数学与逻辑的对象,都一一放在括号中悬搁起来,在此之前,他认为观念性对象是本质,现在也把它们也当作柏拉图式的"理念"悬搁起来。房子加括号并不等于取消它们的存在,如胡塞尔解释说:

> 我并非像一个诡辩论者似的在否定这个"世界",我并非像是一个怀疑论者似的怀疑它的事实性存在;但我在实行"现象学的"悬搁,使我完全隔绝于关于时空事实性存在的判断,因此我排除了一切与此自然世界相关的科学。①

不难看出,胡塞尔所说的悬搁类似于笛卡尔的方法论"怀疑",通过怀疑获得确定无疑的意识,虽然他抛弃了笛卡尔的"自我"实体概念。他说:"通过现象学悬搁,我把我的心灵活动——我的心理学的自身领域,还原为先验—现象学的我,即先验现象学的自身经验的领域。"②针对"先验现象学的自身经验的领域"是什么的问题,我们可以理解他对先验两种意义的阐明。

第一种意义的先验是对本质的先验认识。他说:

> 现象学的研究是普遍的本质研究。本质分析是具有原初意义的

---

① 胡塞尔:《纯粹现象学通论》,李幼蒸译,商务印书馆,1996年,第97—98页。
② 胡塞尔:《笛卡尔沉思与巴黎讲演》,第62页。

"自我自己"(ego ipso)整体分析,本质认识是针对本质、针对实质(Essenz),针对一般对象的认识。现在可以合法地谈论先验了……先验认识无非是指一种纯粹针对整体实质的、纯粹从本质中汲取其有效性的认识。①

通过"搁置"而使一般本质纯粹地、绝然明证地显现出来的现象学还原,在此意义上被称作本质还原。

第二种意义的先验,胡塞尔说,"在于确定自身给予的那种原则形式和事态以及借助这种自身被给予性实现、利用和评价随同对原则性含义的要求一起出现的逻辑学的、伦理学的、价值学说的概念和规律"②。"自身给予的那种原则形式和事态"指一般本质,对一般本质进行的认知性反思和价值评价是视域更大、意义更丰富的先验认识,达到这种先验认识的现象学还原可被称作先验还原。我们看到,在先验第一种意义上,本质还原也是先验还原;只是因为第二种意义的现象学还原使一切先验认识的本原——先验自我纯粹地、绝对自明地显现出来,人们才把它看作是与本质还原有别的、绝对意义上的先验还原。

2. 现象学构造

现象学还原所达到的自明、纯粹和先验的意识领域是什么呢?胡塞尔一如既往地认为,纯粹自明的意识在本质上是意向性意识,它先天必然地超越自身朝向意向对象。先验现象学与《逻辑研究》的意向性理论的差别在于,它主要不是对经验现象的描述和分析,而是对先验自我的自主构造的揭示和解释。他认为,纯粹自我的意向超越性在于自我构造现象的过程。纯粹自我、自我的意向活动和事物向自我的显现,是一个构造过程,借用笛卡尔的术语说,即是"自我、我思、我思对象"(Ego, Cogito, Cogita)的过渡关系。这三者都是绝对自明的真理,从而达到了纯粹现象学作为无前提的严格科学的目标。现象学构造可分为静态和动态两种。

静态构造是先验自我的心灵揭示或敞开。《观念I》用一对新的术语"noesis"和"noema"表述《逻辑研究》中关于意识特质与材料的关系,这对术语取自于希腊语"nous"(心灵),noesis是主动的心灵,表示心灵活动,noema

---

① 胡塞尔:《现象学的方法》,第47页。
② 同上。

是被动的心灵,即心灵材料。《逻辑研究》中的意识材料基本上是被给予的表象,而《观念I》中的心灵材料蕴涵在先验自我之内,通过心灵活动的揭示,蕴涵的材料在先验自我之中显现出来。如果说,《逻辑研究》强调意识材料的优先性,那么《观念I》则强调心灵活动的自主性和能动性,强调心灵材料的显现是心灵活动的综合性构造,具有康德式的先验唯心论色彩。

3. 发生现象学

从《内在时间意识的现象学》开始,胡塞尔对先验自我的构造过程进行动态分析。胡塞尔与柏格森、狄尔泰、布伦塔诺等人一样,把纯粹意识看作"过去—现在—将来"的连续状态。按胡塞尔的分析,纯粹自我是意识之流,环绕着当下的"原初印象",伴随着过去的滞留(retention),以及对未来的前摄(protention)。比如,在听C、D、E调的三和弦最后部分的音符E调,我们仍然知觉到C和D的音符,并且以不确定的方式期待着另外的音符。每个意识都是原初印象(现在)、滞留(过去)和前摄(将来)的三合一的边缘域(horizon)。至于时间意识如何构造出关于事物的意识,胡塞尔使用了"沉淀"(sediment)这一概念。沉淀即意识专注于一个状态,使边缘域以此为轴心而凝聚,成为流动状态之外的相对静止的、有确定意义范围的意向对象。比如,滞留意识沉淀为记忆,而记忆是对过去事物的直观;前摄意识沉淀为对确定的未来对象的直观,如那些引起我惊奇、恐惧和喜悦的对象;而原初印象被沉淀为在时间中一成不变的物理对象。

事物不但是时间性对象的显现,而且是空间性对象的显现。胡塞尔认为,身体是空间性对象的可能性条件。身体有两方面的先验性。第一,身体是伴随着每一个知觉经验的在场的"零点中心",具有将其他一切事物定位在"这里"的定位索引功能。第二是身体的动觉性(kinaesthetics),随着身体的运动,它所涉及的部分被呈现为连贯的、独立的、被关注的对象。比如,手的动感把触摸到的硬度、形状等对象化为空间中存在的一个事物,眼睛的动感把视觉对象融贯为按照位置安排的事物。而身体的全部动感呈现出外在事物的全部和它们的空间关系。

更重要的是,身体是主体间性的可能性条件。他人的身体与其他外在事物不同,一个身体对另一个身体的动觉经验不是把对方对象化,而是"自我性"(ipseity)和"他者性"(alterity)的互动,如同左手触摸右手的感知。这种感知既直接经验自我自身,也直接预期他者经验自我的方式,因此,每个经验都有自我和非自我的维度,而且这两个维度是等值的,每一个直接显示另一个,而不是从一个推导出另一个。这就是胡塞尔强调的先验主体间性(inter-subjectivity)。

主体间性不但解答了自我与他人经验之间相互贯通的问题,而且是对象显现方式和内容的公共性的可能条件,也是客观世界的可能条件。在此意义上,胡塞尔说:"这个其他的自我在构造上也使得一个新的无限的陌生者的领域,即所有他人和我自己都被包括在其中的一个客观自然界和一般客观世界成为可能。"①至此,先验现象学成为本体论,即对客观世界的终极解释,它建立在主体间性的基础之上,而主体间性又是从先验自我的身体体验和时间意识发生而来的。但胡塞尔始终没有对自己的这些解释感到满意,最后提出了"生活世界"的概念。

四、生活世界

《欧洲科学的危机与先验现象学》是一部没有完成的著作,1976 年编辑出版的《胡塞尔全集》第 6 卷包括 1936 年和 1954 年发表的部分和未发表的手稿,可使人们更清楚地看到胡塞尔思想的转向。在此之前,胡塞尔一直把现象学看作是严格科学,要求没有任何前提的绝对明证性。然而,胡塞尔现在认识到:"作为科学的哲学,作为真正的、严格的,甚至是无可置疑地严格的科学的哲学——这个愿望实现不了了。"②他终于认识到,科学的最初的前提是事先给予的、事先存在的生活世界。

"生活世界"(Lebenswelt)概念是胡塞尔一以贯之地批判自然态度的产物。胡塞尔现在考察了近代科学的起源,认为自伽里略开始的自然科学模式是一种自然主义的态度,即,以为"世界是有关世界的普遍的归纳的科学之研究课题,经验的归纳是为发现精确的世界法则而进行理念化的数学方法的基础"。同样,精神科学的出发点也是"自然的态度",精神科学家"作为欧洲人已经熟悉了科学,已经熟悉了并养成了全面的理论的态度,并且已经能够通过这样的概观获得他的主题"。自然态度的科学虽然知道"这个周围世界是预先给予了实践着的我",但把周围世界看作对象,"人们看见

---

① 胡塞尔:《生活世界的现象学》,克劳斯·黑尔德编,倪梁康、张廷国译,上海译文出版社,2002 年,第 169—170 页。
② 胡塞尔:《欧洲科学的危机与超越论的现象学》,王炳文译,商务印书馆,2001 年,第 620—621 页。

他们,但并没有与他们打交道,与他们没有任何共同之处……从外部看别人和理解别人,而不进入其内心深处,不与他共同生活"。① 自然态度的科学忘记了它与生活世界的直接联系,不能面对人生价值与意义的问题,这是欧洲科学的危机。

胡塞尔说,科学的客观态度与主观性的态度相反相成。主观性态度首先是"个人的态度",即,"这些个人在个人的行为与情感中与'这个'世界相关联"②。主观性态度还是"历史的态度"。胡塞尔说:

> 我所谈到的世界,中国人谈到的世界,梭伦时代的希腊人谈到的世界,巴布亚人谈到的世界,始终是主观上有效的世界,甚至科学家——他作为科学家,是希腊—欧洲人——的世界,也是主观上有效的世界。③

胡塞尔承认,"我们"及"为我们而存在的世界",都是历史的产物,是一个不能再被还原的"文化构成物",是不可超越的先验前提,是理解我们周围世界的基础。生活世界只能是特定人群的主观经验,但主观性并不意味着随意性和偶然性。胡塞尔既承认生活世界的多重性、多元性、历史性,又力图指出,以生活世界为主题的现象学并不是经验的,它仍然是先验的,它超越了特殊的现有世界面向无限的、可能的生活世界。

先验历史态度不只承认历史材料的真实性,而且承认历史事实的"认识论和'内在历史'的问题,即,每一种事实都"表现出一种贯穿于历史整体中的目的论的理性"④。"目的论的理性"归根到底是对人自身的哲学理解。如胡塞尔所说:"人的存在是目的论的存在,是'应当—存在'……这种由最终的对自身理解而来的认识不可能有别的形态,而只能是按照先验原则对自身的理解,只能是具有哲学形式的对自身的理解"⑤。这个结论提醒人们注意康德提出"人是什么"以及"人是目的自身"的先验哲学。

胡塞尔的现象学从"严格科学"的认识论开始,终结于理解人自身的"生活世界"。这不仅是他的个人历程,也反映了整个现象学运动的走向。

---

① 胡塞尔:《欧洲科学的危机与超越论的现象学》,第345、351、359页。
② 同上书,第345、346页。
③ 同上书,第356页。
④ 同上书,第458页。
⑤ 同上书,第324页。

我们可以看到,胡塞尔之后的现象学所关注的,实际上都是他所谓的生活世界,虽然他们有不同、甚至对立的理解。

第二节 海德格尔

马丁·海德格尔(Martin Heidegger,1889—1976)出身于一个天主教家庭,早年在教会学校读书。17岁时,从一个神父那里借到布伦坦诺的《亚里士多德所说的存在的多重意义》一书,对存在意义的问题产生兴趣。他在大学的前两年学神学,后转入哲学,1913年在弗赖堡大学李凯尔特指导下完成博士学位论文。1919—1923年任胡塞尔助教。1923—1926年,在马堡大学任副教授,1926年申报教授的手稿《存在与时间》于1927年在胡塞尔主编的《现象学与哲学年鉴》第8期上发表后引起热烈反响,1928年接替胡塞尔任弗莱堡哲学教授。1933年4月—1934年2月,海德格尔任弗莱堡大学校长,参加纳粹党,积极参与纳粹活动。海德格尔对于他与纳粹的关系没有多少反省,因而在西方社会和哲学界引起"海德格尔哲学与纳粹主义有无联系"的争论。无论如何,海德格尔思想不是"纯学术",对他的兴趣和研究也不是"非意识形态化"的,而要在两次世界大战前后德国文化思潮的背景中才能理解他自创的一套术语。① 《海德格尔全集》计划出版102卷,至2013年已出版97卷。

一、现象学存在论

海德格尔曾被胡塞尔看作最合适的接班人,胡塞尔曾说:"现象学就是海德格尔和我。"1929年他仔细读了《存在与时间》和《康德和形而上学问题》之后,大失所望,批评海德格尔走向了"人类学研究"。海德格尔坚持说《存在与时间》是"对我至今恪守的现象学原则的更加忠笃的坚持",同时批评胡塞尔的现象学追随笛卡尔、康德和费希特的主体性哲学,"与思的历史性却丝毫不相关"②。无疑,《存在与时间》是海德格尔最重要、影响最大的著作,值得仔细阅读和认真对待。

---

① 参见本书第243—244页。
② 陈启伟主编:《现代西方哲学论著选读》,第690页。

1. "现象学"新释

海德格尔在《存在与时间》中说:"哲学是普遍的现象学存在论"①。从词源学上来考察"现象学"所具有的存在论的意义。他说,"现象学"(phenomenology)由两部分组成:一是"phainomenon",意思是自我显示出来的东西,在希腊文中,有时等于"存在者",有时等同于"假象",后者也是自我显示的一种方式,只是显示的不是自身;第二部分是"logos",它的基本含义是"言说",言说作为判断的动态过程,显示出意义。综合这两方面的意义,"现象学"的定义是:在判断或理解的过程中,让存在显示自身。

海德格尔分析了"真理"的概念的现象学意义。他说真理(a-letheia)的原义是揭示的过程,是对"隐蔽"的公开。如果说现象是自我显现,怎么会有隐蔽?需要谁来揭示?传统的回答是,真理需要一个认识主体,而现象则独立于主体之外,海德格尔认为,现象和真理不是相互独立或平行的客观与主观两个过程,二者都发生于"存在"的过程。存在首先是人的存在,虽然存在是显现自身的过程,但人并不总是明确地理解这一意义;相反,"存在"的意义经常在历史和日常生活里被隐蔽、歪曲和割裂,需要揭示,即回到事物本身。揭示"存在"的意义即恢复存在的自我显示的内容,既然对存在的揭示和哲学的自我显示都发生于人的存在,那么,主观和客观就不可能发生分离,当然也就无所谓二者的统一。传统哲学依主观和客观的关系来说明真理,但却忘记了真理的源泉——存在。笛卡尔曾把人类知识比作一棵大树,形而上学是树根,但他却没有想到树根所扎入的土壤。海德格尔说,存在就是知识和真理扎根于其中的土壤。

海德格尔对现象的理解不同于胡塞尔。对于胡塞尔来说,现象是在意向活动中显示出来的对象——意向事物或一般本质。海德格尔承认,任何显现都是对人的显现,但却不同意说显现只在人的意识中发生,表现为意向行为。"显现"的确切含义应当是最贴近人的过程,但最贴近人的并不是人的意识,而是人的存在;人并非总是处于有意识的状态,但却须臾不可离开存在。显现就是人对自身存在的理解,人首先在对存在有所作为的过程中理解自身存在的,对存在的作为是行动;其次,才是对存在意义的思考,即胡

---

① 海德格尔:《存在与时间》(修订译本),陈嘉映、王庆节译,生活·读书·新知三联书店,1999年,第45页。

塞尔所说的"意向",这是第二性的、派生的行动。在他看来,现象学的中心问题不是认识论,而是存在论;现象学所要悬搁的不是"自然主义",而是"理论第一"的态度。

2. 存在论的区分

从现象学的观点看,西方哲学一直研究的"存在"概念的意义一直没有清晰地显示出来。《存在与时间》以柏拉图的一段话开头:"当你们用到'是'或'存在'这样的词,显然你们早就很熟悉它的意思,不过,虽然我们也曾以为自己是懂得的,现在感到困惑不安。"[①]岂止是"困惑不安",存在的意义在哲学史中已经被遗忘了。表面上看,全部的西方形而上学都在谈论"存在",但实际上,人们谈论的只是"存在物",而忘记了"存在"。亚里士多德在《形而上学》中提出了"存在之为存在的意义是什么"的存在论问题,却作了不正确的回答。亚里士多德的错误在于混淆了"存在"(Sein/Being)与"存在物"(Seinendes/beings)两个概念,"存在"的意义是过程,是动词(sein/to be)的含义,"存在物"的意义是实体,是事物的名称。只是在自我显示的过程中,事物才进入存在状态,获得这个或那个存在物的具体名称。然而,亚里士多德却把存在物看作是"存在"的基本意义,用实体及附属于实体的性质来定义存在,把存在论归结为实体论。更有甚者,他通过四因说、物理学等途径,把一切实体存在的终极原因和最初动力归结为神,神学于是成了第一哲学。海德格尔把西方形而上学传统通称为"本体论—神学"。根据这一传统,实体之间只存在着等级差别,人是各类存在物中的一类,所有实体皆因最高实体(神)而得以存在,人类也不例外。自笛卡尔开始的近代哲学也没有分清"存在"与"存在物"的区别,实体仍是形而上学的对象。不过,存在不再是在事物的意义上所说的实体,而是在事物本质的意义上所说的实体。本质必须是可以用数量来衡量的东西,是一种"数学化的共相"。近代哲学的特征是,通过数学投射到事物上的本质,用量化、同质化的方法衡量存在物。

海德格尔看到"存在"概念有"存在论的"(ontological)和"实在的"(ontic)两个不同的层次,因此作了"存在论的区分"(ontological difference)。存在本身自我显现的过程,而存在物是在此过程中展露出的实在事物。传统

[①] 海德格尔:《存在与时间》,第1页。

的形而上学混淆了两者的区别,把存在本身归结为实体、实在、事物或本质,忘记了它们都是在存在的自我显现过程中特殊的、历史的和相对的事物。"存在论的区分"提醒人们,每一实在的现存事物或本质都有其自身存在的根据和基础。相应于这一区分,可以把人类理解和知识分成两种:以存在事物为对象的科学和以存在本身为对象的存在论,只有后者才是为科学奠基的哲学。

二、基础存在论

海德格尔对形而上学的批判是"解—构",即在消解它的同时,使用新的术语重新建造存在论。这一套术语开始于"此在"意义的分析,此在是存在论的出发点,对此在的分析把存在与存在物沟通起来,是对一切存在物的存在所作的存在论分析,是存在论的基础与入门,因此关于此在的存在论被称作"基础存在论"。《存在与时间》一书原来的计划是通过基础存在论来阐明存在的一般意义,但实际上只完成了基础存在论的部分。海德格尔心目中确定存在一般意义的存在论始终未能建立,但这并不影响基础存在论自成体系。

1. "此在"的存在论意义

传统形而上学给人的启示是:存在论不能直接从存在的一般意义开始,它的出发点必须是"存在物","要从存在物身上来逼问出它的存在"。① 海德格尔用"此在"(Dasein)表示可以逼问存在意义的存在者。"此在"是德文的一个常用术语,黑格尔把它作为一个逻辑范畴,表示"定在"即具体事物的存在。海德格尔把此在的本意解释为"存在于此",如果有人问:什么是存在?黑格尔可以指着任何一个事物说,"这"(Da)就是"存在的东西"(Sein)。

但是,海德格尔认为,作为存在论出发点的此在,不能是任何一种存在物,而必须是这样的存在物,它的存在是其他存在物的存在的基础,只是通过它的存在,其他存在物才能得以显示它们的意义。或者说,此在是这样的存在者,因为它才能追问存在的意义问题;而追问存在的意义问题的本身,就蕴涵着"存在于此"的答案。海德格尔说,关于存在的一般意义的问题已由莱布

---

① 海德格尔:《存在与时间》,第8页。

尼茨明确提出:"为什么总有一些东西存在,而不是一无所有?"莱布尼茨提出了正确的问题,却给出错误的答案,他根据充足理由律,认为上帝是存在的原因。海德格尔说,其实,这个问题本身就已包含着问题的答案。我们可以针对这一问题反躬自问三个问题:第一,这个问题是针对什么提出的? 答曰:存在物;第二,这个问题所要解决的目标是什么? 答曰:存在的意义;最后,问题的提出者是谁? 答案是:此在。此在是唯一关心其他存在物的存在、能够对于存在的一般意义提出问题的存在者,一个与存在的意义最贴近的存在者,这就是此在。当一个存在者提出存在意义的问题时,他就已经成为此在了。

2. "此在"的生存论特征

虽然"此在"和"人"有同样的指称,但两者的意义不同,"人"是一个生物学、人类学或心理学的概念,而此在却是存在论的概念。当然,生物学、人类学或心理学意义上的"人"也是一般意义上的存在物,为了与存在物的"人"相区别,海德格尔以"生存"(Existenz)表示"此在"的存在论特殊意义,就是说,只有"此在"生存着,其他存在物都不是生存者。此在的"生存"是原初和首要意义上的"存在",只有通过此在的生存,其他存在物的存在意义才能被理解。这样就把第一人称的"此在"与无人称的"人"区别开来。

《存在与时间》第一章描述了此在的两个特征:其一,"此在的'本质'在于它的生存";其二,"这种存在者的存在总是我属(Jemeinigkeit)"[①]。第一点说明了此在与其他存在物的根本不同点:此在不像其他存在物那样具有固定的、不变的本质,他的本质是由他的存在过程决定的。此在在他一生中的所作所为,决定了他是一个什么样的人。此在也不像其他事物那样,有一个事先预定的本质决定他的存在;相反,一切取决于他自己,取决于他的选择、他的作为。海德格尔强调,此在的生存是一个自我显示的过程,他的本质就是这一显示过程的全部内容;只要这个过程还没有结束,他就能够改变自己,重新塑造自己。当然,此在也可以一成不变地度过一生,但他这样生活,并不表示因为他有什么一成不变的本质,而是因为他选择了一成不变的生存方式。归根到底,他的生存决定了他的本质。海德格尔所说的决定人的本质的生存过程是多样的,既包括人与外部事物打交道,与他人交往,还包括人的内在生活。下面将要谈到的"在世之在""与他人共在"以及在时

[①] 海德格尔:《存在与时间》,第50页。

间中显示的各种存在状态,都是此在的生存方式。海德格尔正是通过对所有这些生存方式的描述来把握人的本质的。

第二点说明了此在与其他存在物的另一个不同点:此在不像其他存在物那样是一个类属,每一个此在都是一个单独的自我。海德格尔之所以把个人的自我称作此在,意在说明个人是这样一个生存者,除了生存之外,此在一无所有。从存在论的角度看,此在不是人类的一员。海德格尔说,当谈及此在时,只能用单称人称代词"我是"或"你是"。

海德格尔不否认人的日常生活的公众性。他区分了此在生存的两种状态:本真的和非本真的。本真的状态是自我的真实存在,非本真的状态是被平凡的、公众的生活所掩盖的自我存在。但是,按照他对现象的解释,假象也是一种显示,非本真状态的掩盖同时也是一种显示,只不过是不完全的、片面的、甚至是歪曲的显示。更重要的是,人们在现实条件下,不能离开日常生活来了解本真的自我,这意味着,只有在非本真状态中才能揭示本真状态。海德格尔遵循这一途径,通过对大量的日常生活现象和生存体验的分析,揭示此在的本真存在。

3. 在世之在

此在的生存方式首先是有所作为,与其他事物"遭遇",此在把它们作为自己生存的环境而联系在一起,这样才形成了"世界"的概念。此在的存在方式是"在世之在"(Being-in-the-World)。在这种存在方式中,其他事物才显示为世界中的存在物,彼此联系的存在物。"世界"是此在的存在的方式,是其他事物向此在显示的结构。因为此在的存在方式就是"在世之在",没有独立于人的生存的存在物。海德格尔说明,像"事物""整体""空间""联系"这些概念,都是人在行动中,与人的存在有关的显现物。他把人显示事物的存在方式称作"烦忙"(concern)。他列举了"烦忙"的各种方式:"和某种事情打交道,制作某种事情,安排照顾某种事情,放弃或浪费某种事情,从事、贯彻、探查、询问、考察、谈论、规定,诸如此类"。①

"在世之在"把所有事物都与"此在"的生存及其环境不可分割的联系在一起,其他存在物都是此在的"器具",即使那些看起来独立于人的自然物,也都是"器具"。"森林是一片林场,山是采石场,河流是水力,风是'扬

---

① 海德格尔:《存在与时间》,第66页。

帆'之风。"但是,在此在与存在物"打交道"的过程中,器具可以变成似乎独立于人的外物,成为客观对象。这种变化是从"上手之物"(readiness-to-hand)到"现成之物"(present-at-hand)的转变。"上手之物"即人的得心应手的器具,它们与人的存在和环境有"上下其手"的密切关系。"现成之物"是被思考分离出来的器具,成为摆在人面前的客观对象。海德格尔举例说明了从"上手之物"到"现成之物"的转化。① 一个人的屋子漏雨,他使用锤子修屋顶,此时的锤子是他的修理活动的一部分,是与他的生存环境不可分的"上手之物",此时他所关注的是栖身的屋子,而不是锤子。但如果他突然发觉锤子不好使,比如说,觉得"锤子太重了",他就会把锤子当作手边的一个对象加以注视和研究,找出改进或取代它的办法。此时的锤子便成为"现成之物","锤子太重了"的感觉也随之成为"锤子是重的"的判断,这是理性认识的开始。从"应手之物"到"现成之物"的转变实际上就是从行动到认识、从实践到理论的过程。海德格尔用存在论的语言说明生存先于知识、理论来自行动的素朴道理。

海德格尔联系哲学史说明了"在世之在"的理论意义。他说,康德所说的哲学家不能证明外部世界存在的"哲学和一般人类理性的耻辱"至今并未解决。② 在这一问题上,唯心论和实在论的对立似乎不可调和。海德格尔用"在世之在"提供了解决这一问题的新途径。因为"世界"是人的存在的应有之义,世界的存在和人的存在一样确定无疑、无须证明。唯心论认为世界是与人不可分割的现象,这是正确的,只是这里的现象不是意识的显现,而是人的存在的显现。另一方面,实在论认为,世界是独立于人的外部对象,这也是正确的,只是这里的"外部"和"独立"应被看作是"现成在手之物"的呈现,是从原生的"世界"中派生出来的。

4. 与他人共在

同理,此在的存在方式也摆脱了唯心论的唯我论困境。因为此在的存在是"与他人共在"(Being-with-others)。由于此在不等于人的个体,他人的存在对于此在而言根本不是问题。海德格尔强调本真的此在是自我,这只是为了说明如何在与他人的交往中保持个人的自我独立性与独特性,丝毫

---

① 海德格尔:《存在与时间》,第83、69、184页。
② 同上书,第234页。

没有否认他人自我存在的意思。

"共在"是一种把我和他人同时显现出来的存在方式。"共在"的关系决定了我和他人的关系不可能是非此即彼,但可以是此涨彼消,消涨之间显出此在的"烦神"(solicitude)。"烦神"作为显示"共在"的方式,有本真和非本真的分别。

非本真的"共在"是让我消失在他人之中的"常人"(das Man / they)。"常人"是集体的、匿名的自我。海德格尔描述了"常人"的七个特征:从众(being-among-one-another)、淡漠(distantiality)、平庸(averageness)、敉平(levelling down)、公众性(publickness)、不承担(disburdenness)和适应感(accommodation)。① 这些特征是逐步发展的过程,开始于不太情愿的服从,逐步地丧失了自己的个性,最后完全认同集体的生活方式,随波逐流,人云亦云,获得了机械的、麻木的适应感。

5. 此在的显现方式

海德格尔说:"此在就是它的展开状态。""展开"(disclosedness)②是现象学意义上的"显现",只是首先不是显现在胡塞尔的"意识"或"我思"之中,而是显现在"情态""理解"和"话语"之中。

(1) 情态(state of mind)

情态揭示出,此在"现身于它的被抛境况中","被抛境况"(throwness)指委身于业已形成的实际境况,情态是适应实际的生活条件和状况所形成的持续情绪,比如,在好的环境中兴高采烈,在坏的环境中垂头丧气,在顺利的条件下心平气和,在不顺利条件心烦意乱。这表明情绪不只是消极的适应或委身,而有自身的态度;用海德格尔话说,"情绪不是通过观望被抛境况开展的,它是作为趋就和背离开展的"③。"背离"是孤独、沮丧、忧心忡忡、闷闷不乐的坏情态,"趋就"是如释重负的好情态。

"怕"(Furcht/fear)和"忧"(Angst/anxiety,原译作"畏")是两种源始情绪。怕是这样的生存处境:"怕主要以褫夺的方式展开此在。怕使人迷乱,使人'魂飞魄散'。""怕"及其派生的胆怯、羞怯、慌乱、尴尬等情绪逃避现实

---

① 海德格尔:《存在与时间》,第147—149页。
② 同上书,第155页。
③ 同上书,第158页。

和未来,沉沦在被抛的实际境况之中不能自拔。本真的自我受到来自世界的威胁而"忧"。"忧"积极地面对威胁,把自我的生存看作不可推卸的重担,想方设法地应对不管来自何处的挑战;即使获得暂时的成功,仍有"人无近忧,必有远虑"之感。但"这种威胁实际上可以和日常操劳的完全安然和无求并行不悖"。①

(2) 理解

"理解"(Verstehen/understanding,原译"领会")是对自己的未来的期待,对现有的处境加以抉择,对既有的事件加以解释,它把自己生存方式"投射"(project Entwurf,"抛出")到世界之中,依可能之在改变实际境况,让世界适应自己,"作为生存论环节的可能性是指此在的最源始最积极的存在可能性"②。

海德格尔所说的理解不是传统认识论的"知性"或"理智",而是源始的、前概念的领会,只是经过解释而获得可用言语和命题表达的意义。他说:"严格地说,我们理解的不是意义,而是存在者和存在。""意义"是解释的产物,解释把一个东西"看作"另一个东西的活动,但"看作"总是以此在的"先有"存在,以及对自身生存状态的"前概念"和"先见"为前提。海德格尔指出,"解释学循环"意味着"一切解释都活动在前已指出的'先'的结构中。对理解有所助益的任何解释无不已经对有待解释的东西有所理解"。③

(3) 话语

海德格尔说:"话语同情态、理解在生存论上同样源始"。"话语"(Rede/saying)由 logos 翻译而来,希腊人把 logos 作为事物的本质,而海德格尔把话语作为"言语的生存论—存在论基础"。④ 话语使得理解的解释和情态的表达成为可能。

本真的话语是"听和沉默"。"听和沉默"是"赋予意义"的言说活动,包括"赞许、呵责、请求、警告""发言、协商、说情",以及"陈述主张和讲演"。海德格尔说:"言与听皆奠基于理解,理解既不来自喋喋不休也不来自东打听西打听。唯有所体会者能聆听";同样,"比起喋喋不休的人,在交

---

① 海德格尔:《存在与时间》,第 165、218—219 页。
② 同上书,第 167 页。
③ 同上书,第 185、178 页。
④ 同上书,第 188、196 页。

谈中沉默的人可能更本真地'让人理解'"。① 与此相反,"常人"的话语是闲谈、好奇和含混。闲谈是道听途说、流言蜚语、人云亦云的议论;好奇是对于与己无关的目标走马观花式的见解,以获得无所用心的印象;含混是揣测公众心理的见风使舵的说辞。这三者沉沦在非本真的人际交往,掩盖了对言说的生存意义的理解。

6. "烦"的时间性

情态、理解和话语这三种显示状态的区别是相对的,每一存在状态都与另两种相交叉。"烦"(Sorge/care)显示了"此在"完整存在状态。从字面上看,"烦"是"在世之在"的"烦忙"(besorgen)和"同在"的"烦神"(Fursorge)的一般形式。烦与烦忙和烦神不同之处在于,后两者是针对特定对象的"烦",烦忙的对象是事物,烦神的对象是他人,而"烦"本身却没有特定对象,它是一般的情绪人生态度,即使无所事事的时候也会烦。海德格尔追溯"烦"的拉丁文 cura 的词源,引用这样一个传说:cura 是一个女神,她用泥土捏成了人的形体,她称这样东西为"人"(homo),因为它来自"泥土"(humus);她请求朱庇特给人以灵魂,人死后灵魂归还朱庇特,但只要人活着,就要拥有人。② 这个故事表示,"烦"与人终生相伴,人从诞生那一天起就已把他的存在交由"烦"来支配。

海德格尔借这个故事说明,"烦"揭示此在展开方式的时间结构。"烦"有存在论的问题结构。第一,烦是什么?答曰:烦是此在一种摆脱不掉的情态,烦揭示它既已造成的被抛置处境;第二,此在为什么而烦?答曰:它的目标,它的未来,它的烦显示了它的可能存在;第三,此在对什么而烦?答曰:它面对当下的世界,烦揭示它的"在世之在"。"烦"的分析揭示出此在的"将来—过去—现在"的时间结构,即"先行于自身的已经在(世)的存在"(ahead-of-itself-Being-already-in the world)③。这个词组是一个三联式:第一式是"先行于自身"是此在存在的将来式,第二式"已经"是过去式,第三式"寓于"是现在式,每一式都与其他两式相勾连,组成此在生活方式(即生存的展开方式)的时间结构。

---

① 海德格尔:《存在与时间》,第 189、192 页。
② 同上书,第 228 页。
③ 同上书,第 222 页。

三、"此在"的历史性

海德格尔在《存在与时间》的开始有一段破题式解说:"此在的存在在时间中发现其意义。然而时间性也就是历史性之所以可能的条件,而历史性则是此在本身的时间性的存在方式";又说本书要"在存在论上把此在的历史性建构起来"①。虽然全书只有一章(第72—77节)阐述"历史性"的概念,这一章却是"画龙点睛"之笔,只有理解上篇分析的此在存在方式和下篇分析的此在的整体时间性,才能理解全书的这个关键。

1. 此在的超越性

当海德格尔说此在总是第一人称的"我是"或"你是"的"我属"时,他没有把此在等同为"自我"(Ich);海德格尔明确地区别了"本真存在着的自己的同一性"与"在形形色色的体验中始终保持着自身的那个我同一性鸿沟相隔,完全不是一回事"。"此在"的"自己本身"(Selbest)不等于笛卡尔的"主体"(Subjekt)。相反,他一开始就把反笛卡尔主义当作主要目标。他对"常人"的批判主要针对的是个人主义的生活方式。比如,他说,"常人的自信"是:"一般人自认为培育着而且过着完满真实的'生活'……一切都在'最好安排中',一切大门都敞开着"。此在的根本特征在于这个存在者"可以在他的存在中'选择'自己自身获得自己本身";"此在"既然是"与他人共在",必然与共同体的本己文化融为一体,而"常人"的意见是"对最陌生的那些文化的领会,以及这些文化和本己文化的'综合'"。②

海德格尔的此在的自身同一性不是"我=我"的静止的等同,而是不断超越自身的"个别化原则"。他说:"最彻底的个别化的可能性与必然性就在此在的超越性之中,存在的这种超越的一切开展都是超越的认识。"③我们看到,《存在与时间》的阐述是四个步骤的"超越":第一步从"常人"超越到本真的此在自身,第二步由此在超越到此在生存的展开方式,第三步由此在的展开方式超越到此在时间性的整体,最后由此在时间的整体性超越到此在共同体的历史性。第一篇阐述前两步,第二篇阐述后两步。

---

① 海德格尔:《存在与时间》,第23、44页。
② 同上书,第152、6、8、10、18—21、206、50页。
③ 同上书,第44—45页。

2. "此在"本真生存的终极意义

第二篇开始说,第一篇最后在"烦"中揭示出此在的时间性结构,对于此在的本真整体仍有一个欠缺,因为整体有一个终结,"而在世的'终结'就是死亡"。换言之,"烦"是日常生活中存在状态和时间性结构,但"日常生活却恰恰是生与死'之间'的存在"①,只有对此在死亡进行生存论的考察,才能理解此在时间性整体的存在论,就是说,完成"基础存在论"。

海德格尔说:"死亡是一种最广的意义上的生命现象",但人们只是从生物学、心理学或神学考察死亡的意义,那就沉沦"在死亡面前的一种持续的逃遁"。②比如,为自己如同动物、植物那样延续后代而感到"安定",受到人物传记的"诱惑"而想象自己死后的历史地位,被"永生"的神学所"异化"的死亡。对生命濒危的人惧怕、留恋、安慰或回忆的描述,在日常生活中对自身死亡的忽视,参加他人葬礼时的表情,对死者一生的评价,等等,都是"常人"的死亡观,它逃避死亡这一最终的生存可能性。

海德格尔说,"生存论的死亡分析位于死亡的生物学问题、心理学问题、神正论问题与神学问题之先"。生存论揭示的死亡本真意义是判断实在的死亡观念是非的基础和标准。生存论的分析表明:"死亡是完完全全的此在之不可能的可能性。于是死亡绽露为最本己的、无所关联的、不可逾越的可能性。"③"不可能"指此在不可能有死亡的实际经验,此在在死亡到来时已不存在;"绽露"是深度的生存体验,海德格尔称之为"悬临":即使没有实际的生命危险,也体验到死亡不可避免的逼近。

海德格尔用"决断"(Entschlossenheit/resolution,原译为"决心")揭示死亡的生存论意义。他说:"这种缄默的、时刻准备忧(原译为"畏")的、面向最本己的罪责存在的自身投射(原译为"筹划"),我们称之为决断。""罪责"是"此在"的"沉沦"和"被抛置"的生存方式,而"对良知呼声的领会展露出失落在常人中的境况,决断把此在拉回到他最本己的自身能在"。④"自身能在"是根据对自我投射的可能性理解而采取的生存方式,"面向死亡的良心决断"是具有终极的意义的"此在"的本真生存。

---

① 海德格尔:《存在与时间》,第269、268页。
② 同上书,第283、292页。
③ 同上书,第285、288页。
④ 同上书,第339、350页。

"对有罪责的良知召唤的、面向死亡的决断"包含三个时间环节:过去的罪责、对良知召唤的当下的决断,以及将来死亡的可能性。这三个时间环节构成了此在时间性的整体结构,而不是"烦"显示的日常生活的时间性结构。

3. "此在"共同体及其历史性

此在死亡的实在意义是个人生命的终结,其生存论意义是此在的时间性整体结构,而其存在论意义是"历史性"(Geschichtlichkeit)。海德格尔说,历史性是"所有延展的持立状态,此在作为命运始终把生与死及其'之间'都'合并'在其生存的状态中"。在实在的层面,个人的命运是为家族延续后代;但从存在论上看,"没有决断的人都不可能'有'命运",海德格尔强调,此在的"命运"是对组建他的共同体的"忠诚",以及"对自由生存活动所能具有的唯一权威的可能的敬畏"①。

海德格尔区分了"命运"(Schicksals/fate)和"天命"(Geschick/destiny)。"命运"是此在在自身共同体中的本真生存状态,而"天命"是民族共同体"流传下来的生存可能性的重演"。海德格尔说:

> 我们用天命来标示共同体的历事(Geschehen),民族的历事。命运并非由诸多个别的命运凑成,正如相互共在不能被理解为许多主体的共同出现一样。在同一个世界中相互共在,在对某些确定的可能性的决断中相互共在,在这些情况下,诸多命运事先已经受到引导的。在交往中,在斗争中,天命的力量才能解放出来。此在在它的"同代人"中并与它的"同代人"一道有其具有命运性质的天命;这一天命构成了此在的完整的本真历事。②

这些存在论的术语,道出了当时在德国流行的激进民族主义话语:民族的天命决定其成员的命运,以及民族成员为承袭历史传统(即"历事")而共同奋斗。

"此在"的历史性是历史的存在论基础。在海德格尔的术语中,"非此在式的存在物由于属于世界而具有历史性,我们称这类存在物为世界历史

---

① 海德格尔:《存在与时间》,第441、442、434页。
② 同上书,第436、435页。

事物"。实在的事物因"历史性"而成为历史中的事物。比如,历史中的"用具和活计,比如说书籍,有其命运;建筑与机构有历史",自然物"作为庄园、居住区或垦殖区,作为战场和祭所而有历史"①。这些世界历史事物与当下的"此在"息息相关,是他们"重演"历史性的载体和材料。

历史性有本真和非本真的区分,表现为对待历史和传统的不同生存方式。"在非本真的历史性中,命运的始源延展隐而不露"。"常人"没有对民族共同体过去的忠诚和敬畏,不知道重演的天命,沉沦于"当前化"的现状,

> 此在一面期待着切近的新东西,一面已经忘却了旧的。常人闪避选择;常人盲目不见种种可能性;它不能重演曾在之事,而只不过保持和接受曾在世界历史事物余留下来的"实际之事",以及残渣碎屑与关于这些东西的现成报告。常人迷失于使今天当前化的活动,于是它从"当前"来理解"过去"。②

非本真的历史性在历史学研究中表现为历史主义和实证史学。海德格尔引用当时德国文化保守主义的代表者约克伯爵的观点批判实证历史的考证:"真正的语文文献学把历史学理解为文物箱……他们在骨子里是些自然科学家;而且因为缺乏实验,他们更变成了怀疑论者",他们没有看到,"'现代人'亦即文艺复兴以来的人,行将入墓"。《存在与时间》的一个重要目标是对当时流行的文化保守主义提供哲学支持,如他在该书的一开始所说:"此在的这种基本的历史性也可能对此在自己还讳莫如深。但这种基本的历史性也可能以某种方式被揭示并得到培养。此在可能揭示传统、保持传统并明确地追随传统。揭示传统以及展开传统'传下'的内容与方式,这些都可能被把握为独立的任务。"③真可谓是《存在与时间》的自我主张。

四、后期思想

海德格尔思想不是两个断裂的阶段。海德格尔后来说:"在《存在与时间》中,对思想极为重要的事就只是要体会此在的历史性。"④他的学生勒维特回忆说,1936年勒维特与海德格尔会面时说,海德格尔对纳粹的支持置

---

① 海德格尔:《存在与时间》,第431、439页。
② 同上书,第442页。
③ 同上书,第452—453、24页。
④ 孙周兴选编:《海德格尔选集》上卷,上海三联书店,1996年,第380页。

身在他的哲学本质之中,"海德格尔无保留地承认我的说法,并补充说,'历史性'概念正是他'投身'于政治的基础"①。

海德格尔1935年的《形而上学导论》可以解释他从文化保守主义转向纳粹主义的"历史性"理由。他说:

> 欧洲还蒙在鼓里,全然不知它总是处在千钧一发、岌岌可危的境地。今天它遭遇来自俄国和美国的巨大的两面夹击。就形而上方面来看,俄国和美国二者其实是相同的,即相同的发了狂一般的运作技术和肆无忌惮的民众组织。

德国地处欧洲中部,因而"处在夹击的中心";然而,因为德国是"形而上学的民族",因而能够从自身中产生承担转折历史的天命的力量。用海德格尔的话说,

> 这个要作为历史性的民族将自身以及将西方历史从其将来的历程的中心处拽回到生发存在之威力的源头处。如果关于欧洲的大事的决断决不是要落入毁灭的道路,那么,这种判决就只能从中心处扩展开新的历史性的精神力量。②

海德格尔相信德国人民此在的"历史性"是承担天命,他在纳粹运动的兴起中看到历史转折"天命"的来临。他在《形而上学导论》中谈到"国家社会主义的内在真理和伟大",1953年再版时,他仍坚持这一说法,认为纳粹的"内在真理和伟大"在于德意志民族为了对抗"技术"座架统治星球这一"最高意义上的危险"而承担的"天命"。

后期海德格尔对真理、语言、艺术和技术等主题的言说,充满一系列具有不可捉摸的奥秘行话。"存在"不再能用哲学术语言说,他用 Seyn 或在 Sein 上打叉表示。他在《哲学的终极和思的任务》(1966)一文中说,自尼采和马克思之后,哲学已经终结③。在此之前,他一直说"存在"的意义只有在德文"诗"和希腊之"思"中才能有所领悟。

《存在与时间》中存在的本真意义只有在与"常人"的非本真生活的对照中才能得到理解;同样,后期著作中,只有在与"技术座架"向存在者显露

---

① 洛维特:《纳粹上台前后我的生活回忆》,区立远译,学林出版社,2007年,第72页。
② 海德格尔:《形而上学导论》,熊伟译,商务印书馆,第38、39、50页。
③ 陈启伟:《现代西方哲学论著选读》,第671页。

的照面中,才能窥视存在的一缕光线。为了与技术的"座架"相抗衡,他在1950年构造了"四联体"(Geviert),如下图所示①:

按照海德格尔的解释:"人类之所以被叫做终有一死者,因为他们能赴死。赴死意味着:有能力承担作为死亡的死亡。"②人作为"有朽者",应当"诗意地栖息在大地上",上有诸神的庇护和天空的光线"廓清"的真理。这些奥秘的行话表达的仍然是海德格尔念念不忘的"历史性""天命"和"面对死亡的决断"。用哲学的语言说,天命是真理的显现与隐匿;用神话的语言说,天命是诸神的来临与遗弃,真理的显现和诸神的来临是人可望而不可得的"事变发生"(Ereignis,或译为"大道""缘起"等),每一个事变发生都是人类历史的转折。自古希腊人在某一刻经历了一次事变发生后,再也没有在人类历史中显露。希腊人始源的"艺术"和"自然"在历史中逐渐被"技术"的座架(Gestell)所取代。与此相适应,早期希腊哲学家隐约理解的"存在"意义在哲学史中逐渐被遗忘。特别是笛卡尔以来,哲学家为"技术"座架的星球统治作理论上的论证。

在1954年发表的《技术的追问》中,海德格尔引用荷尔德林的诗"哪里有危险,哪里也有救",仍寄希望于"天命"事变发生的拯救。然而,他没有看到诸神显露,"事变发生"没有来临,相反,技术化席卷全球。他在1966年告诉《明镜》杂志记者:"科学的技术实践的成就今天已经越来越多地使哲学意义之下的思想显得是多余之事了。思想本身现在考虑到它自己的使命正陷入困难处境",哲学和一切人的思索和图谋都不能引起世界现状的直接改变,"只有一位神能拯救我们。留给我们的唯一可能是,在思想和诗歌中为神之出现或者为在没落中神之不出现作准备"。③

---

① 海德格尔:《海德格尔选集》下卷,第992、1178等页。
② 同上书,第179页。
③ 同上书,第946、1316、1306页。注意:引文中的"神"(ein Gotte)是诸神中的一个,不能译为基督教的"上帝"。

第三节 梅洛-庞蒂

梅洛-庞蒂(Maurice Merleau-Ponty, 1908—1961)出身于一个天主教徒家庭,19岁时考入巴黎高师,比萨特低一年级。1938年写完《行为的结构》(1942年出版)之后,1939年4月到新成立的卢汶大学胡塞尔档案馆,阅读了《欧洲科学的危机》和《观念Ⅱ》等未刊手稿,从中吸取了"生活世界"的思想,1945年前多次访问胡塞尔档案馆学习胡塞尔著述。战争期间,他与萨特参加同一抵抗组织,后与萨特、波伏娃合办《现代》杂志。1945年发表《知觉现象学》,1945—1948年在里昂大学任教,1949年被聘为巴黎索邦大学儿童心理学和教育学教授。此间写了一系列文章,合集于《人道主义与恐怖》(1947)、《有意义和没意义》(1948)等书,在《辩证法的冒险》(1955)中,专门用一章批判萨特的"强硬布尔什维克主义",遂与萨特在思想和私交上决裂。1952年,获法兰西学院哲学教授席位,53岁时猝死在书桌旁。未完成书稿《可见的和不可见的》于1964出版。梅洛-庞蒂直接继承和发展了胡塞尔的现象学,研究题材非常广泛,包括心理学、生理学、语言学及文学、绘画、电影、政治等,被称为"法国最伟大的现象学家","无可争议的一代哲学宗师"。

一、行为的结构

梅洛-庞蒂和柏格森一样,从生理学和心理学的研究成果出发进行哲学反思。《行为的结构》一开始就说:"我们的目标是理解意识与有机的、心理的甚至社会的、自然的关系。我们在此把自然理解为彼此外在并且通过因果关系联接起来的众多事件。"该书反思的对意识的自然理解既是哲学上的自然主义,包括行为主义的心理学,以及物理学和生物学中的机械论。他看到自然的态度与康德的批判哲学的对立,但并不借助后者反对前者,而是"从底部出发"[①],分析"行为"的观念,反思传统哲学对心理与生理关系的规定,得出新的规定。

梅洛-庞蒂首先分析华生(Watson)行为主义和巴甫洛夫的条件反射学说。这种学说把意识还原为身体对外在刺激的反射行为,从而否认意识是

---

① 梅洛-庞蒂:《行为的结构》,杨大春、张尧均译,商务印书馆,2005年,第15、17页。

一个与身体相对立的内部实在。梅洛-庞蒂首先分析了行为主义建立的感觉的"刺激"通过神经的"反射弧"引起身体"反应"的因果联系,指出这些概念都是为了解释身心的辅助性假说,他没有直接反驳,而是借用格式塔心理学的研究成果来反驳行为主义的假说。我们不是通过刺激引起的反射弧的重复来"学习"反应,而是对具有某种形式或类型的刺激作出反应。比如,儿童不摸发烫的火炉,"不是疼痛的经验之后的强烈反应、而是保护他自己的反应构成了儿童的行为,这两种反应有相同的意义,但有不同的表现";儿童不总是在被烫疼之后才学会不摸发烫火炉的,尤其不需要多次被烫疼的经验,他们具有的自我保护意识不能被还原为通过痛苦刺激学来的反应,在此意义上,"学习不是一种实际的操作"。①

　　格式塔心理学家指出,即使最基本的经验也有自身的结构,刺激感官的"感觉要素"和神经的"反射弧"都不是基本的,而是派生的,意识的结构不能被还原为感觉要素与神经元素之间的相互作用。比如,一个人身处漆黑的屋子里看到墙上有一个光点,如果光点只是一个感觉要素,那不足以引起那个人对光的强烈反应,但光点发生的黑暗结构,以及人对这种结构刺激的方向感,赋予人的反应以"关注"的意义。法文的"意"有"方向"的意思,如路牌"sens unique"(单向)。梅洛-庞蒂用这个简单的语言事实说明,刺激才不能光凭物理和化学属性引起有机体的反应,只是在一定的结构中,某些自然物的属性与有机体才构成刺激—反应关系,而周围其他自然物对它们来说等于不存在。

　　梅洛-庞蒂利用格式塔心理学反驳行为主义,接着又批判格式塔心理学没有摆脱自然主义,他们把心理结构看作是自然产物,反应不被生理机制所决定,但被结构所决定,格式塔的结构仍然是一种物理形式,"物质、生命和精神的整合是通过把它们还原到各种物理形式这一个公分母而达到的"。梅洛-庞蒂说,在最后的分析中,"我们不能用实在、而要用认识的术语来定义形式,不是把它定义为物理世界的一个事物,而是一个被知觉的整体"②。格式塔作为某种知识的形式和被知觉的全体必然有一个知觉的主体。但知觉主体不能与他生活在其中的环境分开,而人的生活环境也不能与无机和有机的存在分开。梅洛-庞蒂区分了三个层次的结构:物理的、生命的以及

---

① 梅洛-庞蒂:《行为的结构》,第152页。
② 同上书,第205、217页。

人类秩序。

（1）物理现象有着相互关联的结构,科学规律是物理结构关系的表述。但是,"从事实并且从原则上说,规律是认识的一种工具,而结构则是意识的一种对象。只有在思考被知觉世界,它们才有意义"[①]。

（2）生命结构是有机体与环境之间的结构,两者是禀赋与环境两个领域的对应,生命个体的行为取决于它识别具体境况和活动禀赋的偏好。偏好不取决于"用最小努力得到最大效果"的"经济原则",也不取决于生活资料的供需关系,而取决于个体行为赋予环境的特殊意义。生物学知识只是对禀赋与环境关系的一般描述,在此范围内,不同生命个体"全都参与到一个相同的行为结构中,并且表达了机体用以改变物理世界、使一个环境按照它们的形象在此显示出来的方式。作为'确定的反应能力'的个体乃是一个最终范畴,是生物学知识的一种不可还原的模式"[②]。

（3）梅洛-庞蒂说,物理或生命个体与环境的关系"不是机械的,而是辩证的"。机械论关系指原因和结果有着一一对应的关系,相同的原因总是产生相同的结果。人类知识对物理结构的介入、生命个体的行为偏好都必须在主体与客体的辩证关系中理解。人类秩序是更加复杂的辩证关系,它以两种低级结构为基础,又不能还原为低级结构,而能用新的变量整合低级结构。人类区别于其他生命体的变量不是内在意识,而是黑格尔所说的"劳动",这个概念"表示人类借以改造物理和生命的自然的各种活动的整体";"劳动"不只是与意识相对应的人类活动,而是人们很少理解的"人类活动及其原初意义和具体内容",包括言语活动、劳动,乃至穿衣服这样微不足道的活动,都有其生活目的。比如,"服装是一种人造毛发,乐器代替了喉舌,语言是适应'无机的实在物'的一种手段"[③]。

无论传统的经验主义还是理智主义哲学,无论柏格森还是弗洛伊德,都不能合理地解释如何理解有生活目的、效果和意义的人类活动的结构。梅洛-庞蒂指出,他们的解释产生了对象与意识、心灵与身体的关系问题,以何方为中心去统一另一方,或把两方面等量齐观,无论采取哪一种立场都会引起悖谬,或违反科学事实。他还提示,知觉是统一两方面的关键。他说：

---

① 梅洛-庞蒂：《行为的结构》,第219页。
② 同上书,第232页。
③ 同上书,第241、244页。

"知觉是某一具体主体的生命辩证法的一个环节,而参与到这个辩证法的整体结构之中,相应地,它不是把'无机的实在物',而是其他人类主体的各种活动作为它的原始对象。"①他最后说:"如果我们通过知觉来理解使我们认识到的各种实存的活动,我们刚才触及到的所有问题都将归结为知觉问题。"如何解决知觉问题,这是下一部著作《知觉现象学》的任务。

二、现象学的方法

《知觉现象学》与《行为的结构》是梅洛-庞蒂博士论文的主次两个部分。《知觉现象学》运用胡塞尔的现象学方法,对《行为的结构》中反驳的各种对立学说作进一步澄清,在此基础上阐明身体、知觉和世界等现象。

《知觉现象学》前四章把《行为的结构》所批判的心理学学说概括为经验主义和理智主义两种哲学传统,梅洛-庞蒂没有点名批判具体的人或派别,他所说的经验主义包括传统经验论和行为主义,理智主义包括康德、胡塞尔和格式塔心理学。他的方法是首先揭示两种主流思想的对立和共同缺陷,把两者所遗留的空白处当作"现象场",在其中对人与世界的现成已有的直接关系加以描述,把握身体知觉与生活世界之间的功能意向性。

经验主义从感觉出发,然后借助心理联想的规律把感觉的要素连接于世界的表象。梅洛-庞蒂指出经验主义的缺陷有:首先,预设了客观世界,感觉不过是把可感属性从客观世界中分离出来,把最后形成的抽象当成最初的具体对象;其次,心理联想是把一定的意义加诸当下经验的一种模式,诉诸回忆预设过去与当下经验的相似性,但却没有反思意义的来源;再次,对感觉及其连接进行说明的经验主义是没有知觉者的知觉,没有人的"看"不足以解释经验的多样性和丰富性,如充满情感与观察对象经验的差别,原始社会与工业社会经验的差别,成人与儿童经验的差别,等等。

为了克服经验主义缺陷,理智主义强调在意识的结构中关注和判断对象,但只是关注抽象的能力,不能解释被关注的对象如何向意识显现,"意识与它所不关注的对象的联系的密切程度不亚于它所关注的对象的联系"②。理智主义企图通过对概念综合进行反思的判断,来认识经验主义不

---

① 梅洛-庞蒂:《行为的结构》,第248、324页。
② 梅洛-庞蒂:《知觉现象学》,姜志辉译,商务印书馆,2005年,第53页。

能解释的感觉意义的来源。

梅洛-庞蒂指出,经验主义和理智主义都预设了客观世界,只不过一个是可感属性的实体,另一个是超验的本体。其结果是:"'感觉'和'判断'一起失去了它们明显的清晰性,它们仅仅凭着关于世界的偏见对我们来说才是清晰的。"现象学的任务是反思那未经反思的预设,从心理意识的"现象场"出发,到达超越意识的"先验场",从对前客观世界的现象学描述出发,达到对客观世界发生过程的现象学反思。为了完成这个任务,现象学要把研究意识现象的心理学和反思先验意义的哲学结合起来,"没有心理学,我们无从着手,仅仅依靠心理学,我们也无从着手。体验预示着一种哲学,正如哲学只不过是一种被澄清了的体验"[①]。

三、身体—主体

梅洛-庞蒂创立的"身体—主体"概念表明,身体不是与心灵对立的肉体,而是肉身化的心灵或知觉的主体。"身体—主体"是我们最接近、最熟悉的现象,也是离我们最遥远的未经反思的意义。比如,一只手摸触另一只手,是身体向自身的显示,虽然两只手中有一只在触摸,另一只被触摸,但身体的感觉却是触摸与被触摸混沌不可分、内外交融的状态,这正是"身体—主体"的第一人称体验。

1. 身体图式

第一人称的身体与知觉不是客观与主观、对象与意识的关系,我的身体不是我的知觉对象,知觉对象可以离开意识,而我的身体却不能离开我的知觉。当我举起左手,抬起右脚或触摸额头时,不用想这些部分的位置,原因在于我们拥有特定情境肢体位置的"身体图式"。身体图式分配身体各部分完成一个行动的任务,事先规定各部分的可能组合,比如,"如果我坐在桌子旁边,如果我想拿电话,那么伸向事物的手的运动,躯干的伸直,腿部肌肉的收缩是相互连接的"[②]。

由于身体图式是前反思的,我们平时不会意识到它的存在,只有在它缺失或不完整时才能感受到它的作用。比如,心理学家发现"幻肢"(某些被

[①] 梅洛-庞蒂:《知觉现象学》,第83、95页。
[②] 同上书,第197页。

截肢的人感到那个肢体的存在,或者相反的"疾病感缺失"(感觉不到瘫痪的肢体)的现象,一些人以此证明知觉可以与身体相分离。梅洛-庞蒂用身体对周围世界的习惯动作来解释知觉残留或缺失的现象。比如,钢琴是习惯弹钢琴的手的身体图式的一部分。他说:

> 拥有一条幻胳膊,就是仍能面对只有胳膊才能完成的所有活动,就是保留在截肢之前所拥有的实践场。身体是在世界上存在的媒介物……在可支配的物体仍出现在其中的这个完整世界的明证中,在走向这个世界、写作和弹钢琴的计划仍出现在其中的运动的力量中,病人坚信他的完整性。①

按照这一解释,幻肢现象是患者习惯性的身体图式的残留。

梅洛-庞蒂还用运动功能障碍病人施耐德的案例说明身体图式既不是生理本能,也不是心智能力,而是身体与周围情景的意向关系。施耐德不能按照语言提示伸腿、抬胳膊,当别人触摸他的身体,他也不能说出那个位置;但他没有丧失具体的习惯性动作能力,即使闭上眼睛也能点灯,能立即找到被蚊虫叮咬的点。梅洛-庞蒂说,这个病例表明,"机能不全与感受性和意义的连接有关,表明了感受性与意义的存在条件作用"。感受性和意义的连接是身体运动的原初的意向性,"意识最初并不是'我思……',而是'我能……'"。身体图式相当于恒常连接感受性与意义的"意向弧"。他说:"意向弧在我们周围投射我们的过去,我们的将来,我们的人文环境,我们的意识形态情景,我们的精神情景……正是这个意向弧造成感官的统一性,感官和智力的统一性,感受性和运动机能的统一性。在疾病中,意向弧'变得松弛'。"②就是说,身体图式变得不完整是运动功能障碍的病因。

2. 性爱

梅洛-庞蒂以性爱为例,描述和分析身体化知觉的特征。性欲既不是感官刺激,也不是表象呈现的产物。在施耐德的病例中,色情图片、谈论性的问题,甚至女性裸体、亲吻都无法激起他的性欲,但他的性器官正常,受损伤的只是大脑。大脑损伤并不意味他不能接受性感的表象,也不意味一个女

---

① 梅洛-庞蒂:《知觉现象学》,第 116 页。
② 同上书,第 174、183、181 页。

人的个性不能吸引他,而意味着性感有物理属性,性欲不能还原为纯粹意识。他所缺乏的是身体的性感意义。对他来说,异性的身体与物体的物理属性没有区别,"病人失去的是把一个性的世界投射在自己面前、置身于性爱的情境,或者每当性爱情境出现时维持它或对之作出反应直至满足的能力"①。

正常人把他人的身体感知为性欲的潜在对象,因为肉身化知觉本身就有性感身体的结构,人是有性别的存在,人的身体被赋予性感。一个人与另一个人的相遇交流围绕着暧昧的性感氛围。但性感不是一开始就被给予的意义,而是在人与人的邂逅、对话和交流中,超越自身的身体置身于性感的情境。一个人不会爱一个女疯子,因为没有引起性爱的对话交流。一个姑娘会因母亲不允许与她所爱的少年约会而最终失去言语能力,这是因为她失去了对话交流的性爱情境。知觉的性的结构显示了身体在前反思的境域中与世界和他人的最初交流。

3. 表达和言语行动

语言不是包容思想的容器,也不是表达思想的媒介,而是思想的身体,身体行动是有意义的表达和言语,"言语是一种动作,言语的意义是一个世界"。未经反思的事实是,语言需要口耳大脑等身体器官,但这些器官显然不是思想主体,这导致经验主义和理智主义共同预设一个内在的思想领域,语言只是内在思想的翻译和表达。梅洛-庞蒂用例证否证这个预设。比如,愤怒时日本人面带笑容,而西方人则面红耳赤,跺脚尖叫,虽然他们有同样器官和神经系统。这就说明"情感和情感行为与词语一样,也是创造出来的",而不是经验主义者所假设的自然、生理现象。再如,失语症患者在测试时可以辨别颜色,或用固定的套话自问自答,他失去的是"使用语言来表达一种仅仅是可能的情境"和"体验到说话的需要"。② 这就说明言语能力不是理智主义者所说的概念或理智能力。

梅洛-庞蒂认为:"应该在情绪动作中寻求语言的最初形态。"③他区分了"说的言语"和"被说的言语"。"说的言语"是前反思的身体表达,包括

---

① 梅洛-庞蒂:《知觉现象学》,第 206 页。
② 同上书,第 240、246、254 页。
③ 同上书,第 245 页。

语词和姿势语言。他说：

> 身体把某种运动本质转变为声音，把一个词语的发音方式展开在有声现象中，把身体重新摆出的以前姿势展开在整个过去中，把一种运动的意向投射在实际的动作中，因为身体是一种自然表达的能力。①

"被说的言语"是原初的"说的言语"的沉淀，原初生活情境中的姿势被固定为社会群体的词库，儿童在思维之前就已经是一个语言团体的成员，通过学习获得"被说的言语"。在此意义上，人们说手势或表情动作是自然符号，而言语是约定符号。"但是，"梅洛-庞蒂强调："约定是人与人之间较晚出现的一种关系，约定必须以先决的沟通为前提，应该把语言放回到这种沟通之流的过程。"②

梅洛-庞蒂强调，语言的约定俗成不是一个自然过程，原初言语的沉淀也不是消极的，"作家、艺术家或哲学家的活动"使之成为可能，他们的语言创造"始终在整个存在的重建中开放"。比如，"每一个哲学家都在考虑能概括所有话的一句话"，那是因为"人们通过语言猜测到的，不断重复，以自身为基础"；再如，"画家或音乐家不希望概括一幅可能的绘画或一支可能的乐曲"，那是因为获得性言语"像波浪那样聚集和散开，以便投射到自身以外的功能"。③ 在获得和使用被固定了的言语时，我们的思想与词义有时相符合，有时不符合，在这种情况下，人们把思想与语言的分离当作本质。梅洛-庞蒂说，我们应在语言的起源处反思语言的本质，

> 如果我们不追溯这个起源，如果我们在言语的声音下不能重新发现最初的沉默，如果我们不描述打破该沉默的当作，我们对人的看法将依然是肤浅的。言语是一个动作，言语的意义是一个世界。④

四、知觉世界

"身体—主体"不仅是一个说明知觉的概念，而且表明，拥有一个身体就相应地拥有了一个世界，这就是"知觉世界"。这一概念可追溯到胡塞尔

---

① 梅洛-庞蒂：《知觉现象学》，第 237 页。
② 同上书，第 237 页。
③ 同上书，第 255、247 页。
④ 同上书，第 240 页。

的"生活世界",胡塞尔认为,世界在人对它反思之前就已经显现在那里了,梅洛-庞蒂进一步说,生活世界就是与人的身体有着直接、素朴的接触的前客观、前反思的知觉体验。他说:"因为身体始终和我们在一起,因为我们就是身体,应该以同样的方式唤起向我们呈现的世界的体验,因为我们通过我们的身体在世界上存在,因为我们用我们的身体感知世界。"①知觉世界有空间结构,以及世界中的物和人,梅洛-庞蒂通过描述、反思身体与空间及世界中的物和人,阐明知觉世界的存在和本质。

1. 身体空间与世界

如同对其他问题的探讨,梅洛-庞蒂首先批判了经验主义和理智主义对人与世界关系的看法,前者把世界看作可感事物因果关系的总和,人是其中的一个环节,世界是可以脱离人而存在的"自在"之物;通过因果联系,人的心理世界与自在的世界相对应。理智主义把世界看作为先天意识而存在的"自为"之物。两者共同预设了主体与客体、内在与外在的对立。梅洛-庞蒂问到,我们用什么方法才能摆脱在自为和自在之间作两者必居其一的决择:他的回答是知觉。② 知觉是身体与世界之间的"对话",不是认知行为。在知觉中,世界不是意识的对应物,而是身体的对应物,但不是两个独立的关系项。如果说身体是心灵的肉身化,那么世界就是身体的肉身化。"肉身化"既是世界的内在化,即外物被身体直接感知,又是身体的外在化,即身体与外物直接接触。在这一互为表里的过程中,世界既不是被给予,也不是被创造的;知觉既不是完全主动,也不是完全被动的。身体与世界之间没有藩篱和堵塞,没有主体与客体、内在与外在、意识与感觉的二元对立。梅洛-庞蒂把空间当作身体与世界相互开放的结构。身体感知的空间是由外到内的通道,身体运动的空间是由内到外的扩展通道。

经验主义关于感觉要素联想关系的假设不能解释感觉的统一性及其所要解释的可感世界的统一性,从而堵塞了知觉和对象的通道。梅洛-庞蒂从分析视觉与触觉入手,指出视觉的对象有可触性,触觉的对象有可视性,可视性和可触性是相通的空间性,"这就是为什么一个在失明18年后动了手术的病人试图触摸太阳光"。视觉和触觉的相通是通觉的基础,视觉和触

---

① 梅洛-庞蒂:《知觉现象学》,第265页。
② 同上书,第276页。

觉的空间性是综合各种感觉"小世界"的"大世界"。进而言之,通觉的综合是我们共同感知同一个外在世界的先天条件:"先天是在其不言而喻的逻辑的全部推论中被理解、被阐明和被遵循的事实,而后天则是孤立的和暗含的事实……如果不在空间里触摸,那么触摸就是先天的不可能,因为我们的体验是对一个世界的体验。"①梅洛-庞蒂举例说明通觉如何在不同的情境中感知不同的空间世界:"感觉是相互沟通的",他说,音乐会上,

> 衣冠楚楚的听众在鉴赏的气氛中交换意见,露出微笑,却没有意识到脚下的地面如同暴风雨中船员摇晃的海面那样在震动。这两个空间只有在一个共同世界的背景中才能相互区别,由于两者对整个存在有同样的要求才相互竞争。②

世界的空间不仅是通过通感被给予的,而且也是通过身体的运动被开拓的。知觉透视事物的角度随着身体的位置和运动而变化,我在飞机上俯瞰房屋,我的眼光或随着鸟雀的飞翔而移动。身体活动的情境还建构了不可见的空间的深度。"动机和决定是情境的两个因素",动机和决定是远距离注视的方式,把深度结构包含在空间的意义之中。比如,丧事是引起我旅行的动机,我决定奔丧使这个动机生效,奔丧的情境赋予这次旅行距离的深度结构。情境空间的深度结构犹如格式塔心理学揭示的心理现象,比如,电影中向我们开来的火车变得比实际开来的火车大,我们看到的很高的山峰在照片上不太显眼,塞尚用透视法画不出向我们脸庞倾斜的圆盘。这些主观体验的空间深层结构不只是心理现象,实际上是身体活动赋予情境的意义。比如,"当我第一次来到巴黎时,走出火车站我最初看到的大街,如同我最初听到一个陌生人的话语,只不过是一种还很模糊但已经是独一无二的本质的表现"。③

2. 身体与自然物

梅洛-庞蒂用"物"这个概念表示前客观性的知觉对象,首先是自然世界中的物。传统认识论是"视觉中心主义",把自然物看作视觉对象,而视觉可能是错觉,因此需要意识的纠正。梅洛-庞蒂指出,错觉的原因在于视

---

① 梅洛-庞蒂:《知觉现象学》,第228、284页。
② 同上书,第288页。
③ 同上书,第329、357页。

觉与身体相分离的客观化：

> 在比触觉体验更深入的客观化的视觉体验中，至少乍看起来我们自以为能构成世界，因为视觉体验向我们的呈现展示我们前面前段远处景象，使我们产生我们能直接出现在任何地方、又不出现在任何地方的错觉。①

如果承认触觉与身体的不可分离性，那么感觉主体与对象的不确定悖论就不会出现。

触觉不是单独起作用的，身体是行动统一体，"我通过这个身体把握世界。正如知觉态度不是单独地被我认识的，而是在引向最佳态度的阶段的行动中不言自明地给出；相应地，对应于动作的角度也不是一一相继地摆在我面前，而呈现为指向物本身及其大小形状的众多步骤"。在此意义上，被感知物是"呈现给我的'意义统一体'"。②

当然，人不是自然物的中心。人与自然物的关系既有身体的知觉向自然物开放的一面，也有自然物排斥人的一面，即"对于我们的生存来说，物与其说是一个吸引的极，不如说是一个排斥的极"。这里所说的排斥既指身体知觉的认识界限，也指"我们在物中不知道自己"的"物化"生存方式。为了解决吸引与排斥的矛盾，梅洛-庞蒂把世界的结构从空间性转换为时间性。对他来说，空间性蕴涵着时间性，"空间的综合和物的综合是以时间的展开为基础的，在每一个注视运动中，我的身体把一个现在、一个过去和一个将来连接在一起，我的身体分泌时间"。人与自然物的时间性意味着"一种伴随着主体性的超验性，一种通过历史显露出来的本质"为什么要超越，如何超越？这些问题为他以后的探索和思考埋下伏笔。③

3. 我的身体与他人

世界不仅是自然世界，更重要的是文化历史的世界。胡塞尔的先验还原遭遇到自我与他人的关系问题，并把身体当作是主体间性的可能性条件。梅洛-庞蒂继承了胡塞尔的思想。他说："如果体验到我的意识内在于自己的身体和自己的世界这种特性，那么他人的知觉和意识的多样性就不再是

---

① 梅洛-庞蒂：《知觉现象学》，第 400 页。
② 同上书，第 384、406 页。
③ 同上书，第 410、303、412 页。

任何困难……如果我的意识有一个身体,为什么其他的身体不能有意识。"他说,我和他人体验的共同世界中,"在他人的身体中看到自己意向的奇妙延伸,看到一种看待世界的熟悉方式"。在我和他人在语言这个公共领域的对话体验中,"我们互为合作者,我们互通我们的看法,我们通过同一个世界共存"。①

梅洛-庞蒂强调身体优先性的一个后果是承认自我与他人的交互性;而萨特强调意识优先性的一个后果是强调自我与他人的冲突,皮亚杰也认为,人到12岁时有了"我思",试图超越他童年未加批判就接受的世界定位。梅洛-庞蒂说,自主的、怀疑的意识不足以导致意识之间的斗争,"为了每一个意识能怀疑它所否认的外来存在,它们应该有一个公共领域,它们应该能回忆起它们在儿童世界里的和平共处"②。

按此逻辑,梅洛-庞蒂反驳唯我论。他承认不能依据外在现象驳倒唯我论。首先是"呈现"与"体验"的差别:他人的处境是呈现给我,只有他自己体验到这个处境;因此,"他人的悲伤和愤怒对于他和对于我没有相同的意义","相信我把他人的幸福当作我自己的幸福是虚伪的"。其次,交互性双方的自我体验是不等同的,比如,一对夫妇中,"一方十分投入,视爱情为自己生命,另一方则超然,爱情对他来说只不过是一种次要的生活方式"。自我体验的优先地位使得"一种不能被超越的主观唯我论"成为可能。但是,唯我论的内在逻辑是预设对立面;如果"我"是唯一的普遍自我,那么"我"就变成上帝,但上帝存在预设了对他人和被他人的爱。然而,梅洛-庞蒂又说,即使人的社会存在方式是与他人共在,他人也不能替代自我,"我的生命有一种社会气氛,就像我的生命有一种死的气味"。《知觉现象学》最后部分在意向构成的时间与自然生命的时间、自由的意识与自由的处境之间摇摆,他最后说:"哲学在分离的哲学毁灭时存在,但是,在这里应该沉默。"③

梅洛-庞蒂认为:

> 现象学的最重要收获,无疑是把极端主观主义和极端客观主义在它的世界的概念或合理性的概念中结合起来了。合理性是以经验来精

---

① 梅洛-庞蒂:《知觉现象学》,第441—442、445、446页。
② 同上书,第447页。
③ 同上书,第448、449、450、459、571页。

密衡量的,它在经验中显示了自身。①

他一生关心的问题是如何用现象学来克服笛卡尔的二元论,他的著作是为了消除二元论而作的不懈努力。他的努力只是模糊了相互对立的哲学概念的界限,每本著作都留下有待后来著作解决的问题。《行为的结构》为《知觉现象学》留下问题,《知觉现象学》为后来的著作留下问题。最后一部著作《可见的与不可见的》试图在"肉身"的基础上理解存在的意义,更彻底地克服"我思"与身体对立的二元论,但这本书没有完成,编者勒弗在"跋"中说:"作者自己也不知道自己要去何处。"②梅洛-庞蒂的探索说明主观主义与客观主义的对立和心物二元论的壁垒森严、根深蒂固,而不能说明他的哲学是不精确、不合理的"模糊哲学"。

---

① 陈启伟主编:《现代西方哲学论著选读》,第737页。
② 梅洛-庞蒂:《可见的与不可见的》,罗国祥译,商务印书馆,2008年,第366页。

第三编 文化批判哲学

第二次世界大战是人类历史上的一场空前浩劫,但它对英美哲学家和欧陆哲学家的影响却大不一样。1932年蒯因访问维也纳学派时目睹了法西斯主义的猖獗,他后来回忆说:"我感到西方文化处在崩溃的边缘,我能做的一切就是逻辑哲学。"①然而,欧洲大陆哲学家却不能如此超然。德国哲学家中除了流亡国外或被迫害的犹太人,绝大多数都如同在第一次大战中支持军国主义王朝那样支持纳粹国家,海德格尔和施密特只是其中的臭名昭著者。很多欧洲国家瞬间被法西斯的暴力所摧毁,西方文明的成果荡然无存,德国哲学、艺术和人文的美好形象被屠杀、残暴和悲惨的丑恶现实所取代。

欧陆哲学的文化批判源于西欧人在二战这段不寒而栗的亲身经历,哲学家通过对这场惨剧的反思,从政治、历史、思想和心理的源头,追问自身文化传统和生活方式何以如此轻易地被摧毁、或如此迅速地转变成邪恶的深层次原因。在亲历了二战一代人的批判反思之后,阿尔及利亚战争、1968年的"五月风暴"和反越战的运动燃起文化批判的烈火,左派知识分子主张的"对抗文化"(counterculture)成为西方社会思潮的主旋律,哲学家的文化批判塑造了"垮掉一代"的价值观。

"文化批判哲学"的概括包含一些有待澄清的问题。比如,"文化"是一个极为宽泛的概念,欧陆哲学家致力批判的文化具体所指是什么?文化批判在何种意义上是哲学批判?这些哲学批判与欧洲哲学的传统有何关系,或者说,批判何种哲学传统,或从以前的哲学中继承了什么资源?在对文化批判哲学的流派作分别论述之前,我们先简要回答这些问题。

一、文化批判哲学的类型

德文中,表示"文化"的有两个词:Bildung 和 Kultur,前者又译作"教化",指通过教育培养的文明素质,后者主要指社会习俗或风尚。德国启蒙运动非常重视哲学、人文科学和文学艺术的教化功能,相信人类文化从落后习俗到高尚风尚的道德进步。两次世界大战和工业社会的残酷事实动摇了人们对教化文明和道德进步的信念。哲学家的批判向教化和习俗的权威发起挑战,矛头直指那些控制社会和思想、限制和剥夺人的自由及个性的体制、传统、手段、说辞和媒介。本编按照被批判对象的不同类型,把文化批判哲学分为下列流派。

---

① G. Borradori, *The American Philosopher*, University of Chicago Press, 1994, p.33.

第一，存在主义批判限制个人自由和责任的社会习俗和流行观念，它们通过自我意识和感受情绪而产生消极作用。因此，存在主义批判的主要对象不是特定的传统、学说和制度，而是个人在特定社会境况中的自我束缚和自我放弃。虽然萨特认为"上帝"的观念是人逃避自由的最后庇护所，但有神论的存在主义坚持认为上帝是存在着的人的"终极关怀"。

第二，法兰克福学派所开展的批判理论是对意识形态的批判。意识形态不是文化和社会思想的一部分，而是主宰社会整体的思想体系。意识形态是马克思、恩格斯所说的"虚假意识"，在表面上合理合法的名义下，实施特殊利益集团的意志和统治。

第三，结构主义把人的行为和思维方式安置在一定的社会结构之中，一方面可以理解表面上没有合理性的社会习俗的功能或意义，但另一方面也包含着消解结构的批判。解构主义通过揭示约束习俗、制度、思维方式、人对自身的理解，乃至意义的载体的历史和心理条件，消解了"先进"与"落后"、"必然"与"偶然"、"统一"与"差异"、"内在"与"外在"、"中心"与"边缘"的对立，而这些对立正是西方文化的构成特征。

第四，解释学的文化批判是间接的、温和的，它解释的对象是对文化载体的文本或艺术作品的解释。解释学说明不同时代和作者围绕文本展开的解释之间具有"动力"和"效果"的连续性，因此构成了前后关联、相互影响的历史传统。这不仅是某一学科的思想史，而且是人理解自身和世界存在领域的"视域融合"。解释学用这种方式对西方文化传统作出一种辩护，包含着对割裂传统的片面解释的批判，以及对同时代"对抗文化"的间接批判。

二、弗洛伊德的影响

社会习俗对个人的作用是潜移默化的，个人对习俗的顺从往往是不自觉、非意识的，而违反习俗的思想行为往往被诊断为病态或变态。上述文化批判哲学流派都把文化解读为"集体下意识"。20世纪初弗洛伊德创立的学说为他们理解社会文化与个人意识关系提供了重要的思想资源。

西格蒙德·弗洛伊德（Sigmund Freud, 1856—1939）是奥地利籍犹太人。概括地说，他的学说主要就是对性本能和欲望的分析，有三个要点：第一，人的行为的动力是无意识的冲动，即性本能的冲动；第二，性本能的冲动和对它的压抑，构成了一切心理活动的内容；第三，性本能在意识领域的升华是人类一切精神创造的源泉。

弗洛伊德认为人的机体是一个复杂的能量系统，它的心理能量就是"力比多"(libido)。他在大多数场合把力比多等同于以性爱为目标的爱欲，但在后期著作《超越快乐原则》一书中，他进一步区分了生命本能的两种力量：爱欲(eros)与死欲(thanatos)。爱欲是个体生存和种族繁衍的动力，是创造的力量。它追求欲望的满足和快乐，人的一切求生、求爱和求乐的欲望都出自爱欲的"快乐原则"。与之相反，死欲是仇恨和毁灭的力量，它用强制的力量，追求事物的原初状态，在毁灭中得到新生，它服从的是"强迫重复原则"。死欲指向外部时，表现为攻击、破坏和斗争；指向自身时，表现为自责、自虐，甚至自杀。这两种本能针锋相对，在一定条件下又相互转化，因此，生命表现为创造与毁灭两种力量的冲突和妥协，我们日常生活中遇到的爱恨交集的感情，根源也在于此。

"力比多"在一定的心理结构中活动。弗洛伊德把心理能量的结构分为下意识、意识和前意识，相当于本我、自我和超我的人格结构。下意识或本我是储藏性本能的领域，性本能在其中没有任何约束，表现为无理性的、原始的冲动，它的唯一目标是追求满足。为了社会的利益和人格的进一步发展，需要对性本能加以压抑。社会本身就是一个压抑系统，它以法律和道德的禁令，在下意识和意识之间建起了一道堤坝，这就是前意识。下意识的本能冲动只有经过前意识的闸口才能进入意识领域。就是说，生命能量在意识到之前，就已经受到压抑，这样的压抑成为"潜抑"，即使在意识之中，潜抑也不会被察觉。在意识领域，下意识经过前意识的过滤，本我受超我的管辖，性本能在理智的、社会允许的范围内释放能量，个人的快乐原则与服从社会的"现实原则"相协调。正常的婚姻关系和其他社会关系在此基础上建立起来。

在下意识领域，仍然储藏着大量的、得不到满足的本能冲动，它们不会因为受到压抑而减弱；相反，它们总要寻找机会通过前意识的堤防的缺口进入意识领域。梦、遗忘、失语、笔误、口误等反常行为就是那些乘虚而入、不期而至的下意识在意识中的表现。下意识最为重要的释放是弗洛伊德所称的"升华"。侵入到意识领域的性本能创造适合于自身的新的精神形式，以创造的方式释放能量，这就是升华。弗洛伊德说，性本能的升华是一切精神文化活动的根本动力，"性的冲动对人类心灵最高的文化、艺术和社会成就作出了最大的贡献"[①]。

[①] 弗洛伊德：《精神分析引论》，高觉敷译，商务印书馆，1984年，第9页。

按照弗洛伊德的精神病理学,性本能如果得不到正常的和反常的释放,既不能在前意识的闸口顺利通过,又没有反常行为或升华的缺口,被压抑的超常能量就会以不可遏止的冲动冲毁堤防。下意识和意识之间的界限不复存在,正常与反常的区别也不存在。人的所有死亡和语言无不表现为下意识的反常行为。这就是精神病。既然精神病、轻微的反常行为和精神作品的创造都以性本能为共同的来源和动力,那么,正常人和精神病人的反常行为,天才的创造与精神病人的狂谵,只是程度深浅与范围大小的区别,每一个正常人都是一定程度上的精神病人,天才与精神病患者只有一步之差。

弗洛伊德在创立精神分析学说时的依据主要是精神病理学的案例,晚期却关心文化问题。他说:

> 我很久以前着迷于文化问题,但我那时太年轻,还没有到能够思考这些问题的年龄。经过在自然科学、医学和心理治疗领域的长期迂回,我的兴趣又回到了文化问题。①

他晚年发表《图腾与禁忌》(1913)、《超越快乐原则》(1920)、《文明及其不满》(1929)和《摩西与一神教》(1939)等书,把精神分析学说推广到宗教和其他文化领域。他曾把儿童下意识的恋母情结称为"俄狄浦斯情结"。他后期解释说这不仅是一个比喻,俄狄浦斯杀父娶母的神话是对早期社会的集体回忆,以真实的历史事件为基础,这一历史事实也是犹太教和基督教的心理根源。他说,人类早年过着群居生活,部落首领是最强壮的男人,他占有所有的女人,并把他的儿子们都驱逐出去。儿子们不堪忍受外部的压迫和内政的压抑,于是联合起来杀死了父亲,分配他的女人为妻子。为了避免这样的悲剧重演,他们按照血缘关系组成氏族,禁止血亲婚姻。只在氏族间通婚。这些杀父娶母的儿子们在心理上承担着巨大的罪责感,于是创立宗教,以求安慰。他们把被杀死的父亲供奉为神,神是一个严厉而有报复心的父亲,这就是犹太教信仰的耶和华的形象;他们对父亲所负有的罪责就是犹太教的原罪观念。从犹太教脱胎而来的基督教不理解犹太教的心理根源来自人类共同的历史,而把犹太人当作上帝面前的罪人,把人类祖先们弑父的历史歪曲为犹太人杀死上帝化身(耶稣)的现实。弗洛伊德指出,反犹排犹的历史不是偶然的,而是出自一种本能的仇恨;反犹主义的心理根源是追求

---

① *The Pelican Freud Library*, vol.15, Penguin Books, New York, 1955, p.257.

血缘亲情的爱欲和强迫返回原初的死欲共同造成的。弗洛伊德的文化批判似乎已经预料到犹太人在二战期间遭到大屠杀的命运。

三、德国哲学的资源

二战后,欧陆哲学的社会背景源于对纳粹德国的批判反思,但耐人寻味的是,他们批判的思想资源几乎全部来自德语国家,除了奥地利的弗洛伊德外,他们经常涉及的德国哲学家有:黑格尔、马克思、尼采、胡塞尔、海德格尔。

黑格尔通过科耶夫、依波利特等人在巴黎高师讲授《精神现象学》而在法国哲学界广为传播。黑格尔在这本书中广泛涉及的世界历史现象为文化批判提供了典范和方法。科耶夫对"主奴关系"的解释把黑格尔与马克思的"劳动"和"异化"的历史观结合起来,而依波利特的解释突出了黑格尔的"自我"到"上帝"的发展过程。法兰克福学派批判黑格尔体系用同一消除差异的整体性,但也有人(如马尔库塞)赞扬黑格尔辩证法的否定精神。

西欧共产党和左派的复兴为西方马克思主义提供了群众基础和发展空间。他们吸收了第二国际失败的教训,在二战前卢卡奇、葛兰西、列宁等人批判资产阶级意识形态的基础上,按照本派别的学说和方法阐释马克思,推出存在主义的、批判理论的、结构主义的马克思主义。

尼采思想是现代最早的彻底的文化批判思想,他对西方文化传统的发生学考察、对流行价值的心理根源批判、文学的写作方式、差别和流动原则,以及虚无主义的精神对各派文化批判学说都有极大吸引力,几乎每个重要哲学家都有自己心目中的尼采。

同样,存在主义、解释学的倡导者都声称使用了现象学方法,或认为胡塞尔的问题是自己思考的起点。批判理论、结构主义和解构主义也被视为现象学运动的同盟或参与者。现象学运动可被泛化为对所有社会、文化和语言现象的理论性描述和批判性反思,甚至是对胡塞尔思想和方法的批判性反思。

海德格尔对形而上学传统的颠覆、对现代条件下人的生存状态的细致刻画,以及极有想象力的表达方式,对社会文化批判者有很大的吸引力,他的哲学遂在哲学、神学、文学、艺术等领域成为热门话题。他在20世纪后半叶的地位如同康德,人们可以不同意他的思想和立场,但却不能忽视他。

不同流派的哲学家对上述德国哲学家和弗洛伊德的关注程度不一,但不会完全不受他们中任何一个人的思想影响。这些不同思想来源和复杂影响,在战后欧陆哲学家的头脑中调和成不同风味的思想和话语。

第六章　存在主义

存在主义思潮广泛流行于 20 世纪 50 至 60 年代初的西欧，它不但是一种哲学，而且几乎成为一种生活方式，渗透在社会生活各方面：意识形态、文学、艺术、服饰、饮食、家庭关系等，被称为"时代的象征"。在哲学史上，很少有一种哲学能够具有如此广泛的社会影响和如此明显的时代精神。存在主义的流行与它所处时代的特征不可分，了解它的时代背景对理解这种理论是必不可少的，二战之后，西欧人反思在战争中不寒而栗的经历，对人的存在有了深切的体会，很多人在生死之间经历了恐惧、焦虑、孤独、荒谬等刻骨铭心的体验。在战争的大是大非面前，人们对个人责任感有了更深刻的反思。很多人在问自己：在暴力面前，有没有坚持自己的理想？有没有帮助自己的邻居或不相识的无辜者免遭迫害？有没有根据自己的良心违抗非人道的命令？每个人在这些问题上都有选择的自由，并要为自己选择的后果承担责任。这种选择往往是生与死之间的抉择，选择过程中不可能不经历焦虑、恐惧、烦恼、彷徨、悔恨、无奈等心情，这些心态以及与之相关的自由、选择、自我设计、责任等生存活动都成了存在主义的主题。战争中的经历改变了战后的生活，存在主义与人们所需要的人道主义，自主意识和责任意识相符合，因此，得以广泛流行。存在主义者的一些口号，如"绝对自由""自由设计"等，都需要在这样的具体背景中加以考察。

从理论根源上分析，存在主义属于广义的现象学运动。现象学所主张的"回到事物本身"的口号要求人们把最熟悉、最本真、最接近的东西当作哲学研究对象，海德格尔把胡塞尔所说的"现象"从"先验自我"领域转到了"人的存在"的领域，这是现象学发展的必然结果。存在主义者大多是由研究胡塞尔著作开始，独立地得出了与海德格尔相似的结论，也有人直接受到海德格尔影响。可以说，现象学使存在主义成为一种哲学，而不仅仅是一种一般性的社会思潮。研究和学习存在主义的哲学理论,必须注重其现象学的基础部分。另外,法国的存在主义者还从黑格尔的否定辩证法中看到了自由批判的精神。有人把存在主义的理论来源概括为 3H,即黑格尔(Hegel)、胡塞尔(Husserl)和海德格尔(Heidegger)。

第一节 萨 特

让-保罗·萨特(Jean-Paul Sartre,1905—1980)于 1929 年毕业于被称为"哲学家摇篮"的巴黎高等师范学院。1933 至 1934 年间到柏林的法兰西研究所研究现象学,以后陆续发表四篇论文:《论自我的超越》(1934)、《想象》(1936)、《情绪理论大纲》(1939)和《影象论》(1940)。二战时应征入伍,1940 年被俘,在德国战俘营里研读了海德格尔的著作。1941 年被释放回国,1943 年发表代表作《存在与虚无》。1945 年创办了著名的《现代》杂志,1945 年发表《存在主义是一种人道主义》。战后信奉马克思主义,1956 年"匈牙利事件"之后与苏联和法共决裂,积极参加批判资本主义社会和美国的激进运动。1960 年发表《辩证理性批判》,此外,还写了大量的剧本和小说。萨特支持中国式社会主义,1959 年访华,在《人民日报》发表文章赞扬中国。1968 年的"五月风暴"中积极支持学生运动。萨特与同班同学、女哲学家西蒙·波伏娃是终生情侣。他常在咖啡馆与人聊天和写作。逝世时,巴黎 5 万群众为他的葬礼送行。

一、意识与自我意识的区分

自笛卡尔以来的哲学都把"自我意识"当作"意识"的核心,认为有了自我意识,才会有意识现象与外部现象的统一与综合,胡塞尔也不例外。萨特接过胡塞尔关于"意向性"的理论,对它作了新的解释,把它改造成一个不再以"自我"为核心的意识理论。按照萨特的解释,意向性不是表示"自我"与意识活动和现象之间关系的特性,而是表示意识与外界事物之间关系的特性。他说:"胡塞尔曾指出,一切意识都是对某物的意识。这意味着,意识是一个超越对象的位置,或者可以说,意识是没有'内容'的。"① 就是说,意识的意向性不是内在于意识的内容,而是超越自身的意向事物。

---

① 萨特:《存在与虚无》,陈宣良等译,生活·读书·新知三联书店,1987 年,第 8 页。

意识的超越性是它区别于自我意识的根本特征。自我意识没有意识的超越性,它的对象是从意识对自身的反思活动中得到,而不是从"指向某物"的意向活动中得到的。在反思活动中,先前丰富多样的意识变成一个完整的对象,即自我。以自我为对象的意识就是"自我意识"。简而言之,意识是自由地设置意向对象的第一级意识,是以外在事物为意向对象的意识;自我意识是以意识为对象的第二级意识。

意识与自我意识不但有区别,而且也有联系。两者的联系在于,自我意识是反思性的,意识是前反思的,为自我意识的反思提供内容。关于意识与自我意识的联系,可以从两个方面来分析。第一,从发生学的观点来看,意识发生在前,自我意识从已经发生了的意识现象中获得反思对象;前者是始发的,后者是获得的。第二,从形态学的观点看,二者是平行的、并列的。自我意识不是意识所造成的结果,更不是意识所指向的外部世界的后果。反之亦然,意识不以自我意识为前提条件。世界和自我意识对于萨特而言是对立的两极,它们由意识来联结。意识之所以具有这样的作用,正是因为它的本性是自由。萨特对意识与自我意识所作的区分,不仅避免了胡塞尔现象学的唯心论的结局,更重要的是,为他的自由理论提供了一个认识论的基础。

萨特在他早期所写的论文中,分析了各种意识现象的意向性和意向活动的自由,这为他后来的自由理论奠定了现象学的基础。他分析的意识活动包括知觉、情绪和想象。

首先,知觉总是意向一个存在着的事物的,但这并不否认知觉中有错误,甚至是幻觉成分,比如,在黑暗中,把一个树桩当作一个人。但是,错误与幻觉不是发生在知觉活动中,而发生在其后的对意向事物性质的判断之中。被知觉的是一个真实的存在事物,但在判断中,却可以把这一事物错误地判断为另一事物,如把树桩判断为人。判断与知觉的不一致,显示出意识具有相对于外物的自由,意识并不总是按照外部存在来判断外物的。在后来写作的《存在与虚无》一书中,萨特进一步指出,意识有对外部存在说"不"的自由。并且,意识的否定判断并不只有消极的、错误的后果,它是自为的创造的源泉。

其次,情感或情绪也是把握世界的一种方式。萨特否认意识是把握外部世界的唯一方式,他说,除了意识的对象之外,各种状态都是对象,这样一种情感(爱或恨)是超越的对象,而且不能收编在意识的内在统一性中①。情绪的对象可以突然把平凡的处境转化为自己必须对之有所反应和作为的世界。比如,我晚间坐在窗前的桌边,窗上忽然出现一张人脸,虽然窗户紧闭,"世界的范畴没有距离地立即作用于我的意识"②。

最后,想象的意向性具有更大的自由,它可以设定知觉不到的事物作为意向对象。只在想象中存在的意向对象叫影象或想象物。影象虽然不是知觉到的事物,虽然不存在于意识之外,但却是显现于意识之中的真实存在,影象是通过对知觉的否定,并伴随着知觉对象的存在。比如,"半人半马的怪物"是通过对人和马的知觉的分别否定,而又伴随这些知觉的影象。萨特承认了两种存在:外部事物的存在和影象的存在,两者的差别是意向性所造成的,而不是真假程度的差别。他说:"影象和知觉是意愿的两种体验,它们首先通过各自的意向对象而区别开来。"③萨特认为,在这两种意向活动中,想象比知觉更自由,"人之所以能够进行想象,那是因为他先天地是自由的"④。

萨特对意识现象的分析旨在表明意向活动是自由设定对象的自为活动,从知觉、相信到情绪到想象,是一个自由程度越来越大的过程。但不管在哪一种意识活动中,都不存在一个决定性的内核——自我意识,意识不受自我意识的限制。可以说,自由是意向活动的内在结构。

二、自我意识与他人意识

按照萨特的说法,当意识的对象从超越自身的事物转向自我时,意识就成为自我意识,问题是,意识为何以及如何由外物转向自身呢? 萨特的回答是,只是由于他人意识的出现,自我意识才会发生,可以说,"他人"是"自我"的先决条件。在《存在与虚无》的"注视"这一节,他用现象学描述的方法,形象地说明了自我意识的发生过程,说明"被人看见是'看见—他人'的真理"⑤。萨特举例说,"想象我出于嫉妒、好奇心、怪癖而无意中把耳朵贴

---

① 萨特:《自我的超越性》,杜小真译,商务印书馆,2001年,第40页。
② Jean-Paul Sartre:Basic Writings, ed. S. Priest, Routledge,2001, p.105.
③ 《影象论》,魏金声译,中国人民大学出版社,1986年,第123页。
④ Jean-Paul Sartre, Imagination:A Psychological Critique, trans. F. Williams, Ann Arbor, 1962, p.195.
⑤ 萨特:《存在与虚无》,第334页。

在门上,通过锁孔向里窥视",此时我的注视对象是他人,我把他人当作意向对象,"这就是嫉妒,而我并不认识它";"然而,现在我突然听到走廊里的脚步声,有人注视我",羞愧会油然而生,萨特说:"我看见自己是因为有人看见我","羞愧向我揭示我是这个存在,不是以曾是或'不得不是',而是以自在的方式"。① 在这个例子中,正是我感到他人有可能注视我,我才会注视自己,我意识到他人的注视,这就足以唤醒我的自我意识。

现实中我与他人的关系的根源在自我意识与他人意识的关系。萨特说明了两者之间既依存、又冲突的复杂关系:一方面,"他人不是作为对象给予我们的。他人的对象化是他的注视—存在的颠覆";另一方面,"他人的对象化是对我的存在的一种护卫,它恰恰使我从我的为他的存在中解脱出来,因为它给了他人一种为我的存在"②。萨特在这里说的是我既不能完全把他人当作对象、又不能完全把我当作他人对象的两难处境。这种纠缠产生两种冲突的心理倾向:一方面他人作为注视我的主体,把我彻底对象化;另一方面我作为注视他人的主体,把他人彻底对象化。按弗洛伊德的精神分析学说,前者是愿被他人占有的受虐色情狂心理,后者是占有他人的虐待色情的心理。在现实中,人际关系不像心理感受中那样极端,但也有与之相应的较为温和的三种存在方式。

一种情况是,当他人把我当作对象时,我可以自由地投入到他人的自由中去,这就是恋爱。恋爱是"一个作为自由而祈求他的异化的自由。恋爱者努力要使自己作为对象被别人爱","人们越爱我,我就越失去我的存在,我就越免除了我自己的责任,越免除了我自己的存在能力"。但是,我不可能自由地成为他人的完全对象,我仍然有自己的独立性;他人也是一样。因此,爱情不可避免地伴随着磨擦,"恋爱者永远的不安全感就是由此而来的"。③

另一种情况是,当我把他人当作对象时,我可以自由地成为和他人一样的对象,以便同化他人的自由,这就是情欲,情欲是"痛苦的肉身化":"我想通过把他人表现为一个工具来表现肉体,他通过痛苦来表现。"④

第三种情况是"我们"的"共在":"在主体'我们'中,个人不是对象。

---

① 萨特:《存在与虚无》,第 336、337、340 页。
② 同上书,第 347 页。
③ 同上书,第 472、475 页。
④ 同上书,第 502 页。

我们包含相互承认为主体性的众多主体性。"萨特把"我们"的"共在"描述为"共同观众的意识",此时我与他人有共同的注视对象。萨特描写了它的发生过程:"我在咖啡馆的露天座上:我观察着别的顾客并且知道我也被观察。我们在这里仍然置身与他人冲突的最平常情况中。但是现在,突然,马路上发生了随便一件小事,例如,一辆三轮送货车和出租车轻轻地撞了一下,立刻,在我变成这一事故的观众的那一瞬间,我非主题地体验到我们介入了我们之中。""我们意识"是偶然事件引发的"非主题地体验",因而是暂时的,一旦我和他人又恢复相互注视,集体意识马上就会消失。比如说,在一场球赛中,球迷们有极强的集体意识,因为他们有着共同的观看对象和目标;设想我和其他球迷一起狂喊时,旁边一个球迷用奇怪的眼光看了我一眼,我的集体意识会立即消失,我会感到与这个人处于相互注视的冲突之中。萨特说:"为他的存在先于并奠定了与别人的共在。"①

我们知道,"与他人共在"是海德格尔提出的表示个人与他人相互依存关系的概念,萨特则用"为他之在"或"依赖于我的为他存在"或"别人的存在"表示"共在"关系。"因此,"他说,"人的实在无法摆脱这两难处境:或超越别人或被别人超越。"②这就是他在剧本《禁闭》中所说的"他人是地狱"的意思。这句话经常遭误解,以为萨特宣扬唯我排他的利己主义。实际上,"他人是地狱"的含义不同于霍布斯所说的"人对人是狼",我和他人的冲突不是你死我活的决斗,而是若即若离、又即又离的"悲欢离合"。两者的冲突主要也不表现为现实的利害冲突,它更多地表现为意识和情感上的不适和困扰。在"为他之在"中,完全的利己主义和完全的利他主义一样不可能。

三、自在与自为

《存在与虚无》的副标题是"现象学的本体论"。萨特说,对于现象的存在,可以规定三个特点:"存在是,存在是自在的,存在是其所是。"③第一句话没有谓词;第二句话的谓词是自身,第三句话进而肯定了"自在"是某种东西。"自在"与"自为"是关于存在的两个最基本概念。自在是不依赖于

---

① 萨特:《存在与虚无》,第518、519页。
② 同上书,第537页。
③ 同上书,第26页。

人的意识的存在。一切东西,就其自身存在状态而言,处于一团混沌、无差别、朦胧的状态,它好像是一个漆黑一团的、充实而又不动的整体,我们最多只能说,这是一个东西。这是什么东西呢？如果要对自在作进一步的判断,势必要涉及它的性质、时间、空间等,我们需要有这些方面的概念,而概念是由意识确立的。"自在"这一概念表明了在未被意识所意向之前,存在着某个东西,但我们不知道,也不能说出,它以何种方式存在,处于何种状态。自在的混沌与朦胧为意向活动提供了背景和素材,意识从中分辨出具体的事物和具体事物的存在状态,包括时间、空间状态。意识的意向活动所指向的存在是"自为"。它们是按意识所规定的目的倾向而如此这般地存在着。比如,按照在生活中用途的不同,人的意识区分出不同材料,木、石、土等,一块木头在不同境况下可以被进一步规定为桌子、槌木、木柴或块垒等。空间关系也是如此,远、近、上、下、左、右等,都是因为有意识的比较、联结而存在的关系。萨特还强调,时间性是自为的特殊的存在模式,过去、现在和将来都是人从自身存在状态出发而作出的区分。

"自在"只提供背景和素材,并不是"自为"的原因。自在没有理由、没有原因、没有必然性。自在完全是偶然的、无缘无故的,对人来说是荒谬的。只是由于人的意识的安排和改造,才会有互相区别与联系的,具有实用价值和工具效用的存在—— 世界。人的意识如何把自在转化为世界呢？人的意识是自由的,没有任何规律性或必然性来指导意识如何处理自在。意识活动的自由在于对自在的否定,意识可以根据自己的设想,说自在不是什么,如说它是不动的,不可分的,不可辨别的,如此等等。但是,这些否定判断如何产生肯定的存在呢？这里的关键是理解萨特关于"虚无"的概念。他说,虚无和存在是"互补"的,"把世界理解为世界,这是一种虚无化","正是虚无表现为使世界获得一个轮廓的东西"。萨特还说,虚无"否定判断的起源……它奠定了否定行为的否定的基础"①。所谓虚无化首先是人的认识和判断的基础,它把充实的、不变的自在的一部分虚空掉,使之成为有差别、相互分离,因而成为相互联系、可以运动的各种事物。比如,当我辨认出一张纸时,我把纸从整个背景中抽取出来,虚空了其他现象。虚无化又好像是照相曝光,底片上的背景部分被模糊,或被取消,留下清晰的、所要摄影的对象。

---

① 萨特:《存在与虚无》,第47页。

虚无作为否定活动是人的自由意识。萨特说："虚无是由于人的自由而出现在世界上。"①就是说，人的意识的作用在于否定、分辨、分离，通过虚空其他而让一个或一些事物显现于意识之中。没有意识的虚无，也就没有人所能意识到的世界。

萨特所说的"世界"类似于海德格尔"在世之在"中的"世界"。它们都是与人的存在密不可分的结构性概念。萨特是通过虚无与存在的关系来说明人与世界的关系的。不但外部有自在和自为之分，人的存在也有自在与自为之分，人也要虚无自己的自在。人的自在是他现在所处的生活境况，人的自为表现为对已有的存在境况的否定。人的意识不断地否定他的自在，这是自我虚无化，即从自在中分离出自己所欠缺的存在。萨特说："可能性就是自为为了成为自我而欠缺的东西。"在人的意识中，他的存在总是欠缺的，他永远不满足已有的一切，总要设定并努力实现新的可能性，这就是他的自为。这种意义上所说的自为的存在，与我们上面在自为的意义上谈论的"世界"是有密切联系的。我们解释说，人的意识把自在安排和改造成"有实用价值和工具效用的存在"。现在的问题是，这样的意识活动的依据和目标是什么？答案只有一个，那就是人所面向的新的可能性。人根据他所欠缺的存在，按照他的自为存在的目标，赋予事物以新的工具性意义，使它们成为实现自己所涉及的可能性的手段，或成为需要克服的障碍。人不断实现自己的新的可能性的自为的存在，就是穿越所有这些手段或障碍的过程，或者说，世界连接着人的存在的两端：一端是从自在开始的出发点，人所要达到的目标在世界的另一端显露出来。在此意义上，萨特说："世界从本质上说是我的世界。……没有世界，就没有自我性，就没有个人；没有自我性，就没有个人，就没有世界。"②

四、绝对自由

通过对意识和人的存在的分析，萨特奠定了关于自由理论的基础。自由不是人性或人的本质，自由属于有意识的存在的结构，人注定是自由的。萨特说："人的自由先于人的本质并且使人的本质成为可能……人并不是

---

① 萨特：《存在与虚无》，第55页。
② 同上书，第146、149页。

首先存在以便后来变成自由的,人的存在和他'是自由的'这两者没有区别。"①

在《存在主义是一种人道主义》中,萨特明确提出了"存在先于本质"的著名命题。在此之前,海德格尔提出:"人的存在在于他的本质。"这两个命题都强调,人的本质不是类本质,不是固定不变的本质。与海德格尔的命题相比,萨特进一步强调,决定人的本质的存在是一个自由选择的过程。海德格尔虽然指出人的存在有本真和非本真两种状态,但他并没有明白地说出造成这一差别的原因所在。萨特则明确地指出,人的任何存在状态都是人的自由选择,存在的过程就是自由选择的过程。他说:

> 人除了他自己认为的那样以外,什么都不是,这是存在主义的第一原则。……人首先是存在——人在谈得上别的一切之前,首先是一个把自己推向未来的东西,并且感到自己在这样做。②

其中"自己认为的那样""感到自己在这样做"指的都是自由选择,自由选择不能不是自觉的,因而也是主观的。萨特在说"存在先于本质"时,紧接着说:"或者不妨说,哲学必须从主观开始。"③萨特再三强调的存在的主观性、哲学的主观性,意思就是选择的自由和自觉。

对存在的自由选择的强调与决定论是格格不入的。萨特反对一切形式的决定论,特别反对宗教决定论。他说,存在主义是从彻底的无神论推出的结论。在西方思想传统中,基督教的上帝是存在的源泉,上帝在人的存在之前决定了人的本质。萨特说,启蒙运动虽然否定了上帝的决定作用,但又假设了一个"人性"作为人的存在之前的本质。存在主义把上帝不存在的后果推演到底,得出了人的存在先于本质的结论。并且,人的存在就是人的自由,"存在在先"的意思是"自由在先","存在先于本质"的意思是"人的选择造就了他自己"。

自由选择是绝对的,"绝对"的意义是"无条件",选择不受任何条件的决定,除了人自己的自由选择之外,没有什么东西能够决定人的存在。萨特同意,现实中的人是在各种条件下进行选择的,但是,条件能否发生作用,归根到底取决于人自己的选择。比如,一个抵抗者被关进监狱,他的环境似乎

---

① 萨特:《存在与虚无》,第55页。
② 萨特:《存在主义是一种人道主义》,周煦良等译,上海译文出版社,1988年,第8页。
③ 同上书,第6页。

决定了他不能够有任何选择,其实不然,仍然有很多可能性供他选择:他可以选择越狱,可以选择读书,即使他什么也不做,静静地躺着看天花板上的小虫爬行,这也是一种选择。萨特反对一切决定论的因素:环境、遗传、教育、性格等等,这些因素都属于过去,它们能够对人的存在发生作用,是因为人自己的选择,接受了它们的影响,不是过去决定现在和将来,而人自己决定并选择了一条容易的道路通向未来。

绝对的自由选择是把上帝不存在的后果推演到底而得出的又一个结论。俄国作家陀思妥耶夫斯基在小说《卡拉马佐夫兄弟》中写了一句名言:"如果上帝不存在,什么事都将是容许的。"萨特说,这句话是存在主义的起点,但也只是起点而已。人可以自由地选择任何事情,没有一个全能的上帝在约束他,但同时他也要为他的选择承担全部的后果,没有一个上帝为他承担责任。绝对自由意味绝对的责任。这里的"绝对"同样是"无条件"的意思。一个人只要选择了一个事件,他就得为这一事件的后果承担全部责任,他不能把责任推委于他无法控制的条件,把自己选择及其后果说成是不可避免、命中注定、迫不得已、顺乎自然、随波逐流的,等等。萨特说:

> 上帝不存在是一件很尴尬的事。因为随着上帝的消失,一切能在理性天堂内找到价值的可能性都消失了……因此人就变得孤苦零丁了,因为他不论在自己的内心里或者在自身以外,都找不到可以依赖的东西。他会随时发现他是找不到借口的。①

绝对自由给人带来的不是什么幸福和喜悦,而是萨特称之为"苦恼"的无依靠感、惶恐感和巨大的责任感。这种心态犹如一个站在深渊边缘的人欲跳而止、欲罢不能的感觉,它是一般人难以忍受的,因此,人不像传统哲学家所相信的那样向往自由、热爱自由,而是千方百计地逃避自由。萨特说:"存在主义的核心思想是什么呢?是自由承担责任的绝对性质,通过自由承担责任。"②绝对自由意味着选择的绝对自由以及承担选择后果的绝对责任。自由是绝对的,因为自由不是人的选择,人是完全自由的,自由不是外在于人的目标,而是他的存在和意识的内在结构。任何有意识的人都是自由的,任何存在着的人都是自由的。绝对的责任和随之而来的苦恼是人为

---

① 萨特:《存在主义是一种人道主义》,第12页。
② 同上书,第23页。

他的自由所承担的重担。萨特说:"我们进行的选择是自由的,但是我们并不选择自由:我们命定是自由的,我们被抛进自由"①,这里的"命定"(condemned)有"被定罪""被逼"的意思。也就是说,人不得不自由,自由是他摆脱不掉、必须承担的生活负担。

人不能选择自由,但可以逃避自由,找出种种借口推卸自由选择必须承担的责任,这些借口就是有意识或无意识的"自欺"(mauvaise foi / bad faith)。自我欺骗当然也是一种自由选择,但却采取了决定论的内容。在萨特笔下,人在任何情况下的选择都是自由的,如在参军和留下之间作选择的青年、伪警察、囚禁中的抵抗者、调情的女人、过分殷勤的侍者、做伪证的妓女,都没有借口推卸自己的责任。但是,如果他们相信,自己不能作出选择或没有责任,那就是自我欺骗。自我欺骗的对象与其说是他人,不如说是自己。也就是说,在主观上,欺骗者并不想找推卸责任的借口,他们或许根本没有意识到自己有什么责任,或许真诚地相信自己是不自由的。萨特在《存在与虚无》的"自欺的行为"一节里,描写了两个自欺者的心理状态。一是初次约会的女人,她的手被约会的男人抓在手心,她虽然很不情愿,但又不把手抽回,而是假装沉浸在关于高尚爱情的对话中。她不抽回手,就是选择了与男人调情,与男子进行高尚爱情的谈话只是调情的借口,"我们可以说,这女子就是自欺的"。另一个人是咖啡馆的侍者,他的服务过分地灵活,过分地准确,"他像走钢丝演员那样以惊险的动作托举他的盘子",好像他的机械动作只是模仿一个准确严格的侍者的形象,他没有意识到或者不愿意相信,他模仿的侍者,是在他的心目中树立起来的,是他为自己的生活而作出的选择,重复的模仿只是"我只能在表象中是这个主体"②的自欺行为。

五、存在主义的马克思主义

萨特对马克思主义的态度颇为复杂。虽然他在政治上一直是马克思主义者的同路人,但不赞成马克思的唯物主义决定论。1946年他在《现代》杂志上发表文章说,唯物主义是一种神话,而不是科学的知识,因为它不能了解人是自由的,是自我超越的主体;但他又说,唯物主义与革命的态度是不

---

① 萨特:《存在与虚无》,第604页。
② 同上书,第91、95页。

可分割的,它是一种唯一能够适应当前革命需要的神话。他又说,真正的革命的理论必须最终与神话决裂。他在《存在主义是一种人道主义》中说,存在主义是唯一不把人当作物的理论,而唯物主义把一个人变成了与一张桌子或一块石头一样的质料和现象。

萨特后来说:"我放弃了战前的个人主义和纯粹个人的概念,转向社会里的个人和社会主义。"①在 1960 年写作的《辩证理性批判》一书中,萨特对马克思主义大加赞扬。他认为,自 17 世纪以来,只有三个哲学创造时期:笛卡尔与洛克时期、康德和黑格尔时期以及马克思时期,任何超越的企图都将返回到马克思主义之前的时代。马克思主义"还十分年轻,几乎是处在童年时代,它才刚刚发展。因此,它仍然是我们时代的哲学,它是不可超越的"。他批评教条主义把马克思主义的"活的哲学"变成封闭的教条,他要抛弃"自然辩证法"和辩证唯物主义,只承认马克思的批评辩证法即历史唯物主义。萨特要在"马克思主义的边缘发展一种存在主义"。②他说:

> 马克思主义在今天表现为唯一可能同时是历史的和结构的人类学,唯有这种人类学可以在人的整体性中研究人,即从他的整体性中来研究人……实践的概念同辩证法的概念不可分割地联系在一起……存在主义在马克思主义内部,从同一种感知出发,也应试图对历史作辩证的解释,除机械决定论之外,不质疑任何东西。③

但是,萨特所质疑的"机械唯物论"恰恰是生产方式决定上层建筑的历史唯物主义基本原理,他的"人的整体性"是从"群集"到"集合体",再到"公共机构"的异化—革命—再异化的"实践惰性"的循环。萨特企图用"激情的群体"的斗争代替"实践惰性"④。不过,萨特的"斗争原则"与马克思主义的阶级斗争理论毫无共同之处,充其量表达了同时代"对抗文化"或"反抗的人"的无政府主义。他认为"五月风暴"的学生造反证明了《辩证理性批判》的正确性。

对萨特而言,《辩证理性批判》与《存在与虚无》不同,侧重点是先决条件对人的活动的限制,人的自由不是绝对的,而要在社会群体中实现。萨特

---

① *Sartre by Himself*, Urizen Books, New York, p.48.
② 萨特:《辩证理性批判》上卷,林骧华等译,安徽文艺出版社,1998 年,第 10、28、18 页。
③ 同上书,第 139 页。
④ 同上书,下卷,第 508 页。

说:"千万不要误以为我像斯多亚派宣扬的那样,说人在任何状态下都是自由的。我的意思恰恰相反,人都是奴隶,因为他们的生命是在实践惰性场域中展开的。"①其实,没有人误解他,萨特在道德责任的意义谈论"绝对自由",而在社会政治领域谈论"实践惰性",只不过前一方面的思想比后一方面的思想更能体现存在主义。

第二节 加 缪

存在主义不但是文学,而且是一种文学写作方式,陀思妥耶夫斯基可谓存在主义文学的先驱,萨特是哲学—文学"双料"的存在主义者。与萨特同时代的存在主义文学家代表阿尔伯特·加缪(Albert Camus,1913—1960年)生于阿尔及利亚的一个贫苦家庭。大学毕业后从事报业,曾一度参加共产党。二战中来到法国,参加反法西斯的抵抗运动。加缪获1957年诺贝尔文学奖。他虽然不是一个职业哲学家,但写作哲学作品表达他的理念。他的每一部主要文学著作都有一本意义与之相应的哲学作品。与他的小说《局外人》(1942)相应的哲学随笔是《西西弗的神话》(1942);与他的另一部著名小说《鼠疫》(1947)相应的哲学作品是《反抗的人》(1951)。这两组作品分别代表了加缪思想的两个阶段:虚无主义和人道主义,这两种思想的共同特征是激进的无神论的存在主义。

一、荒谬问题

加缪断言:"真正的严肃的哲学问题只有一个:自杀。判断生活是否值得经历,本身就是在回答哲学的基本问题。"②这里所谓的"判断生活是否值得经历"是对生活价值的怀疑,它是由荒谬感引起的。讨论自杀的问题还得从本源处谈起。

从存在主义的立场看,世界没有自身的目的和意义,现实并不是合理的,这就产生了世界是荒谬的感觉。严格说来,世界本身并不荒谬,它只是存在那里,并不管人的理想和价值、希望和意义。荒谬是由于人对世界的合理的期望与世界本身不按这种方式存在之间的对立而产生的。荒谬感的产

---

① 萨特:《辩证理性批判》下卷,林骧华等译,安徽文艺出版社,1998年,第490页。
② 加缪:《西西弗的神话》,杜小真译,生活·读书·新知三联书店,1987年,第2页。

生有各种途径,加缪对此有详尽的描写。比如,在日常单调的令人窒息的生活中,我们免不了会在忙碌中停下来问一句:如此生活为什么?我们忽然感到日常生活毫无目的,我们的存在顿时失去了意义,世界显得黯淡无光。这是通过日常经验而生成的荒谬感。我们中国读者熟悉的《红楼梦》的"好了歌",表达的不也是这种荒谬感吗?再如,我们看到自然对人的价值和知识的漠视。人类追求关于世界的绝对可靠的知识,但在世界不可还原的多样性面前,这种企图注定要失败。人类在灵魂深处躁动着明晰性的愿望,这是我们对于存在追根溯源,想要给予一个最终的说明的愿望,但是,世界的无理性和存在的神秘性无视我们的愿望,甚至充满着敌意,我们的知识却无能为力。这是从人类认识的有限性中产生的荒谬感。

荒谬感源于对生命有限性的认识,特别是意识到死亡将至的时刻,死亡成了一切价值的毁灭者,最突出地揭示了世界的荒谬性。加缪描写了《局外人》的主角在牢房里知道他被判死刑时的念头:

> 谁都知道,活着是不值得的。事实上我不是不知道三十岁死或七十岁死关系不大,当然喽,因为不论是哪种情况,别的男人和女人就这么活着,而且几千年都如此。总之,没有比这更清楚的了,反正总是我去死,现在也好,二十年后也好。此刻在我的推理中使我有些为难的,是我想到我还要活二十年时心中所产生的可怕的飞跃。[1]

人在面对着死亡的时刻,生命成了世界的唯一价值,死亡将至的现实与希望活下去的愿望相对立,让人陷入不可自拔的荒谬感之中。面对着荒谬感,有三种不同的反应。

一是自杀。加缪说:自杀的根源在于"看到生活的意义被剥夺,看到生存的理由消失,这是不能忍受的,人不能够无意义地生活"[2]。

二是在人的生活之外寻求意义,这是大多数哲学家的态度,其中有非理性主义和理性主义的态度。有神论的存在主义者克尔凯郭尔和雅斯贝尔斯代表了非理性主义的立场。他们把荒谬神化,崇拜理性不可理解的东西,主张从世界向上帝的飞跃。他们说,上帝存在于人的理性之外,因此才有荒谬感,但上帝又是意义的源泉,生活的意义不是在理性,而是在信仰中获得。

---

[1] 《加缪文集》,郭宏安等译,译林出版社,1999年,第541—542页。
[2] 加缪:《西西弗的神话》,第5页。

加缪说,有神论用上帝压制人类追求合理秩序的愿望,把人的理智的追求变成了罪恶。另一方面,胡塞尔代表了理性主义的立场。胡塞尔在事物本身上面找到了绝对价值,力图恢复那个缺少了它就会产生荒谬的理性原则。加缪说,这是用理性来压制荒谬存在的不可理解性。他认为,无论理性主义和非理性主义都没能克服荒谬感,他们虽然逃避了肉体的自杀,却没有摆脱哲学的自杀。他说:"在荒谬的精神看来,世界既不是如此富有理性,也不是如此地无理性,它是毫无理由的。"①"毫无理由"指理性的无能为力,但在理性之外又一无所有的悖论。哲学家一旦意识到这一悖论,他的哲学也就在荒谬感面前完结了。

三是在生活之中创造意义。这是无神论者,特别是加缪的意见。西西弗代表了这种态度。按希腊神话传说,西西弗因为揭露和欺骗诸神被罚终生服劳役,他的命运是把巨石推上山,但就在石头被推上山的那一刹那,石头滚回山下,他又要开始新的劳动,如此循环,永无止境。西西弗明白自己的劳作归根到底是无意义的,但他把无意义的生活看作一个从中可以获得快乐和满足的过程。他认识到世界的荒谬性,面对着生活的有限性和无目的性而又藐视荒谬,以积极的、创造性的态度对待生活,从中创造价值。加缪写道:

> 西西弗无声的全部快乐就在于此。他的命运是属于他的。他的岩石是他的事情。……西西弗告诉我们,最高的虔诚在于否定诸神并且搬掉石头。他也认为自己是幸福的。这个从此没有主宰的世界对他而言既不是荒漠,也不是沃土。这块巨石的每一颗粒,这黑黝黝的高山上的每一颗沙砾,只有对西西弗才形成一个世界。他爬上山顶所要进行的斗争本身就足以使一个人的心里感到充实。应该认为,西西弗是幸福的。②

这段话可以说是对尼采的"积极虚无主义"的形象描绘。

西西弗是加缪心目中的英雄,其他像唐璜、征服者、演员、艺术家那样的人,也都是在不断重复的、看起来是无目的动作中创造价值,获得满足的。这些人的人生态度是"目的是没有的,过程就是一切"。无神论者也是这

---

① 加缪:《西西弗的神话》,第 60 页。
② 同上书,第 161 页。

样,他们认识到,死亡之后没有来世,没有上帝的奖励和惩罚,自我牺牲的利他行为并不比彻头彻尾的利己行为更有价值,两者对个人终极目的而言是无差别的。即使如此,他还是选择了前者,因为前者是一个创造价值的过程。这就是"不信上帝的圣徒"的人生态度。

二、反抗的人

在《反抗的人》中,加缪不再强调在无目的的过程中创造价值,而要在对现实的不正义、压迫、残酷等现象的反抗中,肯定生命的价值。他的出发点不再是归根到底的荒谬感,而是价值的失落。价值失落的原因是宗教信仰的失落。陀思妥耶夫斯基的《卡拉马佐夫兄弟》一书对此有深刻的描写。书中的主人公伊凡堕落在虚无主义之中,最终变疯了;另一位主人公斯米嘉耶夫是彻头彻尾的利己主义者,最终杀死了自己的父亲。加缪从这本书读出的道理是,现代社会因为丧失宗教信仰而失去价值。

按照加缪的理解,面对价值的失落,先知式的思想家呼唤着新价值的重建,他们都寄希望于革命。尼采说,上帝死了,一切价值荡然无存,为了超人的理想,一切都可以牺牲;黑格尔说,历史在最后阶段达到绝对观念,为了这一目的可以破坏一切价值,为了未来可以牺牲个人。加缪认为,前者导致法西斯主义,后者导致共产主义。他说:"在天国覆灭之后,马克思的先知式梦想和尼采灵感般的预言召唤出合乎理想的国家或非理性的国家,但在两种情况下都靠恐怖来统治。"[①]加缪把法西斯主义与共产主义等量齐观,认为两者都是有目的、有计划的暴力革命,革命以自由和正义的价值为目标,但建立的新政府却是警察国家。

加缪提出了一个与革命不同的创造价值的过程——反抗。他所说的反抗是个人的反抗。对于个人反抗的特殊意义,加缪有这样一些说明。首先,上帝之死固然是价值失落的原因,但也是产生新价值的唯一来源。因为,价值失落产生荒谬感,而察觉到荒谬必须先有意识,而有意识又必须先有生命,生命于是成了代替上帝的新价值。再者,生命一旦成为价值,就是所有人共有的价值,于是,像"不准自杀""不准杀人"这样的道德命令就是普遍的规范。最后的结论是,凡是违反生命价值和普遍规范的行为和主张,都要加以反抗。反抗不仅是维护生命价值的手段,它本身就是价值。价值不但

[①] Camus, *The Rebel*, trans. by A. Bower, New York, 1956, p. 177.

是自在的，更重要的是创造出来的，是在维护生命价值的过程中创造出来的新价值。比如，当我冒着死亡的危险争取生命的价值，我也就超越了个人的生命，进入了以生命为神圣的境界。再如，人们争取共同目标的反抗过程中，人们相互团结，因此产生出利他主义的新道德。加缪把笛卡尔的第一原则"我思故我在"改为"我反抗，故我存在"①，说明反抗对于人的生存而言是头等重要的价值。加缪认为，马克思为了历史而征服自然，尼采为了自然而征服历史。加缪要走"第三条道路"，但他既没有自然观也没有历史感，他不知道，为了反抗而反抗不过是法国小资产阶级知识分子的无政府主义传统。

第三节 有神论的存在主义

萨特把存在主义分为两种：无神论的和有神论的存在主义，前者以他与海德格尔为代表，后者以雅斯贝尔斯和马塞尔为代表②。他提到的三人都不愿承认自己是存在主义者，萨特自己也不是彻底的无神论者，他在逝世前写的回忆录中几乎以忏悔的笔调写道："写作对于我无非就是祈求死神与经过改装的宗教，把我的生命从偶然拯救出来。我是一个教士。作为一名战士，我要通过我的著作来拯救我。"③即使如此，萨特关于无神论与有神论的存在主义的区分仍不失其重要意义。

存在主义是新兴的、普遍的价值观，它的广泛流行不能不与传统的价值观相冲突，而西方传统价值观的主要支柱是基督教。在这样的情况下，新价值观的倡导者(不论他们是否愿意接受存在主义的名称)不能不对宗教价值观表明态度。我们已经看到，萨特和加缪用存在主义来填补"上帝之死"留下的价值真空，这是典型的无神论的反应。另一些被当作存在主义者的人对基督宗教采取认同和支持的态度，他们认为自己的哲学符合传统宗教价值观的精髓，且与后者有相得益彰之功。马塞尔和雅斯贝尔斯就是这种价值观的代表人物。

一、马塞尔

加布里哀·马塞尔(Gabriel Marcel,1889—1973)毕业于索邦大学，获哲

---

① Camus, *The Rebel*, p.252.
② 萨特：《存在主义是一种人道主义》，第6页。
③ 萨特：《词语》，潘培庆译，生活·读书·新知三联书店，1989年，第180页。

学硕士。他早年信奉谢林、黑格尔和新黑格尔主义,一战期间,他参加红十字救护队,战场上对死亡和苦难的切身体验使他改变了哲学态度,从抽象的哲学思辨转入对人的生存处境的关怀。他1929年接受洗礼,加入天主教。他在一些中学讲授哲学,发表哲学著作,同时也是专栏作家、剧作家和文艺评论家,后被选为法兰西学院院士。马塞尔的主要哲学著作有:《形而上学日记》(1929)、《存在与有》(1935)、《存在的奥秘》(二卷,1951)、《人的尊严和存在的依据》(1964)等。

1. 奥秘和问题

马塞尔从事哲学的准则是从人的具体的生存处境出发,他认为这是哲学与科学的根本区别。科学的材料是客观对象,与人的生存处境没有直接关联。他举例说,一个化学家做实验所需要的材料可以向任何人购买,实验材料与购买者和出售者的生存处境无关,化学家可以利用这些材料得到普遍结论。哲学的思考则不同,哲学家使用的材料必须经过他的亲身体验,他所处的生存境遇不同,他的体验也就不同,他思考的材料的意义也就不同。这就是为什么哲学家好像使用相同的概念和术语,但却得到不同的结论。因为他使用的材料和因此得到的结论都与他的生存处境息息相关,哲学在本质上是一种个人的行为。即使哲学家使用了一些大家公用的材料,那也是经过他的特殊体验,赋予它们以与众不同的意义。这就是为什么每一个哲学家的思考都必须从头开始,不能依靠和利用他人取得的成果;哲学不能像科学那样不断地进步,这是由哲学的个人性所决定的。马塞尔说:"不断地重新开始,这是真正的哲学工作不可避免的部分。"①

马塞尔把人的生存处境分为两种:问题和奥秘。在问题的处境中,问题的对象是明确的,呈现在我的面前,发生在我的外部。我可以与问题保持距离,对它加以观察和分析,得到普遍有效的答案。比如,解一道数学题时的处境就是问题的处境。奥秘的处境则不同,在这样的处境里,我与问题的界线消失了,我不知道是在解决问题,还是在处理我自己;或者说,我面临的不是具体的问题,而是我自己的生存处境。比如,一个人在溺水时的处境就是奥秘的处境。"奥秘"(mystery)的意思不是神秘的体验,而有"不由自主""异乎寻常"的意思。马塞尔说:"奥秘是我自己投入其中的东西,因此,它

---

① Marcel, *The Philosophy of Existence*, trans. M. Harari, London, 1948, p. 93.

只能被想象为这样一种处境,在其中发生于我之内的与之外的东西失去了意义和原先的有效性。"①在奥秘的处境中,一个人接触到最为贴己的生存状态,处境中的一切与他的生存是如此接近,以致它们的意义和作用都因他的生存而转移。溺水者眼中的水不再有小桥流水的诗意,他所能找到的一根浮木也不是烧火的木材,这一切都失去了寻常的意义和原先的有效性,变成只有溺水者本人才能体验到的奥秘。

人们共同的问题处境构成了我们的日常世界。马塞尔把我们所处的世界称为功能世界,功能世界是分裂的世界,每一事物按照它的功能被划归于各种类别,每一个人也按不同的功能被列入不同的类别,按照他在不同社会组织的功能,一个人有不同的角色,比如,他在教会内是教徒,在政府机构里是官员,回到家里是父亲。功能世界中的人是不同功能的集合,他的人格是分裂的。我们可以设想这样一个问题处境,一个人对他的同伴说:"作为一个政治家,我把你当作同伙,但作为一个道德家,我把你当作敌人。"我们再设想这样一个处境,一个人对一个前来求助的人说:"作为政府官员,我无能为力;但作为一个人,我深深地同情你。"这一句话反映的是问题处境与奥秘处境的分裂。在奥秘处境里,一个人不再是承担某个功能的角色,他体验到真实的、完整的人格。马塞尔关心的是这样的人格,他的处境和他的所思所为。但他总是以分裂的人格为对照,来阐述人的真实存在与完整人格。

2. 第一反思与第二反思

"反思"一词的意义是对原生性的经验的再思考。在最初的经验中,经验的主体和对象是混沌一体的,反思意味着主体与对象的分裂,意味着主体的自觉和对象的呈现。马塞尔在总结他的哲学思想时说:

> 我不得不说,我的哲学思想的发展始终围绕着两个初看起来是自相矛盾的主题:一是我所谓的存在的突显,一是存在物的浮现,它们浮现为单独的个体,但被奥秘地连为一体。②

这里所说的"突显"和"浮现"都是指主体对于对象的反思。按照主体与对象关系的不同,马塞尔区别了第一反思和第二反思。

---

① Marcel, *Being and Having*, trans. K. Farrer, London, p.117.
② 转引自 H. Spiegelberg, *The Phenomenological Movement*, Martinus Nijhoff, 1982, p.451.

第一反思的对象是外在事物,即时空中的对象。第一反思是抽象的活动,它用概念把握事物的存在和属性,用分析的方法处理事物之间的关系。马塞尔指出,笛卡尔的"我思"就是第一反思的样板。"我思"的对象是时空中的一切,包括我的身体,他按照抽象的本质属性,把一切对象分为两类:物质的与精神的,因此造成了二元论。"我思"也是科学的思维方式的模式,可以说,一切科学思维都属于第一反思。但是,第一反思也被应用于人际关系。在第一反思中,每一个人都是独立的主体,他人都只是像外物一样的对象,人际关系变成了抽象的物我对立的关系,没有温情和爱。

第二反思的对象不是与我对立的,比如,我在倾听贝多芬交响乐或以爱关注孩子时,我所反思的是与我不可分离地联结在一起的对象。当然,我与对象的区别仍然存在,但两者区别的方式与第一反思中的情况大不相同。马塞尔用"我"与"我的身体"的关系说明了这一点。在第一反思中,"我思"与"我的身体"被抽象化为两种本质属性、两种实体,处于二元对立的两极。在第二反思中,"我"和"我的身体"在具体的生存处境之中,身体是我的生存不可或缺的部分,没有我的身体也就没有我的存在。但是,"我"不等于"我的身体",身体从属于我,而又不像外物那样从属于我,它以他物不可替代、他人不可体验的那种方式从属于我。我既不能说"我是我的身体",也不能说"我有我的身体"。"我的身体"和"我"既从属于我,又构成了我。

虽然第二反思也适用于我与物的关系,但它主要的应用范围是人际关系。第二反思中的人际关系是"我"与"你"的关系。"你"既是"我"的反思的对象,又是一个我可以与之交流、与之分享的另一半的"我"。这种"我—你"关系的极端情况就是上面所说的"我"与"我的身体"的关系。我与他人虽然不像与我的身体那样密不可分,但两者的实质是相同的,都处于休戚相关、荣辱与共的境地。

如果说,第二反思始于对"我"与"我的身体"的关系的反思,那么,经过"我—你"关系的体验,它最后到达的终点是"我"与"上帝"的遭遇。马塞尔把上帝说成是一个大写的、绝对的"你"。就是说,我在第二反思中,通过"我—你"的人际关系而与上帝遭遇。上帝既是通过人与人精神沟通而出现的,也是人们精神交流的基础。对马塞尔来说,爱上帝与爱他人是不可分的,一切良好和谐的人际关系都依赖于上帝,并指向上帝。马塞尔认为,人是向存在开放的存在者,人在他的生存处境中,把越来越多的事物在越来大的领域联系起来,更通过人际关系,体验到"爱""创造性的忠诚""希望"等情感交流的真谛,在这样奥秘的处境中,他最终体验到存在的意义,这个大写的存在就是上帝。

3. 存在与有

我们知道,在西方哲学史上,"存在"的概念起源于"是"动词,它的原初意义是"是者"(being)。对此有两种不同的理解,一是把"是"解释为存在的过程,在此意义上,"是"的意义是"在",说"是者"的意思是"存在着的东西"(existing);另一种解释把"是"理解为万物的本质,在此意义上,"是"的意义是"有","是者"的意思是"拥有"(having)。对应于这两种意义,中文也有"存在"和"有"这样两种译法。

从克尔凯郭尔开始,存在主义者区分了"存在"和"本质"。他们强调说,只有人的存在才是一个存在的过程,其他事物只有类群所拥有的特征。在《存在与有》一书中,马塞尔从形而上学的根本处区别了人的两种生存方式或生活态度。形而上学的根本对象是"是者",而不是"拥有的东西","存在"的意义在于"是"某一过程,而不是"有"什么特征。对于一个人而言,"我是谁"和"我有什么"是完全不同的问题,两者所针对的是两种完全不同的生活方式,一个人可以一无所有,但不可能一无所是。

"我是谁"的问题针对的是我的存在过程,只有在"奥秘"的处境里,我才接触到真实的人格,在"我—你"关系中,我才能反思人生的真谛,只有在与上帝的遭遇中,我才体验到存在的意义。所有这些过程都是对"我是谁"的回答,存在过程的内容越深刻、越丰富,这一问题的答案也就越完满、越清楚。

"我有什么"的问题针对的是我所拥有的东西。马塞尔进一步区别了"具有"和"占有",前者指我所具有的内在属性,如技能、健康、资格,等等;后者指我所占有的外在事物或标志,如财富、名誉、地位、权利,等等[①]。不论我具有或占有什么,这些东西都不能构成我的存在,相反,它们是对我的存在的异化,把我异化为被拥有的东西,这在"占有"的状况中表现得特别明显。首先,"占有"包含一个占有者和被占有物,人与物是分离的,占有者需要确立他对于被占有物的权力,于是引起了"占有欲"。其次,

---

① Marcel, *Being and Having*, pp.160-162.

被占有物有被丧失和被损害的危险,这引起了我惧怕、嫉妒的心理和看管、监视的习惯,就是说,我被"物欲"所累。最后,占有需要权力、控制和服从,这些引起了"支配欲"。总之,在占有的状态中,我被异化为物,我的存在被异化为我拥有的东西,只为拥有什么而生存。马塞尔在他的哲学著作和文学作品中,深刻地揭示了现代人为了"拥有事物"而"不是自我"的可怜处境。

二、雅斯贝尔斯

卡尔·雅斯贝尔斯(Karl Theodor Jaspers,1883—1968)出身于一个富商家庭,1909年在海德堡大学获医学博士学位,后在大学的精神病医院工作。在胡塞尔的意向性理论的影响下,他于1917年发表了《普通精神病理学》一书,1922年转为哲学教授。雅斯贝尔斯的妻子是犹太人,他因此在纳粹当政期间被解除教职。二战后任海德堡大学校长,他积极参加对纳粹主义的清算,1948年起到瑞士巴塞尔大学教授,直至去世。他的主要哲学著作有《哲学》(三卷,1932)、《生存哲学》(1938)、《论真理》(1947)、《基督教天启宗教的哲学信仰》(1962)等。

1. 面向存在大全的超越

雅斯贝尔斯说,他关心的仍然是存在的意义这一古老的哲学问题,但他要从生存哲学这一角度来阐明该问题。"哲学化"是与"科学"相对的一个概念。科学在众多存在物中确定某一个对象加以研究,哲学不是科学之科学,不是科学之总汇,因为哲学研究的存在自身不是各门科学研究对象的总和,而是存在的"大全"(das Umgreifende)。把哲学变成科学的企图不是在"抬举"哲学,而是颠倒了主次关系,把局部当作全部,把对象当作存在。哲学不能是科学,既不是各门科学中的一门,也不是科学世界观;哲学只能是存在论,而且只能是生存哲学。

雅斯贝尔斯说:"大全只是显示自身,表现在对象和视域之中,但它从不成为一个对象。"①他意识到一个悖论:

我们总是生活在我们知识的一个界域,我们努力包围我们、构成我

---

① Karl Jaspers, *Philosophy of Existence*, trans. R. F. Grabau, University of Pennsylvania Press, 1971, p. 18.

们观点的视域,但我们总不能站在任何一个局部的界域完全消失的立场来观望那个完全的、没有界域的全体。①

面对客观对象与生存的悖论,克尔凯郭尔提出了激情跳跃的出路,雅斯贝尔斯采用跳跃的最终出路,但他首先寻求哲学的澄清,用命题来表述不可显示的存在。雅斯贝尔斯说:"通常意义上的知识导致的逻辑不可能性,在哲学上却是这样的可能性,即不断澄清与所有确定知识完全不同的存在的意义。"②哲学澄清不是整体把握,而是把存在大全分析成具体的模态,澄清存在不同模态的意义。雅斯贝尔斯区别了存在大全的相互对应的两个模态:客观模态是被表象的存在自身,即世界;主观模态有三个层次:意识一般、此在和精神三个层次。

(1) 意识一般是认知主体,在认识论范围内,主体与客体相对应。康德认为我们所能知的只是经验对象,如果要获得关于世界整体的知识,就会陷入二律背反。但康德强调,所有对象都以思维意识为条件,意识一般的主观统一性亦即一般对象的统一性。康德的现象界是人所表象的世界,而意识一般是"我思"。雅斯贝尔斯以康德为例说明意识一般与它所认识客观世界的一致性,两者构成存在大全的认识论模态。

(2) 人的主体不仅是"我思",而且是"此在"。此在不是用认识、而是用行动和情感把握世界。"此在有开端和终点,在它环境中劳作和奋斗、努力和放弃、欢悦和受难、焦虑和期待。"③雅斯贝尔斯对此在与世界关系的阐明与海德格尔的"在世之在"相似。不同的是,他没有把此在的意义等同于生存,而是说明此在与周围环境在人的实践基础上的统一。

(3) 人的主体还是精神,精神对应的不是实在世界,而是理想世界。精神总要在理想的指引下超越知识和实践特定领域的界限。在人类历史中,理想世界与实在世界的区分是相对的,理想世界不断被实现,实在世界又唤起新的理想世界,从实在到理想的超越在时间中永远不会终止。

一般认为,人的本性或主体性决定了他不断超越自身和现实世界,雅斯贝尔斯从存在论的高度思考超越,区分了内在超越与外在超越。人作为有

---

① Karl Jaspers, *Philosophy of Existence*, trans. R. F. Grabau, University of Pennsylvania Press, p. 17.
② Ibid., p. 19.
③ Ibid., p. 20.

意识的、精神的此在是存在大全的主观模态,而世界是存在大全的客观模态,人在理想的指引下不断认识和改变世界并随之认识和改变自身是在存在大全之内的超越过程,即内在超越。但内在超越之所以可能、之所以得以连续不断,乃是因为存在大全在人与世界之外,如果人只满足于超越世界和自身,而不朝向外在的存在大全超越,那么他就在不同程度上受制于主观或客观的条件限制,就是说,没有真正意义上的自由。

朝向存在大全的外在超越是自由的,还是因为它是一个人自由决定的跳跃。雅斯贝尔斯说:"这一跳跃是我为了自由的决断,只有通过和为了超越,自由才存在。"由于外在超越,存在大全不是外在于人及其世界的寂静冷漠的全体,而是亲近人、召唤人的"生存"(Existenz)。这是一个"开放的、包容所有界域而自身没有界域的存在自身。我听到他说话,感到他在指向、警告、引导的闪烁信号,大概在显示其所是"。① "生存"是哲学化的最终目标,因此雅斯贝尔斯把哲学等同于生存哲学。需要注意的是,雅斯贝尔斯所说的"生存"与海德格尔和存在主义者所说的生存具有完全不同的含义,而其指称明白无误地指向基督教的上帝。

2. 哲学的信仰

当把雅斯贝尔斯的生存哲学被归为有神论存在主义的范畴时,我们需要明确两点:第一,雅斯贝尔斯不是一般的有神论者,而是基督教的信徒,他信仰的首先是《圣经》;第二,作为一个哲学家,他信仰的不只是基督教的信条教义,而且是哲学的信仰。"哲学的信仰"是针对神学信仰、宗教狂热和无信仰而言的。

(1) 二战前后德国神学界流行布尔特曼对《圣经》进行解魅的批判解经法。在《哲学的信仰》和《哲学的永恒范围》等书中,雅斯贝尔斯强调西方哲学与《圣经》之间的联系,旨在表明对《圣经》的理性解释不只是解魅,更重要的是哲学化。他说:"西方哲学的关键主题不只有其希腊的历史来源,而且也来自圣经思想","至尼采为止(包括尼采)的伟大西方哲学家无不通过贯通《圣经》知识的途径思考哲学"。② 来自圣经思想的西方哲学主题有

---

① Karl Jaspers, *Philosophy of Existence*, pp. 25, 26.

② K. Jaspers, *The Perennial Scope of Philosophy*, trans. R. Manbeim, Routledge, 1950, pp. 41, 109.

七:唯一上帝,上帝造物主的超越,人与上帝遭遇,上帝的命令,历史感,苦难,向无法解释领域开放。经过西方哲学对这些主题的证明、解释、反思或澄明,《圣经》的内容并不神秘,无须神学家解魅。哲学信仰的内容包括上帝的超越性、善恶之间的自由选择,以及以"爱"为中心的绝对命令道德原则等。对雅斯贝尔斯来说,没有对超越信仰的哲学不是真正的哲学,没有信仰的哲学家不是真正的哲学家。

(2) 如果没有理性的态度,不经过哲学化,圣经的内容往往被迷信和狂热所曲解。惟一上帝被曲解为抽象的、否定的原则,以"一"杀"多";超越的上帝被曲解为对世界的离弃,把世界视为虚无;与上帝遭遇被曲解为对上帝的唯我论的索取和占有;上帝的命令被曲解为抽象原则或繁文缛节;苦难被曲解为心理上的自虐或施虐;向无法解释领域的开放导致绝望或怀疑。这些曲解似乎恪守信条教义,但"我们时代圣经宗教产生的这些曲解常常不明显的策略是一种对源始的信仰柱石的歪曲"①。在雅斯贝尔斯看来,自由派的圣经批判学与基要派的宗教狂热异曲同工,都对《圣经》这一"源始的信仰柱石"加以颠倒歪曲,哲学的信仰则是避免这两种极端的正道。

(3) 无信仰不等于无神论,而等于"反哲学"。令人困惑的是,反哲学常以哲学的面目出现,雅斯贝尔斯说:"披着哲学的道袍,反哲学转身反对哲学,因为它意味着哲学的否定";否定了哲学也就失去了信仰,因为哲学是"一种生活和思考的模态,信仰根源于此"。② 反哲学与无信仰的共同之处是,两者只承认"经验的此在——实在——世界"的内在性,而否认超越的存在;更有甚者,它们用偶像崇拜取代超越的存在。

无信仰的崇拜物有三:魔鬼学、神化的人、虚无主义。三者是都披着哲学的外衣的反哲学。雅斯贝尔斯引用歌德和克尔凯郭尔的观点说:"魔鬼是欲求绝对肯定自我的人"③,绝对肯定的自我用权力建制和毁灭的社会形态取代存在的模态,这就是《圣经》中所说的魔鬼或撒旦。"神化的人"是魔鬼般权力的代表者,如历史上的帝王英雄和现实中的元首领袖,他们取代了上帝,俨然是人间诸神。虚无主义否定上帝存在、否定上帝与人的关系、否

---

① K. Jaspers, *The Perennial Scope of Philosophy*, trans. R. Manbeim, Routledge, 1950, p. 44.
② Ibid., p. 115.
③ Ibid., p. 122.

定人对上帝的义务、否定真理的超越性。雅斯贝尔斯所说的"无信仰""反哲学"蕴含着对猖獗一时的德国法西斯主义的批判。

3. 德国民族的罪责

雅斯贝尔斯厌恶、反对法西斯主义,在恶劣的环境中,他保护犹太血统的妻子,但他并未因此而宽恕自己,也没有原谅他的同胞。他呼吁全体德国人都应正视和承担罪责。1945年,战争刚结束,雅斯贝尔斯发表了《罪责问题》的广播讲话,代表全体德国人对战争罪责的深刻反省,这是历史上罕见的民族忏悔录。

雅斯贝尔斯把罪责分四个层次。① (1)法律上的罪责。只有战争罪犯才负有法律上的罪责。(2)政治上的罪责。凡是没有公开反对和抵制法西斯政府的人都负有这种罪责。这是第三帝国公民应该承担的罪责,因为他们都不同程度上卷入了法西斯主义的群众运动。因为政治上的罪责是民族性的,对它的惩罚也是民族性的。面对战后国土分裂、灾荒、萧条和破落的局面,德国人没有权利怨天尤人,因为这一切都是他们自己的过错造成的。(3)道德上的罪责。那些在自己的亲友、熟人、邻居遭到迫害和杀害时没有站出来防止暴行的人都应受到良心的责备。(4)"形而上的罪责"。雅斯贝尔斯提出这样的观点:在当时的恐怖环境里,任何公开的反抗者非但不能搭救他人,还会有性命之虞,既然如此,为什么普通德国人还要承担道德上的罪责呢? 雅斯贝尔斯说:"在德国,当成千上万的人在与纳粹政权的搏斗中不惜生命、大多数人无声无息消亡时,我们没有直面死亡;当我们的犹太朋友被带走时,我们没有上街;当我们自己也被摧毁时,我们没有呐喊。我们以一个懦弱的、然而逻辑的理由,宁可活着,因为我们的死不能帮助他人。"他近乎冷酷地说:"我们还活着这一事实便是我们的罪责。"因为,"在上帝面前,我们深感羞耻"。

不同于法律和政治的集体罪责,道德和形而上的罪是个人罪责。每个德国人应为没有履行对道德律和造物主的责任而承担罪责,当时环境或个人能力的限制都不能使个人心安理得地免除内疚和羞耻,"裁判权只取决

---

① K. Jaspers, *The Question of German Guilt*, trans. E. B. Ashton, Fordham University Press, New York, 2000, pp. 25-30.

于上帝"①。雅斯贝尔斯代表德国民族所作的忏悔触及德国人的灵魂,引导他的同胞对生存价值和未来作出新的判断。德国战后的历史说明,能够勇敢地承担历史罪责的民族,也有勇气开创未来。

4. 世界哲学

雅斯贝尔斯晚年时提出了关于世界哲学的构想。他把人类的生存意识看成是一个同步产生和发展的整体,因此,可以把生存哲学推广到世界历史的范围。在《历史的起源和目标》一书中,他提出了"轴心时代"的著名论断。"轴心时代"指的是公元前800年到公元前200年的六百年时间。这是人类思想史上最为激动人心的年代,中国出现了孔子和老子这样的伟大思想家,印度出现了《奥义书》和佛教的始祖释迦牟尼,伊朗出现了查拉图斯特拉创立的琐罗亚斯德教,希腊出现了荷马史诗以及一批伟大的悲剧作家和哲学家,近东出现了犹太教先知。雅斯贝尔斯说,在轴心时代,整个人类实现了精神突破,是人类的全面精神化和人性的全盘改造的过程。在此之前,人类囿于单纯的物质生产活动,以谋生为生活目标。只是到了轴心时代,人类才开始了自由的、超越的活动,上升到精神生活的阶段。直至现在,人类精神生活的主要形式和内容仍然来自轴心时代的遗产。雅斯贝尔斯说:

> 人类一直在靠轴心时代所创造的一切而生存。每一次飞跃都要回顾这一时期,并被它重燃火焰。轴心时代的潜力的苏醒和对轴心时代的潜力的回忆或复兴,提供了无穷的动力。②

近代以来,人类进入了雅斯贝尔斯所说的"普罗米修斯时代",即科技时代。这一时代的最高成果是现代科技,它极大地改善了人类的物质生活条件,但是人类的生存境况并没有得到相应的提高。相反,人类的生存境况因技术的无限制发展、群体意识的兴起和宗教的没落而恶化,科学主义的思维方式淹没了哲学,使人们忘记了对存在与生存的意义的寻求。雅斯贝尔斯预言,我们正面临第二个轴心时代。世界各地的人将在世界范围内思考全体人类的生存境况问题,可以说,第二个轴心时代的主题就是世界哲学。

---

① K. Jaspers, *The Question of German Guilt*, trans. E. B. Ashton, Fordham University Press, New York, 2000, pp.66, 26.
② 雅斯贝尔斯:《历史的起源与目标》,魏楚雄等译,华夏出版社,1989年,第14页。

雅斯贝尔斯有一个编著世界哲学史的庞大计划,部分遗稿以《大哲学家》为名出版。书中把苏格拉底、佛陀、孔子和耶稣当作"思想范式的创造者",把柏拉图、奥古斯丁和康德作为"思辨的集大成者",把赫拉克利特、斯宾诺莎等西方哲学家和老子、龙树作为"原创的形而上学家"。他说,这些大哲学家的"哲学思想是超越时代的……伟大人物在著作和生命之中和在他的创造性的成果里,使他们成为原则上任何人在任何时候都乐意谈论的对象"。大哲学家不仅是历史经典的创造者,而且是各个时代人类的镜子,他们"帮助我们意识到自身的在场、世界、存在以及神性。哲学透过所有特殊性目的,在整体之中给我们指示了生活的道路"。①

---

① 雅斯贝尔斯:《大哲学家》,李雪涛等译,社会科学文献出版社,2005年,"导论"第11、13页。

第七章 社会批判理论

社会批判理论是西方马克思主义的主要流派之一,它与法兰克福社会研究所是分不开的,又被称作法兰克福学派。一战之后,马克思主义思潮在欧洲风靡一时,一个大谷物商的儿子弗利克斯·威尔(Felix Weil)赞助成立法兰克福社会研究所,作为研究马克思主义的中心。它的历史经历了以下三个时期。

1923 至 1931 年为初期。所长为卡尔·格隆伯格(Carl Grünberg),作为一个经济学家和社会历史学家,他强调马克思主义是一门社会科学,而不是哲学系统,其目标不是抽象的原则,而是变化、发展中的具体世界。在他的指导下,研究所的方向具有经验主义色彩,主要从事实证的经济研究,研究项目包括:亚细亚生产方式研究,资本主义经济发展方向,苏联由市场经济向计划经济的转型等。

1933 至 1950 年为流亡期。1930 年 7 月,霍克海默(Max Horkheimer)担任所长。他强调社会哲学、而不是经济学史的研究。纳粹政权上台之后,法兰克福研究所被迫解散,多数成员流亡美国。这些成员受黑格尔哲学影响较深,他们用辩证法代替实证主义的方法,同时,把弗洛伊德的精神分析与马克思主义结合在一起。他们面临的中心问题是法西斯主义的根源和实质。该学派一些重要的理论著作完成于流亡期间。

1950—1968 年为兴盛期。二战后,法兰克福研究所恢复,并形成批评理论的学派。这时期学派的代表人物,除霍克海默之外,还有马尔库塞和阿多诺(Theodor Adorno)等人。他们的批判对象不仅针对资本主义社会,而且针对苏联模式的社会主义,与马克思主义渐行渐远。20 世纪 70 年代之后,哈贝马斯把批判理论变为改良理论,现在,他的后继者活跃在社会科学与哲学的交叉领域。

第一节　战后的法兰克福学派

法兰克福学派是在动荡的社会环境中成长起来的，它面临着传统理性主义难以解释的重大时代问题。这些问题有：为什么在革命条件成熟的时候，工人阶级都屈服于资产阶级的蛊惑与欺骗？为什么少数法西斯分子操纵了大多数有高度文化修养的德国人？为什么先进的科技和高效率的管理可以被肆无忌惮地应用于战场上和集中营中的屠杀？为什么人民群众在争取民主和自由的革命之后，又在新集权主义的铁腕下，陷入新的奴役和压迫？为什么资本主义的工人会心甘情愿地受剥削压迫？等等。

一、意识形态批判

法兰克福学派的成员们用黑格尔的否定辩证法和马克思的异化理论，提出意识形态批判理论。他们认为，意识形态不仅具有阶级性，而且具有整体性，其特征是对社会全体成员进行有效的控制和不知不觉的压制，即使对它持不同意见的人也不能例外。意识形态并不是由非理性的恶意宣传和欺骗造成的；相反，它是启蒙运动的理性主义发展的结果，霍克海默与阿多诺合著的《启蒙辩证法》，意在说明启蒙理性是一个自我毁灭的过程。他们认为，启蒙理性的精神是"工具理性"，与自然科学的实证主义相一致，它用分析方法找出因果联系，以便实现对自然、社会和个人的控制。控制成为理性的最终目的，其后果是"群众文化"和"文化工业"。他们因此得出了"启蒙运动是群众性的欺骗"[①]的结论。《启蒙辩证法》是一些"哲学片段"，没有什么逻辑，却有一个尼采式框架，只不过把尼采眼中的苏格拉底变成奥德赛，把对希腊悲剧精神的颂扬转变为现代喜剧精神的批判，把权力意志变成音乐，把教士的复仇变成征服自然的硬心肠，把形而上学的道德理性变成工具理性，把"上帝死了"变成"启蒙的自我毁灭"。

法兰克福学派看到意识形态所具有的平息和制止一切批判的风险，他们用批判理论鼓励人们说"不"，保留并发挥否定的权利。但是，他们面临的难题是：既然意识形态的控制是全面、有效、深入人心的，如何能展开成功

---

① 霍克海默、阿道尔诺：《启蒙辩证法》，渠敬东、曹卫东译，上海人民出版社，2006年，第107—152页。

的批判？为了解决这一难题，他们要求与现有社会保持距离，对它进行"反思"；反思是个人的、主观的、自由的，但却不是任意的，反思以整体性的东西为对象，其结论也是普遍的，带有必然性。后期哈贝马斯认识到，既要承认意识形态的整体性，又要对它进行整体性的批判，这是一个悖论，个人的反思不能消除这一悖论。于是他提出"社会交往"理论，强调在"对话"中缓和意识形态所造成的各种社会矛盾。

二、"工具理性"批判

法兰克福学派是与逻辑实证主义同时出现的流派，两者分别以社会科学和自然科学的基本问题为研究重点，研究的方法也迥然不同。但是，双方都力图把自己的原则和方法运用到对方的研究领域，因此产生了两者的长期对立和争论。早期有霍克海默对维也纳学派的批判，中期有阿多诺与波普之间的论战，后期有哈贝马斯对实证主义一般原则的批判。法兰克福学派对实证主义的批判有这样一些要点。

第一，实证主义把人的能动行为看作是机械决定论总图式中一个消极的、被决定的事实，把人的社会活动当作因果链条的一个环节，因此抹杀了自然与文化、物质与精神的差别。第二，实证主义者把世界看作是直接感觉的经验事实，抹杀了本质与现象的区别。第三，实证主义者过分夸大事实和价值的区别，因此看不到知识和人类利益之间的联系，不了解科学技术离开了人的根本利益，就会变成将人异化的媒介。最后，也更为重要的是，甚至于把自然科学理论作为人类知识的唯一模式和普遍真理，没有看到自然科学模式的特殊性和局限性。在自然科学模式里，研究者与研究对象相分离，研究者可以站在自然以外，对之加以客观的、冷静的研究。社会科学不能采取这样的模式，因为社会科学的研究者不能站在社会之外，而只能在社会之中研究社会现象。为了达到科学所要求的客观性和普遍性，社会科学必须与社会保持距离，对它进行整体性的反思，批判包括自然科学之内的一切理性知识的前提和标准。在此意义上，批判理论的结论也适用于自然科学的"工具理性"。

法兰克福学派与逻辑实证主义之间的对立应该在唯理论与经验论争论的历史背景中考察。虽然法兰克福学派面临的都是活生生的具体的社会问题，但他们解决问题的方法都保留了大陆哲学特有的思辨色彩。他们的理论来源主要是哲学，即使对待前辈的社会学、政治学和经济学的理论，他们吸收的主要也是它们的哲学基础部分。比如,他们看重的是马克思手稿中关于人与自然关系以及关于异化的思考,而不是《资本论》中对经济现象的具体分析;他们在弗洛伊德学说中吸取了思辨和猜想成分,而不是病理学治疗方法。另外,韦伯对于现代社会的理性分析、康德的先验哲学、黑格尔的辩证法,乃至胡塞尔的现象学、海德格尔的存在哲学,都是法兰克福学派建构自己理论的思想材料。从哲学上说,法兰克福学派并没有提出自己特有的体系和方法论,但他们却能利用已有的哲学理论和方法,对实际问题进行哲学研究,得出与众不同、令人瞩目的结论。他们的学说是关于社会和政治的学说,但又不是经验的实证研究,因此是为社会科学奠定基础的社会哲学和政治哲学。

三、弗洛伊德的马克思主义

法兰克福学派是西方马克思主义的重要派别。它不重视马克思的政治经济学,认为其中有实证主义因素。他们虽然重视生产力中科学技术作用,但极力贬低科技作用的意义,认为科技是异化人的工具。法兰克福学派完全否认关于阶级斗争和无产阶级革命专政的学说,论证工人阶级的"不革命性"。有人说法兰克福学派是"没有无产阶级的马克思主义",这一评价是恰如其分的。

法兰克福学派认为,唯物史观关于社会存在决定社会意识的原则是正确的,但却没有指出如何决定,通过什么中介与过程来决定。他们指出,从经济生活到思想之间存在着一个理论空缺,只有关于人和人性的学说能够填补这一空缺。因此,他们力图将弗洛伊德与马克思结合起来。阿多诺在《权威的人格》等书中用弗洛伊德对人的心理结构的分析来补充马克思对社会结构的分析,把马克思关于经济基础和上层建筑的两分法变成经济关系、心理结构、意识形态的三分法。这些经历过法西斯主义猖獗时代的哲学家亲身体验到,群众性的非理性狂暴行为和专制集权的制度有着密切的关系。如果把集权主义的社会比作一个疯狂的社会的话,那么,人们需要的不是能够治疗精神病的人的心理学,而是一种诊断出疯狂的社会毛病所在的群体心理学或社会心理学。里尔赫(Wilhelm Reich)早在1933年就指出:"法西斯主义不是一个人、一个民族或者一个各族或政治集团的意识形态和行为。普通民众原始的、生物的需求和行动在被压抑了几千年之后,他们非理性的性格结构的外现就是法西斯主义。"①换言之，人心中有法西斯主义的倾向。

弗洛姆(Erich Fromm)在《逃避自由》(1941)一书中，对人心中的法西斯倾向作了详细的分析。自启蒙时代以来，人们普遍相信，人生而自由，自由是人的天性。弗洛姆反对这一传统的见解。他认为，人并非生而自由，追求自由并不是人的天性。相反，人的本能需求首先是安全，儿童在家庭庇护下得到安全感，人类在其童年时代则在以血缘关系为枢纽的部落中得到安全感，他们需要一个严厉而又仁慈的父亲的庇护，摆脱心理上的恐惧，包括对黑暗、陌生人和死亡的恐惧，还包括对未来，对自己行为后果，对一切未知事物的恐惧。权威主义、图腾和祖先崇拜以及原始宗教，都出于摆脱恐惧、获得安全感的心理需要。在文明社会中，部落和家庭的庇护丧失，人在成年之后，被抛到社会，面对陌生人和未知的未来，人有了相对多的自由。但自由意味着丧失庇护，是以丧失安全感为代价。人对此的本能反应不是选择自由，而是逃避自由。这种本能表现为受虐和施虐的潜意识，前者在自我责备、逆来顺受中取得安慰，后者以支配、控制和残害人为乐趣，两者都表现为对他人的依赖，对个人自由和独立人格的厌恶。在一个疯狂的社会里，在动乱、争夺和恐怖的环境中，人与人之间稳定的合作关系不复存在，人人自危。为了重新取得丧失了的安全感，个人必须依附于某一集团、机构或者一个强有力的人。这种人身依附导致思想上的盲从与迷信。正因为安全先于自由，高于自由，人们宁可以牺牲自由的代价来换取安全。法西斯主义的心理根源正是施虐狂和受虐狂在人类历史上的空前发泄。

弗洛姆不但从社会关系的角度解释了人类逃避自由的倾向，还以精神分析剖析了逃避自由的心理机制，弗洛伊德区分了寻求快乐的性本能和寻求死亡的破坏本能。弗洛姆将这两者结合在一起，认为下意识有施虐意识与受虐意识两种形式。施虐意识产生出支配欲和权力欲，受虐意识则在自我责备或外来的压迫中获得满足。下意识的这两种形式都要在对他人的依赖中获得满足。人的下意识结构决定了人在本能上是厌恶自由的。当施虐与受虐意识受到社会制度和伦理规范的压抑时，它们或者在性格行为上不知不觉地流露出来，或者在性施虐狂与性受虐狂的行为中明显地表露出来。

---

① Wilhelm Reich, *The Mass Psychology of Fascism*, 3rd, trans. V. Carfango, Farrar, Straus and Giroux, New York, 1980, "Preface", p. x.

一旦理性的藩篱被撤除，潜意识便发展为施虐癖与受虐癖。在法西斯主义运动中，原始的本能尽情宣泄，人的自由丧失殆尽；一方面是施虐癖者耀武扬威，另一方面是受虐癖者的忏悔和认罪。希特勒这个杀人狂的特殊之处是结合了两者的"施虐—受虐狂，即一个人对使用权力的永无满足的热情，以及为控制他人同时也是对自我毁灭的永无满足的热情"；不仅如此，希特勒还有"恋尸癖"（necrophilia），即对死亡和死的事物或所有不能生存的事物有特殊癖好。① 与之相反，弗洛姆赞同马克思在1844年手稿中关于"合乎人性的关系"是用爱来交换爱、用信任来交换信任的说法，提倡热爱自己生命与热爱他人生命的统一。在《健全的社会》中，他从精神分析学的角度论证自由社会的合理性，说明在一个安定、繁荣的社会中，人的安全感在与其他成员合作的过程中成熟、增强，生命之爱也随之培养起来。

第二节 马尔库塞

赫伯特·马尔库塞（Herbert Marcuse, 1898—1979）是犹太血统的德国人。"十月革命"后参加过在德国发生的革命，任士兵委员会委员。一战后到弗赖堡大学求学，1922年，在海德格尔的指导下，完成博士论文《黑格尔的本体论和历史的理论基础》，但他与海德格尔的关系并不融洽。经胡塞尔的推荐，于1931年到法兰克福社会研究所工作，对黑格尔的理性历史运动和马克思异化思想进行专门研究，1934年，马尔库塞流亡美国，先在哥伦比亚大学的社会研究所就职，二战期间，服务于美国战略情报局，发表《理性与革命》（1941），战后在哥伦比亚大学、哈佛大学等处任教，发表《爱欲与文明》（1955）、《苏联马克思主义》（1958）、《单向度的人》（1964）。马尔库塞把黑格尔、海德格尔、弗洛伊德和阿多诺等不同来源的思想结合在一起，构成针对资本主义现状的激进批判，因而风靡一时。在1968年的学潮中，马尔库塞成为"学运的先知""青年造反者的明星和精神领袖"，与马克思、毛泽东并称"3M"。他不但为学生提供精神武器，还亲自参加示威、静坐、掷石头。学潮失败之后，写了《反革命与造反》（1972）等书。

---

① 弗洛姆：《生命之爱》，王大鹏译，国际文化出版公司，2001年，第124页。

一、理性辩证法

马尔库塞把"理性"当作哲学中最重要的概念,他把黑格尔的理性自我运动同海德格尔的存在的历史性结合起来,肯定辩证法和人的历史发展的一致性。他在黑格尔辩证法中发现了两个要点。第一点是辩证法的否定精神,他认为"不妥协的否定精神"是辩证法的本质,这在本体论上意味着否定状态不是肯定的附庸,不是过渡与扭曲,它就是本质自身;在历史学上意味着危机与崩溃不是偶然的、外在的,而是理解现存社会制度的基础。第二点是异化思想。马尔库塞认为这一思想是新的历史观的源泉。他解释说,理性本身是存在的本质和活动的主体,但理性采取了自我异化的存在方式,将自身变为对象与客体,并在以后认识自身的辩证过程中扬弃异化,达到自为和自在、主观和客观的统一。辩证法的运动即是人的存在过程以及历史的运动。

马克思的《1844年哲学经济学手稿》于1932年发表之后,马尔库塞用历史辩证法的观点解释马克思,强调历史的矛盾性和变革性以及人的历史主体性和人的感情的内在统一。马尔库塞在早期的研究中,把辩证理性与人的存在的历史性结合起来,这使得他能够克服理性与感性的二元对立,把人的理性理解为具体的人性。他所谓的理性是判断真假、拯救存在的能力。哲学的理想是辩证的理性,它在现象与本体、真与假、自由与限制的矛盾运动中,肯定人有创造更符合人性生活的能力,但又否定这种能力的终极实现。希腊人所说的逻各斯和爱欲都属于理性的范畴,它们是肯定与否定、创造与毁灭、客观与主观的统一。爱的迷狂拒斥现有生活方式,理性趋向真理的重组与同一。正如他后来总结的那样:"理性是颠覆性的力量,否定的力量。作为理论理性和实践理性,它确立了人和万物的真理。"[①]

在《理性与革命》一书中,马尔库塞进一步把理性的否定说成是与个人自由和情感合而为一的本质。他提出了这样的论证:理性的批判与否定的特点标志着理性不受现存的条件和环境的限制,而能够超越它们,依照自身的观念改造它们,理性的批判与创造行动因此必定是自由的;不仅如此,理性发展的方向必定是个体化和感情化,因为自由和否定不是盲目的,而是合目的的行为,这一目的就是人的幸福,或更具体地说,个人的快乐。个体化

---

① 马尔库塞:《单向度的人》,张峰等译,重庆出版社,1988年,第105页。

和感性化就是理性追求自身目的的自由发展过程。在此意义上,他自称是伊壁鸠鲁主义者。

正是以人的快乐为标准,马尔库塞提出了批判理论。理性的批判是自我批判,即对自身的异化形式进行反思。为了实现人的自由和幸福,理性要求对社会和自然进行一定限制,这是合理的、符合人性发展的限制。但是,近代自然科学技术发展的倾向却把控制作为唯一的追求目标,把控制作为最终标准和自由的实现。理性的本质一旦被技术进步所取消,概念的普遍性和必然性的要求就会导致理性脱离个体的危险后果,最终使得理性成为控制个人和社会生活的工具,而不是批判的自由主体。理性在科学技术的模式中发展得越迅速,人们在个人生活中就越难以获得自由,在社会生活中就越难以对不合理的现实进行批判。马尔库塞分析了理性是如何在科学技术中被异化为"工具理性"的过程,说明了这样的道理:对理性自由本质的恢复必然要超出与自然科学同步发展、在实证主义中达到顶峰的近代哲学的框架。他在弗洛伊德的学说中发现了超越近代哲学的理论力量。

二、"爱欲"与人的解放

马尔库塞所说的理性的个体化与感性化原则,预示着理性克服自身异化的途径,这就是:理性自由本质要超越以"控制"为目的的科学技术,在以个人快乐为目的的爱欲中实现自身。爱欲是对工具理性的否定,在此意义上是非理性的,但它又是自由理性通过个体化、感情化的自我返复。此种意义上的爱欲不等于弗洛伊德所说的"力比多"(包括爱欲和死欲)。马尔库塞美化了爱欲,说它不是单纯的性本能,而是多形态的生命本能,它追求的满足是完整而和谐的理想,象征着真善美的圆满境界。爱欲特别具有美的创造的功能,可升华为艺术和因此产生的一切文明创造。爱欲是生命、自由和美的三位一体,是文明的最高理想和楷模。这是希腊人早已了解的真理。柏拉图在《会饮篇》指明了爱欲是对美和善的理念的爱。希腊神话中的俄耳浦斯(同性恋的诗神)和那西索斯(自恋的水仙花神)是爱欲的具体形象,象征着灵魂之间和之内的精神交流。弗洛伊德的贡献在于把爱欲引进了本体论。按照这个新的本体论,"存在本质上是对爱的追求。这种追求成了人类生存的'目标'。想把生命体结合进一个更大、更稳固的单位的爱欲冲动成了文明的本能根源。性本能就是生命本能。"然而,弗洛伊德之后的哲学家依旧以"逻各斯"传统压抑爱欲,用理性贬损性欲,"而我们现在需做的,正是要恢复他(弗洛伊德)的形而上学沉思的全部内容"。①

马尔库塞对弗洛伊德的潜抑理论进行了改造。按照弗洛伊德的说法,潜抑(repression)阻止原始冲动进入意识,并把意识感觉到的痛苦、冲动、欲望归入潜意识;潜抑首先是对俄狄浦斯情结(乱伦欲望)的压抑,其次,将原始本能的攻击性"升华"成为社会服务的动力;潜抑的外在表现是与快乐原则相对立的现实原则,即对冲动的克制和对社会禁忌的妥协。马尔库塞指出,潜抑是现实原则代替快乐原则的社会历史过程,它对于文明社会的形成起了积极作用。在前技术阶段,由于物质匮乏,人们不得不把大部分精力放在生活劳动中,对于爱欲的潜抑是必要的,这样的潜抑是"基本潜抑"。但是,到了技术阶段,即进入近代以后,潜抑成为多余的"额外潜抑",现实原则成了履行原则。这就是,毫无目的地履行某种职责,为工作而工作,为生产而生产,为赢利而赢利;在生产机器或国家机器中占据一个位置,充当一个角色;使生命活动让位于社会需要,把个人权利转让给统治者;"把爱欲集中到生殖区,身体的其他部分则留作劳动工具"②。马尔库塞在这里特别批判了"性解放""性自由"的主张和做法。他分析说,现代技术在削弱了爱欲的同时加强了性欲,使性自由获得市场价值,造成虚假的幸福意识,成为贩卖压迫的工具;"性解放"是人的非爱欲化与性冲动的定点和集中的产物,使得爱欲被简化为性经验和性满足,使人摆脱了升华的需要,限制了升华的范围。他还批判说,工业社会不但压抑了人的爱欲,而且使人驯服、被动、无创造性。这样的人都患有"不幸中的欣快症",他们在潜抑状态中获得一种虚假的满足,在本真的痛苦状态中体验到非本真的愉悦,自得其乐地成为巴甫洛夫实验中的狗,被动地接受条件反射和催眠术的指令。

马尔库塞同意弗洛伊德的看法,把以前的文明看作爱欲在潜抑下升华的结果。基于对现代文明社会的批判,他提出了人的全身爱欲化和爱欲的普遍化的主张,要求爱欲摆脱额外潜抑而自由发展,这就是他设想的乌托邦——无潜抑的文明(non-repressive civilization)。

三、发达工业社会批判

在《单向度的人》一书中,马尔库塞综合了《理性与革命》对控制人的异

---

① 马尔库塞:《爱欲与文明》,黄勇等译,上海译文出版社,1987年,第90页。
② 同上书,第31页。

化理性的批判和《爱欲与文明》对爱欲的额外潜抑的批判,对西方社会的意识形态进行了整体批判。这本书的副标题是"发达工业社会意识形态研究"。西方意识形态的特点,一言以蔽之,就是单向度。意识形态具有整体性,它渗透在社会生活各个方面,不但属于上层建筑,而且也属于经济基础。马尔库塞对意识形态的批判比较全面,包括下列几个方面。

(1)"单向度哲学"是人性的异化,因为人性是辩证的,由对立面组成,表现人性的哲学也是双面的。单向度哲学把所有这些矛盾都化归于一,它以精确性和清晰性为哲学的唯一目的,把哲学限制在纯公理的概念结构(逻辑、数学、认识论)或语言和行为的既定结构(分析哲学)之中。[1]

(2)"单向度哲学"既是一体化的意识形态的产物,反过来又是这种意识形态的基础,它把否定思维变成肯定思维。理性被畸形化,成为技术合理性。科学管理和劳动分工提高了效率,提高了生活水准,但也产生了反人性的思维方式,即操作主义和量化—数学化思维,把作为观察和测量基点的人与伦理、审美、政治的人分开。技术合理性要求客观、中立,但它的中立性具有非人性的倾向:它为一切目的服务,科学技术成为适用于一切目的的工具,把人类行为量化,把人工具化;技术优先权成了政治优先权,因为改造了自然也就改造了人;它使人服从于机构的控制,造成了人的不自由的合理性[2]。

(3)在生产活动领域,意识形态产生出劳动的异化。马尔库塞把马克思的"劳动解放论"与弗洛伊德的"升华论"结合起来,认为真正有意义的劳动是"大规模地发泄爱欲冲动",但是,在爱欲被意识形态所压抑的条件下,劳动是痛苦与不幸的折磨,劳动成了单调、无聊的重复动作,人的器官成了机器的一部分;并且,劳动不是寻求自身的满足,而是满足其他需要的手段[3]。

(4)意识形态的宣传制造出"强迫消费"和"虚假的需要"。资本主义不是凭借压制消费,而是通过制造消费来压抑人的解放,并刺激劳动。人处于被灌输和受操纵地位,不能自由地决定自己真正的需要,由广告、广播和电视等传播媒体制造出来的需要是虚假的。人们为了他们的商品而生活,

---

[1] 马尔库塞:《单向度的人》,第125—138页。
[2] 同上书,第130—179页。
[3] 同上书,第24—33页。

把汽车、两层双向宽阳台住宅、高保真的音响、高级厨房设备等数不清的商品作为"生活的灵魂"。"性"也成为商品,"性纵容"是痛苦中的幸福,是以牺牲自由为代价的满足①。

(5) 发达工业社会是"攻击性社会"。按弗洛伊德学说,爱欲与死欲是本能冲动的两个部分,处于此长彼消的状况。在爱欲被压抑情况下,人们依靠发泄"攻击本能"以得到满足。攻击对象首先是他人,由此而产生紧张的人际关系,使得生存竞争普遍化、永存化,造成人的恐惧感、孤独感、自卑感、精神崩溃与自杀。攻击的对象还包括自然界,开发自然的目的已不是满足必要的物质需要,而是征服、破坏、盘剥自然,使自然成为"商品化的自然"、被污染的自然、军事化的自然,其结果是生存环境和爱欲发泄环境的萎缩,造成"人海社会"②。

(6) 发达工业社会又是一体化的社会。发达工业社会之"新"在于集福利社会和战争社会于一身。在民主、科学、富裕的粉饰下,社会控制扩大到一切领域,公共舆论侵入私生活,甚至卧室都向大众传播媒介开放,个人选择的机会和自由被葬送,人们不再追求自由,因为福利国家、富裕社会使他们感到幸福。工人阶级已没有独立的阶级意识,与现存制度一体化。人的价值观、理想、思想感情的灵性都已被社会流行的模式所规定。在这样的"新极权主义"社会中,有民主而不自由,有富裕而不幸福,有科学但无理性③。

既然工人阶级已经与资本主义"一体化"了,那么,改造社会的希望何在呢?马尔库塞寄希望于社会底层,认为未来革命的主体由流浪汉、局外人、少数民族、失业者组成。这些人的切身经验使得他们会为争取基本人权而抗争。尽管他们没有意识到他们的反抗就是一种革命,他们手无寸铁地走上街头,面对着恶犬、警察、炸弹、监狱,甚至死亡,表现出彻底革命的精神。他最后引用本雅明的话说:"唯有那些无希望的人,我们才被赐予希望。"④

在1969年写的《论解放》一书中,马尔库塞又寄希望于青年学生与知识分子,提倡积极的少数必须拯救和教育必然是被动的多数人。在晚年写

---

① 马尔库塞:《单向度的人》,第 8—12、67—70 页。
② 同上书,第 47—50、72—76 页。
③ 同上书,第 19—20 页。
④ 同上书,第 231 页。

的《反革命与造反》(1972)和《论美》(1977)中,马尔库塞与阿多诺一样,在艺术中寻找革命原则。他们认为,艺术属于西方高级文化,它仍处于前技术时代,这不仅是因为它具有浪漫因素,而且因为艺术脱离于商业、工业和赢利活动,具有反抗现实、自觉地超越异化的形态。艺术的本质是升华、否定、拒斥、反实证性,能够唤醒人们对被压抑状态的认识,激励人们反抗。马尔库塞设想通过"审美革命",从人的生物本性的结构入手来改造人,造就革命主体。这样的想象不过是更加浪漫的乌托邦。

第三节 哈贝马斯

尤尔根·哈贝马斯(Jürgen Habermas)是二战后成长起来的新一代的德国哲学家。他1956年起在法兰克福社会研究所工作,后因与所长阿多诺意见分歧而离去。1961年在马堡大学发表教授资格论文《公共领域的结构转型》,1964年在法兰克福大学任哲学和社会学教授,1968年因反对学生运动而被迫离职,1971任普朗克科学技术和世界生存条件研究所所长,在北美和欧洲各地讲学。1983年之后,回到法兰克福大学任教授。主要著作有《认识与兴趣》(1968)、《文化与批判》(1973)、《重建历史唯物主义》(1976)、《交往行为理论》(1981)、《商谈伦理学诠释》(1992)等。

一、危机与批判

哈贝马斯把法兰克福学派的批判(critical)理论变为改良(evolutionary)理论,他同意马尔库塞对资本主义的分析,但得出不同的结论:既然技术科学变成意识形态,国家通过意识形态控制社会一切方面,经济方面也不能例外,那么,马克思关于生产力与生产关系、经济基础与上层建筑的分析已经过时,不能成为革命的理论;既然无产阶级丧失了阶级意识,那么,发达工业社会不会通过革命而解体;既然马克思主义在苏联已成为控制人的国家意识形态,也不可能有国际无产阶级革命。他的结论是:重新组织经济既无必要,也不可能,彻底改革经济基础的革命只能是乌托邦式的空想。但是,他也承认,资本主义社会充满危机,他把危机分为四类:经济危机、合理性危机、合法性危机和动机危机。[①]

[①] 哈贝马斯:《合法性危机》,刘北成、曹卫东译,上海人民出版社,2000年,第63页。

马克思对经济危机作过令人满意的解释,但现在经济危机已表现在政治活动中;社会系统的合理性危机主要表现为政治和文化的争论,因此,哈贝马斯把研究重心放在非经济性的"信任危机"上,即合法性危机与动机危机,前者属于政治学,后者属于心理学。在这些领域,他不赞成霍克海默和阿多诺等人对启蒙运动以来的思想传统的颠覆;相反,他自觉地捍卫启蒙运动所代表的现代主义和理性主义的传统,认为批判传统的目的是保持传统,使传统随情况的变化而变化,获得更大的活力。他批判的重点是行政官僚机构以及社会各阶层、集团为了维护各自的利益而设置的"文化防御系统"。他的批判理论的目的是要拆除思想壁垒,使人们在思想上摆脱强制,在合理的社会交往中互相理解,达到和谐一致。

哈贝马斯反对沉思冥想、玩弄抽象辩证法的哲学。他从词源上说,"危机"(crisis)和"批判"(critique)[①]有相同来源,哲学应反思危机、解决社会体系失调问题,才能成为与实践发生联系的批判理论。与以前的学派成员相比,他的理论哲学思辨性较少,他也不承认自己的理论是纯哲学,他的理论更多地继承了韦伯、卢曼、熊彼得等人的社会学,提出了试图解决社会危机改良资本主义的理论社会学。

二、社会科学的哲学

在德国现代哲学中,自然科学与社会科学的关系一直是知识论中的一个中心问题。狄尔泰首先作出了"说明"与"理解"两种方法的区别。后起的逻辑实证主义和法兰克福学派是两个极端,前者根本不承认社会科学是真正意义上的科学,后者则不承认"工具理性"是真正意义上的理性。后来的解释学继承了狄尔泰的传统,认为人在前科学时期对生活、自身以及世界的存在都有着不明确的理解,后来的理论说明只是对隐约理解的揭示与明确。

哈贝马斯在解释学的基础上继续讨论这一问题。他反对实证主义对社会科学"不客观""不精确"的指控,指出社会科学的对象是社会生活,社会生活既是决定研究者思想的条件,又是研究对象,研究者不可能站在研究对象之外,采取超然的中立立场。社会科学的条件和对象是"生活世界","生活世界"的意义是在解释学循环中被揭示与说明的。因此,社会科学与主

---

① 哈贝马斯:《合法性危机》,第4页。

体相联系,它的一些对象是观察不到的,不服从量化分析,没有绝对的客观性与精确性。即使自然科学也要服从于社会公众所选择的评价行为后果的规范标准,经验科学对规律的假说是对世界的(解释学意义上的)理解的总结,技术规范世界也是一种特殊的、狭隘意义的社会规范,科学语言可以而且应该通过解释学还原为生活世界的语言,这样可以使自然科学家对他们理论基础获得一致的看法。另一方面,哈贝马斯不同意法兰克福学派其他成员对"工具理性"的排拒立场。他说,批判理论不应把自然科学拒于理性的门外,一切科学都有合理的、可利用的东西,问题在于如何把科学与人性沟通起来。哈贝马斯指出了两者在生活世界基础上的一致性。

在《认识与兴趣》一书中,哈贝马斯说:"我把兴趣称之为与人类再生产的可能性和人类自身形成的既定的基本条件,即劳动和相互作用相联系的基本导向。因此,这些导向所要达到的目的,不是满足直接的经验需求,而是解决一系列的问题。"①他把人类兴趣分为技术的兴趣、实践的兴趣和解放的兴趣,每种兴趣有与之相应的知识。技术兴趣与满足物质需要的劳动活动相联系,技术利益遵守规律,并由此构造了经验—分析知识;实践的兴趣与个人和集体之间的价值评估活动相联系,它创造了社会的共同价值体系,构造了历史—解释知识;解放的兴趣要把"主体从依附于对象的力量中解放出来",它是一切批判理论的基础,在人与人之间建立了一种没有统治的交往关系,取得一种普遍的、没有压制的共识,建立"没有控制的交往"②。这样的交往和共识与理解和遵守规则的活动有关,产生出关于规则和遵守规则的合理性的自我反思或批判的知识。哈贝马斯自己的批判理论是社会交往理论,而不是马尔库塞的弗洛伊德式的心理理论。他的交往理论既是关于真理的理论,又是关于解放的理论。

三、社会交往理论

社会交往理论的初衷是解决社会危机。哈贝马斯看到晚期资本主义社会学生抗议的动机不是出于经济利益、福利改善,而是对自由、合理交往的要求。他承认这种要求的合理性,他看到,在晚期资本主义社会,舆论成了消费性文化,成了国家控制的工具,个人之间的思想交流、对行政机构与国

---

① 哈贝马斯:《认识与兴趣》,郭官义、李黎译,学林出版社,1999年,第199页。
② 同上书,"译者前言",第13页。

家政权的批判都成为不可能;福利补偿并不能消除人们在心理上的愤懑,因此产生"合法性"与"信念"的危机。

哈贝马斯把历史唯物主义解释为一种社会进化理论。在马克思的著作中,有"交往关系""社会关系"和"生产关系"的概念,马克思强调物质生产和物质交往,认为最根本的交往关系是物质关系。哈贝马斯认为马克思把物质生产的劳动作为社会活动的基本前提行为是错误的,他说马克思富有活力的部分被埋葬在经济基础的混凝土中。哈贝马斯用"合目的的、合理行动"泛指生产、劳动和科技活动,指出它们的工具性、目的性和策略性等特点。劳动这种工具行为不能解释劳动的社会性,人们在劳动中产生的生产关系要用交往活动来解释。因此,交往活动不能被视为附属于劳动的行为,而是说明人类社会历史发展的不可还原的因素。交往行为是由符号协调的相互作用,它服从必须履行的规范。现代社会的交往规范包括:"资本主义企业、资产阶级的私法""形式民主""理性的自然法""一般的、正式的和充分合理化的法律,以原则为准绳的个人道德";而交往的语言把认识、语言和相互作用的"许多因素构成的结构一体化","用共识调节行为冲突"。①

哈贝马斯区别了四种社会活动及其合理性规则:(1)与客观世界相联系、以认识的"真实性"为标准的"目的行为",(2)与"社会世界"相联系、以共同价值的"正当性"为标准的"规范行为",(3)与个人的主观世界相联系、以个人在公众面前的"真诚性"为标准的"戏剧活动",(4)交往活动是最普遍、最重要的活动,因为它与人的生活世界相联系,而生活世界与其他三个世界都有关联,交往活动的规则是一切社会活动规则的总结,它要求真实性、正当性和真诚性的统一。②

规则、语言和交往合理性是交往活动的三个要素。社会交往行为是语言的理解和交流的过程。哈贝马斯说:"经过论证的断言和行之有效的行为的确是合理性的标志……在交往关系中,合理性不仅在于提出断言,并且在于能够通过表明与其断言相应的自明性、面对批评进行辩护。"③

哈贝马斯试图把"议会辩论"的模式推广到全体社会成员的交往行为。

---

① 哈贝马斯:《重建历史唯物主义》,郭官义译,社会科学文献出版社,2000年,第170、182页。
② 哈贝马斯:《社会交往理论》,曹卫东译,上海人民出版社,2004年,第83—84页。
③ 同上书,第15页。

为此,他注意吸收分析哲学的成果,利用奥斯汀、塞尔等人的"语言行为说",强调语言主体和行为主体的一致性,以及说明交往行为和语言规则合理性的一致性。哈贝马斯又利用皮尔士的语用学思想,认为语用学不是探讨个人与语言的关系,而是在语言的过程中,探讨人与人之间的关系,语言的规范性在于它在社会交往中的有效性。

四、商谈伦理学

为了说明社会交往的合理性不仅有行动的有效性,而且具有普遍的真理性,哈贝马斯在康德伦理学中吸收哲学资源。他认为康德的贡献在于从理论基础上提出了普遍的道德规范的可能性这一先验问题,而康德的局限在于依靠个人的善良意志和主体性来解决这一问题。哈贝马斯把主体性转化为"主体间性",把纯粹理性转化为"交往合理性",把先验理性转化为合理的程序性的概念。交往的先验性意味着每一个交往的参与者都不可避免地接受一定的规则作为活动的前提条件。交往的规则不能单方面地在个人意识中决定,也不是所有交往者实际商谈讨论的产物,而是在一切可能发生的交往活动之前,我们"对商谈、认识以及行动的预设",相对于康德所说的"绝对命令",它是"先验的意图":只按照那些能够普遍为人所遵守的规则进行交往活动。按照理想的交往规则,任何有活动和语言能力的人都可以参加商谈,参与者可以提出任何意见,并对任何意见提出修改、批评、保留和赞同的意见。哈贝马斯说:"这些先验条件对于我们而言是先天的,它们是从我们的介入出发一直进入某种生活的文化的形式的核心",这种意义上的康德的先验主义与社会进化的自然主义是可以兼容的。①

康德的问题"我们应当做什么"有实用的、伦理的或道德的等不同意义,但它们都指向同一结论:

> 只有当我的认同和我的生活规划体现出一种普遍有效的生活方式时,以我的视角来看对所有人都为善的一切,才会真正同等合乎所有人的利益。②

---

① 哈贝马斯:《对话伦理学与真理的问题》,沈清楷译,中国人民大学出版社,2005年,第48页。

② 哈贝马斯:《论实践理性的实用主义、伦理意义和道德意义》,曹卫东译,载《对话伦理学与真理的问题》,第75页。

在没有任何强制条件下的平等、自由的对话各方遵守的规则不但符合普遍的道德理性,而且具有人类其他活动所要求的真实性、正当性和真诚性。违反交往的理想规范意味着对不平等、被控制地位的认可,这不仅关系到是否能达到交往的目的(取得认识一致性)的认识论问题,更重要的是关系到人们生活方式的伦理学问题,交往行为理论实际上是一种"商谈伦理学"。

五、后现代主义批判

哈贝马斯是当代为数不多的现代主义和理性主义者的主要代表,在欧陆哲学界非理性主义、后现代主义的氛围里,他独树一帜,力挽狂澜,捍卫启蒙理性,恪守现代性的文化价值观。后现代主义者称他为"最后一个伟大的理性主义者",却很难超越这个最后障碍。

1. 对现代性总体批判的偏颇

哈贝马斯继承了韦伯对现代性的分析。韦伯认为,在前现代社会,一切文化领域都服从于一个无所不包的"宇宙论的世界观",启蒙理性的"去魅化"导致世俗文化,"随着现代经验科学、自主艺术和用一系列原则建立起来的道德、法律理论的出现,便形成了不同的文化价值领域",韦伯为现代化理性的统摄与现代世俗文化的分化之间的鸿沟而深感不安。在哈贝马斯看来,现代性的标志是,康德用批判理性作出的科学和技术、道德和法律、艺术和艺术评论的区分,把这三大文化价值领域的独立性加以合法化[①]。可以说,现代化是三大文化价值领域的制度化,职业性的科学、普遍的道德准则和法律、自由的艺术创作是现代文明的成果和标志,为人类带来前所未有的物质和精神财富,我们今天仍在继承、分享和发展启蒙理性带来的现代文明成果。

哈贝马斯承认,现代社会存在种种弊病,但其根源不在现代性本身,而在现代性的三大价值领域发展的不平衡,那就是,工具理性的超常发展以牺牲道德和艺术的文化功能为代价,其结果是经济势力和国家政权对"社会世界的殖民化"。对工具理性的批判已由阿多诺、马尔库塞等人充分表达,哈贝马斯不同意他们因为工具理性产生的弊端而全面否定启蒙理性,从总体上否定启蒙的文化价值观。"总体批判"混淆了现代性与前现代性的一

[①] 哈贝马斯:《现代性的哲学话语》,曹卫东译,译林出版社,2004年,第1、23页。

个根本区别:工具理性虽然在迄今为止的现代化进程中占主导地位,但尚不像前现代的神话和宗教那样取代和抹杀其他价值领域。例如,工具理性虽然侵入道德领域,但不能因此而得出现代道德只是工具性功利这样的结论;事实上,现代道德的普遍价值观早已被康德提出的"不应把人当工具,而要把人当成目的"准则所表达。哈贝马斯也不赞成阿多诺、马尔库塞的"审美革命"的主张,认为这是企图用艺术价值来取代理性和道德普遍性的另一种极端。

后现代主义站在现代艺术强调自由创作的浪漫主义的一隅,否定现代主义文化的全部,它以艺术创造的特殊性否定道德的普遍性,用多元性和具体化的要求瓦解社会关系的凝聚力,以解构的游戏精神取消理性的真理,用阅读文本的自由想象动摇社会世界不可或缺的理性基础,以"反人道主义"的名义抹杀个人价值和人的尊严。这与工具理性侵入社会世界的偏颇殊途同归,两者都企图用一个极端来取代现代文化的全部。

2. 激进主义与保守主义"两极相通"

后现代主义貌似激进,哈贝马斯揭示出它与新保守主义殊途同归的秘密。他辨别出启蒙运动之后两种保守的文化传统,"老的保守派回过头来依赖于宗教或形而上学真理,因而已不在现代性话语之内",与老保守主义的"顽固派"相比,新保守主义是"灵活派",他们要求动员所有文化资源压制对资本主义现有状况的批判①。比如,在道德问题上,"从新保守主义观点看问题,最重要的是必须遣散道德普遍原则的爆炸性力量……这引起(老)保守主义者的特别反感,(他们认为)道德在本性上不承认任何限制,政治活动也应服从于道德考量。相比之下,新保守主义者要最大限度地减轻加诸政治系统之上的道德正当性的负担。"②

除此之外,还有尼采开始的"青年保守派"的第三股势力,它"剥夺了灵活派和顽固派所坚持的理性,以此来消除理性批判中的主体性结构,这样,第三派就战胜了其余两派"。后现代主义与"披着后启蒙外衣的反启蒙的悠久传统之间有着共谋关系"③,他们从尼采那里继承了全盘批判现代价值

---

① 哈贝马斯:《现代性的哲学话语》,第 67 页。
② R. J. Bernstein, ed., *Habermas and Modernity*, Cambridge, MA: MIT Press, 1985, pp. 90-91.
③ 哈贝马斯:《现代性的哲学话语》,第 67、5 页。

观的手法,笼统地把启蒙理性连同工具理性一起抛弃。

后现代主义对工具理性的批判是一种"伪激时主义","伪"者至少有两处:首先,后现代主义者的激进批判主要是针对现代主义的,他们从尼采那里继承了全盘批判现代价值观的手法,笼统地把现代文化连同工具理性一起返抛弃。其次,后现代主义者非政治化地脱离了历史上激进主义改造社会、追求解放目标,他们的言谈减少了资本主义社会现代的文化摩擦力而又不触动现行的政治、经济制度,迎合了新保守主义压抑现代文化价值、排拒批判力量的需要。正如哈贝马斯尖锐地指出:"对文化现代性的排拒和对资本主义现代化的崇尚相配合,势必造就一种普遍的反现代主义,要把婴儿和洗澡水一起泼出去。如果现代性除了赞扬新保守主义的辩护之外不能提供任何东西,人们便可理解为什么今天一部分青年知识分子会通过德里达和海德格尔回到尼采,在尚未被妥协所扭曲的青年保守主义崇拜复生的怪异状态寻求拯救。"①

3. 从尼采到后现代的谱系

哈贝马斯在《步入后现代:以尼采为转折》一文中,梳理了后现代主义与尼采思想的关联。哈贝马斯着重分析了尼采思想中用神话取代启蒙理性以及"把一切存在或应在之物还原成审美"的"艺术形而上学"。他说:"尼采宣称酒神是哲学家,他自己则是这位从事哲学研究之神的最后一位真命传人";尼采的现代性批判从两方面被沿袭下来:一方面,法国文化学者"试图用人类学、心理学和历史学等方法来解释权力意志的反常化、反动力量的抵抗、以主体为中心的理性的兴起,就此而言,巴塔耶、拉康、福柯堪称是尼采的追随者";另一方面,"比较内行的形而上学批判者则采取一种特殊学问,把主体哲学的来源一直追溯到前苏格拉底,就此而言,海德格尔和德里达可谓步尼采的后尘。"②

哈贝马斯在为法里亚斯的《海德格尔与纳粹》德文版所写的前言里,指出了海德格尔思想由保守主义走向纳粹主义的演变过程。海德格尔在1929年之前接受了一战期间和其后的青年保守主义思潮。其特征有:"对学术界精英式的自我理解,对精神的神化崇拜,对母语的偶像崇拜,对任何

---

① R. J. Bernstein, ed., *Habermas and Modernity*, pp. 93-94.
② 哈贝马斯:《现代性的哲学话语》,第110、112—113页。

社会现象的鄙视,完全缺乏已在法国和美国长期发展的社会学方法,自然科学和精神科学的两极化,等等。"这种意识形态构成了《存在与时间》的文化背景,这本书津津乐道的"命运""命定""面对死亡的召唤"表达了青年保守主义的虚无主义英雄气概。按哈贝马斯分析,海德格尔即使在战后著作中也用不同概念表达出同样的意思:人民的"此在空间"成为此在的家园;德意志民族主义转变成德语是古希腊语唯一合法继承者的语言观,"元首升华为诗人和思想家;哲学家达到了与存在的直接联系;曾经恪守的政治现在被普遍化为对存在命运的服从"。①

虽然后现代主义者对哈贝马斯分析大不以为然,福柯、德里达等人与之进行论战,但哈贝马斯的批判对我们认识下一章介绍的法国哲学家后现代主义的文化视野和政治意义有启发作用。

---

① J. Habermas, *The New Conservatism*, Cambridge, MA: The MIT Press, 1989, pp. 153, 159.

第八章　结构主义和后结构主义

结构主义是 20 世纪 50—60 年代流行在法国的哲学派别。结构主义最早是由索绪尔(Ferdinand de Saussure, 1857—1913)提出的一个语言学方法,被中欧和东欧一些语言学家和逻辑学家所运用。索绪尔的语言学包含着结构主义的基本概念和区分,如语言(langue/language)和言语(parole/speech),系统和个别,下意识和意识,社会和个人,文化和自然,同质和异质,共时态和历时态,能指(siginifant/signifer)和所指(signifie/signified),联想关系和句段关系,隐喻(metaphor)和转喻(metonymy)。①

一般来说,结构主义认为前者比后者更重要,并由此提出结构主义的一般原则:(1)结构大于要素的总和;(2)结构与结构之间只有共时性,没有历时性;(3)文化先于自然,结构是文化的产物;(4)社会先于个人,个人行为被社会结构所决定,人的意识被集体下意识所决定。

结构主义成为一种哲学运动始于 20 世纪 50 年代后期的巴黎,列维-斯特劳斯建立结构主义人类学,拉康提出关于下意识结构的理论,阿尔都塞创立结构主义的马克思主义,福柯运用结构主义方法研究思想史,巴尔特把结构主义推广到符号学和社会学领域,他们被誉为"巴黎五巨头",60 年代,结构主义取代了存在主义成为法国哲学的主流。

1968 年"五月风暴"之后,存在主义、结构主义等原先流行的思潮黯然失色。福柯、德里达、德勒兹等人发展出被人称为"后结构主义"的哲学。后结构主义既是结构主义的延续,又是对结构主义的否定。后结构主义者仍然坚持了结构主义的基本原则,如社会先于个人、文化先于自然、下意识决定意识等;但他们对传统进行了更彻底的批判,认为结构主义仍属于追求

---

① 参阅索绪尔:《普通语言学教程》,高名凯译,商务印书馆,1980 年。

统一性和单一本质的传统,他们从对结构和构造的认可转向否定和消解,把结构主义的决定论发展为反人道主义。后结构主义之"后"的意义是超越,又称解构主义。

解构主义思潮蔓延于西方文化界,与文学、艺术、历史学、社会学、政治学等领域的后现代主义思潮合流。后现代主义原来并不是一种哲学思潮,它的主要成分是后现代的文学艺术(包括建筑的艺术风格)和后工业社会的社会学。只是在解构主义的哲学加入后现代主义的行列之后,它才成为广泛的社会思潮和文化氛围。

第一节 列维-斯特劳斯

列维-斯特劳斯(Claude Levi-Strauss,1908—2009)毕业于巴黎大学,1935至1939年在巴西教社会学,同时到原始部落进行人类学调查,曾任巴黎人类博物馆副馆长,1959年成为法兰西学院社会学教授。主要著作有:《忧郁的热带》(1955)、《结构主义人类学》(2卷,1958—1963)、《神话学》(4卷,1964—1971)、《今日图腾》(1962)、《野性的思维》(1962)等。

一、人类学和哲学

列维-斯特劳斯创立的结构主义人类学与哲学有什么样的关系呢?列维-斯特劳斯出于对法国文化和西方文明的不满到美洲考察原始文化,他对被欧洲人压迫的印第安人抱有深切的同情。他这样描述白人与印第安人第一次相遇时的情况:

> 白人相信社会科学,印第安人则相信自然科学;白人认为印第安人是野兽,印第安人则怀疑白人可能是神。这两种态度所表现的无知程度相等,不过印第安人的行为显然表现了更高的人性尊严。①

列维-斯特劳斯通过实地考察得出了与过去的人类学家完全不同的结论。在他之前,人类学有进化说和传播说两派,前者认为原始人是没有进化的种族,不同民族文化有高低之分,后者认为人类文化有共同的起源,传播

---

① 列维-斯特劳斯:《忧郁的热带》,王志明译,生活·读书·新知三联书店,2000年,第80—81页。

在世界各地,分化成不同民族的文化。双方都认为现代人和原始人的区别是历史的进步。两派都受到哲学家的质疑。比如,进化论阵营文化人类学的代表弗雷泽在《金枝》一书中按现代科学的观点分析古代巫术的性质,维特根斯坦批评说:

> 弗雷泽比他所说的那些野蛮人更不开化,因为至少他们不会像20世纪的英国人那样远离对灵魂之物的领悟。他对原始习俗的解释比这些习俗本身的意义更为粗糙。①

再如,倾向于传播说的列维-布留尔提出不能用"成年白种人"作为判断标准,他的《原始思维》一书把原始人的思维归结为以情感为特征的"集体表象",没有达到现代人思维的高度。列维-斯特劳斯的结论与他们相反,他认为原始思维和现代科学有着同样严格的逻辑,同样充满着理智,两者没有质的差别。可以说,列维-斯特劳斯的工作是为原始文化正名,这不仅适应二战后反殖民主义的普遍心态,而且为在哲学上探索共同人性和人类共同的思维特征,开辟了一条新的途径。

列维-斯特劳斯对于人的看法与萨特的存在主义迥然有别,他强调人的下意识行为,而不是意识的结构;强调社会结构对个人的决定性作用,而不是人的自由;强调文化和思维形态的共时性,而不是历史发展的进步。萨特在《辩证理性批判》中批判说,结构主义有一种把人当作蚂蚁的倾向。对此,列维-斯特劳斯在《野性的思维》一书中反驳说,他比萨特更重视人的尊严和权利,历史进步观不能维护一切人的权利:"人种学家尊重历史,但不赋予它优于一切的价值。他把历史设想为一种对自己工作的补充来研究,历史在时间中,人种学在空间中展开了人文学科这帧扇面。"②结构主义的人类学对社会、文化和人的共时性的研究是整体把握,比起只关注人的个体和个人心态的存在主义有自身优势,因此能够成为继存在主义之后法国哲学的主流学派。

二、人类学的结构分析

列维-斯特劳斯在被人们评价为"结构主义的宣言书"的《语言学中和

---

① 《维特根斯坦全集》第12卷,江怡译,河北教育出版社,2003年,第19页。
② 列维-斯特劳斯:《野性的思维》,李幼蒸译,商务印书馆,1987年,第292页。

人类学中的结构分析》一文中,把索绪尔语言学的结构主义方法归结为四条:(1)从有关意识的语言现象转向对这些现象的无意识的底层结构的研究;(2)不把词作为独立的实体,而以分析词与词之间的关系作为词的基础;(3)引进了"系统"的概念,不只是说明音素总是一个系统的组成部分,而且展示了具体的音素系统及其结构;(4)以归纳或逻辑演绎方式揭示结构的一般规律,"赋予它们以一种绝对的性质"。① 列维-斯特劳斯的人类学理论是自觉应用结构主义语言学的方法,研究原始部落的亲族关系,图腾、神话等现象的底层结构,发现它们都有类似于索绪尔语言学结构之间的"同型同构性"(isomorphism)。

列维-斯特劳斯说,原始部落之间有三种交换的媒介:女人、食物和信息,由此造成亲族关系、生产关系和语言关系。原始部落的亲族关系不是建立在自然区别(性别及长幼)基础上的,它的实质是社会区分。亲族关系是一个文化结构,父亲、舅舅、母亲和孩子是这一结构的四个要素,这些要素之间存在着四种关系:夫妻、兄(舅)妹(母)、父子(或女)以及舅甥。这些关系服从于对立原则,夫妻关系与兄妹关系相对立,父子关系与舅甥关系相对立。就是说,如果夫妻关系好,则兄妹关系不好,反之亦然;如果父子关系好,则舅甥关系不好,反之亦然。

图腾是反映部落之间生产关系和语言关系的结构性现象。列维-斯特劳斯说,在原始人看来,没有什么纯自然的东西。"就自然而言是同质的女人,从文化的角度被看作是异质的;同样,就自然而言是异质的自然物种,从文化的角度被看作是同质的",图腾是"把自然和社会理解为一个有机整体的分类图式"②。这样的图式把社会的某一团体和自然的某一物种归于一类,如下图所示:

自然: | 物种 1 | 物种 2 |
社会: | 团体 1 | 团体 2 |

图腾对与人们生产和社会有密切联系的外界事物作出了区分,并把某些特殊事物(自然物与人工物,如某些星星、动物、植物、手工制品)当作一

---

① 陈启伟主编:《现代西方哲学论著选读》,第 840 页。
② 列维-斯特劳斯:《野性的思维》,第 142、153 页。

个部落的专利品,他们对此有特权,如只有某些部落才能捕猎某种鸟兽,另一些部落则把这些鸟兽作为图腾加以保护;有些部落负责保管种子,有些部负责制造弓箭。每一图腾的部落为了与其他部落交流交换的需要而负责保护和管理某一动植物,通过互换产品满足他们生产、生活的需要。图腾制也是互换女人的外婚制,不同的部落按照图腾,互为"送女人的部落"和"收女人的部落"。

每一部落还保存着关于本部落图腾的神话,并以此与其他部落交换信息,这样又构成了部落之间的语言关系。神话的语言可被分为句段关系和联想关系,句段关系按时间顺序叙说历史故事,具有历时性;神话的联想关系表现为隐喻,蕴涵着深层的意义。列维-斯特劳斯把一个神话重点句段的隐喻称之为"神话素";这些神话素按照对立原则构成了共时的结构。列维-斯特劳斯的巨著《神话学》用同样的方法分析 800 多个神话。第一卷《生的和熟的》分析了食物的生和熟的对立的背后,隐藏着社会中自然与文化、宗教中神圣与世俗,以及沉默和喧闹的声音等性质的对立。这些对立关系构成了印地安人社会生活各个领域的结构。第二卷《从蜜到灰》分析了南美神话中烟草与蜂蜜的对立。烟草的意义是"比熟的多",象征着暴力与混乱,表示人与超自然力的交流;蜂蜜的意义是"比生的少",象征纯洁、甜美,表示人与自然的和谐相处。神话中包含的所有这些关系都是共时性的,也是逻辑的关系。列维-斯特劳斯力图说明,神话思维不是非理性的,不是只有感情的想象,神话是用"神话素"为材料的逻辑图式。

三、人是意指动物

通过对原始文化的分析,列维-斯特劳斯得出结论:"人在到处都一样,现代西方人和原始人没有区别",人类是"意指动物"(signifying creature),意指即"把意义归附于事物的过程"[①]。意指活动的特点是把外界事物与意义联系起来。意义建立在区别、分类基础之上,现代人以语言、符号为中介,从事意指活动。原始人缺乏这一中介,意义和事物直接联系。但是,原始人的意指也是抽象,因为任何区分都是抽象,只是原始人的抽象与具体相结合的方式与现代人不同。原始思维并不是同科学思维完全不同的、出于对自然界的恐惧和不理解而产生的错误与幻觉。列维-斯特劳斯指出,原始人的

---

① 转引自 H. Guidner, *The Quest for Mind*, Random House, 1973, p.113。

思维"是通过理解,而不是感情来进行的,其手法是区别与对立,而不是混同与掺合"。原始人和现代人的区别犹如手工匠与工程师的区别,他们使用的意指的工具和材料不同,手工匠使用的材料是信手拈来的,在此基础上修修补补;工程师的材料是预先设计的,每样都有专门的用途。神话与科学的区别犹如手工艺与工业工程的区别,是共时态的两种系统,不能相互否定,而应彼此补充。

原始人思维的另一特点是,不对观察和理解、感性与理性加以区分,因为在他们看来,自然界自身已经形式化了,"对于原始人而言,没有什么是过于抽象的东西"①。他们不是先看后想,先听后理解,当他们说时,信号同时携带意义。这一点在儿童行为中也可以看出,结构主义者有这样一个例子,下面是一个七岁儿童的画:②

这张图相当准确地画出了人体的轮廓:一头、二眼、一体、二腿、二手、五指。儿童的理解是直观的,重要的是,他已经观察并同时理解了部分之间的区别,这就是抽象。抽象的(区别)是先天的思维方式,先天不能作生物学或个人主义的解释,"先天"的意义是社会性,是"社会先于个人"的意思。社会关系是通过差别原则在意指活动中构成的,生活在社会中的人自幼起就不可避免地接受这种思维方式。只要他从事意指活动,他就不能摆脱这种"社会先天哲学"。

列维-斯特劳斯通过神话学的研究,还发现了人类思维的一个重要特点,那就是,表面上看起来两种要素的对立实际上有一个三元结构。二元对立关系是互相联系的,在如此被连接的二元关系中总会出现一个中介,由此产生出一个三元关系,并产生新的三元关系。比如,生与死的对立相当于农业生产与战争厮杀的对立,但在农业与战争之间,存在着捕猎活动,它既与农业相似(豢养猎犬),又与战争相似(杀死猎物)。捕猎的对象有食草动物

---

① Levi-Strauss, *From Honey to Ashes: Introduction to a Science of Meythology*, vol. 2, trans. J. Weightman, Jonathan, London, 1973, p. 467.

② 引自 R. Harland, *Superstructuralism*, Nethuen, London, 1987, p. 30。

与食肉动物的对立,但两者之间又有一个中介——食腐肉的动物(既食肉、又不杀死食物的动物)。我们由此衍生出下列关系:

$$\left.\begin{array}{l}生\\死\end{array}\right\}\begin{array}{l}农业\\捕猎\\战争\end{array}\left\{\begin{array}{l}捕食草动物\\捕食腐肉动物\\捕食食肉动物\end{array}\right.$$

列维-斯特劳斯在原始文化中发现了大量的三元结构的事例,如部落建筑具有婚姻、劳动和休息的三种功能,原始人天空、大地和水的世界图式,等等。他把这种二元对立中的三元关系称作"结构辩证法"。这与黑格尔所阐明的"正题—反题—合题"的辩证思维形式不谋而合。

第二节 阿尔都塞

路易·阿尔都塞(Louis Althusser,1918—1990)参加过二战,在战争中被俘。战后在巴黎高等师范学院学习和任教。他是法共党员,但反对苏联式的社会主义,为此多次受到党内的批评和处分。他积极支持中国的"文化大革命",1980年精神错乱,杀死妻子,在精神病院了却残生。他的主要著作有:《保卫马克思》(1965)、《阅读〈资本论〉》(1965)、《列宁与哲学》(1969)、《政治与历史》(1959)、《自我批评文集》(1972)等。

一、反人道主义

阿尔都塞创立了结构主义的马克思主义。他反对苏共二十大之后提出的"社会主义人道主义"的口号。他说:"'社会主义人道主义'这一语汇恰恰包含着一个突出的理论不平衡:在马克思的思想中'社会主义'是一个科学的概念,而人道主义则仅仅是一个意识形态的概念。"他认为意识形态只是青年马克思的思想,后期马克思转向科学,因此,"援引马克思的话来复辟人本学或人道主义的理论,任何这种企图在理论上始终是徒劳的"。[①] 按照他的分析,资产阶级的意识形态是人道主义,人道主义是以个人为本位与中心的个人主义。以个人为本位的人道主义在哲学上强调自我意识,社会观上表现为社会契约论,在经济观上提倡个人之间的自由贸易。

[①] 阿尔都塞:《保卫马克思》,顾良译,商务印书馆,1984年,第192、199页。

阿尔都塞说："否认人道主义是理论又是马克思主义哲学的前提。"①马克思对资产阶级政治经济学的批判实质是强调经济结构对人的活动的决定作用。英国古典经济学家亚当·斯密、大卫·李嘉图等的出发点是作为个人的"经济人"(homo economicus)他们强调经济活动的本质是出于供需关系的个人与个人之间的交换，自由贸易的目的是私人财产的增殖。这是不符合历史事实的。阿尔都塞指出，人类交换关系从一开始就是社会的、而不是个人的行为。比如，人类学家马歇尔·莫斯的名著《礼品》说明，社会交换的最初目的并不是互通有无，而是出自赠送礼物的好意和回赠礼物的义务，礼物的交换是社会联系的纽带；私有财产增殖的欲望在原始文化和以后的强权时代并不存在。人从来就生活在一定的社会结构中，个人独居的自然人和自然状态是一个神话。"社会契约论"是17世纪思维方式的产物，它要解释的问题"人如何从社会关系的零点状态进入有组织的社会之中"是一个假问题。19世纪的进化论和20世纪的人类学的研究成果表明，人的祖先从来就是群居动物，原始社会是结构复杂、礼仪丰富的群体。

人道主义是资产阶级的意识形态，但它的形式和内容却不能用资产阶级的"欺骗"来解释。在资本主义社会的文化背景下，"人生活的意识形态是笛卡尔主义者的'所见'或'所不见'"②。笛卡尔的"自我"把人的世界分为个人和社会两部分。这种分类原则本身就是意识形态，一切观念、经验和理论都要经过它的过滤，才能确立自身的存在权利。人道主义作为一种下意识的分类原则，把个人作为社会的本位，社会于是成了个人的集合，社会属性被归结为个人属性，个人属性再进一步被还原为自然属性。这样一来，个人权利和自由占据了天赋的、绝对的位置，成为社会和合法政府的依据；社会的不平等和不正义被归于自然差别，自由经济成为社会经济的本质。

二、意识形态的下意识

从字面上看，"意识形态"(ideology)是关于观念的学说，阿尔都塞说："意识形态不像这个术语含糊地表示的那样与意识有什么关系，它是深刻的下意识。"③意识形态是一切观念的基础，它在意识不到的底层默默地决

---

① 阿尔都塞:《保卫马克思》，第201页。
② Althusser, *For Marx*, trans. B. Brewster, The Penguin Press, 1969, p.233.
③ Ibid.

定着观念的性质和作用,在此意义上,它是名副其实的"意底牢结"。诚然,意识形态具有阶级性,一切意识形态都是统治阶级的意识形态。但是,意识形态并不是统治阶级有意识地制造出来,并不只是阶级压迫的工具。意识形态是使得统治阶级能够成为自身的先决条件,一个人只有学会了一定意识形态的语言(如关于资本、压迫和法律的语言),才能成为它所控制的权力机构的组成部分;换句话说,才能成为统治阶级的成员。统治阶级只能与一定的既有的意识形态相认同,而不能随心所欲地创造意识形态。换言之,意识形态只为那些已经成为自己仆人的人服务。

阿尔都塞所说的意识形态相当于索绪尔所说的语言系统,它像语言决定人的言语那样,决定着人们的社会活动,它表现为社会的权力结构。决定社会性质的是意识形态,而不是社会的某一成分,如生产力、经济关系等;意识形态决定社会阶级的划分,而不是相反。真正意义上的革命是意识形态的改变,而不是人的社会地位的改变。出身被压迫阶级的人可以取代压迫阶级的人在权力结构中的位置,而不改变结构本身,在这种情况下社会性质并没有改变。比如,异族人对古罗马帝国的摧毁,苏维埃取代沙皇的革命,历史上改朝换代的农民起义只是调换了统治者和统治者的位置,并没有改变权力结构。

一个社会可以有多种意识形态并存,它们所决定的权力结构之间的关系是对立的、共时关系,没有历时性和继承性。真正改变社会结构的革命是用一个权力结构代替另一个,是跨越结构之间的鸿沟的"飞跃"。因此,革命有赖于意识形态斗争,而不是经济发展。意识形态是阶级斗争的主要工具和战场。阿尔都塞在马克思的上层建筑学说中区分了"镇压性国家机器"(政府、行政机关、军队、警察、法庭、监狱)与"意识形态国家机器"(宗教、教育、家庭、法律、政治、工会、传媒、文化),两者相互作用地交织在一起,对于被剥削阶级来说,"意识形态国家机器也许不只是阶级斗争的赌注,还是阶级斗争的场所——被剥削阶级的抵抗能够利用那些矛盾,能够通过斗争攻克那些战场,从而在那里找到表现自己的手段和机会"。[①]

三、"认识论断裂"

为了调和结构主义与马克思主义的差别,阿尔都塞在《阅读〈资本论〉》

---

① 《哲学与政治:阿尔都塞读本》,陈越编译,吉林人民出版社,2003 年,第 337—338 页。

中对马克思的著作加以重新解释。他把马克思的理论分为两个时期,两者有着"马克思主义科学同它的意识形态史前期之间的一种理论中断"①。马克思通过政治经济学的研究克服"认识论断裂",直到1875年之后著作《哥达纳领批判》《评阿·瓦格纳的〈政治经济学教科书〉》等书中才完成科学的理论。

马克思的辩证唯物主义与经验主义和经济主义是完全不同的认识论。经验主义是线状因果决定观,因果关系是单向度时间系列上的前后因素,要素的总和决定结构。经济主义是一元因果决定论,它把社会结构中的经济要素夸大为决定整体的力量,以此取代整体。马克思的政治经济学是结构因果观,它与线状因果观的区别在于,它把结构看作存在于要素之中的决定因素,结构不是要素之总和;它与一元因果论的区别在于,它认为结构存在于关系总体,而不只在一个要素之中。②

阿尔都塞区别了三种普遍性的理论。(1)意识形态是普遍性 I,按照某种利益和主观主义去解释和概括特殊的、个别的现象,普遍性 I 是片面的,但不是错误或幻觉。相反,人们真诚地相信自己立场的客观性。(2)普遍性 II 是关于方法论的理论。(3)从普遍性 I 到 II 的转变是批判性的反思的结果,人们开始追问普遍性的方法论依据,自觉地排除人们观察方向、角度、兴趣和思维方式等方面的自我主观因素,但不改变观察材料和事实本身。普遍性 III 是科学,是对个人之外的整体结构的客观把握。③

马克思的思想发展经历了从普遍性 II 到 III 的突破。马克思的唯物辩证法属于普遍性 II,他在《资本论》中建立了普遍性 III 的科学理论,《资本论》的副标题是"政治经济学批判",这是对意识形态以及它的方法论依据的整体批判。马克思的榜样表明,只有不断地对意识形态进行批判,才能摆脱它的整体影响,才能实现"认识论上的突破",达到客观地把握整体结构的科学。

阿尔都塞还说,马克思的历史观是多元决定论,是对黑格尔的一元决定论的否定。马克思对于黑格尔体系的颠倒不是用物质取代精神的颠倒,而是用多种决定因素取代单一决定因素的颠倒。马克思把社会的表层结构,

---

① 阿尔都塞:《保卫马克思》,第 261 页。
② Althusser, *Reading Capital*, trans. B. Brewster, New Left Books, London, 1970, pp. 24-36.
③ Ibid., pp. 59-60.

如政治、法权、科学等看作是并列的,它们在同一平面上,不能相互还原和代替。它们具有统一性,都有共同的、不以人的意识为转移的深层结构。马克思在他的一些著作里把深层结构和表层结构分别称作经济基础和上层建筑,给人以经济决定论的印象。按照阿尔都塞的解释,经济结构不是基础结构,而是与其他表层结构并列的,它们的共同基础是意识形态。意识形态与包括经济结构在内的社会结构不在同一层次上。意识形态与表层结构是下意识与意识、深层与表层的区别。在众多的表层结构中,没有一个能够单独地起决定作用;归根到底起决定作用的是意识形态,他同时决定着各种表层的社会结构,并通过它们决定着个人思想和社会现象。辩证唯物论强调的矛盾的"不平衡性或多元决定论"①,是列宁和毛泽东的阶级斗争理论的基础。

阿尔都塞的结构主义马克思主义与法兰克福学派和萨特的存在主义马克思主义迥然不同。法兰克福学派和萨特都认为马克思主义属于人道主义传统,阿尔都塞却说,马克思主义是反人道主义的。萨特看重马克思前期,阿尔都塞却强调马克思后期。阿尔都塞受到法共和其他西方马克思主义派别的批判。他坚持说:"'认识论断裂'这一提法招致了资产阶级、共产党人和无政府主义者结成一个反对我的真正的神圣同盟……这不是一场语义学的争论,坚持或取消、维护或废除马克思主义科学的提法是一切具有明显的意识形态性质和政治性质的斗争焦点。"②其实说他是马克思当年揭露"满口讲的都是所谓'震撼世界的'语词,却是最大的保守派"亦即"青年黑格尔派意识形态家"③的后裔,一点也没有冤枉他。

第三节　福　柯

米歇尔·福柯(Michel Foucault,1926—1984)1946 年考入巴黎高师,1950 年曾一度加入法共,很快即退党。大学毕业后在国外从事文化交流工作。1961 年获哲学博士学位,1970 年起任法兰西学院历史与思想系统教授。主要著作有:《疯癫与文明》(1961)、《临床医学的诞生》(1963)、《词与

---

① 阿尔都塞:《保卫马克思》,第 187 页。
② 同上书,第 226—227 页。
③ 《马克思恩格斯选集》第 1 卷,人民出版社,1955 年,第 65 页。

物》(1966)、《知识考古学》(1969)、《规训与惩罚》(1975)、《性经验史》(3卷,1976—1984)。福柯是同性恋者,死于艾滋病。

一、结构和解构

福柯本人明确地说:"我从来不是弗洛伊德主义者,从来不是马克思主义者,从来不是结构主义者。"①他生活在这三个"主义"大行其道的时代,却不认同任何一个,他在自己的著作中没有使用结构分析的方法和术语。人们一般把福柯早期的思想归于结构主义的范畴,其实,福柯关心结构的目的只是为了解构,他把历史上和现实中的知识和权力都理解为一个个结构,结构主义被理解为"对现代知识不满足的意识",他的兴趣是写"现在的历史"②,他不是在现在的结构中考察过去,而是为了现在解构的目的而考察过去。

福柯的著作是对现代性的哲学批判,考察的中心问题是现代理性和人的主体性在西方社会兴起的社会历史条件。在他之前,不少思想家和哲学家也做过同样的工作,他们大多从理性自身的发展来解释现代理性的合理性或不合理性。福柯则不同,他通过对思想史材料的分析告诉人们,理性的标准不是靠自身权威,而是靠社会事件和政治力量建立的;当新知识开始时,没有理性内部的发展逻辑,只是外部突发的、偶然的社会力量的介入,造成"不连续性、断裂、界限、极限、体系、转换"等理论变异。③

以1971年发表的《尼采、谱系学、历史》一文为界,福柯的考察分知识考古学和谱系学两个阶段。"知识考古学"这一概念借助这样的类比:"考古学作为一门探究无声的古迹、无生气的遗迹、无前后关联的器物和过去遗留事物的学科,与历史十分相似,它只有建立某一历史话语才有意义";而知识考古学是这样一个"文字游戏",它使历史与考古学相似,"它对历史重大遗迹作本质描述"。④ 知识考古学挖掘知识的深层,它不是思想史,而是前思想史,思想史在知识考古学结束之处开始。在知识这一社会的要素发挥作用之前,决定它的结构已经完成。知识考古学就是对知识的先在结构的本质描述,或在一定结构中对其他的解构。

---

① 转引自莫伟民:《主体的命运》,上海三联书店,1996年,第182页。
② 福柯:《规训与惩罚》,刘北成、杨远婴译,生活·读书·新知三联书店,1999年,第33页。
③ 福柯:《知识考古学》,谢强、马月译,生活·读书·新知三联书店,1998年,第23页。
④ 同上书,第7—8页。

为了彻底解构一切结构,福柯的思想发展到谱系学的阶段。"谱系学"这一概念来自尼采,尼采用它来说明道德偏见的起源。福柯说:"谱系学并不打算回溯历史,并不打算在被忘却的散落之外重建连续性",而是要"揭示在我们所知和我们所是的东西的基地没有真理和存在,有的只是偶然事件的外在性。"谱系学的重心不再是知识,而是权力;不再是语言,而是身体;不再是思想,而是欲望。他说:"谱系学作为来源分析,处在肉体和历史的环接上。它展现肉体,肉体总是打着历史的印记;它展现历史,历史破坏着肉体。"①系谱学的考察角度不再是宏观的结构,而是"政治学解剖学",用身体的微观变化发现权力的秘密和源泉。知识考古学到谱系学在福柯思想中有一以贯之的旨趣,那就是,为了解构的目的而对社会结构的起源进行考察,这也是他"写现在的历史"的目的。福柯没有使用"解构主义"的名称,但他的学说是不折不扣的解构主义。

二、疯癫与理性

福柯的哲学生涯是从探讨现代医学和精神病学的起源开始的。他的研究表明,精神病不是一种自然的或生理方面的疾病,而是一种对人群加以分类的社会功能,它的诞生是历史的产物。在17世纪以前,人们并不把疯癫当作疾病。在柏拉图的著作中,迷狂是理性发展的最高阶段。在中世纪,疯癫一方面与人的堕落相联系,一方面与人的神圣的拯救相联系。那时,只有少数疯子需要诊治。在文艺复兴时期,疯癫还不是理性的对立面。伊拉斯谟《愚人颂》里,疯癫是嘲讽的理性、高级的理性,在莎士比亚的作品中,真理往往发自疯人之口。福柯发现,中世纪晚期处置疯人的"愚人船"是一个象征,疯人被送往大海,任其漂泊;但"愚人船"又是朝圣的旅行,寻找理性的工具。福柯分析说,那时的疯癫并不是社会防范的对象,它被视作对世界的无意义的揭示,它的领域在社会之外,但在理性与非理性之间,仍有很多桥梁。

但是,到了17世纪,人们关于疯癫的观念发生了根本的转变。转变的起因是这样一个偶然的事件:17世纪中叶,肆虐已久的麻风病突然在法国灭绝,原来的麻风病院闲置。法国政府于是利用这些隔离设施囚禁罪犯、流浪汉和疯子,这些人被归入同一范畴。"大囚禁"的时代因此而开始。据统

---

① 杜小真选编:《福柯集》,上海远东出版社,1998年,第151、153页。

计,17世纪时,百分之一的巴黎居民被囚禁。在这样的社会环境中,疯人与罪犯一样成了社会的敌人,是需要防范、管制和改造的对象。疯癫于是成了需要特别注意和研究的疾病,疯人也成了需要加以治疗的病人,不能像过去那样任其自流或以驱除了之。18世纪法国大革命以后,疯癫被正式定名为"精神病"。

福柯指出,理性时代的建构性因素"应该是那种将疯癫区分开来的行动……应该是造成理性与非理性相互疏远的断裂,理性对非理性的征服"①。精神病院对待疯癫的态度就是社会对非理性的态度,而对待非理性的态度是对理性的自我界定。在相当长的历史时期,理性与非理性的关系是平行的,而不是对立的,疯癫也不被当作是应受理性管辖和匡正的疾病。只是在特定的历史条件下,疯癫才被视为危害社会的罪恶,应受到社会的管辖和理性的审查。由此而来的后果是理性与非理性的对立,以及理性在这样的对立中获得了凌驾于非理性的权威,理性因此成了判断人类和全社会利益的标准,具有支配一切的力量。理性的时代就是这样开始的。过去,人们一直把理性的时代解释为人类理性的长期发展和科学知识的诞生的结果,但福柯却把这一原因追溯到麻风病的灭绝和大囚禁这样一个偶然的历史事件。他告诉人们的道理是,理性的标准不是天然的合理性,不是来自知识的论证,而是一定的外在历史因素所造成的。

三、知识型

在《词与物》的开始,福柯引用了一个寓言家写的一则笑话:"中国某部百科全书"写道:"动物可以划分为:①属皇帝所有,②有芬芳的香味,③驯服的,④乳猪,⑤鳗鲡,⑥传说中的,⑦自由走动的狗,⑧包括在目前分类中的,⑨发疯似地烦躁不安的,⑩数不清的,⑪浑身有十分精致的骆驼毛刷的毛,⑫等等,⑬刚刚打破水罐的,⑭远处看像苍蝇的。"②西方人对此感到好笑(其实我们中国人也一样感到好笑),他们是在笑中国人吗?不,他们应该感到好笑的是自己的无知。正如福柯指出的那样:"通过寓言向我们表明为另一种思想具有异乎寻常魅力的东西,就是我们自己的思想的限度,即

---

① 福柯:《疯癫与文明》,刘北成、杨远婴译,生活·读书·新知三联书店,2003年,第2页。
② 福柯:《词与物》,莫伟民译,上海三联书店,2001年,第1页。

我们完全不可能那样思考。"①福柯借用这则关于中国思维方式的寓言向西方人说明,他们所熟悉的事物分类原则不是唯一的,其他分类原则也是可能的。

《词与物》的主题不是中西分类原则的差异,而是西方自文艺复兴以来各种分类原则的差异。分类原则就是福柯所说的"知识型",它是"文化的基本代码(那些控制了其语言、知觉框架、交流、技艺、价值、实践等级的代码),从一开始,就为每个人确定了经验秩序"②。知识型作为一般性的分类原则,涉及两种关系:一是词语与事物的关系,一是词语之间的关系并因此而决定的事物之间的关系。福柯认为,人是生活着的、生产的、说话的动物,关于生命、劳动和语言的学科反映了人的生物、经济和文化的特征。因此,知识型的应用领域主要体现于这三门学科。按照这样的构想,《词与物》按照时间顺序,分析了四个知识型的特征和主要内容。我们列表说明如下:

内容 时期	基本 特征	知识 形式	知识领域			哲学 形式
			生命	劳动	语言	
文艺 复兴时期	相似性	神秘科学	巫术和博学		古典学	神学
古典时期 1660—1800	表象	自然科学	自然史	财富分析	普通语法	理性 主义
现代 1800—1950	自我 表象	经验科学	生物学	经济学	语法学	人类 中心主义
		人文科学	心理学	社会学	文学	
当代 1950—至今	下意识	反—人 文科学	精神分析 (拉康)	人类学 (列维-斯 特劳斯)	语言学 (索绪尔)	知识考古学

---

① 福柯:《词与物》,第 1—2 页。
② 同上书,第 8、10 页。

(1) 文艺复兴时期,"相似性"是知识型的基本特征。相似性有四种形式:一是"适合"(convenient),这是空间位置的相似,如,天上的日月星辰是相似的;二是"仿效"(emulation),这是比例的相似,如,眼睛之于人脸,犹如日月之于天;三是类推(analogy),这是关系的相似,如,人是小宇宙;最后是"交感"(sympathy),这是性质的相似,也是最重要的相似,其余三种相似都可以用感应来解释。它用相斥和相吸作用把性质上相像的东西,如自然的元素、人与人,乃至人与星辰,都联为一体。世界被视为上帝有目的的创造,人类与非人类的对立尚不存在,词与物是同一的,自然是一种语言,语言也是一种自然。自然是上帝写的一本大书,事物是上帝在上面刻写的符号。由于文字的相似性比语音更显著,语言的书写形式获得了优先权,只有书写才能拥有真理。由于书写符号与事物之间的相似性,书本内容与观察到的事物同样真实。但是,上帝创造的相似性是隐秘的,等待人去辨认,这时的知识表现为揭示隐秘的神秘科学,相信书本、服从权威是这类知识的特点,知识的主要内容有:发现人与外物之间隐秘影响力的占星术、炼金术、巫术等"秘传科学",旁征博引的博物学和对权威文本的勘校注释。

福柯把塞万提斯笔下的堂吉诃德这一人物形象,解释为文艺复兴后期对相似性的知识型的嘲讽。堂吉诃德是"相似"的英雄,他孜孜不倦地在世界各地寻找相似的形式,以证明书上的真理。他为了证明他的书而看世界,把侍女看成贵妇人,把乡村客店看成宫殿,把风车看成魔鬼,他给予自己的唯一证明就是他的头脑中闪烁的相似性;对于他来说,重要的不是胜利,而是把事物转变为符号。从批判的角度看,《堂吉诃德》是第一部现代文学作品,因为我们在它里面看到了同一性与差异性的严酷理性不断地轻视符号和相似性"[1]。

(2) 在古典时期,心与物、主观与客观被对立起来。知识型的基本特征是表象,心灵如同自然的镜子,并通过折射与其他心灵交相辉映。福柯用17世纪西班牙画家委拉斯开兹的名画《宫廷侍女》说明了这种知识型的特征。这幅画的画面上只有正在作画的画家和围观的人,被画的对象菲力浦四世和路易斯王后并不是画面的主角,只在画面上的一个镜子里被反映出来。但实际上,这幅画的全部画面是菲力浦四世和路易斯王后眼里看到的对象,他们才是真正的表象主体,但他们不能表象自身,只能在镜子里被反

---

[1] 福柯:《词与物》,第65页。

映出来。福柯解释说,这幅画表现了"表象"的特征:表象的主体是隐蔽的,表象的主体与客体可以互相表象,但主体不能表象自身,只能作为客体被表象。

表象型的知识型把自然作为主要的表象对象,自然科学是古典时期主要的知识形式。培根和笛卡尔的哲学已经奠定了自然科学的方法论基础,这就是,把表象等同为观察和测量。在观察和测量中视觉的作用尤为突出,理性于是变成视觉分析。以理性方法为基础的科学把事物分析为可见的部分,按可见性质进行排序、分类。如林奈的自然史和博物学按照生物的可感性质区别种属门类,经济研究中把财富分析成土地和可见的商品,语法是对事物的命名。

(3)在现代时期,自然不再是物体,而是非实体性的、功能性的力,如电、光、热、磁等。科学的对象是视觉不可见的,只能被抽象地理解。康德对物自体与现象的区分反映了不可见的与可见的区别。经验科学的对象是人的直接经验之外的抽象的力的功能,如经济学研究对象由商品转变为劳动价值;生物学转向对生物内部机制的研究,结果导致进化论的诞生;语法是先于语词运用的、规定意义的规则,人不能在话语中直接经验到它,而是需要抽象理解,因而有语文学的研究。

在这种知识型中,抽象的力存在于主客体双方,并控制双方,两者对立已不重要,人又成为自然的一部分。然而,人的思想却作出另一种反应:人把客体视为主体的产物,人只有通过对自身的表象才能反映外物。"自我表象"是现代知识型的主要特征,人既是表象的主体,又是被表象的客体。人被理解为这样的存在,只有在他的内部知识才成为可能。人的这种特征表现在康德和现象学关于"自我意识"以及存在主义关于"自我"哲学之中。人从语言和劳动及生理控制中摆脱出来,成为自我经验的中心。这一时期发展起来的人文科学以"人"为对象,心理学以"心理人"为对象,社会学以"社会人"为对象,文学以普遍的人性为描写对象。

(4)《词与物》的副标题是"人文科学考古学",它的一个中心问题是:人何以把自身作为研究的对象?福柯通过对各种知识型的考察,指出在文艺复兴时期,人与万物是相似的;在古典时期,人虽然是知识的主体,但不包括在知识之中;只是到了现代,生物学、经济学和文学的发展使得人文科学成为可能,"人"在此时才成为知识的对象,在现代知识型中,"人"才走到了表象的前台,成为世界的中心。正是在此意义上,福柯说,人是19世纪以来的产物。但是,到了当代,意指活动这种新的抽象力量被索绪尔的语言学、拉康的精神分析学和列维-斯特劳斯的人类学发现了,人的经验不再是自我意识的对象,主客观的关系和人的优越性都被结构所消解了。作为知识的主体和知识对象的"人"已经不复存在,"人是近期的发明,并且正接近其终点","人将被抹去,如同大海边沙地上的一张脸"。①"人死了"与尼采的"上帝死了"和巴尔特的"作者死了"的口号相呼应,宣告传统的和现代的价值观的消解。

根据福柯的一贯立场,这四种知识型之间没有连续性,从一种知识型到另一种知识型的转变不是进步,不能用一种知识型的标准去判断另外的知识型的真假是非;生活在一种知识型中的人只会忽视和忘记另一种知识型,只有从知识考古学的角度,才能看到各种知识型的特征和它们的变化。但我们的问题是:如果知识型之间没有可比性,现代知识型中的"人"如何能被当代知识型发现的"意指活动"所消解呢?面对这样的矛盾和难题,福柯后来的谱系学放弃了知识型的概念,另辟蹊径,寻求解构的新途径。

四、政治解剖学

《规训与惩罚》一书开始于一个血腥的场面:1757年3月2日,企图刺杀路易十五的弑君者达米安在巴黎大教堂门前被公开处决,引起万人空巷,争相观看。犯人先被凌迟,再施以烙刑,用铅水、沸油、硫磺和树脂浇灌伤口,然后五马分尸,焚尸扬灰。福柯说,这是古典时代惩罚制度的典型做法。酷刑和残忍是公众的仪式,惩罚的目的是国王的报复。对国王身体的攻击的报复是对罪犯身体施加酷刑的公开展示。但是,"公开处决暴露了它的专横、暴虐、报复心以及用惩罚取乐的残忍",而且"它为国王暴力与民众暴力之间的较量提供了一个舞台","民众很快就会学会'血债只能用血来还'"。②

启蒙时代开始进行刑罚改革,"对象变了,范围变了……制定新的原则以使惩罚技术更为规范,更精巧,更具有普遍性"③。根据流行的社会契约论,违反法律是违背契约,理应受罚,但惩罚的目的不是为了报复,而是规

---

① 福柯:《词与物》,第506页。
② 福柯:《规训与惩罚》,第2页。
③ 同上书,第99页。

训,废除酷刑是为了更有效的惩罚,而不是更少的惩罚,"启蒙运动既发现了自由权利,也发明了纪律"①。

启蒙时代开始的规训犯人的制度在现代臻于完善,英国功利主义者边沁为监狱改革设计了"全景敞视"的建筑,这是一个圆形的控制系统,站在中心塔楼即可监视周围的一切。福柯评论说:

> 这里包含的东西还不只是建筑学上的创新,它是"人类思想史"上的一个事件。表面上,它仅仅是解决了一个技术问题,但是通过它,产生了一种全新的社会。②

现代社会的"全景敞视主义"无所不在,举凡军营、工厂、机关、学校、医院,甚至家庭,无不充斥着监督与规训。现代监督遵循四项基本原则:(1)空间分布的艺术("法网恢恢,疏而不漏"),(2)适当的行为控制(监督的程式化),(3)日常训练(按日程表监督),(4)力量的重新组合(把个人融合于集体)。现代社会的各种纪律约束是微观的惩罚,惩罚的范围无所不包,有因时间(如迟到、早退)而惩罚,有因效果(如懒散、失职)而惩罚,也有因行为(如不恭敬)而惩罚,还有因说话(如粗鲁、冒失或沉默)而惩罚。现代规训机制不同于禁欲主义和修行戒律,它是"一种强制人体的政策,一种对人体的各种因素、姿势和行为的精心操纵","使人体在变得更加有用时也变得更顺从,或者因顺从而变得更有用"。③

福柯说,"全景敞视主义"的规训既不是一种体制也不是一种机构,"它是一种权力类型,一种行使权力的轨道。它包括一系列手段、技术、程序、应用层次、目标。它是一种权力'物理学'或权力'解剖学',一种技术学","这些技术都是很精细的,往往是细枝末节,但是它们都很重要,因为它们规定了某种对人体进行具体的政治干预的模式,一种新的权力'微观物理学'";规训的技术进入人体"探究它、打碎它和重新编排它的权力机制,一种'政治解剖学',也是一种'权力力学'"。④

福柯用"身体/力量"这样的概念表示两者的内在联系。与身体不可分割地联系在一起的力量有两种:一是加诸身体的"权力",一是身体自身的

---

① 福柯:《规训与惩罚》,第 249 页。
② 同上书,第 242 页。
③ 同上书,第 156 页。
④ 同上书,第 242、157、156 页。

"强力"。加诸身体的权力是政治性的。福柯所谓的政治,包括阶级关系、家庭关系、师生关系、上下级关系,等等。政治对于福柯来说是一种战略和策略,是按照差别的原则,把身体象征化的策略;只要两个身体处于象征性的对立关系之中,就可能有政治。加诸身体的权力的作用是塑造、训练、折磨身体,强迫身体执行命令,从事指定的仪式性活动,按照规定发出符号。另一方面,身体也拥有自身的力量,身体自身的力量如同尼采所说的强力,它是欲望和意志力,其特征是扩张,倾向于产生力量,并有序地增长。

福柯考察权力控制身体模式是为了找到解构它的途径。他说,"微观物理学"的模式是"永恒的战斗",权力不仅是统治阶级的特权,而且也是可以展示和扩大被统治阶级战略位置的综合效应。但"政治解剖学"不是用阶级斗争的暴力和利害关系看待"身体/力量",身体内的微观战争是宏观的社会组织与经济关系的基础,身体是社会的真正基础,这并不是因为身体统摄一切,而是因为一切都来源于身体;不是因为身体处于中心,而是因为它处于边缘和底层。身体内有

> 无数冲撞点、不稳定的中心,每一点都有可能发生冲突、斗争,甚至发生暂时的权力关系的颠倒。这些"微观权力"的颠覆并不遵循"要么全部,要么全无"的法则;这种颠覆不是由于国家机器被新的势力控制或原有的制度机构行使新的功能或遭到毁灭而一下子造成的。①

福柯认为,力量和知识也有不可分割的联系,他使用"力量/知识"的概念表示两者的相互作用。"纪律"(discipline)兼有"学科"和"规训"的意思,福柯考察的现代学科如临床医学、犯罪学、教育学、心理学等都是权力控制身体的规范和技术。他说:"权力和知识是直接相互连带的;不相应地建构一种知识领域就不可能有权力关系,不同时预设和建构权力关系就不会有任何知识。"权力和知识之间存在双向互动关系:一方面,"权力制造知识"②;另一方面,知识是一个生产、规范、配置、循环、操作权力的有序的体系。知识的作用是保持权力与强力在身体内部的平衡。当身体自身的强力扩张冲破了加诸身体的权力的压制时,知识就要塑造出"正常人"的形象,代表权力监管、约束身体。当权力过分压制、摧残身体时,知识又会为身体的强力

---

① 福柯:《规训与惩罚》,第29页。
② 同上。

重新创造和规定灵魂,包括意识、个性、主观性、个体、良心等,以灵魂的名义抵制加诸身体的权力。知识对权力的压力和强力的释放进行有节奏的干预和管理,并使人的身体成为科学研究对象,从而保持身体内部力量的平衡,并为社会关系、人与自然关系的平衡提供了基础。培根说:"知识就是力量。"福柯会补充说,知识既是力量的工具,又是力量的结果。

五、"生命—权力"的历史流变

福柯说:"我们总以为,肉体只服从生理规律,没有历史可言,这又错了。肉体处于流变过程中,它顺应于工作、休息、庆祝的不同节奏,它会因药物、饮食习惯和道德律等所有这一切而中毒,它自我阻抗。"①《性经验史》一书通过对从古希腊到现代的性观念史的研究,说明性并不是人的自然本能,而是一定的话语的产物,是文化现象,"性科学"只是19世纪西方的产物。

为什么西方文明充满着性的话题? 通常回答是,性与人伦道德密切相关,关于性的禁忌是最基本的道德戒律。福柯不满意这样的答案,他指出,依据关于性的禁忌与道德基本原则的联系,说明性观念是一种基本的话语,这是循环论证;性禁忌在成为道德的基本原则之前,性观念必须首先是一种基本话语。《性经验史》是谱系学对"权力/身体/知识"考察的一个范例,它的问题是:

> 为什么大家要谈论性经验? 大家究竟谈了些什么? 性话语又引起了什么权力后果呢? 在这些话语、权力后果和由此而来的快感之间,存在着什么样的联系呢? 由此又形成了什么知识?②

在福柯看来,关于性的话语之所以基本,因为它是在身体内部被很多不同政体的权力所塑造的,权力对人的欲望加以规定,塑造正常人的形象,性的话语涉及知识的领域、正常人的标准和主体性的形式等问题。

《性经验史》各卷内容并不按时代顺序展开。福柯首先讨论现代西方性观念的发展阶段:"第一阶段对应于提供'劳动力'的需要和保证劳动力繁衍的需要。第二阶段'后资本主义'时代……对肉体的统治不需要求忽视性或把性只限制为繁衍的功能,而是通过多种渠道进入受控的经济循

---

① 《福柯集》,第156—157页。
② 福柯:《性经验史》,余碧平译,上海人民出版社,2000年,第9页。

环之中，即所谓超压抑的反升华。"无论什么历史时期，对生命权力的管理是统治的"生杀大权"，"主导我们社会的政治权力是以管理生命为任务的"。17 世纪的"人体解剖政治"是性压抑的"规训"，"这一生命权力无疑是资本主义发展的一个必不可少的要素"，它把肉体控制在生产机器之中，避免任何能量浪费，把一切精力集中于单一劳动。18 世纪中叶以后，有关人口的出生率、发病率、生育率、健康状况和饮食居住习惯成为政府关注的对象，"性就处在这一政治、经济问题的中心"；同时，生命、身体、健康、幸福、满足需要、超越压抑或异化成为新发现的人的权力，于是，"在'身体'和'人口'的连结点上，性变成了以管理生命为中心的权力的中心目标"。正是管理生命的权力，造就了从 19 世纪后期开始"性科学"。"性科学"有三项理论功能：(1)把各种解剖要素、生物功能、行为、感觉和快感重组为统一体，"让这一虚拟的统一体成为因果原则"；(2)"标示出人类性经验与发育的生物科学之间的接触线"；(3)"不让性经验出现在它与权力的本质的和正面的关系中……于是，'性'观念允许避开让权力成为权力的东西，允许只把权力看成是法律和禁忌"，性成为隐藏在权力背后的权威。贯穿于这三项理论功能的是这样的实践功能："每个人只有通过性这一性经验展布所确定的理想部分，才能达到自己的理智、自己身体的全部和自己的身份。"①

福柯追溯了西方现代性科学的历史渊源。基督教把性与原罪和邪恶联系在一起，在中世纪，性不是公开的话语，隐秘在教堂里的告罪和忏悔之中。在这样的性观念的影响下，主体成了摆脱肉体的灵魂，知识被等同于静观思辨和宗教神学。"维多利亚时代"的性压抑和是中世纪教士的禁欲道德的延续，虽然两者属于不同的权力类型。福柯说："我们的文明没有'性爱艺术'。相反，它是唯一实行'性科学'的文明"；与此相反，"像中国、日本、印度、罗马、阿拉伯—穆斯林等许多社会，都有一套'性爱艺术'"②。

然而，"哪里有权力，那里就有抵制"，"性爱在西方文明中并未完全消失"。福柯在古希腊的著作中摘寻性爱艺术，包括希腊人的养生学、家政学，"至于对男童之爱，人们可以给予最高的价值"。但是，在希腊人"生存艺术和自我关注的艺术日臻精致"的同时，也提出了非常接近于以后道德

---

① 福柯：《性经验史》，第 83、100、19、106、112—113 页。
② 同上书，第 43、42 页。

规定的训条①。

《性经验史》是一本没有写完的书，福柯没有充分展开"性爱艺术"的理想。在其他场合，他主张把性理解为身体自身的强力，把性爱艺术理解为单纯的、自发的游戏，它的快乐是身体的强力抵抗一切加诸它的权力的胜利。但快乐不是性所追求的目的，相反，快乐本身使用性作为手段，"性"的意义不是身体的快乐，而是快乐的身体。福柯说，人的本性不是劳动和创造，而是快乐、休息与躁动。福柯心目中的理想并不是知识和真理，而是作乐、需求、欲望、机遇、发泄、反抗的过程，让身体所具有的"膨胀的、短暂的、间断的能力"任意释放。② 福柯的理想在德勒兹的著作中发挥的淋漓尽致。

第四节　德勒兹

吉尔·德勒兹(Gilles Deleuze,1925—1995)于1948年毕业于索邦大学(巴黎第一大学)，后在中学和大学教哲学。1968年以《差异与重复》的论文获得国家博士，经福柯的推荐，任巴黎第八大学哲学教授。德勒兹善于通过哲学史表达自己思想，早年在对斯宾诺莎、莱布尼茨、休谟、康德、柏格森、尼采和福柯等人的解释中表达出反传统形而上学和知识论的观点。"五月风暴"之后，他和精神病医生、激进的政治活动家加塔利(Felix Guattari)合著的《资本主义和精神分裂症》的第一卷《反俄狄浦斯》(1972)和第二卷《千座高原》(1980)分别出版，在法德哲学界引起强烈反响，他因此成为后现代主义哲学的重要代表人物，因患病而跳楼自杀。

福柯在为《反俄狄浦斯》写的"前言"中说，这本书的"战略对手是法西斯主义，不是历史上的法西斯，不是有效地动员和利用群众欲望的希特勒和墨索里尼，而是在我们所有人头脑和日常行为中，使得我们热爱权力和所有支配、剥削我们的东西的法西斯主义"。福柯把这本书定位为"伦理学著作"，它在身体中追寻法西斯主义的细微踪迹，提倡"反对一切形式的法西斯主义的生命艺术"③。福柯显然认为德勒兹把他提倡的"性爱艺术"扩展为更加全面的生命艺术。但很多读者称这本书是"68年5月之书"。在"五

---

① 福柯:《性经验史》,第 69、53、546、538 页。
② Foucault, *Power, Truth, Strategy*, ed. M. Morris and P. Paton, Feral, Sydney, 1979, p.62.
③ G. Deleuze and F. Guattari, *Anti-Oedipus*: *Capitalism and Schizophrenia*, trans. R. Hurley, etc., University of Minnesota Press, Minneapolis, 1983, p. xiii.

月风暴"中,弗洛伊德主义和结构主义无所作为,失去社会影响。《反俄狄浦斯》是总结左派青年知识分子愤懑发泄的革命之书,德勒兹和加塔利把老一代弗洛伊德主义者对法西斯主义批判颠倒为反弗洛伊德主义的资本主义批判,他们利用马克思和尼采的思想资源,试图唤起推翻现代资本主义国家机器的心理能量。

一、欲望—机器

德勒兹一开始宣称:"机器无处不在",人的身体的各个器官都是机器,人的身体是产生欲望的工作器官。身体的不同器官产生了不同的欲望,如味觉和消化器官产生食欲,性器官产生性欲;同样,求知欲、权力欲、荣誉欲等也都是大脑和其他身体器官的产物,"我们都是自己小机器的杂工"。有器官的工作机器有时平稳工作,有时痉挛和重启。而"精神分裂的图表是没有器官的身体","没有机器的身体依赖于欲望生产",没有器官的身体是"欲望—机器",身体中自有欲望,因此"在这里没有必要区别生产和产品"。与工作机器不同,"欲望—机器只在它们故障和连续故障时工作"①,没有专门的器官感受和欲望,因此被当作精神分裂。

德勒兹区分了精神分裂症与精神分裂过程。作为一个流变的过程,"精神分裂是欲望生产过程和生产机器"②。欲望生产是类似于工厂那样开工和生产的物理的、机械的过程,作为"欲望—机器"的身体是一个整体,不是工作器官的组合。身体的每一处都分布着"欲望—机器"的动力和燃料,它既感受到欲望的无序扩张,又感受到欲望在某一器官的集中。不仅如此,身体既接受"欲望—机器"的推动力,又接受它的反作用力。欲望的推动力类似于尼采的"强力意志",反作用力类似于弗洛伊德所说的"潜抑"。但是,德勒兹批判弗洛伊德误解了潜抑的性质,把潜抑作为欲望之外的力量,为了他人和社会的利益而抑制欲望。德勒兹区分了社会潜抑与精神潜抑两种不同情况,社会潜抑是意识形态,精神潜抑是欲望—机器自身的一种状态。欲望生产既有开工,又有间歇,欲望潜抑是欲望机器的必要环节,是欲望生产的经济学现象,而与性欲和家庭关系无关。欲望机器的生产和自我潜抑表现为身体的两种症状:前者是精神分裂或游移多动,后者是神经过敏

---

① G. Deleuze and F. Guattari, *Anti-Oedipus: Capitalism and Schizophrenia*, pp. 1,11,7,8.
② Ibid., p.24.

或久坐不动。

德勒兹还批判说，弗洛伊德为了替社会潜抑的意识形态制造"科学依据"制订了"俄狄浦斯情结"的下意识模式。在此模式里，精神分析学说把下意识当作家庭关系最初的、自然的经验，把一切欲望说成源于乱伦的性欲。德勒兹说，这种解释不符合下意识的特征。下意识对自己和父母个性的无意识，但下意识并非毫无意识内容，它对个人的社会地位和政治身份仍保持着清醒的意识。谵语者提及的是"国家、种族、家庭、父系的称号，神圣的称号，地理历史名称，甚至混杂的新条目"，迷恋的是中国和大莫卧儿、雅利安人和犹太人、金钱和权力，而不是父母。精神分裂者"直接对接的是政治和历史情境的艺术——士兵、警察、占领者、合作者、激进分子、抵抗者、上司、上司的太太……家庭从来就不是自主意义上的小世界"①。

福柯在《性经验史》中把弗洛伊德学说作为"性科学"的重要部分。德勒兹引用福柯的论述，赞扬"他极富有成效地重振了认识性和把性纳入话语中的古老命令"，但人们不知道福柯的学说批判了资本主义后期关于正常人的标准，针对弗洛伊德的马克思主义，福柯说："这一机制的反讽之处就在于，它让我们相信它是与我们的'解放'密切相关的。"②德勒兹在批判弗洛伊德学说不符合精神分裂事实的同时，揭露其资本主义意识形态作用：它在人出生伊始，就把对家庭的犯罪感加在他身上，儿童的自我认同感通过象征性的阉割而获得，他被禁止去追求他所缺乏的东西（"父亲的菲勒斯"），这是儿童进入语言和社会的必要条件，德勒兹质问道："逾矩、犯罪、阉割决定了下意识，这岂不是神父看待事情的方式吗？……精神分析发明了最后的神父。"更确切地说，精神分析学家既不是医生，也不是神父和导演，而是善于修理和料理"欲望—机器"的机械师，"把一种超验的用法强加在下意识上，保障它的皈依"③。他们的目的是要把欲望分化、集中在具体的器官上，使之成为资本主义生产中的"工作机器"。

---

① G. Deleuze and F. Guattari, *Anti-Oedipus: Capitalism and Schizophrenia*, trans. R. Hurley, etc., University of Minnesota Press, Minneapolis, 1983, pp. 83, 97.
② 福柯：《性经验史》，第 115、116 页。
③ G. Deleuze and F. Guattari, *Anti-Oedipus: Capitalism and Schizophrenia*, trans. R. Hurley, etc., University of Minnesota Press, Minneapolis, 1983, p. 112.

二、"欲望"与"革命"

德勒兹在不同层次上使用"欲望—机器":在个人的身体中,它是精神分裂的过程;在人类认识中,"在其被欲望创造的意义上,对象的实在是心理实在";在世界中,"大地是欲望和生产的原始的、野性的统一体,大地不是杂多的、分离的劳动对象,它也是独一的、不可分离的实在,依赖于生产和拥有的力量的完全的身体,把它自身作为自然或神圣的前提条件"①。在历史中,"大地"所依赖的"完全的身体"是社会机器。德勒兹把资本主义作为社会机器一般,不是因为所有社会都是资本主义,而是因为他把历史运动归结为"欲望—机器"的两个方向运动:一是不断扩张,否定包括自身的一切,这是精神分裂的倾向;一是肯定自身,把一切集中于一体。欲望集中的最终结果是欲望凝聚为权力,成为权力欲望,这是法西斯主义的根源,也是现代资本主义国家机器的现状。

德勒兹说:"资本主义解放了欲望之流,但在限定它的范围、不让其消解自身可能性的界限之内,已使它(资本主义)可以始终如一地反对触犯它的力量和冲向这个界限的力量。在资本主义范围内,解体化的同伙出卖了没有器官的身体,被破解的欲望之流被抛置在欲望生产之中。"②如果说早期资本主义是精神分裂的社会,现代资本主义就是对精神分裂加以治疗和制止的社会。正如马克思所说,资本主义在历史上曾是非常革命的力量。德勒兹把资本主义的革命性解读为对原始的和封建的部落社会的彻底否定,在部落社会,一切都被准则化,动作、生活和身体的每一部位,都必须服从规则,生活中一切事件都是社会性的。资本主义是一个解则(de-code)的过程,解开管辖生产者的准则的过程是原始积累(如剥夺农民、市民的资产阶级化等);解开管辖财富的准则的过程是经济和商业竞争(如把土地和生产力变为商品);个人主义和对传统价值观的否定解开了管辖身体和生活的准则。但是,解体化(de-territorialisation)总是伴随着界域化(territorialisation)。资本主义建立了现代国家、家庭和交往方式,重新建立了意识形态,变成了反动的力量:"一切都回潮和再现了:国家、民族、家庭,资本主义意

---

① G. Deleuze and F. Guattari, *Anti-Oedipus*: *Capitalism and Schizophrenia*, trans. R. Hurley, etc., University of Minnesota Press, Minneapolis, pp. 25,140.
② Ibid.,pp. 139-140.

识形态是'过去曾经相信的一切的斑斓图画'。"①

德勒兹认为他的"欲望—机器"说法符合马克思主义。他把马克思的政治经济学归结为"发现了财富的抽象主体在劳动、生产,以及欲望之中",他从马克思关于平均利润率下降与剩余价值绝对量的增长规律得出"欲望生产"的推论:"有双重性的运动:一方面是解则和解体化之流,另一方面是对它们的暴力的、人为的界域化。"他说:"如果准确地遵循马克思提出的规则,所有的历史都可以参照资本主义得到正确的反省的理解。"②

虽然德勒兹对马克思推崇有加,但人们一般不把他归于西方马克思主义,因为他比马尔库塞提倡"无潜抑的文明"更加极端,马尔库塞尚把真善美的创造作为发泄爱欲的升华,德勒兹则把欲望扩张当作唯一的革命力量;马尔库塞的爱欲升华是匡正社会弊端的理想,而德勒兹则要把精神分裂的反常颠倒为合法正当的社会生活方式。德勒兹反对一切国家机器和公共部门。他说:

> 欲望不是反社会的,相反它是爆炸的,不瓦解社会的所有部门,欲望—机器就不能组装起来……欲望本质上是革命的,一个不缓和剥削、奴役和等级结构的社会不可能容忍真正欲望的地位。③

他所说的"欲望"或"真正欲望"指精神分裂的欲望,在任何社会都要加以限制和纠正。因此,当1968年5月左派想要提名法共代表参加政府时,他失望地看到革命的悖论:"一切开始于马克思,继续推进的是列宁,结束于这样的压抑:'欢迎勃列日涅夫部长'。"德勒兹寄希望于"未开化的欲望,包含着欲望和利益复合体、欲望和利益的混合形式的特定意义上的反革命、含糊意义的革命",这种意义上"欲望革命"的一个范例是同性恋运动。他说:"'同志解放运动'的可能性在于同性恋采取与异性恋不相兼容的析取关系。"④

---

① G. Deleuze and F. Guattari, *Anti-Oedipus*: *Capitalism and Schizophrenia*, trans. R. Hurley, etc., University of Minnesota Press, Minneapolis, 1983, p. 34.
② Ibid., pp. 258, 34, 140.
③ Ibid., p. 116.
④ Ibid., p. 375, 350.

三、游牧思想

德勒兹从来认为欲望的扩张和压抑是全球化的。他说:"力比多能量向社会领域下意识的投资,幻想出精神错乱的整体性的文明、种族、大陆,以及成为世界的强度情感,没有中国人、阿拉伯人、黑人,就不能构成在白人偏执狂梦魇中捣乱的意义链条。"[①]如果说该书第 1 卷《反俄狄浦斯》是在西方社会反资本主义的书,那么第 2 卷《千座高原》则是反资本主义全球化的书。在这本书中,德勒兹把欲望的扩张和潜抑的模式应用于全球政治领域,提出了"游牧思想"和"城邦思想"的对立。按照该书英译者在"代序"中的解释:"游牧民曾通过发明一种平滑空间学将自身创造为一个民族",

> 现代的游牧民在全球资本主义时代再度发明了"草原"。他们的运动分弥散发出一个生成的平滑空间……集体生成的平滑空间这个哲学概念确实进入到其他的生命和计划当中,被反—全球化运动采纳,它在 21 世纪初期为一个新的反—资本主义的抵抗运动的空间作出贡献[②]。

"平滑空间"的反面是"根茎组织"。后者在思想上是自柏拉图开始依赖的西方形而上学的传统,它有三个不朽的主题:主体、概念和存在,它们是一切知识的基础,好像是一棵大树的树根,从中甚至生出各门知识的分支。但在知识的底层,这三者盘根错节,分享着内在的本质,它们之间的关系不过是自我相似,把握它们的逻辑是类比。判断是类比的警察,它的功能是保护主体和个体、概念和事物的主次位置不被颠倒,并保证它们相互一致。真理和正义分别是类比的逻辑在思想和行为领域的目标和标准。类比逻辑的运行规则是这样一个否定式:"X = X = 非Y"。德勒兹说,等同、相似、真理、正义和否定构成了西方国家秩序的理性基础,因此,鼓吹这些学说的哲学家理所当然地成为国家的雇佣者。根茎组织于是成为"城邦思想"的"官方哲学"。

"平滑空间"是流动的、多样的和开放的游牧思想,它的运行方式是一个开放的肯定式:"……X + Y + Z + A + ……"。可用例子来说明游牧

---

① G. Deleuze and F. Guattari, *Anti-Oedipus*: *Capitalism and Schizophrenia*, trans. R. Hurley, etc., University of Minnesota Press, Minneapolis, 1983, p. 98.
② 德勒兹、加塔利:《资本主义与精神分裂》第 2 卷,姜宇辉译,上海书店出版社,2010 年,第 8,9 页。

思想和城邦思想的对立:城邦思想中的概念是维护秩序的工具,可比作建筑法庭用的砖头;游牧思想却把概念用作掷向法庭的砖头,为的是突破禁锢模式。如果要问,砖头的主体是什么?是投掷它的手臂,还是与手臂相连结的身体,还是指挥身体的头脑,还是促使身心如此行动的形势?回答是,它们都是,但它们中的任何一个则不是。如果再问,砖头的目标是什么?是窗户?建筑物?建筑物所代表的是法律,是制定法律的阶级?回答是,所有这些都是,但不是它们中间的任何一个。对于"砖头"这样一个概念,游牧思想的公式是:"…… + 手臂 + 身体 + 窗户 + ……"这样的开放的公式。这一公式要求我们把具体境况的各种因素编织成开放的网络,这就是概念的意义;或者确切地说,概念不是砖头,而是工具箱,实用的思想工具箱。

为了适应游牧思想的特征,《千座高原》的风格是无结构的一个个案例的组合。案例涉及的领域有音乐、绘画、电影、数学、科学、历史学、政治经济学等学科,各个案例之间没有联系,每一案例都只是一个思想片段,一个标上时间的历史事实。每一个案例被都称为一座"高原"(plateau)。德勒兹在比喻的意义上使用这个词,"高原"形象地说明了游牧思想无拘无束、平稳流动的特点。正如游牧民族的流动空间是高原一样,游牧思想的领域是心理高原。高原是天高地广、自由驰骋的一马平川。相反,城邦思想的领域是被无数沟、河、壕、墙分割的封闭空间,人的思想被拘束在指定的栅格之中。在游牧的高原上,人们的思想一旦上升到一定的高度,就可以从一个高原流动到另一个高原。相反,在国家或城邦里,人的思想受权力的压迫而下降到水平线以下。

比如,第12节"论游牧学"标明的时间是1227年,这一年蒙古人的军事力量发展到极强盛,这一历史事件就是游牧学思想的顶点。德勒兹在说明游牧学与西方的王权学的差异时说:"王权科学是不能与一种'质料 + 形式'的模型相分离的"而"游牧学更直接地适合于思索内容自身和表达自身之间的联系……对游牧民来说,它既体现为艺术,也体现为技术。"[①]《千座高原》内容斑驳陆离,表现了后现代主义的写作风格,很难说这本书是哲学理论著作,只是因为它提出了反对常规哲学的思维方式,人们才在哲学中给予必要的注意。

---

① 德勒兹、加塔利:《资本主义与精神分裂》第2卷,第530、531页。

第五节　德里达

雅克·德里达(Jacques Derrida,1930—2004)出生于阿尔及利亚的一个犹太人家庭,1949年来法国求学,1956年毕业于巴黎高师,1960—1964年在索邦大学任福柯助教,1964年应阿尔都塞邀请在巴黎高师任助教,1984年起任巴黎高等社会科学研究院教授。德里达是多产的作者,主要著作有:《书写与差异》(1967)、《声音与现象》(1967)、《论文字学》(1967)、《撒播》和《哲学的边缘》(1972)、《丧钟》(1974)、《明信片》(1982)、《胡塞尔现象学中的起源问题》(1990)、《马克思的幽灵》(1993)等。

一、逻各斯中心主义

德里达的哲学生涯是从批判胡塞尔的"自我"哲学开始的。胡塞尔认为,语言是意识的现象,语言符号和自然标记有着根本的区别,语言符号的意义在于表达意向。德里达说,胡塞尔"相信意义的一种前表达和前语言的层次,相信这种层次是由还原在驱除语言层次时所揭示的",在现象学还原的意识内部,"表达是内在化过程",意义是"灵魂的孤独生活",或自我的"独白"。现象学的还原是这样的语言观:"这种向内心独白还原的第一个好处,就是语言的形体活动在独白时确实是不在场的",在场的只是无形体的符号,而作为有形的语言符号的词"只有在我们的注意力独独引向可感物,引向作为简单发音构成词的时候才成其为词"。就是说,表达意义的符号首先是声音(从"独白"到语音),文字只是重复记录语音的符号,"词的同一个就是理想性的重复,它是重复的理想可能性"[①]。德里达从胡塞尔那里看到了西方哲学从柏拉图开始的一个传统——"语音中心主义"。按照这种观点,语言分为语音符号和文字符号,语音由心灵所激活而被赋予意义,而文字只是语音的无生命的、随意的、可有可无的替代物。

"语音中心主义"不仅是西方语言观,它还是"逻各斯中心主义"(logocentrisme)的哲学传统。两者的联系在于这样一种先见:语音的本质"在作为逻各斯的'思想'中与'意义相关联,创造意义、接受意义、表示意义'、收

[①] 德里达:《声音与现象》,杜小真译,商务印书馆,1999年,第38—40、51、52页。

获意义"①,"逻各斯"即语言的内在理性,也是人类和自然的理性,语音和文字的二元对立关系被哲学史演化为精神和物质、理性和感性、自为和自在、主体和客体、心灵和身体、内部和外部、本质和现象、真理和假象、自然与文化、逻辑和修辞等的二元对立。但对立的目的是统一,在上述对子中,前者总是处于优先的中心地位,后者是前者的补充和附庸,处于边缘地位。

德里达认为,"逻各斯中心主义即表音文字(如,拼音文字)的形而上学……自苏格拉底到海德格尔,始终认定一般的真理源于逻各斯:真理的历史、真理的真理的历史……一直是文字的堕落以及文字在'充分'言说之外的压抑"。哲学是逻各斯中心主义的思维方式,只适用于应用拼音文字的西方历史,当它"将自身强加于当今世界并且支配着同一种秩序时,基本上不过是最原始和最强烈的人种中心主义"。②

德里达多次以中文为例打击"逻各斯中心主义",如说"中文模式反而明显地打破了逻各斯中心主义",西方哲学家的"汉语偏见"和"象形文字偏见""导致了茫然无知"。③ 中文与西方拼音文字的对立是两种不同思维方式的对立。德里达在 2000 年访华时说:"中国没有哲学,只有思想。"④他后来解释说:"哲学本质上不是一般的思想,哲学与一种有限的历史相连联,与一种语言、一种古希腊的发明相联;它首先是一种与古希腊的发明,其次经历了拉丁语和德语'翻译'的转化等等,它是一种欧洲形态的东西":"但中国文字在我眼中更有趣的常常是它那种非语音的东西。只是,在中国文化或其他文化中,赋予并非就是逻各斯中心主义的声音某种特殊地位也是完全可能的","哲学并非全部思想,非哲学的思想,超出了哲学的思想是可能存在的"。⑤

二、替补的逻辑

德里达在《论文字学》中发现,语音中心主义者虽然从原则上贬低文字,但不得不承认在现实语言中,文字是"诡诈技巧的入侵"和"破墙入盗"

---

① 德里达:《论文字学》,汪堂家译,上海译文出版社,1999 年,第 13—14 页。
② 同上书,第 3—4 页。
③ 同上书,第 115、117 页。
④ 《中国图书商报》,2000 年 12 月 13 日。
⑤ 德里达:《书写与差异》上册,张宁译,生活·读书·新知三联书店,2001 年,"访谈代序"第 11、12、13 页。

(柏拉图语)、"危险的替补"(卢梭语)、"僭越和暴政"(索绪尔语)、"为了社会学目的而借来的伟大工具"(列维-斯特劳斯语)。德里达揭露"替补"的说法是这样一个矛盾:"形而上学通过将替补确定为单纯的外在性、确定为纯粹的补充或纯粹的缺席来排除不在场的东西……矛盾在于,人们通过将它视为纯粹的补充而废除了补充,被补充的东西成了虚无,因为它补充与它格格不入的完整在场。"这里的"替补"和"补充"是同一个词,即,supplement,它的动词形式 supple 的首要意义是:"补上所遗失的东西,提供必要的替代品"。文字原来被看作不在场的补充,但它的补充是完整的在场,替代了被它所补充的言说。"因此,"德里达说,"替补使构成人的特点的一切——使言语、社会、情感等等成为可能……没有在场和缺席的游戏,就没有形而上学概念或本体论概念"。"替补的逻辑"是文字意义在场或不在场的游戏规则。但是,哲学家习惯于遗忘他们写作的替补逻辑,"要么文字从未作为简单的替补,要么立即建立一种新的'替补'逻辑"。①

哲学家对文字意义及其替补逻辑的遗忘好像是弗洛伊德指出的"水壶逻辑":一个人借用别人的水壶,他在把水壶还给那个人之后被告知水壶变漏了,这时,他会下意识地说出这样的借口:(1)"我根本没有用过你的水壶";(2)"我还给你时,水壶还是好的":(3)"你借给我时,水壶就已经漏了"。哲学家不得不承认文字的"替补"作用,但又贬低这样的作用,出于同样的下意识:(1)文字是外在于活的语言的东西,不可能对语言有什么影响(根本没有用);(2)文字的用处是有害的,不能使用(原物退回);(3)文字虽然有用,但它的用处不在自身的价值,而在它的缺陷(有坏的作用)。

德里达说,在这种文字的无用和坏作用的边界之间的游戏是"哲学建立自身、维护自身和在自身包含深层对立的主要决定②。就是说,在哲学中占中心地位的逻各斯只有通过与那些"低等"或"替代"的文字对立才能确定自身,在这种对立的游戏中颠倒了本源与派生的关系。德里达说:

> 逻各斯是儿子,是一个在他的父亲不在场参加时就会毁灭的儿子。他的父亲是回答者,他的父亲为他说,为他回答,没有他的父亲,他什么都不是,事实上只是写作。③

---

① 德里达:《论文字学》,第 47、56、185、239、355、9 页。
② Derrida, *Dissemination*, trans. B. Johnson, Athlone Press, London, 1981. p.111.
③ Ibid., p.77.

这是说,哲学从一开始就是写作,逻各斯及其理性概念不过是写作的产物。

在逻各斯中心主义的传统中,哲学与文学是中心与边缘的对立,哲学被认为是认识形而上本质的逻辑思考,而文学只是书写可感事物的修辞手段。通过"替补的逻辑",文字的写作和修辞取消逻各斯中心主义规定的中心和边缘的区分和对立,哲学并不是理性思维,而是一种写作,需要借助文学的写作方式。

三、哲学的边缘

在德里达之前,后象征主义者保罗·瓦莱里已经提出哲学是一种特殊的写作。德里达赞成他所说的,哲学家中的"最强者都殚精竭虑地让他们的思想说话,但他们创造或美化的语词徒劳无功,不能传达他们内心的实在,无论这些词语是'理念''活力''存在''本体',还是'我思'或'自我',它们都是密码,它们的意义只有在语境中才能被确定"。但德里达不赞成瓦莱里把哲学看作文学的一个特殊分支,"仅对哲学话语作美学的瞥见"。德里达认为,解构是"贯穿一个文本的全部和其他文本的详尽阐述,它必须围绕这些文本的形式,破译它们内在冲突的规律、它们的异质性和矛盾"①。德里达所说作为写作的哲学与文学写作不在同一层次上。

"解构"首先是一种哲学的策略,其目的不是以文字中心主义取代语音中心主义,以非理性主义取代逻各斯中心主义,用文学取代哲学。解构"要求谨慎的、有区别的、逐渐的和分层的阅读"②,在理所当然的真理中读出隐藏的神话,在理性论证中读出隐喻,也就是说,在哲学的边缘解构占据中心的在场意义。

从柏拉图开始,"逻各斯"是哲学的中心,而"末梢斯"(mythos,神话)是哲学的边缘,神话的隐喻在哲学中只是借用的手段,它们围绕着理性的中心而有意义。德里达的解构是在哲学的边缘处发掘中心意义,在哲学的概念中找出对修辞和隐喻的依赖。他把西方形而上学传统说成"白色神话学"。他说:

> 形而上学——白色神话学组合和反思西方文化,白人把他们自己的神话学、印欧神话学、他们自身的逻各斯,即他们土语的神话,当作他愿

---

① Derrida, *Margins of Philosophy*, trans. A. Bass, The University of Chicago Press, 1982, pp. 293,305.
② Derrida, *Dissemination*, p. 33.

意称作理性的普遍形式。①

在此意义上,白色神话学相对于西方人的种族中心主义。哲学的隐喻是一个系统,有决定意义的是柏拉图对话中的"太阳"。德里达说:

> 太阳不只是为可感的存在脱离了光将不见或不在场提供一个例子。正是显现与不显现的对立,现象和真理、日和夜、可见和不可见、在场和不在场的全部词典,只有在太阳底下才有可能。正因为它构造了哲学的隐喻空间,太阳代表了哲学语言中的自然的东西。

在"太阳"已经和总是在那里的哲学语言中,"光彩的、照亮的东西可以说是人为的建构"。② 在哲学的理性之"光"的隐喻意义上,形而上学是把白昼、可见、在场、真理置于书写中心的"白色神话学"。

德里达从重要哲学文本的"边缘"和理解的"空白"出,读出了哲学概念对隐喻和神话的依赖。以下是他的一些例证。

例一:柏拉图"药"的隐喻。柏拉图在《斐多篇》里说了一个古埃及神话,传说图提神发明了几何、代数、天文学和文字,作为礼物送给国王塔穆斯,国王收下前三门知识,却拒绝了文字,他的理由是文字是任意的、无生命的符号,对活生生的真实的记忆构成威胁。按照柏拉图的解释,知识是灵魂的回忆,文字使得记忆力退化,使回忆退化为简单的模仿和重复,文字是蛊惑心灵的危险的毒药。德里达说,"药"一词(pharmakon)在古希腊文中有两重意义:"毒药"和"治疗"。柏拉图在说明文字的毒害作用的同时,又肯定了文字具有治疗心灵的作用。由于"药"的隐喻中的双重逻辑,"作为西方形而上学的后裔和储藏室的语言翻译对药作效果分析",比如,魔力、春药、毒品、医药,等等,"药剂师"(pharmakos)则是魔术师、方士、投毒者,等等。它们中任何一个的在场意义都"不能构成最后的标准和根本的相关性"③。

例二:卢梭的"自恋"。卢梭号称"本原的哲学家",他推崇"自然状态",口语是自然的语言,母亲是自然的女人,爱情是自然的感情,等等。但卢梭在《忏悔录》却不断坦白"自恋"的罪恶,比如,通过想象不在场的美人

---

① Derrida, *Margins of Philosophy*, p.213.
② Ibid., p.251.
③ Derrida, *Dissemination*, pp.99, 130.

来满足情欲的手淫,离开华伦夫人之后对她的母亲一样的依恋。但卢梭还要承认:"我并没有丢掉欺骗我的需要的恶习",并且这些恶习"产生了不太有害的结果"。卢梭对自然本源的崇拜与对堕落的依赖说明:"起源的概念或自然的概念不过是神话,是通过成为纯粹的附加物而废除替补性的神话",被他谴责的"邪恶的替补"实际上取代了他推崇的神话:"文字是对活生生的自我呈现的言语的补充,手淫是对所谓正常性经验的补充,文化是对自然的补充,邪恶是对愚昧的补充,历史是对起源的补充。"①

例三:黑格尔的"金字塔"。黑格尔蔑视东方的象形文字,认为"字母的写作在一切方面都更易于理解",因此"必须把东方形式的作品排除在哲学史之外"。但是,黑格尔在说明个别和全部在哲学中的关系时,借助了"金字塔"的比喻:"从事哲学的道路必须从黑暗的陷阱开始,沉默的、死亡的、回响着声音所贮藏的全部能量之地,从那里到达矗立在埃及沙漠里的金字塔。""金字塔"是黑格尔《哲学全书》的"符号的象征符号",是他写作的"目的论的等级结构"②。黑格尔从下到上地建立了辩证法的体系,试图逻辑地解释一切矛盾,但对于哲学自身的性质,他却借助"沉默"与"声音"、"死亡"与"能量"、"陷阱"与"金字塔"的对立的比喻。

例四:索绪尔的"心灵印记"。索绪尔反对"书写的暴政",认为语音符号的"能指"是声音的"心灵印记"。德里达说:"关于'心灵印记'的观念本质上与音节的观念联系在一起。没有感性的显象与活的显相(心灵印记)之间的区分,时间化的综合就不可能进行。"③事实上,索绪尔恰恰是借助感性形象的比喻来说明能指的"心灵印记",如说能指与所指犹如空气压力与水面的波纹,又如一张纸的正反两面。④ 但是,这里使用的比喻都是视觉形象,而不是声音形象,语音的中心地位需要依靠视觉形象比喻的帮助才能确立。

例五:列维-斯特劳斯的"修补匠"。列维-斯特劳斯认为,原始思维与现代思维的区分犹如"修补匠"与"工程师",两者有着同样严格的逻辑。"逻辑"只属于"最彻底的话语以及最有创造能力和工作有条不紊的工程师",当把神话的隐喻、夸张等修辞表达都被归结于逻辑时,"人们应当知道

---

① 德里达:《论文字学》,第 224、226、240 页。
② Derrida, *Margins of Philosophy*, pp. 95, 101, 77, 85, 95.
③ 德里达:《论文字学》,第 94 页。
④ 参阅索绪尔:《普通语言学教程》,高名凯译,商务印书馆,1980 年,第 106 页。

所有业余拼装工作都不值得做。业余拼装批判自身"。德里达并不否认神话和修辞的力量,但使用"修补匠"与"工程师"的比喻已经认可了"神学的区分","我们必须抛弃这种技术—神学意义,以便思考愿望对话语的原始依附性"。①

四、"延异"与"撒播"

德里达说:"我常强调解构不是'否定'这样一个事实,它是一种肯定的'是'、一种投入,也是一种承诺"②解构哲学文本是通过"对非正当的教条、权威与霸权的对抗",肯定一种新的阅读和书写的方式,这种方式不能脱离传统哲学的话语,而是要对哲学话语的语境、多义性和写作方式有更多更好的理解。虽然德里达声称解构主义不是一种理论,但为了正面的、建设性的目标,他为批判和否定的解构策略提供了理论的基础,这即是他关于"延异"和撒播的意义理论,毋宁说是一种解释的手法和阅读的艺术。

解构哲学中二元对立的手法为什么能奏效?德里达的回答是,这是因为文本中的文字总有"延异"的意义。"延异"(différance)是德里达自造的一个词,它是"差异"(differ)和"推延"(defer)两词的组合。德里达解释说,"延异从字面上说既不是一个词,也不是一个概念",这个词的发音与"差异"(différence)一样,但它的书写形式中的 a 改变了"差异"的意义,把并列的差异变成推延出现的差异。德里达说:"延异是时间化,差异是空间性"③。延异是空间的差异和时间的推延的结合,它使静止的区分流动起来,使时间的推延被暂时搁置。

德里达说:"延异是发生的,而不再是静态的,是历史的,而不是结构的"④德里达发现,黑格尔正是在此意义上理解"差异"的,比如"有"不仅与"无"相区别,并且"推延"了"无",以致在后来阶段的"有"都蕴涵了"无"。写作本身就是一个不以作者的意愿为转移的消解一切对立和区别的意义流动的过程,当作者要对词义作出明确界定时,词语却显示出混同的意义;当作者要把意义限定在逻辑的范围中时,词语却在逻辑以外创造出隐喻。哲学文本中一切二元对立的意义终将被语词意义的延异所解构。

---

① 德里达:《论文字学》,第 202 页。
② 德里达:《书写与差异》,第 16 页。
③ Derrida, *Margins of Philosophy*, pp. 3, 9.
④ Ibid., p. 12.

德里达所说的文字是广义的印迹,包括图画、记号、雕刻等。相对于语音而言,文字是完全自主的,文字是独立地存在于时空中的、是刻印在物质载体(纸张或石头、泥土)上的痕迹。文字的意义不需要书写者的存在,作者的心灵并不是意义的源泉。文字是没有心灵意向的"所指"和与之相对应的能指,但我们不能因此而认为文字是没有生命的、无意识的物质形式。德里达说:

> 痕迹乃是延异,这种延异展开了显象和意指活动。当痕迹将有生命的东西与一般无生命的东西,与所有重复的起源、观念性的起源结合起来的时候,痕迹既是非观念的东西也是非现实的东西,既非悟性的东西,也非感性的东西,既不是透明的意义,也不是非传导的能量,没有一种形而上学概念能够描述它。①

当德里达说"文本之外无他物"时,他的意思是说一切对象都要通过文字的意义才能被理解,而文字只有在文本中才被赋予意义。文本(text)是文字流动"编织"(textile)出来的网络,文字流动既是文本的编织,又是意义的撒播(dissemination)。德里达说:"伴随着文本概念的有序延伸,撒播刻画了不同的规律,管制着意义和指称(事物的'内在性'、实在、客观性、本质性、存在、可感的或可知的在场)。"②

撒播的规律就是无规律,"它的步骤允许(无)规则,没有通往围绕第一步圆圈的道路,没有从简单到复杂的过程,没有从开始到结束,所有的方法是虚构"。撒播的"管制"是无中心、无结构、无本质,如德里达说,"散播已经并总是肯定意义产生的分离,散播事前就分割了意义",编织和撒播是互为反向运动,它们固然要通过写作者、阅读者和解释者,但文字编织和撒播的意义并不依赖于他们的心灵,撒播没有主体,也不受人的控制,它是充满能量和创造力的语言文字的自我运动,"撒播解释自身"。③

人们唯一可以把握的是撒播的"印迹"(trace),印迹是撒播的纵横交错的历史通道,作者和读者只有沿着文本中撒播的印迹才能创作或理解,不但在某个单一文本中,而且在多文本重叠交叉的印迹中理解和解释。这就是说,不是人的意识决定语言的意义,而是语言自我运动的撒播决定人的意识。

---

① 德里达:《论文字学》,第92页。
② Derrida, *Dissemination*, p. 42.
③ Ibid., pp. 271, 268, 52.

五、解构的来源

虽然德里达认为谈论"起源"是形而上学的话语,但面临语言何以能够决定人的意识问题,德里达用弗洛伊德的神经生理学解释写作的下意识来源。弗洛伊德在《神奇的打印装置笔记》等文中,把人脑比作蜡板,上面已经刻有痕迹,覆盖于蜡板之上的蜡纸向下压,蜡板上的痕迹就会显现在蜡纸上。德里达接受了弗洛伊德的"原迹"(archetrace)观点。"原迹"是下意识的网络,先于书面写作,先于说话,甚至先于人类历史和儿童的发育,但它是写作的动力—印迹(spur-trace)。如果说大脑是蜡版,文本是蜡纸,那么文本与其说是人的记忆的能动的产物(好像蜡纸向蜡板下压所造成的痕迹),不如说是大脑把动力—印迹打印在文本之中(好像蜡板向上的动力把痕迹显现在蜡纸上)。德里达用弗洛伊德式的"心理书写"(psychographique)解释了延异和散播的本源:

> 潜意识的文本已经是纯印迹与差异的编织物……它在任何地方都不在场,是些原初的烙印。一切都始于复制,它已经和总是一个永不在场的意义储藏库,在场的意义总是以延缓、追加、事后、替补的方式被重建的。①

德里达相信,在有意识的知觉、记忆之前,人的下意识之中已经有了与外界接触的通道,它把神经反应活动的效果推延到以后才能出现。因此,现时的经验并不是对外界的直接反映,"现在"永远不会被把握,"过去"永远不会过去,也不会变成现在。"意识""逻各斯""在场"等观念都是和大脑的"现在"状态相联系的。德里达说,意识是一个幻觉,人们制造了它,因为他们害怕对大脑进行唯物主义解释的后果。他说,在反对唯心主义的意义上,"我是一位唯物主义的作家"②。

德里达高度评价马克思主义的现实意义,他认为《共产党宣言》开始宣布的"幽灵"现在并没有消失,也没有被自由主义者所"祛魔","不能没有马克思,没有马克思,没有对马克思的记忆,没有马克思的遗产,也就没有将来……至少得有他的某种精神……必须有诸多个马克思的精神"。③ 他坦

---

① 德里达:《书写与差异》下册,张宁译,生活·读书·新知三联书店,2001年,第32页。
② Deridda, *Position*, trans. A. Bass, University of Chicago Press, 1981, p.64.
③ 德里达:《马克思的幽灵》,何一译,中国人民大学出版社,1999年,第21页。

承自己的解构主义来源于马克思主义的批判精神:

> 这样一种解构活动在前马克思主义的空间中是根本不可能的,也是不可想象的。在我看来,除了是一种激进化之外,解构活动根本就没有什么意义或主旨……马克思主义激进化的做法可以被称为一种解构。①

德里达积极参与各种激进抗议活动,他是"五月风暴"的极左刊物《泰凯尔》的成员,支持同性恋运动,谴责南非隔离政策和犹太复国主义,反对美国霸权,等等。加之他的写作思路是无拘无束的"撒播",解构哲学文本的杂叙杂议重沓冗赘,因此他不被西方哲学界所重视,他自称是"奢侈的边缘人"②。他的思想社会影响广泛,遂成为后现代主义风尚的主要代表。

---

① 德里达:《马克思的幽灵》,第129页。
② 德里达:《书写与差异》上册,第7页。

第九章 解释学

"解释学"(Hermeneutics,又译作诠释学、释义学)一词来自希腊神话中的赫尔默斯(Hermes)神,相传他是宙斯的信使,经常用词所对应的事物来告诉人们词的意义。在古希腊的教育体系中,对概念与判断意义的解释就是用客观存在的对象来说明它们的意义。在中世纪,解释学是指圣经解经学(exegesis)。19世纪自由派神学家施莱尔马赫把解经学扩展为对解释文本意义和文化意义的一般规则和程序的理论,被认为是现代解释学的创始人。他主张使用"移情"的心理学方法,通过理解原文作者的写作意图理解文本的意义。我们在第二章看到,狄尔泰在德国精神科学与自然科学争论的背景中,把对个人生活体验的理解作为精神科学方法论的基础,并通过人际心理的移情式交流,把心理学扩展为精神科学的历史方法。意大利哲学家贝蒂(Emilio Betti)于1955年在罗马成立解释学研究所,按照施莱尔马赫和狄尔泰的方向,把解释学发展成为人文社会科学的一般方法论。解释学成为一个独立的哲学运动是由《真理与方法》一书开创的。伽达默尔在该书中明确地说:"我的书在方法论上是立足于现象学的",但他依据的现象学方法是海德格尔对存在结构的分析,而不是胡塞尔的先验方法。法国哲学家利科也由现象学进入解释学,他把现象学的意义理论与辩证法结合在一起,认为存在论的真理的核心是文本解释的意义。

总的来说,解释学表达出一种对历史与传统的新的态度,它不像同时代的其他文化批判理论那样对传统采取否定态度,也不像文化保守主义那样要返回理想化的过去,而主张通过传统文本的解释使传统适应现时代文化。它也不像后现代主义那样取消主体性和合理性,而要求论证自己理解的主观性与相对性的合理性,并要求在承认彼此主观性与相对性的基础上互相理解,创造开放的对话。解释学是当前西方文化的多元化趋向的反映,作为一般性的学术研究方法和态度,解释学在实际运用中卓有成效,在文学批评、美学、历史学、法学、神学等领域尤为显著,与现象学方法并驾齐驱。

第一节 伽达默尔

伽达默尔(Hans-Georg Gadamer,1900—2002)出生于德国马堡的一个教授家庭,在新康德主义马堡学派的代表人物那托普指导下完成博士论文,1929年在海德格尔的指导下完成教授就职论文《柏拉图的辩证伦理学》,后到马堡大学任教,1939年任莱比锡大学哲学系主任,二战后任大学校长,1949年任海德堡大学哲学系主任直至1968年退休,退休后笔耕不辍,活跃在西方哲学界。主要著作有:《真理与方法》(1960)、《短论集》(四卷,1969—1979)、《科学时代的理性》(1976)、《美的现实性》(1977)、《对话和辩证法》(1980)。1995年前发表的论著被编入10卷本的《伽达默尔文集》。

一、哲学解释学

伽达默尔的代表作《真理与方法》被人批评为既不谈真理,又没有一般的方法。比如,贝蒂在《作为精神科学一般方法的解释学》(1962)中批判伽达默尔摒弃了解释学对正确性或客观性的追求。对此,伽达默尔在《真理与方法》第2版序言(1963)中回应说,他的目的并不是要为理解的技艺制定一套指导精神科学的规则体系或方法程序,"我的真正关切过去是、现在仍是哲学的"。伽达默尔认为,自狄尔泰把理解归结为人的生命体验之后,解释学便进入了哲学;但狄尔泰满足于把理解当作精神科学的方法论基础,而没有继续探索"理解何以可能"的问题。正是海德格尔首先提出并解答了这个问题。伽达默尔说:"我对普遍解释学的问题的处理是以海德格尔对先验探究的批判和他的'转向'的思想为基础的。"[①]

我们看到,海德格尔在《存在与时间》中认为,理解是"此在"在把握过去、应付现在的基础上对未来的筹划;"此在"对自己和世界的存在有非理论、前科学、未表述的理解,任何解释都以已被理解了的东西作为"先见"或"前概念",并把已经理解了的东西明朗化;解释虽然是从理解中派生出来的,但又反过来为理解规定了显现的方向、方式和更具体、更清晰的内容,形

---

① 伽达默尔:《真理与方法》上卷,洪汉鼎译,上海译文出版社,1999年,第4、13页。

成了"解释学循环"。我们可以从三方面理解海德格尔早期基础存在论对伽达默尔解释学的影响。

（1）主体与客体的关系。伽达默尔认为，理解不是一个意识行为，而是一种存在方式。他说："海德格尔对人的此在的时间性的分析已经令人信服地表明：理解不属于主体的行为方式，而是此在本身的存在方式。本书中的'解释学'概念正是在此意义上使用的。它标志着此在的基本的'动中之在'，它构成此在的有限性和历史性，从而也包括此在的全部世界经验。"① 伽达默尔把过去的解释学转变为关于存在和世界经验的本体论，他称之为"解释学的普遍主义"。

（2）理解与真理的关系。伽达默尔把海德格尔对理解的阐述转变为一种新的真理观。他在书的最后宣称，作为"一种提问和研究的学科"的解释学"能够确保获得真理"。这里所说的真理不是认识论概念，而是黑格尔描述经验的辩证法，即，在经验中"我们的知识及其对象这两者都在改变"②；但真理不像黑格尔设想的那样是科学体系的大全，任何真理都是片面的。承认真理的片面性也就是承认人的理解和经验的可错性和开放性，具有积极的创造作用。哲学解释学既不是经验科学，也不是真理的体系，而是提供理解如何获得经验和向经验开放的正确方式。

（3）理解与解释的循环关系。伽达默尔认为，海德格尔阐明解释学循环摆脱了德国哲学中把解释学当作精神科学方法论的窠臼。他认为，当年文德尔班和李凯尔特提出的自然科学和人文科学划界是不确切的问题，因为自然科学和精神科学"根本不是方法论的差别，而是认识目标的差异"③。从方法论上说，伽达默尔不想否认自然科学方法可以应用于精神科学，或相反的应用；但从认识目标上看，伽达默尔根本否认理解可以提供任何科学规则，因此他的解释学并不像贝蒂那样"提供一种关于解释的一般理论和一种关于解释方法的独特学说"④，这是因为，"运用科学方法提供的确定性不足以保证真理，这一点特别适用于精神科学"⑤。就是说，解释学不是规定精神科学方法的规范性学科，而是阐明理解现象的描述性学科。

---

① 伽达默尔：《真理与方法》上卷，第6页。
② 同上书，下卷，第626、344页。
③ 同上书，上卷，第5页。
④ 同上书，第8页。
⑤ 同上书，下卷，第626页。

二、有效历史

伽达默尔从海德格尔存在论中得益最多是的关于存在的历史性的思想。他赞同海德格尔所说,理解不是主观行为,而是存在方式,是在时间中展开、与他人共在的存在方式。他用"有效历史"(Wirkungsgeschichte /effective history,又译作"效果历史""有效力的历史")的新概念表示理解的历史性。他说:"理解从来就不是一种对于被给定的'对象'的主观行为,而是属于有效历史,这就是说,理解是属于被理解东西的存在。""被理解东西"指历史,理解是如何"属于"历史的呢?一方面,人不是站在历史之外中立地、客观地观察历史,如同客观主义的历史观(实证史学的"历史主义")所设想的那样;"真正的历史对象根本就不是对象,而是自己和他者的统一体"。在这个统一体中,人的理解是参与历史的积极因素。另一方面,理解对历史的参与不等于人能够按照主观意识建构历史,如同主观主义(心理主义)的历史观所设想的那样;因为理解是历史性的,人是历史存在,这意味着人"永远不可能进行自我认识,一切自我认识都是从历史预先给定的东西开始的"[①];历史预先决定了人们认识历史的对象和方向。历史既不是人的主观创造,也不是对过去客观事实的简单重现或复制。

历史既是理解的前提,又是理解的产物,任何历史都是被理解的历史,或者说是相对于理解而言的"有效历史"。理解既是属于"有效历史"的事件,又是"有效历史"的动力。伽达默尔强调"历史的实在以及历史理解的实在"之间有着密不可分的关系,他说:"名符其实的解释学必须在理解自身中证明历史的有效性,因此我称之为有效历史。理解本质上就是一种有效—历史的关系。"[②]"有效—历史"不是实在的概念,而是关系的概念,表示历史对理解的先在影响与理解影响历史的效应之间相互作用的合力。有效历史是这种合力的效应,如同亚里士多德用"动力因"(effective cause)表示自然界中动力与效果的关系。这种意义上的历史就是"有效历史"。

"有效历史"解释了历史为什么具有在不同时间中连续流动的特征。按照伽达默尔的解释,人始终存在于处境之中,并且在处境中理解,而不能

---

① 伽达默尔:《真理与方法》上卷,第8、384、387页。
② 同上书,第385页。

站在处境之外理解历史;因此,处境是人的理解范围的界限,这种界限叫作"边缘界域"(horizont)。边缘界域不是固定的区域,而是理解的悠游,并随之移动而生成变化的过程。在此过程中,现在的边缘界域与过去的相接触,并且向未来的界域开放,不断扩大、拓宽。伽达默尔把界域的生成流动称作"界域融合"。"处境"是效果历史的产物,具有相对的独立性和静止性;而"界域"则是效果历史的过程,具有流动性和开放性。

"有效历史"的一个特别用途是对传统的有效性和合理性进行辩护。伽达默尔专门批判启蒙运动对传统的"偏见"和对"权威"的否定。据他的词源学考察,在启蒙运动之前,"偏见"并非只有否定意义,它指被最后检验之前所作的判断,比如,法律上的最终裁决之前所作的临时裁决就是拉丁文的"偏见"(prae-judicium)。偏见并不一定是错误的判断,实际上,它表明了我们在一定处境中对世界开放的倾向,是"个人存在的历史实在"。把偏见等同于个人"虚妄判断"的一个理由是,偏见来源于权威,而权威就是盲从,与理解格格不入。伽达默尔指出,权威不等于盲从,盲从不是权威的本质,权威不是被动地给予的,而只能是主动地获得的;权威与服从无关,倒与知识有关;承认并服从权威并不是盲目的、被迫的,而是在理解基础上的自由判断,是界域融合的产物。

伽达默尔批评说:"启蒙运动的根本偏见是反对偏见本身的偏见,它剥夺了传统的力量。"启蒙运动在反对一切偏见的口号下引入了新的偏见,在反对权威的口号下把理性的权威绝对化。浪漫主义貌似与理性主义相对立,但同样树立了"自然状态"的权威。伽达默尔讽刺说,浪漫主义"把对理性完满性的信仰"变成"对'神话'意识的完满性的信仰,并且在思想堕落(原罪)之前的某一个原始乐园里进行反思"①。他们反对偏见的共同错误是不懂得传统是任何时代人的理解的不可避免的"前见"。

在伽达默尔看来,传统的"前见"不仅是不可避免的,而且是不应避免的。施莱尔马赫解释学的一个重要任务是如何克服时间间距所造成的偏见和误解。伽达默尔指出,"时间间距"不但是不可能克服的,而且也是不应当克服的。时间间距可以消除现时代人对历史事件的功利兴趣和主观投入,起到过滤偏见的作用,使偏见成为只与历史性相关,而与个人利益无关的权威认识。伽达默尔说:"只有从某种时间距离出发,才可能达到客观的

---

① 伽达默尔:《真理与方法》上卷,第347、251页。

认识";这里的"客观的认识"是指"普遍有效的理解"①。

哈贝马斯等人批评伽达默尔维护历史传统的权威和合法性是文化保守主义,伽达默尔回应说:"以为对传统进入所有理解的本质要素的强调意味着对社会政治传统的非批判地接受,这是重大的误解……实际上,正视历史传统总是对传统的批判性挑战。"②按照他的"视域融合"观点,理解传统就是改变传统,使传统适应现在,向未来开放。而且,"理解不只是复制,而且也是创造的态度"③,对传统采取改造的态度就是对传统最好的理解。

三、语言和文本解释

《真理与方法》分艺术、历史和语言三个部分。关于这三部分的关系,伽达默尔说,对审美意识和历史意识的批判是解释学的具体出发点,而语言性是普遍的媒介,通过这个中介,艺术表现、象征和再现"也是一种解释","理解的语言性是有效历史意识的具体化"④。

和"理解"的概念一样,"语言性"(Sprachlichkeit)也是表示存在意义的本体论概念。海德格尔说"语言是存在之家",伽达默尔则说:"能被理解的存在就是语言。""语言性"的本体论概念蕴涵在希腊哲学、经院哲学到近代哲学中关于语言、思想、概念、实在关系的讨论之中。他认为洪堡关于语言就是世界观的论述意味着"世界在语言中得到表达",人们通过语言拥有世界。但语言不是唯一的,他强调,承认语言的多样性和复杂性也就承认了世界观的多样性及世界的丰富性。不能把自然科学的世界观绝对化,自然科学语言不能代替日常语言,比如,"太阳落山"的说法"对我们的直观来说乃是一种实在"⑤,不能被还原为"地球的背面转向太阳"。

伽达默尔说:"一切解释都只同文本本身有关。"他不像德里达把一切都归结为文本,或否认文本之外有任何东西,他认为那是一种语言唯心主义(Sprach ldealismus)。他认为理解及其语言性才是本体论概念,而文本解释只是把理解所拥有的世界的意义清晰完整地表达出来。伽达默尔所说的文

---

① 伽达默尔:《真理与方法》上卷,第382页。
② Gadamer, *Philosophical Hermeneutics*, ed. and trans. David E. Linge, Berkeley: University of California Press, 1976, p.108.
③ 伽达默尔:《真理与方法》上卷,第380—381页。
④ 同上书,下卷,第509、497页。
⑤ 同上书,第607、606、566、574页。

本主要指历史文本，文本解释是理解历史传统的主要媒介。如果某种文化没有文字流传物，而只有无言的文物，"那么我们对这种文化的理解就是非常不可靠和残缺不全的，而我们也不把对这种过去的信息称为历史"。"语言在文字性中获得其真正的精神"，因此，"解释学原来或首要的任务就是理解文本"。①

伽达默尔不赞成施莱尔马赫把文本的意义归结为作者的意图、狄尔泰把理解归结为个人的生命体验的说法，他正确地看到，作者的意图或作品的社会背景是当代读者不可能"客观"再现的，文本的"原义"不可能恢复，文本解释与文本之间的历史间距也不可能被克服，被解释的文本在有效历史中表现出来的东西，要比作者想要表现的东西丰富得多。个中原因在于："由于一切解释都具有语言性，一切解释中也显然包括同他者的可能关系。"②文本解释中的"他者"不但是作者，而且是历史上的解释者和同时代的读者；历史文本的解释之所以可能，是因为文本的作者、解释者和读者都处在有效历史之中。不能只承认文本的历史性而否认解释者和读者的历史性，解释者、读者和作者一样，都有着不可抹杀的历史特殊性，真正的理解解释不是克服历史的局限，而是适应人的存在的历史性，历史性对作者而言是他的界域的开放性，对解释者和读者而言是界域的传统性。把文本的解释看作解释者与被解释者持续不断的视域融合，传统和历史间距就不再是障碍，而是解释的必要条件。在传统属于我们之前，我们已经属于传统；解释过去意味着理解现在和把握未来。承认解释者偏见的合理性并不导致主观性，相反却能避免主观任意性。解释者的偏见是历史传统的前见，它的界域是开放的，面向未来，随时准备接受检验、调整和修改。总之，文本解释是一个创造过程，不但是作者的创造，而且是历代解释者和当代读者创造文本意义的无限伸展的过程。

解释的创造并不是说人可以任意地创造文本的意义，也不是说所有人的创造都同等正确。历史文本作为流传物是人不可更改的客观存在，对文本的阅读和解释有章可循，遵循一种问答逻辑。问答逻辑把理解看作是"我—你"关系，而不是认识论的主观—客观关系。作为对话者的"你"不是认识对象，而是处于与我同等地位的语言性的存在者。伽达默尔强调，我—

---

① 伽达默尔：《真理与方法》下卷，第 507、498、500、507 页。
② 同上书，第 507 页。

你的对话不是相互驳难,而首先是互相倾听,"倾听的优先性是解释学现象的基础"①。在倾听的基础上,我—你的对话包含同意、批评、自我修正和服从,服从权威意味着通过对话达到解释的共识。

对话者可以是人,也可以是文本,解释者可以通过解释使文本说话,文本成为对话者意味着它向解释者提出了问题。伽达默尔说:"我们只有通过获得问题视域来理解文本的意义。"②问题视域是在我们的历史界域内提出的问题,我们也可以面向未来构造问题,对问题的回答不可能不发生界域融合。一个答案意味着新的问题,问答过程会突破已有的融合界域,向更大的界域开放。我们的历史处境决定了无法达到完满的答案,只能在往复循环的回答中不断解释文本,在解释中创造新的意义。在《真理与方法》的结尾,伽达默尔说真理是"语言游戏本身。这种游戏向我们诉说、建议、沉默、询问,并在回答中使自身得到完成"③。

四、实践哲学

解释学有规则与应用两部分,比如,解释一个文本就是应用解释的规则,判案就是应用法律条文或解释法律的规则。伽达默尔的解释学不是关于规则的学问,而是一种关于存在意义的本体论及其实现途径的学问,包括理解、解释和应用三个有机组成部分,如果说理解提供了本体论和世界观,解释是表述理解意义的具体途径,那么把明确理解了的存在意义应用于生活就是实践。

伽达默尔所说的实践不是与理论相分离的行动,解释学应用意义上的实践具有亚里士多德"实践智慧"的含义。亚里士多德认为,逻辑规则不适用于人的行动,伦理准则、法律和政治哲学原则是实践的指导,只有在应用中才能被理解,但没有一次应用能够穷尽这些指导性准则的意义。伽达默尔从亚里士多德的论述中得出"一种属于解释学的问题模式",即,"应用不是理解现象的一个随后的和偶然的成分,而是一开始就整个规定了理解活动"。历史文本、法律文本和圣经文本都有理解与应用的关系问题。伽达默尔说,这些具体应用"其实不是特殊情况",而恢复了解释学的古老统一

---

① 伽达默尔:《真理与方法》下卷,第554页。
② 同上书,上卷,第475页。
③ 同上书,下卷,第625页。

性,"在这种统一性中,法学家、神学家与语文学家结合起来"①。

亚里士多德的实践智慧不是个人的论证,而是论辩和说服的公众活动,与修辞学密切相关。伽达默尔说,实践哲学作为理解学说的应用"在很大程度上是从修辞学借用来的","只有通过修辞学科学才成为生活的一种社会因素,因为一切超越了纯粹专家狭窄圈子的科学陈述都由于它们所具有的修辞因素才获得有效性"②。修辞学与解释学相互渗透,前者使文本解释产生社会效应,后者的问答逻辑使修辞学成为演说者和听众的平等对话,两者不是说服与接收的关系,而在对话中达到或然的、开放的共识。

第二节　保罗·利科

保罗·利科(Paul Ricoeur,1913—2005)生于法国的一个新教家庭,1933 年在外省的雷恩大学获得学士学位,1934 年到巴黎大学学习哲学,深受马塞尔影响,在 1935 年国家中学哲学教师资格考试中取得第二名的好成绩。二战爆发后应征入伍,1940 年被德军俘虏,在战俘营的 5 年期间,利科研读了胡塞尔现象学及雅斯贝尔斯的著作。1948—1956 年在索邦大学任教,并以胡塞尔《观念》译注本的次论文和《自由和自然:意愿者与非意愿者》(1950)的主论文获得哲学博士学位,1956 年任斯特拉斯堡大学普通哲学(即哲学史)教席教授,1965 年,到新成立的巴黎第十大学任教授,1967 年任文学院院长。巴黎十大是 1968 年"五月风暴"的"暴风眼",利科不赞成学生运动,遭到左派学生辱骂和舆论批评,1970 年辞职。1970 至 1985 年间,先在比利时卢汶大学,后去芝加哥大学任教,被选为美国人文艺术科学院外籍院士,1985 年从芝加哥大学退休后回国后,在法国哲学界影响隆起,得到迟到的荣誉,2004 年获"克鲁格奖"。

利科的主要专著有:《自由与自然:意愿与非意愿》(1950)、《可错的人》(1960)、《恶的象征》(1960)、《弗洛伊德与哲学》(1956)、《活的隐喻》(1977)、《时间与叙事》(三卷,1983—1985)、《作为他者的自身》(1990)。此外,他发表近 500 篇论文,部分论文合集于《历史与真理》(1956)、《解释的冲突》(1969)、《圣经解释论文集》(1980)、《解释学与人文科学》(1981)、

---

① 伽达默尔:《真理与方法》上卷,第 416、422 页。
② 伽达默尔:《哲学解释学》,夏镇平、宋建平译,上海译文出版社,2004 年,第 24、25 页。

《意识形态和乌托邦讲演集》(1986)、《从文本到行动》(1986)、《正义》(2000)、《承认的历程》(2004)等。利科的著述涉及解释学、现象学、精神分析学说、社会批判理论、存在主义、结构主义、后现代主义、英美分析哲学和西方马克思主义。

一、象征引起意义

利科认为,哲学只有通过哲学史才能被理解,但哲学史被叙述为对永恒问题(自由、理性、实在、灵魂、上帝等)的典型回答(实在论、唯心论、唯物论、唯灵论等),这些典型构成了哲学史上一个个体系。他说:"体系的胜利、一致性的胜利、合理性的胜利留下了大量的渣滓",就是说,"无理智、暴力、精神错乱、权力、欲望,所有这一切都不能进入哲学史",哲学家虽然承认这些"渣滓"构成历史,但认为那不是历史的实质。针对哲学家"选择意义,剩下的是无意义"的作法,利科说"我的推理是逆退式的"①,这可以说是他前四部著作的思路:从哲学史所淘汰的"渣滓"回溯历史的实质,在被哲学家所抛弃的"无意义"中理解意义。

在《恶的象征》中,利科认为过去哲学解释没有把恶的呈现理解为一个历史过程,遗忘了人类原始经验这个"他者"。利科说:"犹太源流和古希腊源流的遭遇是建立我们文化的交会点。犹太的源流是哲学最早的'他者',而(希腊)哲学是最亲近的'他者'";而"今天要理解希伯来的资料,就必须将其信仰及风俗放在古代中东的框架内"②。该书通过对希伯来圣经、希腊神话和中东宗教典籍中象征意义的解释,把恶的概念解释为从"亵渎"到"罪"再到"有罪"这三重象征意义叠加的结果。

亵渎是"先于在伦理和自然作出区分的领域",纯洁与不纯洁的区分"不顾及自然和伦理的任何区分,而是依从敬神和渎神的区分"。自然和伦理的区分开始于语言,语言把伦理领域的亵渎与疾苦、病患、死亡、失败的自然领域区分开来。希伯来圣经的《约伯记》是"罪的伦理领域从受难的自然领域中分离出来这一转折时期的最好证据"。而在希腊人那里,哲学上的净化或洗刷从亵渎领域中转化出来。希腊人与希伯来人的差别是:"古希腊人的禀性中从未有过罪恶感,带有强烈罪恶感的民族,惟有以色列民族。"但

---

① 利科:《历史与真理》,姜志辉译,上海译文出版社,2004年,第52、49页。
② 里克尔(即利科):《恶的象征》,公车译,上海人民出版社,2005年,第21、22页。

两者的后果是共同的,那就是"亵渎经过言语或语词进入人的世界"。①

按照利科的分析,亵渎、罪和有罪的语言只是"第一级象征",罪恶神话是"第二级象征",它"把人类作为整体包容在一个虚构的历史之中","讲述过错的起源与终结","试图去了解人的存在之谜"。②

罪恶神话有四类:(1)苏美尔人的混沌神话。它把世界起源归结为诸神的暴力,罪恶和历史同时发生;(2)希腊人的悲剧神话。它认为诸神本身是邪恶的,悲剧是人类的命运;(3)希伯来人的亚当堕落神话。它认为罪的原因是人类始祖的堕落,犹太教后来在原罪神话上增加了悔罪意识,而基督教把耶稣视为"第二亚当"的解释用末世审判终结人类的罪恶;(4)俄耳甫斯到地狱引领妻子灵魂回归的神话,它把罪恶归于身体对灵魂的污染,表明不朽的灵魂放逐和回归的循环,这是灵魂净化的希腊哲学的前提。在这四个神话中,俄耳甫斯神话最有理性,而亚当神话是象征人类生存意义的最为根本的人类学和神学神话。

基督教对亚当神话的解释是"第三级象征",它重新解释其他神话的象征意义,把恶的起源与创世的善的起源分开,展示人类的善的愿景,它用魔鬼象征悲剧命运,借用灵魂的放逐与回归的神话象征人的犯罪与拯救。如此,它没有单纯地取消其他神话,而是"赋予其他神话以生命或新生命"③。

宗教话语和神话不属于传统哲学思考的对象,利科却通过描述它们象征人类原始经验的意义,得出"象征导致思想"④的结论。列维-斯特劳斯也作了相似的研究,但解释出来的象征意义是抽象的结构,而不是与西方文化传统根源相关联的具体的、历史的意义。

二、信仰与理解的解释学循环

列维-斯特劳斯批评利科的解释要求比方法更多的意义,这样就引进了形而上学、意识形态和神学。利科确实有某种"形而上学"和"神学",他承认《恶的象征》"实质上与安瑟伦的模式一致"⑤,即从基督教信仰出发理解恶的现象。他说:"现象学是倾听、回忆和恢复意义的工具。'为了理解

---

① 里克尔:《恶的象征》,第 22、32、29、33、35、37 页。
② 同上书,第 320、164、165 页。
③ 同上书,第 321 页。
④ 同上书,第 365 页。
⑤ 同上书,第 370 页。

而信仰,为了信仰而理解',这是它的准则,这就是信仰与理解的'解释学循环'本身。"①他认为海德格尔的解释学循环是建构存在论的一条捷径,而信仰与理解的解释学循环则是一条漫长的道路,它不但解释自我生存,而且解释上帝存在和世界存在,它解释得更多,因而解释得好。

利科把帕斯卡"赌上帝存在"的论证转变为"赌解释真理"的证实。他说：

> 我的赌注(en pari——中译本译作"担保")是,如果我遵从象征所指示的思想,那么我将会对人的存在,以及人和所有存在的联系有更好的理解。这个赌博于是成为证实我的赌注并把它置于可理解性之中的任务。这个任务反过来转变了我的赌博,我在赌象征世界的意义的同时,赌我的赌注将恢复我在连贯言谈中的反思能力。②

解释学的赌博以信仰为赌注,它要赢得的回报不但是对存在意义的更好理解,而且是自我理解的反思能力。

《弗洛伊德与哲学》试图回答的问题是,出自信仰的解释为什么比弗洛伊德等无神论的"怀疑大师"的解释更加合理。利科首先肯定弗洛伊德学说不属于自然科学范围,而是对欲望的语义学解释和对欲望历史的解释,在此范围之内,这个学说有它的真理。比如,弗洛伊德对下意识的解释是对胡塞尔"悬搁"的颠倒,"原来明知的意识被搁置起来,成为最少知道的东西"。再如,弗洛伊德认为欲望内在于身体的看法与利科对非意愿的激情的分析一样,表明"任何实践涉及的意义都是肉体所产生的意味或意向"③。

但是,弗洛伊德用自然科学真理的标准看待他的学说,试图运用它解释人类一切文化现象,他的解释在欲望历史的范围之外是不能成立的。比如,"俄狄浦斯情结"作为第二级象征,偏离了俄狄浦斯神话的象征意义。在神话中,俄狄浦斯"弑父娶母"的罪过不在于儿童时期的恋母心理(因为他根本不知道他遭遇的那个男人和女人是他的父母),而是成年人的骄傲和愤怒之罪。利科说："俄狄浦斯因骄傲的破产而遭罪……不是儿童俄狄浦斯的悲剧,而是俄狄浦斯国王的悲剧。"④从利科的观点看,"恋母"的欲望话语

---

① Ricoeur, *Freud and Philosophy*, Yale University Press, 1970, p.28.
② 里尔克:《恶的象征》,第368页。
③ Ricoeur, *Freud and Philosophy*, pp.32,118,382.
④ Ibid., p.516.

至多只象征人的可错性,而"骄傲"的伦理罪责是恶的象征意义,弗洛伊德混淆了这两个层次。

弗洛伊德在《图腾与禁忌》《摩西与一神教》中把宗教起源归结为弑父的下意识。利科说,弗洛伊德之所以只是重复一种下意识欲望,而不承认欲望转变和宗教情感的丰富意义,"并不是出于分析,而只是表达了弗洛伊德个人的不信"①。

三、文本解释的自我理解

利科长期处于法国哲学"明星"圈子之外的一个原因是,他对否定主体性和人性、否定真理和意义、否定自我反思的法国哲学界主流思想持保留态度。利科同意他们对传统意义的纯粹的"我思"、不容置疑的真理和无遮蔽的透明意义的批判,但不同意列维-施特劳斯对主体性、阿尔都塞对人性、福柯对"人"、德里达对意义和反思的全盘否定。利科认为,所有的理解最终都是对"我在"的反思,"在此意义上,现象学仅仅作为解释学才能得以实现"②。利科说:"没有不经过符号、象征和文本中介的自我理解",③因此有必要通过文本解释,达到对世界、他人和自己的存在意义的理解。

利科后期关注的文本形式是隐喻和叙事这两种体裁或文类(genre)。利科区分了隐喻的三个层次,在语词的层次上,隐喻是修辞学的对象;在语句的层次上,隐喻是语义学的对象;在话语的层次上,隐喻是解释学的对象。

隐喻通过话语创造性地重构实在意义,而叙事通过情节把分散的事件整合在一个关于实在的故事之中叙事在事件的时间中展开。在叙事与时间之间有一个解释学循环:"叙事作品所展开的世界总是一个时间的世界……反过来,叙事只是在它描述时间经验的性质的范围内才是有意义的。"④这个循环不是线性的圆圈,而是黑格尔式的螺旋式上升。在叙事的时间过程中,人们变换视角,从不同方面、不同层次看事物,或者把一件事"看作"另一件事,或者把另一件事"同化"在初始事件之中,即使初始事件

---

① Ricoeur, *Freud and Philosophy*, p. 543.
② 利科:《诠释学与文人科学》,第 88 页。
③ Ricoeur, "On Inter", in *Philosophy in France Today*, ed. A. Montefiore, Cambridge University Press, 1983, pp. 191,193.
④ Ricoeur, *Time and Narratives*, vol. 2. trans. K. McLaughlin and D. Pellauer, University of Chicago Press, 1984, p. 3.

现在已经消失。

叙事既有教化作用,又有指涉人性化时间的认识作用,既是虚构的故事,也是历史的记载。概括地说,利科从四个方面解释了历史和故事的相似性。第一,虽然历史学家只能恰当地安排事实,而不能虚构事实,但文学艺术创造的规则要求"作者受尽可能完美的世界愿景所激励",这与历史学家要尽可能完美地忠于过去的规则相似。第二,阅读故事类似于阅读历史书,故事的读者一方面接受文本,另一方面与文本保持距离;历史书的读者也处在一方面相信历史文本,另一方面保持跟过去实在的差距的地位。第三,伟大的文学和历史作品都是经典,人们在文学创作和历史记载中读出普遍的、新的意义。第四,阅读故事和历史书具有改变社会的同等效果,"历史书可以当作小说来读"[①]。

利科的叙事理论同时也是行动理论。他认为,文本解释的目的不是克服作者与不同时代解释者和读者之间的"时间间距",而是达到作为读者的自身与他者的"主体间性"。读者从叙事文本中"读出"的是人对行动方式和历史经验的自我理解,"自我"是叙事时间性中构成的人格同一性。只有在文本阅读中放弃自我,让文本"占有"自我,才能与其他读者共同阅读和理解文本,"自我"由此成为与"他者"(idem)相一致的"自身"(ipse)。

对文本的"自我理解"不再是对"我可以知道什么"的认识论问题的回答,也不是"我有什么"或"我是什么"的自我意识,而是对"我是谁"的本体论问题的回应;而"自身"与"他者"的一致则是自我理解的伦理学后果。利科始终试图把伦理学建立本体论的基础之上,我们在这里可以看到马塞尔和雅斯贝尔斯的存在主义对利科的深远影响。

---

① Ricoeur, *Time and Narratives*, vol. 3. trans. K. McLaughlin and D. Pellauer, University of Chicago Press, 1988, pp. 117, 186.

第四编　面对日常世界的英美哲学

二战对英美哲学和欧陆哲学的影响大不一样。英美社会和文化在大战中没有受到根本性破坏，英语世界的人民和政府坚守固有的传统，与法西斯主义展开全面的斗争。二战的胜利增强了民众对他们的生活方式、基本常识和社会共识的信心。人们意识到，早期分析哲学按照纯粹、绝对的逻辑主义标准确定真假是非，不利于维护日常生活的伦理价值，甚至可能助长道德上的无原则性和思想上的僵化独断。战后的分析哲学家在日常生活和语言中阐发真理，把普通人的意见当作意义标准，适应了英美社会维护文化传统和生活方式的保守倾向，以抵制20世纪欧陆兴起的激进思潮对西方文明的冲击。欧陆哲学与英美分析哲学的分野只是到在二战之后才壁垒分明，除内在原因之外，对西方文化传统持批判还是保守的态度是两者区别的重要社会原因。

分析哲学的转向除了有外在的社会文化背景外，还有语言哲学自身发展的需要。美国实用主义哲学家莫里斯（Charles W. Morris, 1901—1979）在《符号、语言和行为》（1946）把语言哲学称作符号学（semiotics），包括研究符号与符号关系的语句学、符号与对象关系的语义学和使用者与符号关系的语用学。如果说分析哲学的"语言学转向"把传统哲学关于实在与思想关系的研究转化为语义学，把普遍与特殊、整体与部分的关系转变为逻辑符号的语句学。那么分析哲学在二战之后可以说发生了"语用学转向"。分析哲学家不再热衷于对语言的意义和句法进行纯逻辑的分析，而是联系语言使用者的行为、态度、意图和语言在特定语境中的功能、效用，对语言用法加以描述、解释、分析和分类，提出新的语言哲学理论。分析哲学前一阶段语义学和语句学成果通过语用学的分析和解释被吸收到这些新理论之中。分析哲学的语用学转向，主要表现为从逻辑分析转向日常语言分析，以及逻辑或日常的语言分析与实用主义相结合这二个方面。

波普尔是二战后第一个身兼科学哲学家和政治哲学家的开风气之先的人物。他认为，逻辑实证主义具有教条主义倾向，分析哲学"元语言"的分析方法也无助于解决科学哲学与政治哲学的实际问题。他提出证伪主义的科学方法，并将其运用于政治哲学领域，猛烈批判法西斯主义等激进思潮。从波普尔开始，分析哲学逐渐在科学哲学、道德哲学和政治哲学等领域失去主导地位。这些领域的非分析哲学思想中，既有维护英美社会传统的价值观，也有受德国输入的激进或保守思潮影响的学说。比如，科学哲学的社会历史学派既有实用主义的烙印,也吸收了德法社会学和解释学的观点;再如,政治哲学中既有英美自由主义传统,又受欧陆哲学保守主义和激进主义思潮影响。

第十章　日常语言分析哲学

维特根斯坦在两次世界大战之间对逻辑主义的意义理论进行了认真的自我批判,看到了精确严格的逻辑分析与语言意义之间的矛盾。《哲学研究》第107、124节用一个比喻说明这一矛盾:"我们在光滑的冰面上行走,没有任何摩擦力,在某种意义上达到理想条件,但正因为如此,我们将不能行走。要行走就要有摩擦力,回到粗糙的地面上来。"他要求放弃狭隘的逻辑分析,在具体语境中对日常语言多种多样的复杂用法及其相互关联进行明晰的理解和全局的把握,从而打开了广阔的日常语言分析领域。在维特根斯坦的影响下,英美分析哲学家把语言的意义解释为人在具体语境中的特定行为,他们对不同类别的语言行为所作的细致分析和阐述,在人们习以为常之处揭示日常语言蕴含的丰富的社会交往功能。语言行为理论与自然主义相结合,还产生符合常识世界观的分析的形而上学。

第一节　后期维特根斯坦

维特根斯坦于1928年重返剑桥,1936年成为哲学教授。经过长期思考,他放弃了《逻辑哲学论》中以逻辑规则为意义标准的思想,转而采用日常语义规则为意义的标准。他在后期的主要著作是《哲学研究》,他在写作、思考过程中写了大量的笔记,被辑录在《哲学评论》《哲学语法》《蓝皮书和褐皮书》《关于数学基础的议论》《关于心理哲学的评论》《片断》等书中,临死前写了《论确定性》。

维特根斯坦在《哲学研究》前言中说,这本书只有和《逻辑哲学论》相对照才能得到正确的理解。这不仅是内容上的对照,而且也是风格上的对照。

一、"语言—游戏"

维特根斯坦的主要目的是要清除传统哲学对语言的误解。《哲学研究》一开始就引用了奥古斯丁《忏悔录》中的一段话,并将这段话解释为"奥古斯丁图画"。维特根斯坦说:"在这一关于语言的图画中,我们找到了下列思想的根源:每个词都具有意义,这个意义和这个词具有对应关系,一个事物就是这个词所表示的意义。"(PI. 1①)显而易见,语言中有相当大的一部分词汇,它们既不是事物的名称,也不与事物具有一一对应的关系。奥古斯丁图画是对语言的一种狭隘见解,很多错误的哲学观点都是由于狭隘地理解语言而出现的。

针对奥古斯丁图画这种目的,维特根斯坦设计了三种语言游戏。第一种语言游戏可以称作"五个红苹果"。维特根斯坦设想,有一个人拿着一张写有"五个红苹果"的纸条到商店去买东西,售货员接过条子后,首先拉开标有"苹果"字样的抽屉,然后再拿出一本指示各种颜色的样本,翻到标有"红色"那一页,来对照抽屉中苹果的颜色,最后再从1数到5,捡出五个红苹果。在这个语言游戏中,"五个""红""苹果"这三个词有不同的用法,其中,"苹果"是和名叫苹果的事物相对应的,是该事物的名称。但是,"红"这个词所对应的却不是一个具体事物,而是一种颜色的样品,如果在一个样本上,有深浅不同的红色样品,如"粉红""赤红""紫红"等,那么,和"红"这个词所对应的是一系列按照不同等级排列的一种颜色,和这个系列中样品相似的颜色都符合所要求的苹果的颜色。"五个"所说明的是事物的数量,它是在计数的活动中,而不是在对应事物的活动中获得其意义的。这个语言游戏说明,对不同词的意义的理解是和不同的行为方式联系在一起的。为了理解"苹果"这个词,我们必须能够指示出它所代表的事物;为了理解"红"这个词,我们必须具有比较不同颜色的能力;为了理解数量词,我们得学会计数。这三个词分别体现了语言的"指称""比较"和"计数"这三种功能。用词来代表事物的名称只是语言的指示功能。奥古斯丁图画把所有词的意义都归结为事物的名称,这显然是片面的。维特根斯坦说:"我把语言和行动交织在一起的整体,称之为语言—游戏。"(PI. 7)在这里,重要的是

---

① PI 是 *Philosophical Investigations* 的缩写,数字表示节数,中译本可参阅维特根斯坦:《哲学研究》,汤潮、范光棣译,生活·读书·新知三联书店,1992年。

要认识到和语言交织在一起的行动是多种多样的,通过名称来指示事物只是其中的一种。

维特根斯坦也承认,奥古斯丁图画是一种特殊的语言游戏,即"直接指证定义"(ostensive definition)。奥古斯丁描绘了直接指证定义的基本特征:它是一个人用手指着一个事物,同时发出一种声音,另一个人理解这种声音或符号代表着这个事物的名称的双向交流过程。按照奥古斯丁图画,一个名称有没有意义取决于它是否指示一个实际存在的事物;把这个名称所命名的事物指示出来,是对这个名称的定义的真实性的最可靠的证明。由此,直接指证定义被视为决定语言意义的基础。

维特根斯坦反对把语言的全部意义归结为指称事物,也反对把语言的基础归结为直接指证定义的经验过程。他说,直接指证定义并不是脱离或超越语言的纯粹经验、观察过程,它本身就是一种语言游戏,只有已经掌握了这种语言游戏规则的人,才能运用和理解直接指证定义。

在奥古斯丁图画中,人们身体的动作(包括面部表情及声调)被当作全人类都能理解的自然语言,也就是说,对于一个完全不懂一种语言的人,我们可以用直接指证定义的方法来教他这种语言。比如,对于一个不懂中文的英国人,我用手指着一张桌子,同时发出"桌子"这个词的声音,或者写下"桌子"这两个字,这个英国人就会明白这个声音和字符与"table"具有同样的意义。维特根斯坦反驳说,手势和声音、符号的结合,并不能使一个完全不懂一种语言的人了解到这种语言的意义。如果我指着一张白纸,告诉他人:"这是纸。"对于一个不懂中文的人来说,他会误认为我是在教他颜色的名称,以为我所指的是:"这是白色",或者在教他数字,拿一张纸当作数字"1"的一个例子。事实上,我们可以用同样的手势来说明颜色、数字、形状、重量,而不是说明一个事物,手势可以用来强调我所讲、所写和所指的东西有关联,但它本身并不能表达我的意图。因此,要理解一个直接指证定义,双方都要进入一种类似游戏的状态,在这个语言游戏中,双方都要就定义的对象达成默契。如果定义对象限定在事物名称的范围之内,那么,我所指的是该事物的全部;如果双方把定义的对象限定为颜色。那么,我的手所指的就是事物的颜色,而与其形状、大小、硬度、重量等其他性质无关。毋庸讳言,这种默契在一定程度上取决于人类的自然倾向。人在用手势交流的时候,可以很自然地猜测到对方的意图。这在运用直接指证定义时也是如此。当一个外族人指着一样东西,发出一种我所不理解的声音,我会很自然地首先想到他所说的是该东西的名称。同样,我也倾向于选择这样的方法来教别人理解事物的名称。

维特根斯坦反对把一种我们熟悉的语言现象夸大为语言本质的倾向。他认为直接指证定义只是形形色色语言游戏中的一种,与其他语言游戏相比,它的优越性只是在于我们对它更熟悉一些罢了。而我们熟悉的东西并不一定就是最重要的或本质的东西。事实上,"语言—游戏"这个概念本身就排斥把一种游戏看作是比其他游戏更为重要的观念。

如同所有游戏在人们生活中都具有同等重要的地位,我们也必须把各种语言游戏都看作是同等重要的。在日常生活中,一种语言游戏不可替代另一种语言游戏,也不能被归结为另一种语言游戏。它们都是日常语言中必不可少的组成部分。维特根斯坦告诉我们:"语言游戏这个概念突出了这一事实的重要性,即:运用语言是一种活动,是一种生活方式。"语言游戏这个概念延伸到了人类生活的每一个角落,包括人们日常生活中的各项活动,如命令、描述、报告、思考、检验、图示、讲故事、游戏行为、唱歌、猜谜语、开玩笑、讲笑话、解数学题、翻译、提问、感谢、诅咒、问候、祈祷,等等,都是语言—游戏。(PI.23)

人们常把语言比作工具,但维特根斯坦却将语言行为的多样性比作一个工具箱,它包括锤子、钳子、锯子、螺丝起子、胶锅、胶水、钉子、螺丝。他说:"词的功能的差异性好像是这些工具的功能的差异性。"(PI.11)如同所有工具都可以被容纳在一个箱子里,同语言的外表特征也是相似的。它们都由少数字母和音素连贯而成的。维特根斯坦又用了一个比喻来说明,这种外表上的相似性掩盖了功能的差异性。他说,当我们走进一个火车头的时候,我们看到很多或多或少相似的手柄。但是这些手柄的功能却大相径庭。引擎的曲柄可以不停地转动,开关的手柄却静止在"开"或"关"的位置上,刹闸的手柄可以推前移后,而泵的手柄却上下跳动。因此我们不能根据手柄的形状来判断它们的功能,同样,也不能根据语言在表面特征上的相似性,就否认它们在功能上的差异性。(PI.12)

根据"语言—游戏"的实践性和多样性,维特根斯坦要求人们从动态的观点来观察语言的意义,他得出了一个具有深远影响的结论:"在多数情况下,虽然不是一切情况下,我们可以给"意义"这个词下这样一个定义:一个词的意义就是它在语言中的用法。"(PI.43)

二、家族相似

哲学家们虽然也承认语言现象的多样性、复杂性和差异性,但他们总是企图给语言下一个完整的定义,企图在定义中把握住所有语言现象所共有的本质特征。维特根斯坦强调说,下定义的方法不适用"语言—游戏"。我们把球类、田径类、棋类,乃至游泳、划艇、攀登、舞蹈、捉迷藏等活动,都笼而统之地称为游戏。维特根斯坦建议我们用观察的方法检验一下,看一看是不是所有的游戏活动都确实具有这个设想的本质,观察的结果总是会突破定义的内涵所规定的范围。他说:"你将看到,对所有游戏来说,没有什么共同的东西,有的只是类似联系以及它们系列的排列。我们再三要求:不要想,但要看!"(PI. 66)

"不要想,但要看"已经成了日常语言分析哲学家们爱用的一句话。当然,这并不是要求只看不想,而是要求人们的思想内容必须符合语言的实际用法。如果我们观察一下各种游戏的特点,我们将发现它们之间存在着错综复杂、重叠交错的类似性,但没有一个所有游戏都必须具备的共同特征。现在我们假设游戏可以分为六类,每类都具有四个特点,那么,我们不妨用下列图表来表示游戏之间可能出现的类似关系。

游戏	1	2	3	4	5
性质 1	A	B	C	D	E
性质 2	B	C	D	E	F
性质 3	C	D	E	F	G
性质 4	D	E	F	G	A

在这一图表中,我们可以看出,每个游戏和其相邻的另一游戏都具有三个相同的特征,但却没有一个特征是这六类游戏所共有的。维特根斯坦因此总结出一个论点:"游戏是一个复杂的重叠交错的相似性的网络:有时是整体的相似,有时是细节的相似。"(PI. 66)

维特根斯坦把这种相似性比作"家族相似"。在一个家族中,每个成员都和另外的某些成员有相似的特征,比如,在身高、相貌、肤色、身段、发型、性格、气质以及其他各种遗传特征方面,同一家族的成员不是在这一点,就在是那一点上彼此相似。但是，是不是家族的所有成员都具有某一种共同的特征呢？如果我们用实际观察的方法来对比。我们将不大可能在几代人中间找到一个人人都具有的特点。但是，这个家族所有成员又都冠以同样的姓(family name)。受到这种语言现象的迷惑，人们可能会宣称，这个家族一定有一个区别于其他家族的本质特征，否则的话，为什么我们要用不同的名称来称呼这两个家族呢？这种理由显然是站不住脚的。但是，在日常语言中，当我们用一个相同的概念来称呼众多的个体时，我们却毫不怀疑，这些个体必须有一个本质特征，而概念的定义就是对这一本质特征的描述。维特根斯坦提出"家族相似"这一概念，就是为了反对这种思维方式。

"家庭相似"的概念和传统逻辑中"种"和"属"的概念是大相径庭的。在传统的形式逻辑中，如果一些个体具有一个相同的特征，我们就可以根据这一特征把这些个体事物归于一个"属"。如果一些属具有一个相同的特征，我们又可以把这些属归于一个"种"。给一个事物下定义就是明确它的属性。而属性可以用"种＋属差"的方法来确定，例如，亚里士多德给人的标准定义是"人是有理性的动物"。

维特根斯坦所反对的是这种形式逻辑的认识方法。他要求在观察的基础上，通过对比来把握事物之间的类似关系。这就是"不要想，但要看"的真实含义。可以说，"家族相似"的观念改变了人们对概念性质和用途的理解。它要求人们不要用传统形式逻辑中"种＋属差"的方法来定义概念的内涵。"家族相似"允许概念的模糊性，强调的是概念外延的个别性和多样性。维特根斯坦用关于数字的概念为范例来显示应当如何来理解概念的"家族相似"的特征。数字这个概念的外延包括整数与分数、正数与负数、有理数与无理数、实数与虚数。在这些类别的数字中，没有一个共同的特征，但却与其对立面有相似性。有理数和无理数都可以用分数来表示，但和虚数却没有什么共同性，在它们中间只有家族相似的特点。并且，数字这个概念的外延，没有严格的界限，它是在人类思想发展史中不断伸展的，从正整数的概念发展到了虚数的概念。谁也不能否认，在将来的岁月里，人们会把一些现在还没有认识的现象也归到数字概念中，创造出一种新的数字来。由此可以看出，我们不能用一个关于数字的一般性的定义对所有的数字作出本质性的描述。我们的概念只是对现有的数字类型之间"家族相似"关系的认识。

同样，人名也是一种特殊的概念。这一概念所表达的不是一个人的特殊本质，甚至也不是一个人的存在。维特根斯坦以《圣经》中摩西这一历史人物为例。"摩西"这个名字可以被各种描述句子所定义。比如,"一个带领以色列人越过荒野的人","一个生活在彼时彼地,并被叫作'摩西'的人","那个在儿童时期就被法老的女儿带出尼罗河畔的人"等等(PI. 79)。但是,维特根斯坦说,没有一个定义描述了摩西的本质。这些描述甚至不能保证摩西这个人在历史上确实存在。因为,即使历史学家考证出所有这些被描述的事实都不存在,人们仍然可以沿用"摩西"这个名称概念来表达他们的信仰。维特根斯坦说,我们把人名当作概念来使用,却不赋予它以固定的意义。也就是说,我们不给人名下一个确切的定义,而是用众多的描述性句子来表示它的意义。毫无疑问,这些被描述的对象也只有"家族相似"的特征,而无共同本质。

维特根斯坦指出,在我们日常语言中,一个明明白白的事实是:概念的运用不是被规则严格规定了的。这一事实并不是什么缺陷,而恰恰是日常概念的长处。有时候,在有些环境中,模糊的概念或者概念的模糊用法正是我们所需要的。在某些领域、某些场合,我们需要不同程度的精确概念来表达思想。决定了我们应该如何运用概念的是具体的生活和语言环境,而不是精确的规则。

三、"遵守规则"的悖论

尽管语言的用法繁多,维特根斯坦不能不承认,使用语言是一种遵守规则的活动。如果每个人都可以随意使用语言,语言将会变成一种不可理解的现象,利用语言来进行交流也将不可能实现。因此,仅仅指出语言用法的多样性和流动性并不能说服那些崇拜逻辑结构和单一本质的人。他们会反驳说,既然语言的多种用法必须服从一定的规则,要服从规则首先要理解规则。那么人们是如何理解规则的呢?

维特根斯坦用一个小学生是对计数规则的理解为例,说明了对规则的不同解释所引起的一个悖论。设想教师要求学生从 2 开始,每次加 2,依次递增地计数,即按 2,4,6,8……的序列来计数。计算的结果是一个算术数列,其公式可用 $n+2$ 来表示。学生按照这个公式数到 1000 之后,突然按每次加 4 的规则来计数,即 1004,1008,1012……,老师连忙告诉学生说,他应该每次加 2,而不是加 4。但学生却争辩说,$n+2$ 这个公式只适用于 1000 之内的数字;对于大于 1000 的数字,必须对这个公式加以修改,才能应用。我们能不能说,这个学生犯了不遵守规则的错误呢?

首先，必须肯定，这个学生确实懂得什么是规则，知道怎样计数才算是遵守规则；即使他在 1000 之后的计数活动，也是按照一定的规则来行事的。其次，学生和教师的分歧在于他们对于规则有不同的解释。教师坚持说，规则应该毫无例外地执行，1000 不是一个标志着规则应该修正的特殊数字。学生却说，没有一成不变的规则，计数突破一定的界限之后，规则也要作相应的修正。再次，我们还必须承认，在这场争论中，教师当然是赢家，因为他所说的是平常意义上的计数规则；而学生作出的解释适用于在某些特定条件下对规则所作的特殊限制，但却不适用计数的常规。我们可以得出这样的结论：学生并没有犯不遵守规则的错误，他的错误充其量是对规则作了与众不同的解释。但是，学生会反问道：难道教师所说的不也同样是对规则的一种解释吗？为什么要把教师的解释判断为正确而把他的解释判断为错误呢？对于学生的问题，我们可以回答，因为社会大多数人都是这样来理解计数规则的。但学生会再次追问：难道大多数人赞成的解释就是真理吗？科学史上的事实不是一再证实了真理一开始只是被少数人所发明、所采用的吗？

把规则当作不可变更的金科玉律，忘记了一个简单的事实：对规则的理解是建立在对规则的一种解释的基础之上的。对同样的规则可以有不同的解释，解释本身不能决定一种解释是正确的还是错误的。但是，承认对规则的解释不能决定语言的意义，这又会导致相对主义和怀疑主义，其结果是一个悖论，用维特根斯坦的话来说：

> 这就是我们的悖论：一个规则不能决定行动路线。因为任何行动路线都可以被说成是符合规则的。问题的答案是：如果任何行动都可以被说成是符合规则的，那么，任何行动也可以被说成是违反规则的。因此，在这里，也就没有符合不符合、违反不违反的问题了。(PI. 201)

维特根斯坦的意思是说，如果任何规则都可以有多种多样的解释，如果没有一种解释是绝对正确的，那么，任何人都有权利把自己的行动解释为符合规则的，这样就没有规则可言了。

如何解决这一悖论呢？维特根斯坦发现，这一悖论产生的根源是用解释代替了规则。"规则"是一个具有强烈社会性、实践性的概念，"解释"则是一种个人的、理论的行为。人们尽可以对规则作出自己的解释，但解释规则不是遵守规则，人们不是根据一个人的解释正确与否来判断他是否遵守规则的。维特根斯坦说:"遵守规则是一种实践行为。一个人认为他是遵守规则的并不等于他是在遵守规则。因此,人们不可能'私自'地遵守规则。不然的话,对遵守规则的思考就和遵守规则的行动混为一谈了。"(PI.203)事实上,当我们遵守规则的时候,我们并没有想到对规则进行不同解释的可能性,虽然这些可能性在理论上是存在的,也是不容易否定的。但是,实践本身却只允许我们按一种方式来行事。维特根斯坦说:"当我遵守一条规则的时候,我别无选择,我盲目地遵守规则。"(PI. 219)盲目性是对于人们不可能任意理解规则的决定性的一种形象的说明。我们的理解是在我们咿呀学语的时候就开始灌输给我们的,我们训练和学习的过程又是受社会文化诸因素影响、决定的,是生活方式的一部分。遵守规则就是遵守生活方式上的约定,因为归根到底,语言—游戏就是一种生活方式。从某种意义上,维特根斯坦对日常语言的推崇,实际上就是对约定俗成的常规和生活方式的肯定。

"不可能私自地遵守规则"的一个推论是不存在"私人语言"。什么是"私人语言"呢?维特根斯坦假设有这样一个人,他每天都在日记中记下自己的一种特殊的内心感受。每当这种感觉发生在心中的时候,他就写下"S"这一符号。在这种情况下,只有他本人才理解"S"所代表的是一种怎样的感受,别人却无法联系那种感受来理解"S"的意义。也就是说,"S"是只有他才能理解的私人语言。

维特根斯对此提出了一个问题:如果这个人能够用同样的符号来给发生在不同时间的感觉命名,他必须首先能够确定现在的感觉和以前的感觉是一样的,否则,他就不能把这两桩事件都称作"S"。为了确定这一点,他必须用一个标准来衡量感觉。没有这个标准,"S"可以用来给不同的感觉命名。维特根斯坦说,他是找不到这个标准的:"时下他没有正确的标准。他想要说的是:'只要对我来说好像是正确的就是正确的'。但这只意味着,我们不能再谈论'正确'这个词了"(PI. 258)。如果一个人的主观感觉就是遵守规则的标准的话,他永远也不会犯错误。每当他写下"S"的时候,他总是可以感觉到一种特殊的体验,并且感觉到这种体验和他以前所命名为"S"的体验有相同之处。但是,他却没有一个客观的、公共的标准来衡量他的感觉。以他自己的感觉为标准,他对于"S"的用法总是正确的。但是,"正确"这个概念只有在有可能会犯错误的前提下才能被有意义地使用,永远不会犯错误的活动不是遵守规则的活动。语言是一种遵守规则的活动;既然不可能"私自"地遵守规则,那么也就不可能有私人语言。

四、"治疗型"哲学

维特根斯坦的哲学是以解决和消除哲学问题为己任的。他认为,过去的哲学家们实际上没有解决什么问题,有些时候,他们似乎对某个问题提出了令人满意的答案,但是,这些答案在别人的反驳之下立即又成了产生新的问题的源泉。因此,哲学在历史中并没有取得实质性的进步,哲学家们仍然围绕着几千年来一直困扰他们的老问题而喋喋不休地争论着。维特根斯坦把解决不了的问题,或者在解决问题过程中又产生新问题的状况,叫做理智的蛊惑,他把哲学家比作困在瓶子里的苍蝇。他说:"哲学问题的形态是:我不知道出路在哪里。"(PI.123)他又说,从事哲学的目的是为了给捕蝇瓶里的苍蝇指一条出路。当然,他自己也曾是这样一只"苍蝇"。他曾经试图以严密明晰的逻辑方法来解除困境,但是,他所建立的逻辑原子论却使他陷入了更深的困境,他有一次和他的学生谈道:"一个人陷入哲学的混乱,就好像一个人在房间里想要出去又不知道该怎么办。他试着从窗子出去,但窗子太高,他试着从烟囱出去,但烟囱太窄。然而只要他一转过身来,他就会看到房门一直是开着的。"①

哲学的困境不是由于知识贫乏和无知而产生的迷惘。在其他学科中,人们也常常为解决难题而绞尽脑汁,但这种困惑是可以通过知识的积累来消除的。但是,新知识却不能帮助哲学家。哲学家们之所以困惑,不是因为他们不了解有关事实,而是由于他们采取了与众不同的认识和思维方式。他们从事实中用自己看待问题的方式得出了奇怪的结论,要使他们不相信自己的结论,向他们摆事实是无济于事的。在《蓝皮书和褐皮书》中,维特根斯坦联系日常语言现象,从两方面揭示了产生哲学困惑的主要根源。第一个根源存在于语言里的"特殊工作词汇"之中,第二个根源可以归结为追求一般而忽略特殊的思维倾向。

第一,维特根斯坦说:"最能在哲学中制造麻烦的,是这样一种倾向:它把我们诱入歧途,使我们把一些做重要的特殊工作的词汇的用法描述为词

---

① 马尔康姆:《回忆维特根斯坦》,李步楼、贺绍甲译,商务印书馆,1984年,第45页。

汇的常规功能。"①"时间""度量""知识"等就是这样一些特殊工作词汇。从语法学的角度来划分,它们属于名词,但和名词的常规用法不同,它们不是指一个或一类事物,而是提供了关于某种现象的标准。按照这个标准,我们可以判定哪些词汇可以用来描述这种现象。例如,"时间"这个词是运用所有与时间有关的词汇的标准。这些词汇,如"早晨""昨天""1988年""一秒钟"等都符合"时间"这个词所规定的概念的标准,因此都可以用来描述时间现象。把"特殊工作词汇"的用法混同于一般词汇的常规用法,就会混淆概念与事实。当我们不了解一个词的常规用法的时候,我们可以提出"什么是……?"这样的问题,要求对这一名词作进一步的解释。哲学家们把特殊词汇当作常规词汇,也提出了"什么是时间?"这样的问题。围绕着"什么是时间?"这样的问题,他们又展开了无休止的论战。即使物理学家们已经精确地规定了时间的概念,即使人们在日常生活中可以毫无困难地理解和运用"时间"这个词,哲学家们还是在争论"什么是时间?"这样的问题。

第二,追求一般而轻视个别的倾向是人类思维的一种通病。我们总是倾向于在异中寻统一。在差别中寻统一,在多中找一,在变化中看稳定。在很多场合,这种思维方式也许会带来有利的结果。特别是在自然科学领域,从个别的、偶然的、特殊的事实中总结出一般规律,从变化多端的现象中找出相对稳定的本质,从众多的结果中追溯出一个长期起作用的原因,是科学家们得心应手的方法。但是,这种方法却不适用于日常语言。维特根斯坦说:"当我们听、说、看、写词句的时候,我们被它们整齐的外表所迷惑了,但是,它们的用法并没有那么清楚,尤其是当人们在从事哲学的时候。"(PI. 11)

维特根斯坦认为哲学的任务是通过消除哲学问题来纠正各种偏颇的、狭隘的、固执的思维方式,这好像是治疗精神上的疾病一样,他说:"哲学家处理问题犹如治病一样。"(PI. 255)"哲学家是这样的人,他们通过治疗自己理解上的毛病,以达到对健全的人类理解力的认识。这种治疗型的哲学是以廓清语言意义为主要任务的,因为哲学问题是由于误解了语言意义而产生的。因此,维特根斯坦给自己规定了这样的任务:"哲学是一场反对用语言对理智进行蛊惑的战斗。"(PI. 109)维特根斯坦关于哲学的新概念赋予哲学以批判或治疗的功能。人们往往把这种哲学称作"治疗型的哲学"。

---

① Wittgenstein, *The Blue and Brown Books*, Basil Blackwell, Oxford, 1969, p. 44.

它的主要任务是要通过纠正对语言的误解来消除哲学问题,而消除哲学问题的目的是为了匡正人们的思维方式,以求达到清晰的、健全的认识。

第二节 牛津学派

20世纪50年代,受维特根斯坦后期思想影响,分析哲学的重点转向日常语言分析哲学。牛津学派是日常语言分析哲学的主要代表。下面介绍牛津学派的主要代表人物。

一、赖 尔

吉尔伯特·赖尔(Gilbert Ryle,1900—1976),1925年毕业于牛津大学,其后一直在牛津任教,二战期间在军中服役,1945年退伍后任形而上学讲习教授,1947年接替穆尔任分析哲学的主要杂志《心灵》主编。他的《心的概念》一书(1949)被视为日常语言学派的扛鼎之作。它的出版早于维特根斯坦的《哲学研究》,但赖尔在《哲学研究》未出版之前,就已经读到维特根斯坦笔记的手稿,可以说他的思想是在维特根斯坦的影响下形成的。赖尔与维特根斯坦一样,相信哲学问题和争论出于范畴的混淆。《心的概念》一书以身心关系的哲学问题为例,探讨如何用语言分析方法消除这一问题。

赖尔把笛卡尔以来哲学中的身心二元论叫作"官方(或正统)学说"。按照这种学说,人有身心两部分,身体存在于空间,受物理规律支配,心灵不占空间,不受物理规律支配;由此又产生外在与内在的区分。根据这些区分,身体好像是外在的、可以观察的机器,而心灵寓于身体之中,不可观察,好似"机器中的幽灵"。赖尔指出,身心二元论是一个教条,它引发了很多无法解决的问题,如,两者如何互相作用?心灵受何种规律支配?选择的自由应作如何解释?心灵有何属性?哲学家往往只能用否定方式回答这些问题,如说心灵不存在空间,不是物质,不能被观察等,这实际上是在回避问题,而不是解决问题。

赖尔指出,二元论关于心灵的概念是"范畴错误",这就是,用适合于描述一种范畴的言语去表达属于另一种范畴的事实,或者把一个概念放进本来不包括它的范畴中。但是,他从没有对"范畴"作明确定义,但在1937年写的《范畴》一文中作过考察。他在此文中举例说,"X睡觉"中X的值可以是任何专名,但不能是一类事物的名称;"X不曾写过一本书"中的X的值可是"他",但不能是"本书作者",由此可见,范畴即逻辑函项的值域。

赖尔在《心的概念》一书中关于范畴错误的的例子还有:把运动场、博物馆、图书馆和学院与牛津大学,把各兵种的团队与团队,把板球队的成员与板球队的集体精神,当作同一范畴。犯了"范畴错误"的人好像是一个在参观了牛津大学各个学院之后问"牛津大学哪里"的人,又好像是在检阅完各个团队之后问团队在哪里的人,又好像是知道了板球队成员的作用之后问集体精神在哪里的人。赖尔说:"必须注意,上述范畴错误的例子有一个共同的特征。凡是不知道如何使用大学、团队和集体精神这类概念的人都会犯这类错误。他们的困惑是由于不会使用英语词汇中的某些词而产生的。"①

赖尔把分清范畴的语言分析称作"逻辑地理学",这就是要准确地指出一范畴在语言中的用法。他重点考察了"身体"和"心灵"的用法。"身体"范畴来自近代物理学和哲学。伽利略证明,一切在空间中占有位置的东西都服从因果律。笛卡尔作为一个自然科学家,相信机械论,把人的身体也看作一架机器;但他同时又是一个虔诚的宗教信仰者,认为人不同于机器,人的心灵不同于身体。即使如此,笛卡尔仍然相信心灵也要服从于某种不同于机械因果律的因果律。这样,他就把人区分为两个平行的部分,各有自身的因果律。赖尔分析说,因果律实际上属于关于物体的机械论范畴,笛卡尔认为心灵也服从因果律犯了混淆范畴的错误。因此,身心二元论的实质不是区分,而是混淆,即把本来不属于机械论范畴的心灵概念放在这一范畴之中,用因果关系的语言来描述心灵活动,致使心灵与身体纠缠不清,疑难丛生。

赖尔为解决身心二元论提出一条路径。他指出,心灵这一概念所指示的事实只与人的行为有关。谈论一个人的精神就是谈论这个人在做某些事情时所具有的能力、倾向和爱好。比如说一个人聪明,并不是对他当下精神状态所作的判断,而是对他过去的行为以及将来可能作出的行为的认识,取决于他面对不同任务时做什么、怎么做以及做事的效率。心灵的性质既然只与人的行为有关,当然也与身体和身体活动相关。事实上,关于心灵活动命题的真伪是由相关的身体活动的事实来判别的,只是由于人们具有种种不同的行为方式,我们才相信人具有像"记忆""知觉"和"想象"这样一些

---

① 赖尔:《心的概念》,刘建荣译,上海译文出版社,1988年,第12页。

能力和属性。赖尔肯定,属于心灵概念的事实是与身体相关的事实,因而也是可以观察的。

赖尔对心灵概念所作的分析带有明显的行为主义色彩。他坚持认为心灵活动要通过描述身体活动的语言来表达,否认不可观察的幽灵般的心灵概念,这是他与行为主义者的共同之处。但他坚持认为,属于心灵概念的事实不能被还原为"身体"范畴,因为它们不从属于因果律。行为主义者认为人的一切行为都服从实验科学研究的规律,这在赖尔看来也是混淆范畴的错误。这里的关键在于,赖尔所说的行为指语言行为,而行为主义者所说的行为指人的物理、生理活动。赖尔认为,心灵的性质表现为复杂的语言行为,这并不一定意味着把心灵还原为物理或生理活动。①

二、奥斯汀

约翰·奥斯汀(John Austin, 1911—1960),1933年在牛津毕业后留校任教。二战期间,在军事情报机关服役,任陆军中校。1952年任牛津道德哲学讲席教授。奥斯汀生前没发表过著作。他的论文、讲演稿和课堂笔记集辑为《哲学论文集》(1961)、《如何以言行事》(1961)和《感觉与可感觉物》(1962)。

维特根斯坦认为哲学是语法考察,即对语言用法进行描述,但他的描述既不系统,也不详尽,他认为语言的用法多不胜数,他的目的在于消除由于误解语言用法而产生的哲学问题,没有必要一一列举各种用法。奥斯汀的兴趣在于建立一个关于意义的理论,他主张对日常语言进行透彻的分析,对各种用法作系统和细微的区别。他认为,语言用法虽然繁重,但类别是有限的,可以对它们进行分类和归纳。再说,区别得细致更有助于解决哲学疑惑,因为哲学问题并非都是出自普遍性的、深刻的误解和歪曲,微小的差错也可能造成哲学上的疑惑。

奥斯汀把维特根斯坦所说的"意义即用法"发展为"说话就是做事",他认为意义是使用语言进行的行为,语言的功能除了陈述或描述之外,还有执行行为的功能。维特根斯坦注意到陈述句和其他句子的区别,认为两者的区别在于是否有真值,但奥斯汀进一步作出区分,认为有些陈述句在某种语境之中,并无真值。比如,"我命名这只船为北海号",这句话不是对事件的

---

① 赖尔:《心的概念》,第5—19页。

描述,没有真值。奥斯汀进而区别了功能为语言行为的"执行句"(performative)和功能为描述的"记述句"(constative),前者以第一人称为主词,并含有"答应""保证"等动词,这些词语的作用在于使语句本身成为行为的实施,而不是对行为的报告、描写。比如,上面所说的"命名"就是一种语言行为。

奥斯汀后来发现,以第一人称为主句的主语并不是"执行式"的必要条件。比如,"除了走天桥不许过铁道",在一定的语境中,也可以是行使命令的"含蓄执行式"。他认识到,行为式和记述式的区别只是程度上的,而不是本质上的区别。试比较:"我警告你火车来了","我猜火车来了","我说火车来了","火车来了"。后三个句子在一定语境中都可以是含蓄程度不同的执行句。

在《如何以言行事》的讲演中,他抛弃了原有的区分,而把一切句子的功能都看作执行语言行为。因为陈述、描述、肯定、否定也是行为,同警告、许诺等并无本质区别。其次,记述式的真或假都可以被看作是适当或不适当的执行。行动有效、判决公正、估计正确、要求合理、结果确定和陈述的真假,都被他视为属于同一类的评价。即使是纯粹的记述句,也并非只有两个真值,比如,"法国是一六边形",是对法国地形的大致描绘,可真可假。奥斯汀的结论是,既然语言的功能只是执行行为的一种,不能按照语句的功能进行分类。语言既然是一种行为,语言本身包含着行为的力量,不同的说话方式有不同的力量,可以做不同的事情,我们可以按照语言行为的不同力量来对语句进行分类。

奥斯汀把说话的力量称作"语旨力"(illocutionary force)。语旨力即语言的意旨所具有的力量,它是完成言语行为的推动力。根据不同的语旨力,言语行为可分为三类:(1)表达语意行为(locutionary act),其力量在于命题本身能够说出有意义和所指的句子,其主要作用在于陈述。(2)完成语旨行为(illocutionary act),其力量在于说话人附加在命题之上的态度,在表达语意同时完成某一意图和目的。(3)取得语效行为(perlocutionary act),其力量在于命题对于听话人的作用,在表达语意同时对其他人施加影响,产生预期效果。他还提醒说,上述区分只是一种抽象,实际的言语行为至少兼有两种行为。①

---

① J. Austin, *How to Do Things with Words*, Harvard, 1978, pp. 20-51.

奥斯汀发现,"语旨力"是由动词来表达的,因此可以通过动词分类将言语行为分成不同类别。这些类别是:(1)判决式(verdictives)。判决力由宣判、发现、理解、估计等动词表示。(2)行使式(exercitives)。行使力由任命、建议、警告、降级、解雇、命名、否决等动词表示。(3)约束式(commissives)。约束力由承诺、保证、发誓、同意、反对、支持等动词表示。(4)行为式(behavitives)。行为力由道歉、感谢、同情、抱怨、欢迎、咒骂等动词表示。(5)表述式(expositives)。表述力由确认、否认、接受、回答等动词表示。他最后总结说:"我们可以说,判决式作出判断,行使式施加影响或行使权力,约束式承担义务或表达意图,行为式是采取某种态度,表述式则是阐述理由,提出论证和传达信息。"

奥斯汀对表达语意行为谈得极少,也没有深入探讨完成语旨与取得语效行为的关系,意义与句法对完成意旨行为的限制等问题。奥斯汀的思想重区别,不重比较、联系,分析有余,综合不足,这些都是他的"语言行为说"的不足之处。

奥斯汀英年早逝。他的"语言行为说"由塞尔(John Searle)在美国发扬光大。塞尔注意到言语行为与命题的关系。任何言语行为都包含有一个命题成分和一个语旨力成分,其典型形式是 F(p),p 是命题内容,F 是语旨力,没有语旨力,命题本身甚至不能表述。只有与一定的语旨力结合,命题内容才能成为有所述和断定的"命题行为"。其他种类的言语行为也是语旨力与命题内容或相当于命题的语言标记相结合而产生的。塞尔不同意奥斯汀按照动词类别来区别言语行为,因为动词具有的语旨力要与命题内容一起才能发生作用,而且,奥斯汀的分类缺乏统一标准,致使各类行为交错重叠。他提出,应根据言语行为的目的、适应外界的方向和表现的心理状态等标准进行分类。塞尔的分类法对英语用法的描述更细致、更具体,对"语言行为说"的传播起到很大作用。

三、斯特劳森

彼得·斯特劳森(Peter Frederick Strawson,1919—2006),1968 年接替赖尔任牛津大学形而上学教席的教授,1977 年被英国女王授予爵士头衔。著有《逻辑理论导议》(1952)、《个体:论描述的形而上学》(1959)、《意义的限度》(1966)、《怀疑论和自然主义》(1985)等。斯特劳森对于分析哲学的贡献是,既克服了全盘否定形而上学的倾向,又纠正了分析哲学家常有的零星、琐碎的分析作风,他的思想具有综合、系统性和建立形而上学理论的特征。

1. 逻辑的性质

我们在第四章看到,斯特劳森的成名作是批判罗素的摹状词理论的《论指称》。这篇文章表达了他反对把逻辑形式说成是日常语言的一般规则的立场。斯特劳森说,逻辑不是先验的,它与语言不可分割。日常语言表现了人的实际思维结构,形式逻辑是对思维结构的特征进行反省而抽象出来的。在逻辑中反省的问题有:一般命题的形式,陈述的观念及其真假,事物如何存在于世界之中,等等。形式逻辑中的反省没有穷尽日常语言的一切逻辑问题,逻辑规则也没有概括日常语言的所有用法,自然语言的逻辑和形式逻辑只是部分相似,无论怎样完备的逻辑系统只是自然语言逻辑的部分,而不是它的全体。"析取""蕴涵""等值"等逻辑关系只是日常语言中"或者""如果……那么""当且仅当"等词的部分意义。自然语言和人工语言可以互相说明,不应该互相排斥。

在《真理》一文中,斯特劳森提出了"执行式的真理论"。他的用意是要说明真理不是一种逻辑力量。当人们说某一句子是真的时,他们在执行"同意""接受""承认"或"担保"行为;当说它是假的时,执行表示相反态度的行为。陈述的句子是宣布真假的理由,宣布真假是执行某一行动,并不是描述事实,传递信息,因为它并没有给陈述增加新的内容。但是,斯特劳斯没有看到,"真"不等于"同意"。比如,一个人说"我同意张三的陈述,不过对那个情况不了解",这可以说得通;但如果说"张三陈述是真的,不过我对那个情况不了解",那就说不通了。究其原因,那是因为"同意"只表示一种信仰的态度,而真理包含比信仰更多的信息内容。斯特劳斯把真理等同于同意的态度,显然不够周全。

2. 描述性的形而上学

在《个体》一书中,斯特劳森致力于建立"描述性的形而上学"。他要说明的问题是:什么是我们实际的思维结构以及这个结构的唯一性?描述性的形而上学是"许多人在最初的反思水平上坚持的信念",它不同于传统形而上学之处在于,后者在更为复杂的反思水平上编造不同于我们实际的思维结构的其他思维结构,并以此来修正实际思维结构,可称之为"修正性的形而上学",现在许多哲学家以"错误"或"无意义"的理由抛弃形而上学,斯特劳斯却说:"如果形而上学是对我们的知觉信念的推理结果,无论是好的还是坏的或无关紧要的,那么,这始终就是形而上学。"①他要说明和辩护的形而上学是我们实际思维所能推理出来的世界结构。

思维结构必须具备两个条件:各个概念可以识别,它们之间必须前后一致,不能互相矛盾。只有实际的思维结构符合这两个条件,其他编造出来的结构,如以特殊的感觉印象为基本单元的结构和以包括经验的单子为基本单元的结构,都不符合这些条件。因此,我们实际的思维结构是唯一的。

描述性的形而上学通过语言用法的描述揭示我们实际的思维结构。实际思维结构就是思考我们自己和周围世界的方式,是我们正在使用的概念的系统。任何概念系统的基础都是基本的殊相,它是公共的、可观察的、在时空中存在的个别东西,包括个别物体和个别的人,统称"个体"。只有个体才满足了确定可知的条件,识别一个个体只需凭借自身,无需借助反思等其他条件。哲学家谈论的其他殊相,如个别事件、过程、感觉印象、精神状态、影象等,它们的识别和确定需要凭借基本的殊相。

斯特劳斯认为,传统的主谓逻辑是我们思维的基本图式。殊相是逻辑主词的范例,主词是对殊相的表达,它预先假设了殊相所指对象的存在,但进一步识别殊相,就必须把殊相引入命题或话语。斯特劳斯不把谓词当作共相,他认为谓词或表达式并不指称殊相以外的对象,只是"典型的殊相模式——一种原型,或理想的例证,殊相本身,它用作产生其他殊相的规则或标准"②。但他没有解决"原型""理想""本身""规则或标准"如何能避免共相的问题。

完成《个体》一书时,斯特劳森意识到他在做类似于康德综合感性直观与知性概念的工作。在《意义的限度》一书中,他审视了《纯粹理性批判》,发现这本书是两种互相交叉的学说的混合物。一是关于经验的必然、普遍结构的学说;二是认为我们的思维结构只是其他可能的思维结构的一种,并以此为理由,否认事实本性的可知性。斯特劳森认为第一种学说是正确的,第二种既错误,也无必要。

在《怀疑论和自然主义》一书中,斯特劳森站在自然主义的立场上,再

---

① 斯特劳斯:《个体:论描述的形而上学》,江怡译,中国人民大学出版社,2004年,第176页。
② 同上书,第167页。

次为实际的思维方式辩护。他指出,我们只能按照实际思维方式来认识,这不是一个理论问题,而是一个生活问题,怀疑论和修正的形而上学是反对自然主义的两个极端,人只能顺乎自然,而不能反对自然。他的自然主义把他所提倡的实际的思维推广到社会行为方式上,如同休谟"习惯是人生伟大指南"的论断,只是采用了日常语言分析的论证。

第十一章　分析的实用主义

二战之后,分析哲学与实用主义合流,在美国哲学界取得统治地位,如巴斯摩尔所说:"美国哲学家随着年龄的增长都会转向实用主义,这是一个极普遍的现象。"①有实用主义倾向的美国分析哲学家灿若繁星,新人辈出。他们中的代表人物有:蒯因、普特南、克里普克、戴维森和罗蒂等,这些人中除普特南和罗蒂外,其余人都不自称是实用主义者。

第一节　蒯　因

威拉德·蒯因(Willard Orman Quine,1908—2000),1933年毕业于哈佛,除二战期间服兵役的时间以外,一直在哈佛任教。著有《从逻辑的观点看》(1953)、《语词和对象》(1960)、《逻辑哲学》(1970)、《理论与事物》(1981)等,主要论著的中译本编入6卷本的《蒯因著作集》出版。

蒯因的思想有两个来源,一是承袭早期分析哲学家,特别是罗素的逻辑主义,二是实用主义。他的《经验主义的两个教条》虽然动摇了逻辑经验主义的根基,但他始终认为,实用主义促进了经验主义的发展,并沿着经验主义的正确道路。蒯因把实用主义对经验主义的改造总结为五个转变:"第一个转折点是从观念到词语的转变;第二个转折点是语义核心从语词向句子的转变;第三个转折点是从句子到句子体系的转变;第四个转折点是方法论的一元论,即对分析—综合二元论的摒弃;第五个转折点是自然主义,即对寻求科学的第一哲学之目标的摒弃。"②这五个转变是相互联系的。我们

---

①　巴斯摩尔:《哲学百年·新近哲学家》,洪汉鼎、陈波等译,商务印书馆,1996年,第741页。
②　陈启伟主编:《现代西方哲学论著选读》,第511页。

在第二编中已经看到他对第四个转变的论述。他说,抛弃经验主义两个教条的"一个后果是模糊了思辨形而上学与自然科学之间的假定分界线。另一个后果就是转向实用主义"①。以下按照其余四个转变概述他的思想。

一、"本体论承诺"

从逻辑观点来看本体论问题,逻辑的观点否定传统哲学的"心灵实体""自我意识"观念,并用逻辑主义澄清了传统形而上学"存在""物体""共相"等概念,使它们能够与数学和自然科学的研究对象相一致。他说:"按照这个观点,本体论问题和自然问题是同等的。"②所谓"自然问题"指逻辑形式可以概括的自然科学命题,而"本体论问题"指哲学可以解释的存在。两者的等同意味着,"本体论的承诺"只承认两种存在:一是物理物体,对应于个体变元 x 的值,二是类似这样的抽象实体,对应于量词变元 $\forall(x)$,$\exists(x)$ 的值。这两者是建立一个广泛的概念体系所必需的设定,也可以实现关于存在的本体论承诺。比如,"飞马不存在"意思是时间和空间中没有"飞马"这种物体;"大于一百万的素数存在"意思是"大于一百万的素数"这样的数学共相在时间和空间中存在。这两种逻辑变元之外的设定都是不必要的假设,如传统经验论所说的"观念""自由意志"以及当代语言哲学中的"含义"等等,应该使用"奥康的剃刀"把它们除掉。

二、自然主义

蒯因的语句理论是自然主义的语言理论。他说:"在哲学上,我坚持杜威的自然主义。这种自然主义支配了他的后 30 年。和杜威一样,我认为,知识、心灵、意义是它们不得不与之打交道的同一世界的部分,并且必须按照使自然科学充满生机的同样的经验精神对它们加以研究。这里,没有先验哲学的位置。"在蒯因看来,自然主义在两方面与科学精神相一致:第一,认识论"作为心理学的一章包含在自然科学中……并且自然科学也包含在自然科学中"③;第二,语言理论与认识论至关重要,可以采取发生学的方法,通过学习语言的过程来理解人的认识结构。

---

① 《蒯因著作集》第 4 卷,陈启伟等译,中国人民大学出版社,2007 年,第 29 页。
② 同上。
③ 《蒯因著作集》第 2 卷,涂纪亮等译,中国人学大学出版社,2007 年,第 368、410 页。

蒯因和杜威一样，认为意义不是心理的存在，而是行为的特征。按照行为主义的观点，他使用"刺激—反应"的模式解释意义。最初的意义是外物对人们感官发生刺激作用，人们对此用言语作出反应，如果他们观察到这一反应适合于环境，并得到其他人的赞同，那么，他们便知道特定的语词与外部刺激的联系；经过多次重复或训练，语词作为对刺激的一种反应就固定为它的所指，这就是刺激意义。

蒯因的解释并未停留在刺激—反应的初级阶段。从语言哲学的观点看，仅有直接所指的语词单位只是"场合句"(occasion sentences)，即在特殊场合中的特殊反应。场合句与外部刺激有直接联系，记录直接经验的观察句是对外物刺激的直接反应，也属于场合句。

语词意义固定以后，不再需要外部刺激作为使用条件，而且，语词本身也可以成为一种刺激，比如，"母亲"一词最初是对母亲的音容笑貌和爱抚作出的反应，但后来这个词的意义不取决于母亲的具体形象，本身也可唤起人们的亲切感。"祖国啊，母亲！"就是对词语本身的刺激的反应，唤起人们的爱国主义情感。蒯因说："不同的恒定句从直观的解释来说，可以有非常不同的'意义'。但如果人们对它的肯定或否定倾向越不受刺激的促使，刺激意义中所储存的关于其意义的线索越少。"①就是说，恒定句的对词语刺激作出反应不取决于外物的直接刺激。

恒定句可以进一步发展为同义句(synonymous sentences)。蒯因说："一个恒定句在肯定和否定上的变动越小，它们的刺激意义就越单薄。"同义句表述的是对某些词语固定意义的恒久不变的肯定或否定，其意义与直接刺激的联系已经非常遥远。但"不管其刺激意义多么单薄，一个句子与其他句子仍保持一定的联系，而在一个理论体系中发挥其独特作用。直观地讲，刺激意义的单薄并不表示意义本身的单薄"②。比如，数学和逻辑的句子是同义句，它们相互联系，对科学和思维具有重大意义。但经验主义把同义性等同于"同义反复"的分析性，没有经验意义。其实，即使日常语言中的同义句依赖于社会化主体的共同经验，比如"单身汉是未婚男人"取决于社会对"单身"和"未婚"同义性的肯定，这个同义句子虽然与原初的刺激意义相距遥远，但不完全独立于经验。这是蒯因反对分析命题和综合命题两分法

---

① 《蒯因著作集》第4卷，第230—231页。
② 同上书，第255、259页。

的根本原因。

三、整体主义的句子系统

蒯因的语言理论既是自然主义,也是整体主义。他认为,场合句(包括观察句)、恒定句和同义句组成一个语言系统,"它只是沿着边缘同经验紧密接触。或者换一个比喻说,整个科学是一个力场,它的边界条件就是经验,在场的周围同经验的冲突引起内部的再调整"①。"边缘"和"内部"描述的是一个相对封闭的知识系统,它的外围是观察句、场合句,它们通过受外物刺激而产生的反应与经验接触,把它们的刺激意义固定的恒定句"沉淀"在这个系统的中层,而恒定句意义的进一步"沉淀"所形成的同义句构成了系统的核心,特别是数学、逻辑的同义句规定思维和科学的基本规则。这三个层次是相互作用的整体。

法国科学哲学家迪昂(Pierre Duhem,1861—1916)曾提出科学理论的整体论,由于科学假说相互解释的整体性,一个单独的假说不能概括或预测,经验观察也不能孤立地证实或否证一个假说。比如,当观察到光在空气中并不比在水中传播速度快时,很多人认为这条证据驳倒了光的"粒子说"。迪昂却认为,粒子说由很多假说构成,如粒子的构成,粒子的介质,粒子的相互作用,一条不利的观察证据不足以否证粒子说的全部内容。②

蒯因在迪昂整体论基础上提出"迪昂—蒯因原理",包括两条:第一,科学陈述不能孤立地被相反的观察证据所否证;第二,面对相反的观察证据,通过修正其他陈述,任何陈述都能成立。第二条是蒯因独立提出的,他认为,一个观察句与经验证据的冲突可以通过其他相关观察句或场合句的经验证据来化解;当越来越多的观察句或场合句面临不利的经验证据时,可以通过修正恒定句来化解经验与语句的冲突;当修订恒定句也不能奏效时,就要在数学、逻辑的核心修改同义句,这意味着要对知识系统和思维模式作重要调整。蒯因认为,完全改变我们的知识概念系统在理论上是可能的,但实际上尚无前例。即使现代数学和逻辑比古希腊更先进,它们也有历史连续性,而不是完全没有联系的两种不同思维模式。

---

① 《蒯因著作集》第4卷,第47页。
② 参阅洪谦主编:《现代西方哲学论著选辑》上册,第49—51页。

四、译不准定理

在蒯因看来,既然言语是对直接或间接刺激的可以调整的反应,那么,语词与外部事物没有固定的对应关系。据此,他批判了"博物馆的神话",即那种认为每一言词都有一个固定指称的观点,好像博物馆内每一展品都贴有一个标签一样。即使对于同一外物的刺激,不同语言系统中人们的反应也可能完全不同,甚至他们的刺激意义完全不同,不能相互沟通。据此,他否认了概念系统不同的两种语言彻底翻译的可能性,提出了"译不准定理"(indeterminate translatability,或译作"翻译的不确定性")。

蒯因设定了一种极端情况,他称之为彻底翻译,它开始于与感官刺激有直接联系的场合句。假设一个语言学家来到一个不为人所知的地区,他和当地人的交流只能靠直接指证定义。当一个兔子跑过他们面前,当地人发出 gavagai 的声音,他于是把土语 gavagai 翻译为"兔子",并可以重复地检验这一翻译。但是,他的翻译以一个假定为前提,即:当地人的指称分类系统与我们的相同。我们的概念系统将一只兔子看作兔类中的个体,但设想当地人将兔子看作空间上的整体,或将一只兔子看作时间现象的一个片断。在前一种场合,他们的 gavagai 是一个类概念;在后一种场合,gavagai 指称兔子的一部分。不同概念体系中的场合句涉及不同的基本概念,如时间、空间、类、整体、部分等。因此,不能以我们的概念为标准来翻译不同概念系统语言的场合句。

"译不准定理"可以说是蒯因的整体主义认识论的一个推论。他说:"当我们问'兔子'确实指称兔子吗?某人可以用这个问题来反问:在'兔子'的什么意义上指称兔子?因而就后退了一步。我们需要背景语言作为退路……以任何绝对的方式询问指称,类似于询问绝对位置或绝对速度,而非相对于一个给定的参考系而言的位置或速度。"[①]"背景语言"相当于恒定句规定的概念意义,以及同义句规定的分类、思维原则等。指称不是语词与外物的一一对应,为了理解一个语词的指称,必须"退到"这个语词的背景知识。彻底翻译之所以不可能,乃是因为两个不同概念系统的背景知识不可比较,两者之所以不可比较,乃是因为没有一个中立的、不受概念系统影响的共同标准。

---

① 《蒯因著作集》第 2 卷,第 385 页。

蒯因并不否认各种语言相互翻译和交流的可能和现实,而是强调,不同概念系统语言的翻译是不准确或不确定的。"我们离开作为对非语言刺激的直接反应的句子越远,离开家乡故土越远,我们就越缺少进行比较的根据,说哪些翻译是好的,哪些翻译是坏的,就越没有意义。"①反过来说,接受和理解一种语言就是接受和理解这种语言的概念系统,翻译充其量只是初步的准备和辅助。

第二节 实在与真理

我们看到,老一代实用主义者皮尔士、詹姆斯和杜威始终关心实在与真理问题,并与当时的新实在论与逻辑实在论展开争论。新一代实用主义者使用语言分析的方法,深入讨论这些问题。我们以这些问题为中心,可以勾勒出20世纪70年代后美国哲学的进展。

一、克里普克

索尔·克里普克(Saul Kripke)在16岁时发表的关于模态逻辑方面的论文就已为逻辑学界所瞩目,他毕业于哈佛大学,1977年起任普林斯顿大学教授。除了对模态逻辑的哲学基础作过深入研究之外,主要著作有:《命名与必然性》(1972)、《真理论概要》(1975)、《维特根斯坦论规则和私人语言》(1982)等。

克里普克在《命名与必然性》一书中提出了关于名称的历史因果理论,这一理论在英美哲学界得到很高的评价。英美哲学家关于名称意义的研究可追溯到密尔,他认为,名称分专名和通名,专名只有外延(指称),没有内涵(含义),通名既有外延,又有内涵。弗雷格和罗素都认为,专名既有指称,又有含义。专名的含义由限定摹状词加以定义。早期维特根斯坦认为,名称有指称而无含义,命题有含义而无指称;后期认为专名的含义不是一个,而是一簇摹状词。克里普克恢复了密尔的观点,认为专名只有指称,并用历史因果性的解释代替摹状词来解释名称的意义。

克里普克指出,限定摹状词不是专名意义的必要条件。比如,如果专名"亚里士多德"由摹状词"亚历山大大帝的老师"来定义,两者便有等同关

---

① 《蒯因著作集》第4卷,第70—71页。

系,承认前者和否认后者将会是自相矛盾。但实际上,否定亚历山大大帝老师的存在和承认亚里士多德的存在并不矛盾。其次,限定摹状词也不是专名意义的充分条件。比如,即便历史上确实存在着一个亚历山大大帝的老师,证明该摹状词为真,那也不能证明这个人必定是亚里士多德。因为历史记载可能有误,可能这个人实际上是一个叫"赫拉里斯"的人。克里普克的这些论辩借助的是模态逻辑,其要义是,如果用摹状词来定义专名,则定义满足不了模态逻辑所要求的必然性。他的观点是,专名与限定摹状词的区别从模态逻辑观点看是必然与偶然的区分。专名是对象的固定记号,它与对象的存在有着必然联系,在那个对象存在的任何条件下,它都存在。反之,限定摹状词只是对象的偶然记号,与对象的存在并无必然联系。

克里普克区分专名和限定摹状词的目的在于否认专名的含义。他肯定专名只有固定的指称。它与所指对象的固定联系是在历史中形成的因果链条。比如,一个人的名称从诞生之时由父母命名,通过社会交往和交谈,这一名称在历史中一环一环地传播开来。这种历史的传播具有因果关系,决定指称关系的是以被指称的人为一端,命名的人为另一端,使用和理解这一名称的人为中间环节的因果链。即便说话人对被指称的人毫无知识,对其存在也无信念,他仍然可以有意义地使用这一名称。这就证明,专名的意义不取决于关于对象的知识与信念,而取决于说话者与对象之间的历史因果联系。"例如,"克里普克举例说:

> 如果我在使用"拿破仑"这个名称的时候,有人问道:"你指的是谁?"那么我会这样回答:"拿破仑是19世纪初的法国皇帝,他最后在滑铁卢被打败。"这样我就给出了一个唯一的、带有等同性的摹状词。①

按照康德的区分,先验真理是必然真理,而后验真理是偶然真理。而根据克里普克的解释,专名的意义是后天的,但却是必然的。克里普克于是得出一个结论:"'必然的'和'先验的'这两个词在用于陈述时就不是明显的同义词……它们实际上甚至没有共同的外延,必然的后验真理与可能是偶然的先验真理都是存在的。"②这个道理不仅适用于专名的意义,而且适用于通名的意义。

---

① 克里普克:《命名与必然性》,梅文译,上海译文出版社,1988年,"第一篇讲演",第7页。
② 同上书,第17页。

通名既有含义，又有指称。通名的含义由定义表达。通名的定义最初是先验偶然真理，"先验"指定义是在没有或缺乏经验的条件下人为制定出来的，"偶然"指定义不充分或不正确。比如，"金"被定义为"黄色""不怕火""重金属"等，但后来发现还存在着白金。再如，"鲸鱼"最初被定义为鱼类，后来发现属于哺乳动物类。通名的含义也是在历史中一环一环传播的，其指称并不固定，或扩大，或缩小，因含义的变化而变化。含义在历史中不断受到检验、修订，终于成为后验必然真理。"后验"指在经验中获得并被经验所检验，"必然"指表达固定的体质属性，如"水是 H_2O"，"黄金是原子序数为 79 的元素"等。克里普克说："一般说来，科学试图通过某一种类的某些基本的结构特征来寻找该种类的本性，从而找到该种类（哲学意义上）的本质。"①克里普克关于通名的理论也是历史因果理论，但更强调经验知识的决定性作用。总的来说，他的命名理论既考虑到名称与对象之间的逻辑语义关系，又考虑到社会交往、历史变化等语用学因素，是一种新的综合。

二、戴维森

唐纳德·戴维森（Donald Davidson,1917—2003），1949 年在哈佛获得哲学博士学位，先后在普林斯顿大学、纽约洛克菲勒大学和芝加哥大学任教，1981 年起任伯克利大学教授。他的论著作多为论文，收集在《行动、理由和原因》(1963)、《因果关系》(1967)、《真理、意义、行动与事件》(1967)、《论行动与事件》(1984)、《对真理和解释的探索》(1984)、《主体、主体间和客体》(2001)、《合理性问题》(2004)、《真理、语言和历史》(2005)等 5 卷本的文集之中。

1. 实在论的真理观

1933 年，塔尔斯基发表《形式化语言中的真理概念》②一文，给予"真理"一个语义学的定义："'p'为真，当且仅当 p。"比如，上述定义可置换为这样的例句："'雪是白的'为真，当且仅当雪是白的。"塔尔斯基的定义属于元语言（meta-language），即表述语言性质的语言。这一定义表明了对象、命

---

① 克里普克：《命名与必然性》，梅文译，第 115 页。
② "The Semantic Conception of Truth", *Philosophy and Phenomenological Research*, 1944, pp. 341-357.

题和真理之间存在着这样的关系:命题为真的条件是对象确如命题所表述的那样,这满足了"命题与对象相符合"这一真理的基本要求。塔尔斯基认为,任何真理定义都不能违背"符合说"。他的定义用形式语言表达了"符合说"的真理观。这一定义以其完美形式和严格性得到人们的赞誉。但也有不少人认为这只是形式逻辑的一项成就,并没有多大哲学意义,因为它并不比传统的符合论具有更多的实质内容;而且它的形式似乎是同义反复,谓词"为真"似乎成为多余的累赘;再加上塔尔斯基本人也申明这一定义不能被运用于自然语言,更使人觉得它并无实际用途。

针对种种责难和误解,戴维森说明了塔尔斯基的形式语言与自然语言之间的联系。他认为,塔尔斯基关于真理的定义是一个惯例,他称之为"惯例T"。"惯例T"表达出一种绝对真理论,即不再诉诸其他的解释模型来解释真理,而是把真理还原为句子的真理条件;它消除了传统真理理论的含糊性,特别是反对把真理等同为某些实质性的内容:"惯例T"明白地表达出真理的语义学特征,并在语言结构内部寻找这一特征,这又避免了指称语言之外对象的理论困难。所有这些,都是真理问题上的革命。

然而,戴维森认为,"惯例T"不应只是一种形式语言,不能只停留在语言学语言层次,而应该被应用于自然语言。"惯例T"进入自然语言,便不可避免地涉及意义,需要与自然语言的意义理论结合起来,才能解决真理问题。"惯例T"规定的一个句子的真理条件实际上是对该句子意义的解释。"X为真当且仅当P"可被改成"X意味P"。但这里不能简单地用P替换X得到像"'雪是白的'意味雪是白的"这样的同义反复。在意义领域,还必须考虑到时间和说话者的因素。戴维森把时间t和说话者u称作指数因素,真理概念要用Ts(真句子)和t,u三个谓词表述,"S是真的"意味着"S对于说话者u在t时是真的"。戴维森把他对"惯例T"的修改称作"惯例φ"。

与"惯例T"相比,"惯例φ"的意义何在呢?首先,它比"惯例T"更接近于符合论。戴维森把符合论归结为一句话:"一个真命题是一个忠于事实的命题。"塔尔斯基的定义符合这一精神,但是,他把真理看作仅仅是句子的性质,这又不符合这一精神。戴维森的"惯例φ"则说明,真理不是句子的性质,而是句子、说话者和时间之间的一种关系,因而比"惯例T"更加忠于事实。其次,由于增加了说话者和时间的因素,"惯例φ"具有经验性,因此是可检验的。比如,"今天是星期二是真的"意味着"在某人说话时,他所在的那个地方是星期二"。这句话是一个经验命题,可用事实检验。而"惯例T"仅仅是形式化语言,不包含经验因素,因而不能接受经验检验。经过"惯例φ"的改造,戴维森在关于真理的形式化理论基础之上,建立了自然语言的意义理论。他的成就在于,用形式化和自然语言相结合的分析方法,阐述了符合实在论的真理观和意义理论,"惯例φ"因而又被称为"戴维森纲领"。

2. 异常一元论

英美哲学界一直存在着物理主义(或行为主义)与心理主义之争。戴维森提出的"异常一元论"(anomalous monism)是一种有调和倾向的物理主义,"异常"针对"法则"(nomologial)而言,身心二元论是"法则二元论",物理主义或心理主义是"法则一元论"。戴维森的"异常"把自然法则问题转化为语言使用问题。他从语言分析入手,首先肯定语言的使用有意向句和非意向句的区分,意向句以表示意向的动词,如"相信""怀疑""想要""命令""愿意"等作为主句的谓词,后面跟一个从句表示意向内容,比如,"我愿意他下午4点到"是意向句。非意向句只是对一个不依赖于人的意愿的物理事件的描述,比如,"他乘下午4点的火车到"即是非意向句。戴维森说明,这两类句子的区分并无本体论的意义。从本体论证上说,只存在着物理事件和状态,心理事件和状态只是在头脑中发生的极其复杂的物理事件和状态;并且,世界上只存在物理规律,不存在心理规律。这就是物理主义的一元论。但他强调一元论的"异常性"。从理论上说,物理规律应该而且可以给予包括心理现象在内的一切事件以严格的决定论解释,但事实上却做不到。因为心理事件包含着信仰与欲望的参与,我们在语言中不能把心理因素的所有物理原因一一标明、解释清楚,不能像给予物理事件那样给予心理事件以决定论的预测。因此,虽然在本体论上不存在身体和心灵、物理和心理的鸿沟,在语言上却存着两种解释和预测的方式:严格的决定论适用于物理事件,意向句只是对人的心理事件的"异形的概括"(heteronomic generalization)或大致的解释。

意向句和非意向句在意义上的区别产生出一个问题,判断意向句的真假的标准是什么呢? 戴维森说,任何意向句都涉及心理上的整体解释,即与意向者的欲望和信念体系相关。因此,意向句的真假归根到底取决于意向者的信念体系是否正确。信念体系不仅指某种信念状态,还指导致人们行动的"前态度",包括欲望、希望、冲动、道德观念、审美习惯、社会习俗、经济学成见和价值观,等等。总之,就是可以用意向句陈述的一切内容。

3. 好意原则

戴维森认为,人的信念体系构成了他们行动之必要性的最初理由。通常认为人的行动的动机往往是非理性的,或者认为行动的理由是不能合理解释的。戴维森说,他的目的是"捍卫一种古老的和常识性的立场,即理性化就是一类因果解释"①。为了强调人的行动的理性,戴维森提出了"好意原则"(principle of charity)。这一原则要求抱着与人为善的好意去看待别人的信念体系,肯定在一个意向体系中,大多数信念都是正确的,错误的信念相对而言是比较稀少的,需要加以特殊的解释。在大多数场合下,我们可以理所当然地信任一个信念体系的正确性。即使非理性的行动,也应看作是理性范围内的失败,而不是无理性或反理性。从根本上说,好意原则是一种自然主义的原则,它肯定一切信念体系都是在自然进程中形成的,都有其存在的合理性,因而不能用一些异己的标准去排斥它、否定它。在这一点上,戴维森的支持者丹奈特(Dennett)说得更清楚:"一个种属可以通过突变在一些无效力的体系里做'实验',但正因为这些体系的缺陷和无理性,它们不能被称作信念体系,因此,一个错误的信念体系在概念上是不可能的。"②

虽然人的理由和行动不被自然规律所决定,但这不意味着理由与行动之间没有因果关联。戴维森说:"只要我们把人设想为有理性的动物,在心理事件与物理事件之间法则上的松弛关系便是必要的。"③人的行动是身体的运动,是可描述的物理事件;而心理事件也是心理句所描述的内容。理由及其行动之间存在着意向句与非意向句所描述的逻辑关系,这种逻辑关系不是心理事件与物理事件的必然关系,而是对理由与行动的因果关系的合乎逻辑的解释。在很多情况下,行动所具有充分理由就是产生它的原因;而理由没有产生行动,因果关系的偶然性和理由的不充分性是等值的解释;而一个行动没有表面上明显的理由,潜在的原因和不需要表达的理由是等值的解释。

戴维森关于人的行动理论被称作大众心理学。大众心理学自觉地保持

---

① 转引自《西方哲学史》第八卷(下),江怡主编,江苏人民出版社,2005 年,第 838 页。
② Daniel Dennett, *Brainstorms*: *Philosophical Essays on Mind and Psychology*, MIT Press, 1981, p. 17.
③ 戴维森:《真理、意义、行动与事件》,牟博编译,商务印书馆,1993 年,第 262 页。

与自然科学的距离,强调大众心理学不能被科学心理学所代替,将来也不能与科学心理学相融合,更不能被还原为神经生理学和物理学。大众心理学的任务是理解人,其途径是通过合理的、但非科学的解释,把人的意图、欲望和信念理性化为一类"命题态度",在"因果关系"的范畴内解释它们与行动的逻辑关系。这可以看作是"异常一元论"的后果。

4. "经验主义的第三个教条"

戴维森认为,信念体系的正确性有其内在标准,这就是理性和融贯等逻辑标准,以及信念、欲望和行为之间协调一致的实践标准。这些内在标准是一切信念体系共有的;不同信念体系的合理性是可以相互贯通的,人类的概念体系是相同的,有理性的人有不同的概念体系是不可能的。[①]可以看出,他的好意原则与他的真理观是相辅相成的,两者都要求,我们应当相信大多数人是有理性的,是真理的信仰者。最后达到人与人之间相互交流和沟通,达到共识的目的。正如戴维森所说:"一个良好的解释理论最大限度地促成了共识。"[②]

从实践上说,蒯因的"译不准定理"不利于不同信念体系之间的相互理解和对话,甚至可能导致以邻为壑的文化相对主义。戴维森认为,"译不准定理"的前提是概念图式与经验内容的区分,它以不同的概念图式没有共同标准为由否认它们所包含的经验内容的句子能够准确地互译。他把概念图式与经验内容的区分称作蒯因批判的经验主义两个教条之外的第三个教条,"这第三个教条也许是最后一个教条"[③]。

戴维森批评说,概念图式是用语言表述的,认为存在与我们的概念图式完全不同的概念图式,实际上是用我们的语言(英语)表述一种根本不同于我们语言的概念图式,这本身就是一种自相矛盾。如果真有这样的概念图式的话,它与我们的概念图式之间的差异是任何语言都无法表达的。蒯因所想象的例证只是对我们自己概念图式的可能性的想象,并不能证明不同于我们的概念图式的可能性。

戴维森说,把我们的语言区分为起组织作用的概念图式与有待组织的

---

① D. Davidson, *Essays on Actions and Events*, Oxford, 1980, pp. 207-260.
② D. Davidson, *Inquiries into Truth and Interpretation*, Oxford, 1984, p. 169.
③ 戴维森:《真理、意义、行动与事件》,第 118 页。

经验内容,这本身是一种二元论。戴维森认为任何语言都是组织形式和经验内容的统一,没有必要区别语言的图式和语言的内容。他举例说:"组织一个橱柜就是收拾其中的东西。倘若你被告知不要组织其中的鞋和衬衫,而要组织橱柜本身,你便会大惑不解。你如何组织太平洋,那无非是清理海岸,或许还要重新确定其中的岛屿的位置或消灭其中的鱼。"①那种认为概念图式起组织经验内容的观点是出于对"组织"概念的误解。戴维森认为,"组织"并不是语言之外的标准,而是语言自身的功能,它不能与语言所表述的经验事物截然分开。同样,不能说经验内容有待概念图式"处理",因为不存在独立于语言同时又需要语言去处理的经验内容。

面对戴维森的挑战,蒯因回应说,他所设想的概念图式并不是语言与世界之间的"第三者"。他说:"在我谈论概念图式的场合,我可能谈的是语言。在我谈论一种非常陌生的概念图式的场合,我将满足于谈论不适合或者难于翻译的语言。戴维森了解这一点时将会感到高兴。"他承认戴维森批判"文化不可通约性"的相对主义是有效和公正的,但无须因此就在理论上否认语言的"译不准性"。②

三、达米特

迈克尔·达米特(Michael Dummett),二战期间在军队服役,1943年后进入牛津学习,毕业后任教,1979年接替艾耶尔任牛津大学的逻辑讲席教授。主要著作有:《真理与其他之谜》(1978)、《对弗雷格哲学的解释》(1981)、《弗雷格:数学哲学》(1991)、《形而上学的逻辑基础》(1991)、《语言之海》(1993)等。

分析哲学内部在"外部世界是否存在"的问题上一直存在着两种对立的倾向:一种是持肯定态度的实在论,以穆尔为代表的常识哲学,逻辑经验主义内的物理主义以及日常语言哲学内的自然主义,都属于这一阵营;另一种是持存疑态度的彻底实证论,现象主义、心理主义和怀疑主义大抵都属于这一阵营。在实在问题上的不同立场直接影响到真理观。实在论者坚持认识与外部实在相符合的传统真理观,反实在论则用一些内在标准,如"确认""融贯""简约"等等,作为真理的标准。20世纪70年代中期,实在论与

---

① 戴维森:《真理、意义、行动与事件》,第121页。
② 《蒯因著作集》第6卷,涂纪亮等译,中国人民大学出版社,2007年,第38—39页。

反实在论的争论采取精致的语言分析的形式重新展开。美国哲学家基本上都是实在论者,而反实在论以英国哲学家达米特为代表。

达米特力图恢复逻辑实证主义的一些中心命题,其中之一就是逻辑实证主义者石里克、艾耶尔等人的反实在论。他们认为,关于外部实在的形而上学争论是因为使用不同语言而引起的,实在论者使用关于事物的语言,唯心论者使用关于感觉材料的语言,得出"外部事物是客观实在"和"外部事物是感觉的复合"两种针锋相对的意见。他们认为,只有在关于"给予"的形式的语言中,关于实在的描述才能得到证实,才有意义。

达米特通过对弗雷格的研究,阐发了语言学转向的核心是意义理论,哲学问题实质上是语言学问题。但他不同意弗雷格把数学和逻辑对象当作不依赖人的思想的理念实体的柏拉图主义立场,而采取了后期维特根斯坦直觉主义的数学哲学。他认为,直觉主义谈论数学的方式是反实在论的,"对他们来说,正是我们构造了数学,它并不是已然在那里等待我们去发现"①。数学知识是我们构造的,一个数学命题只有在构造出它的证明时才是真的,否则就是假的。

把数学哲学推广到语言哲学,弗雷格认为关于实在问题是关于命题的真理条件问题,在此问题上,存在着实在论的真理条件和证明论(justificationism)的真理条件的争论。对于"真理的充要条件是什么"的问题,实在论者的回答是:与客观实在相符合,客观实在可以是日常事物,也可以是抽象的结构、关系和观念,达米特从语义学角度分析问题,认为真理只是命题的属性,说一个命题是真的意味着我们能够有效地提出有关证据,或者提出寻找证据的有效方法,这是证明论的真理条件。比如,一个人在没有遇到危险的情况下死去,对"这个人是勇敢的"这句话,实在论者认为,"勇敢"是客观存在的属性,不管我们有无可能知道它,有无这一属性本身决定着这一命题为真或为假。证明论者则认为,除非我们能够发现这个人是否勇敢的有关证据,否则我们无法断定这句话的真假。与实证主义不同的是,达米特所说的实证论的真理条件不同于证实原则,他认为证明所需要的证据不是被给予、被发现的,我们甚至不能确定有无证据。他强调的不是证据的获得,而是取得证据的方法。他还强调,取得证据的方法不应只是经验证实,还应包括逻辑推理、演绎和数学证明。总之,只要能够证明命题内容合理性的方法都是证据。

---

① M. Dummett, *Truth and Other Enigmas*, London: Duckworth, 1978, p.18.

达米特指出,实在论的真理条件的矛盾之处在于,实在论把语言与实在的关系当作不依赖我们意识和行为的客观存在,这种静态的、固定的模式仅仅是一种图画和比喻,恰恰是我们自己构造出来的意义,它本身就说明了语句的真理条件依赖于语言的使用者。证明论的真理条件正是动态的、不确定的模式,它要求我们去构造和建立证据,语言的真假取决于有无证据。

达米特所反对的实在论,还包括实用主义。实用主义的真理条件虽然也是动态的、不确定的,但它认为真假的证据在于未来,关于将来事件的陈述可在现在的语言中被证明为真或假。达米特说,我们有两条途径获得未来的知识,或是根据因果关系的预测,或是根据我们意向,这两种情况都不依赖于使用者。在第一种情况下,我们既不能因为不利的结果而放弃原因,也不能根据原因取消结果;在第二种情况下,我们的意向可以影响、但不能决定将来事件的发生或不发生。就是说,实用主义不能从未来获得一个陈述或真或假的证据。证明论的证据是从过去事件获得的,"我们可以从过去时态的用法的训练中获得关于过去时态陈述为真的概念",但反实在论并不满足于把过去时陈述为真的概念,而是以此否认那种认为只有现存的东西才是真实存在,以及将来证据可以证明真实存在的实在论。在此意义上,他说自己的反实在论是"唯一的关于过去的反实在论"[①]。

四、普特南

希拉里·普特南(Hilary Putnam),1951 年在加州大学洛杉矶分校获博士学位,1965 年起任哈佛大学教授。他的著作颇多,包括:《理性、真理与历史》(1981)、《实在论和理性》(1983)、《实在论的多副面孔》(1987)、《带着人类面孔的实在论》(1990)、《重建哲学》(1992)、《语词与生活》(1994)、《实用主义:一个开放的问题》(1995)等。

普特南原来是一个科学实在论者,他受克里普克影响,认为通名的意义是命名的因果链条所决定的,特别是劳动分工的专家决定了语词的社会意义。比如,在化学科学诞生之前,人们按照感觉识别水,但现在要由专家根据分子结构来决定"水"的意义。但普特南区分了事物的内在结构与外在性质,认为名称的意义在于外延,而不是内涵。他设想一群科学

---

① 转引自《西方哲学史》第八卷(下),江怡主编,第 892 页。

家到一个与地球十分相似的"孪生地球"上旅行,那里有一种物质与地球上的物理性质相同,但有不同的分子结构,但那么他们可以用"水"指称这种物质。

普特南后来意识到,人们通常按照事物外延赋予它的名称的意义,而专家根据科学定义规定该物的内涵,这是两种不同的指称方式。他于是从"科学实在论"转向"内在实在论"。"内在"的意思是这样的"内部主义哲学观":"'世界是由什么对象构成的?'这个问题只有在一个理论内部提出时,才是有意义的。""对象"指语词的指称,"理论内部"指一个语言共同体的概念系统。普特南认为,不可能在一个语言共同体的概念体系之外谈论客观存在。这个结论与蒯因的整体主义相似。内在实在论的主旨是要"打破许多二分法对哲学家及普通人思想的桎梏,其中最主要的是一种关于真理和理性的客观性与主观性两种看法之间的二分法"[①]。

针对笛卡尔关于内在精神实体与外在物质实体的区分,普特南设计了一个"缸中之脑"的思想实验。假设一个邪恶的科学家把一个人的大脑切下,装在大脑所需要的营养液的缸里,他用神奇的电流刺激大脑各部分使之感觉到身体的存在和外物的存在。试问,我们人类是否可能是"缸中之脑",似乎在受笛卡尔所设想的"邪恶的精灵"的欺骗呢?普特南说,"我是缸中之脑"本身是一个逻辑悖论:如果"我是缸中之脑",那么它就是假的,因为"缸中之脑"可能在受刺激的情况下感觉到大脑所能感觉到的一切,但它不可能有"我是缸中之脑"的思想。退一步说,即使在一个可能的世界中,"缸中之脑"可能有"我是缸中之脑"的思想,那么它想到的"缸"和"脑"只是没有"我"参与的抽象符号,而不是对"我"以外的外物的指称,正如一队蚂蚁的足迹有可能看上去像是丘吉尔画像的线条。要言之,普特南用这个实验说明,与外部实在相对立、而又能与之对应的内在实在完全是自相矛盾或虚幻的想法,内在世界的说法只有在关于外部实在的指称的概念体系中才有意义,如同"缸中之脑"只是制造它的科学家的产物那样。

普特南的"内部实在论"有两个要点:第一,世界本身的存在是"实在论的直觉";第二,我们人类对这个世界有多种描述系统,它们是不同文化、语言的产物,每一个系统描述的事实与不同的文化价值是密不可分的。他赞

[①] 普特南:《理性、真理与历史》,李小兵等译,辽宁教育出版社,1988年,"序言"第1页、第62页。

同福柯认为"一切活动实际上都是由不合理的和利己的力量所决定的"①观点,我们不能依据任何一种系统对世界本身作出判断。

在《带着人类面孔的实在论》和《语词与生活》等后期著作中,普特南提出要用"实用主义实在论"取代"内在实在论"。实用主义的实在论一方面更加彻底地批判形而上学的绝对主义,另一方面越来越多地把批判的锋芒指向相对主义。

面临达米特的反实在论的批评,普特南放弃了"世界本身"的概念,放弃了语言只是描述、而不能创造世界的设想,更好地避免了不同的语言文化系统有不同的事实和价值的相对主义。实用主义实在论认为,语言之外的"世界本身"仍然保留了用"上帝的眼光"看世界的形而上学实在论。他说:"我们称之为'语言'或'心灵'的成分如此深深地渗入我们称之为'实在'的东西,以至于要把我们自己看作某种'独立于语言'之物的'图画者'这一规划从一开始就受到致命的损害。"②实用主义的纲领是在我们人类现实中构造我们视野中的世界,把以世界为对象的语言哲学转变为以人类活动为对象的人本主义。但这种人本主义不是罗蒂所主张的"族群(文化共同体)中心主义",而是用"人"指称过去和现在的其他文化共同体成员,否则的话,我们就不能把他人看作是人,是与我们一样的说话者或思想者。他后期的著作也对罗蒂的相对主义加以批判。

第三节 罗 蒂

理查德·罗蒂(Richard Rorty,1931—2007),于1956年获耶鲁大学哲学博士学位,1961年起在普林斯顿大学任教。1982年,为了与他的反专业化哲学的立场保持一致,他辞去了终身的哲学教席,到弗吉尼亚大学任社会人文科学教授。他的代表作是《哲学和自然之镜》(1979)、《实用主义的后果》(1982)、《偶然、反讽与团结》(1989)、《后哲学文化》(1992)。

罗蒂自称是"新实用主义者",他看到分析哲学在方法、风格和内容上都表现出强烈的学院气息。分析哲学家使用专门的技术术语,围绕着他们所感兴趣的那些问题,进行细致入微的语词意义辨析。在俱乐部式的小团

---

① 普特南:《理性、真理与历史》,"序言"第2页、第202页。
② 转引自《西方哲学史》第八卷(下),江怡主编,第921页。

体内乐此不疲地争论不休,而局外人却往往不知所云。分析哲学的讨论越深入,哲学的范围也就越狭窄,哲学的对象也越来越专业化。哲学家过去在公众心目中是智者贤人,现在却像是律师,分析哲学的"专业化哲学"倾向引起了以罗蒂为代表的新一代哲学家的不满。罗蒂从分析哲学的困境看出哲学没落的命运,提出了超越分析哲学、返回实用主义的"后哲学文化"的新概念。由于他的分析哲学背景和对分析哲学的反叛,他的学说也被称作"后分析哲学"。他的思想与欧洲大陆的后现代主义遥相呼应,在欧美哲学界产生极大的影响。

一、"心灵之镜"的笛卡尔—康德模式

罗蒂认为,自柏拉图以来,特别是自 17 世纪以来,西方哲学被"心灵是世界的镜子"这一比喻引入歧途。以认识为中心的哲学传统通过笛卡尔和康德的工作达到登峰造极的地步。按照笛卡尔—康德模式,知识是对现实的真实描述,心灵可以正确无误地反映经验世界,哲学的基本任务是探讨心灵结构以及知识的可能性条件,解答主观如何与客观相适应等认识论问题,以建立各门科学和各种反映方式都必须遵循的哲学方法论。哲学家似乎享有这样的特权:他们不但能够决定一种理论是否正确,而且规定理论思想与客观存在的真善美之间的合法联系。在此意义上,哲学被称作"科学之科学"。哲学被视作人类知识大厦的基础。以认识论为中心的哲学实质上是知识论上的基础论。

罗蒂问道:人类知识为什么需要哲学作为基础呢?从实用主义观点看,知识解答了实际提出的问题,满足了人们精神的和物质的需要,知识的效用就是对其正确性的证明。然而,哲学家却以一系列非历史性的观念,如必然性、普遍性、理性、客观性、先验性等等,作为知识的真理标准。这些哲学概念既不能扩展知识领域,又无助于对知识的实际功能进行反思。知识所需要的是描述具体行为和条件的历史性概念和发现、修订偶然性的规则。罗蒂要求哲学家们不要把诸如方法论、概念体系、价值观和文化形态中的一种放在优于其他模式的地位,不要把一种特定的语言形式永恒化,也不需要把哲学思维方式当作解决不同学科之间矛盾的统一模式。

罗蒂对以认识论为中心的哲学传统的批判,可以归结为在本体论上反对实在论,在认识论上反对基础论,在心理学上反对"心灵""自我"的学说。他指出,以主观和客观相符合为标准的真理观所依赖的前提是观念与事物、

心理与物理、理论与实践的二元对立,这一前提是哲学的虚构。事实上,任何事物都是在概念系统中被观察和描述的事物,任何现实都是被一定的理论所概括的现实,世界总是通过一定的世界观显示其"本来面目"的。他得出的结论是没有完全与主观条件相分离的客观现实,在分离的条件下比较两者的异同只是哲学家思维的产物。这对柏拉图来说是灵魂洞悉理念世界,对笛卡尔来说是心灵再现天赋观念,对洛克来说是在"白板"上反映感觉印象,对康德来说是自我综合现象材料,如此等等,不一而足。哲学家推崇的认识模式是心灵好比自然之镜,罗蒂否认这面镜子的存在。他说,人们在语言行为中直接与自然打交道,认识不需要心灵作为中介,也不需要关于心灵、自我的非历史性学说作为其基础和证明。他因此得出了结论:作为认识论的哲学已经丧失了存在价值,应当寿终正寝。

二、分析哲学的自我消亡

早在罗蒂之前,分析哲学已经向以笛卡尔和康德为代表的认识论传统提出挑战,并自诩为一场用新哲学代替旧哲学的革命运动。但在罗蒂眼里,这是一场失败的革命,因为分析哲学一开始就没有摆脱笛卡尔-康德模式,只不过用语言分析方法代替了认识论的综合和分析方法。语言分析的主题仍然是主观如何符合客观、思维如何认识实在的老问题。分析哲学的革命只是为了改变解决问题的方法和答案,但却没有或不能从根本上抛弃问题本身,只要哲学继续企图充当人类知识的基础,哲学家不放弃基础论的前提,不论采用何种方法解答在此前提下产生的问题,最终都将是徒劳无益的。用语言充当联系主观和客观的中介,与把心灵比作反映自然的镜子虽有异曲同工之妙,但并无本质上的不同。分析哲学的革命与笛卡尔、康德、黑格尔和胡塞尔等人标榜的哲学革命一样,也是注定要失败的。

与历史上其他哲学思潮不同,分析哲学不待其他派别从外部来批判,便走上自我消亡的道路。罗蒂从分析哲学的圈子里跳了出来,他以"过来人"的身份阐述了分析哲学的发展史。他把分析哲学内部的争论看作是一场找不到出路的混战。他说:"逻辑分析的观念推翻了自己,在维特根斯坦哲学、日常语言哲学、蒯因、库恩对'科学语词'的批判过程中,经历着慢性自杀";取代了逻辑分析的日常语言分析的前途也不美妙,"牛津学派是一个甚至比逻辑经验主义还要短命的运动",他还借用了一句好莱坞的行话形容时髦哲学的情景:"我们每一个人都各做大约 15 分钟的明星。"①

在促使分析哲学自我消亡的诸因素之中,罗蒂高度评价了具有实用主义倾向的美国哲学家的批判作用。比如,蒯因的整体论对经验主义教条的批判,以及否认哲学先于科学的自然主义,其他美国哲学家的反基础论,都被罗蒂引征利用,融合在自己对分析哲学的批判之中。其他美国哲学家,如库恩、费耶阿本德和戴维森等人的思想也被引以为自己观点的旁证。在罗蒂看来,这些哲学家一方面信奉分析哲学,另一方面又自觉或不自觉地按美国所特有的实用主义精神来处理分析哲学的问题,但两者的结合并不能解决分析哲学的根本问题,而只能从内部动摇分析哲学的根基,这个后果是他们始料未及的。罗蒂以复兴实用主义为己任,他要求彻底摆脱分析哲学的前提和方法,把实用主义原则贯彻到底,彻底改造哲学。

三、后哲学的文化

罗蒂认为,新实用主义不是代替旧哲学的新的哲学体系。哲学体系的瓦解是当代哲学的发展趋势。罗蒂试图克服当代英美哲学与欧洲大陆哲学的隔阂,不失时机地引用法国和德国的流行哲学来论证自己对哲学发展趋向的预测。他认为,最近的哲学学说,不论是解释学、社会交往理论,还是解构主义、后现代主义,都采取了哲学与其他文化形态相融合的形式,哲学不再是高于或独立于其他学科的理论体系,而是与历史学、文学、语言学、考古学、人类学、政治学、经济学、社会学等其他学科相结合,构成新的话语,开拓适应社会生活需要的新的知识和行为领域。欧洲大陆的文化哲学兴盛,一方面显示出作为独立学科的专业化哲学正在消亡,另一方面也揭示哲学正在与其他文化形态的融合中获得新生。

通过对英美分析哲学历史和欧陆哲学发展方向的研究,罗蒂得出一个关于哲学的新概念:

> 哲学不再是一门关于永恒主题的学问的名称,它是一种文化类型,一种"人类交流的声音"。它在某一时间专注一个话题而非另一个话题,不是由于论证的需要,而是由于发生于交流中的其他领域的事件(如新科学、法国大革命、现代小说)的结果,或是提出了新思想的天才

---

① R. Rorty, *Consequences of Pragmatism*, University of Minnesota Press, Minneapolis, 1982, pp. 227,75,216.

人物(如黑格尔、马克思、弗雷格、弗洛伊德、维特根斯坦、海德格尔)的创造,甚而或许是这类合成的结果。有趣的哲学变化之产生,不是当人们发现了一种新方法去处理旧问题之际,而是当一套新问题产生和老问题开始消褪消失之时。①

罗蒂说明,新哲学不是体系性哲学,而是启发性哲学。"启发"(edifying)来自德国的"教化"(Bildung)。罗蒂强调的"启发"的作用在于鼓励不同领域的思想者、行动者参与对话,并在对话中发出自己有创见的声音,而不像过去所理解的哲学,要去裁决各种观点的真假是非,强求一律。启发性哲学的目的并不是精确地反映现实,而是扩大和促成交流、创造和共识,在另一些场合,罗蒂把启发性哲学等同为解释学,它不是一门学科、一种方法或一个研究纲领,并不填补认识论被驱逐后所留下的文化空间,它的作用好似诗,具有创造和欣赏的功能。但罗蒂无法更多地规定这种哲学的性质、对象和内容。

罗蒂关于"后哲学文化"的设想过于简单、空泛,缺乏理论上的论证和说服力。罗蒂著作的影响力并不在于提出了一种新哲学,而在于他对历史的和现有的哲学提出的挑战,他把现代哲学,尤其是分析哲学面临的深刻危机摆在人们面前,使哲学家面临"或者消亡,或者转型"的选择。他促进哲学由专业化、技术化向应用化和文化对话方向发展,但他的努力对职业哲学家几乎不起作用。

---

① 罗蒂:《哲学与自然之镜》,李幼蒸译,生活·读书·新知三联书店,1987年,第231页。

第十二章　英美科学哲学和政治哲学

　　分析哲学自诞生以来一直是英美哲学的主流,但是,20世纪70年代以后,非分析的科学哲学和政治哲学异军突起,与分析哲学分庭抗礼。科学哲学和政治哲学一向被视为"分支哲学",而分析哲学虽然是一种语言哲学,但却不是分支哲学,具有传统哲学的本体论和认识论那样的普遍意义。分析哲学企图把一切哲学问题都归结为语言问题,通过对各门学科的概念、术语和命题的分析,建立各种"元"学科,如元伦理学、元政治学、元科学,等等。"元"(meta)表示学科与学科研究对象的二阶关系。比如,伦理学是关于道德实践的一阶研究,元伦理学则是对表达道德实践和准则的二阶研究,如"善""正当""义务""目的"等概念以及与之相关的命题的意义。同样,元科学的对象不是科学活动和科学理论,而是澄清科学语言,对科学理论的逻辑结构作出语义学或语句学的二阶研究。

　　然而,语言哲学的"元学科"中的大部分并没有促进它们所在的"一阶学科"的发展,相反却有脱离"一阶学科"的倾向。具体学科的研究者看到,语言分析不能解决科学、道德和政治等领域的实质性问题,这些问题的历史的、社会的、文化的和理论的根源不能被归结为单纯的语言问题。熟知自然科学和社会科学历史背景的一些哲学家于是放弃语言分析的方法和分析哲学的问题,在科学、伦理学、政治学等学科中寻找哲学的问题,更多地运用传统哲学的方法,取得的成绩也非常显著。非分析方法在科学哲学和政治哲学领域的影响力超过了语言分析方法,它们与分析哲学的关系很难再用分支(应用)与纯粹(一般)的关系来界定。毋宁说,由分析哲学体现的语言哲学与非分析的科学哲学和政治哲学在英美哲学界形成了三足鼎立的局面。

第一节　卡尔·波普尔

卡尔·波普尔(Karl Popper,1902—1994),出生于维也纳的一个犹太人家庭。1926 年在维也纳大学获得哲学博士学位。他与维也纳学派成员有接触,但没有参加该学派的活动。他的第一本著作《研究的逻辑》列在石里克主编的丛书之中出版。二战期间,为逃避纳粹迫害,波普尔移居新西兰,战后到伦敦经济学院任逻辑学与科学哲学教席的教授。他的主要著作有:《开放社会及其敌人》(1945)、《历史主义的贫困》(1957)、《科学发展的逻辑》(《研究的逻辑》的英文修订本,1959)、《猜想与反驳》(1963)、《客观知识》(1972)、《自我及其大脑》(与艾克尔斯合作,1977)、《开放的宇宙》(1982)等。

波普尔 15 岁时与父亲讨论过一本书,为书中语言的意义而争论不休,他称这是"我在哲学上的第一次失败",并"永远牢记决不要为词及其意义而争论的原则"①。他研究科学与政治中的实质性问题,对各种不合理或非理性的主张提出理性批判,提出可行的理性方案,把自己的哲学称作批判理性主义。波普尔的哲学在语言分析哲学占统治地位的科学哲学领域首先打开了一个缺口,他的证伪主义继承逻辑实证主义的余绪,开启社会历史学派的先河。不仅如此,他对功利主义代表的老一代自由主义的批判,为以罗尔斯为代表的新一代自由主义开辟了道路。在本章讨论的英美科学哲学和政治哲学两个领域,波普尔都是承上启下的人物。

一、证伪主义

波普尔是英美哲学界第一个站出来与分析哲学抗衡并取得成功的人。他自觉地与逻辑实证主义划清界线,他意识到他们的分歧是关于科学哲学之性质的根本分歧;逻辑实证主义把科学哲学作为语言哲学对待,波普尔则坚持认为,科学哲学关心的问题不是语言的意义,而是认识的真假;逻辑实证主义的证实原则区别的是意义与无意义的界线,而不是科学与非科学的界线,后者才是科学哲学的根本问题。科学哲学与传统的知识论有着共同的问题,它不能被归结为语言分析。在波普尔看来,归纳法、基础论和证实

---

① 波普尔:《无尽的探索》,邱仁宗译,江苏人民出版社,2000 年,第 12 页。

主义之间存在"一损皆损,一荣俱荣"的关系。他的任务是通过提出一种与归纳法不同的科学方法,建立与证实主义相对立的关于科学知识的一般性理论,以期能够更合理地阐明科学性质、任务和发展趋势。

波普尔高度评价了休谟对归纳法的挑战,但他也看到,即使人们知道归纳法的合理性是可疑的,他们(包括休谟在内)也不愿意放弃归纳法。这是因为人们不能摆脱这样一个根深蒂固的信念:科学理论是从重复出现的事实中归纳出来的,科学规律是建立在事实的重复性基础之上的。波普尔却认为,对重复性的信赖不过是一种迷信。不论从心理学还是从逻辑学的角度来看问题,科学发明的关键从来都不是对于重复出现的事物的观察。因此,由于优先考虑重复性而导致的归纳法理论是站不住脚的。他指出,典型的重复活动是机械的、生理的,不会在心理上造成对于规律性的信仰。比如,谁也不会在简单的计数活动中发现关于数字的规律。留意观察到的事物的重复性不是这种机械的、生理上的重复。因为不同时间内观察到的事物总是会有差异的。只有从某一角度,出于某一目的去观察,我们才会从不同的事物中找到相同或相似之处,才会把它们看作是重复的事物。也就是说,先要有一种见解、企图、期望、假定或兴趣,然后在观察中才会出现重复感。前者是心理现象,是重复感的原因之一,它们不能反过来成为重复性观察的结果。人们在生活中的很多习惯和信念都是年幼时造成的,人们观察到的重复事实是在信念和习惯之后,而不是在其前产生的。

波普尔还反驳了关于归纳法的逻辑学说。根据卡尔纳普的归纳逻辑,归纳法能够达到具有高概率的真实性的理论。波普尔反驳说,科学理论的内容不是平凡琐屑的,而是大胆的猜测,并且是常识看来似不可信的猜测。这在逻辑上意味着,科学理论的内容与真实性概率成反比,一个理论的内容愈丰富,它的真实性概率也就愈低;反之,一个陈述的真实性概率愈高,它的内容也就愈贫乏,例如,一个重言式"A = A"的真实性概率为 1,但它却几乎没有经验内容。波普尔说:"如果你得到高概率的评价,你必须说得很少,或最好什么也不要说,重言式总会保持最高的概率。"[1]

既然科学实践并没有支持归纳法的有效性,为什么人们仍然相信没有归纳法就没有经验科学的神话呢?他认为,这是基础论在作祟。人们普遍相信,经验科学的基础是感觉经验,归纳法是科学的认识论基础。波普尔

---

[1] 波珀(即波普尔):《科学发现的逻辑》,查汝强、邱仁宗译,科学出版社,1988年,第235页。

说,经验基础论的错误在于把科学发现活动分成两个部分:前一部分是感觉和经验观察,这是科学理论的基础;后一部分是建立在这一基础之上的理论。他指出,观察和理论不是独立的两种活动,任何观察都受一定的理论或理论上的倾向的影响,观察不可能发生在理论之前。他举了一个实例,当他在维也纳当教师时,曾向一群学物理的学生指示:"拿起你们的笔和纸,仔细观察,然后记下观察的结果。"学生对此茫然不知所措,他们问道:"你要我们观察什么呢?"波普尔说,这个例子告诉人们:

> "观察",这样的指令是荒谬的。……观察总是有选择性的,它需要选定的对象、确定的任务、兴趣、观点和问题。它的描述必须有一种拥有专门词语的描述语言;它还需要以相似和分类为前提。①

在批判归纳法和基础论的基础上,波普尔提出证伪主义。与证实主义相比较,证伪主义有两个优点。第一,科学理论一般都表达为全称判断。经验的对象却总是个别的,个别的事例无论重复多少次,也证实不了一个全称判断。例如,即使我们观察到成千上万只白天鹅,也不足以证实"所有天鹅都是白色的"这样一个全称判断。因为我们的观察不可能穷尽所有天鹅。然而,只要我们发现了一只黑天鹅,我们便可以立即证伪这一判断。因此,只有坚持证伪原则,我们才能够把经验观察作为检验理论的标准。第二,科学史中的事实证明,当人们寻求证实而不能达到目的的情况下,人们往往借助一些辅助性的特设来为预先设定的理论辩护。仍以上面的事实为例:当一只黑天鹅被发现时,人们可以作出一些特设,把黑天鹅排除在"天鹅"类属之外;或者作出另外一些特设,使得只有白天鹅才能满足天鹅的特征。这样,证实主义往往堕落成为教条进行辩护的工具。证伪主义可以避免辩护主义、教条主义的危险。根据证伪原则的要求,人们不必害怕,更不必想方设法地消除与理论不符合的事例。相反,应当寻求和欢迎这样事例的发现。证伪主义告诉人们,一切科学理论都只是猜测和假说,它们不会被最终证实,但却会随时被证伪。

证伪主义的方法是试错法。试错法的一般步骤是,首先大胆地提出猜测和假说,然后努力寻找和这一假说不相符合的事例,并根据事例对假设进行修正,乃至完全否定。在第一次尝试失败之后,再提出更好的假说,运用

---

① 波普尔:《猜想与反驳》,傅季重等译,中国美术学院出版社,2003 年,第 60 页。

同样步骤对其进行证伪。试错法没有终点。试错法的目的不是最终找到一个不再能被证伪、不再适用于试错法的假说。试错法对理论的修改、完善或者否定是永无休止的。我们只能说,试错法"试"出了一个较好的假说,但却不能说,我们找到了最好的假说。最好的假说是终极真理的代名词,是和科学精神格格不入的。

试错法在科学中的运用表明,科学知识的积累是一个不断解决问题的过程。科学不是始于观察,而是始于问题(problem)。面临着问题 P_1,人们首先提出假说,作为对此问题的尝试性解决(tentative solution)。然后,再对这一假设进行严格的检验,即通过证伪消除错误(error elimination),进而产生新的问题 P_2。科学增长的模式是 $P_1 \to TS \to EE \to P_2 \to \cdots\cdots$,如此反复,问题愈来愈深入、广泛,对问题作尝试性解决的理论的确认度和逼真度也愈来愈高。根据这一模式,人类知识的积累应当被看作是新理论代替旧理论的质变,而不仅仅是数量上的增长。

二、三个世界

波普尔并不一味反对形而上学,而是把有启发意义的形而上学当作科学研究的纲领。他认为,形而上学是对存在的方式(modes of being)以及存在事物聚合(togetherness)的综合说明。波普尔把"存在"(to be)一词的含义分为三类:外部事物的存在、思想意识的存在和关系的存在。按照存在的这三个领域,他提出了三个世界的学说。

世界 1 是物理世界。如物质、能量、一切生物的机体,包括动物的躯体和头脑,等等。世界 2 是人的心理现象,包括意识、感觉等心理状态和过程。这是哲学中所说的主观世界。世界 3 是思想的内容。思想的内容可以被物质化,成为人造产品和文化产品,如语言、艺术品、图书、机械设备、工具、房屋建筑,等等。思想内容也可以是用语言表达出来的人的意识的固定对象,如问题、猜测、理论、反驳、证据,等等。统而言之,世界 3 是客观知识的世界。

三个世界是统一、连贯的。它们的统一性表现为:第一,宇宙的发展按照由世界 1,经过世界 2,到世界 3 的连贯直线方向进行;第二,三个世界之间存在着相互作用。世界 1 和世界 2、世界 2 和世界 3 之间存在着直接的相互作用,世界 1 和世界 3 之间的相互作用需要以世界 2 为中介。

波普尔对世界 1 的发展过程的描述以自然科学为依据,这是一个由无机物到有机物,再从无生命的有机物到生命的发展过程。波普尔认为,由世界1到世界2过渡的关键是意识现象的发生,动物期待有利后果和逃避有害后果的反应是合目的性行为,其中有意识的萌芽,但只是进化发展到了人类阶段,才出现了意识现象,伴随着意识出现了语言以及其他文化现象:艺术、宗教、道德和科学技术。世界2和世界3是人类特有的世界。

三个世界是相互作用的。世界1和世界2的相互作用表现于生理和心理之间的相互作用;世界2对世界3的作用表现于思想意识对语言、理论和艺术创作的作用;世界3通过世界2的中介与世界1之间的相互作用表现于人类知识和物质条件、自然环境之间的关系;而科学发明对人的意识的作用充分显示了世界3对世界2的作用,这一作用甚至比世界1对世界2的作用更大。

波普尔关于三个世界的理论主要是关于世界3的理论。在波普尔之前,哲学家们普遍认为世界有客观和主观之分。但是,波普尔却提出,独立于这两个世界之外,还存在着世界3。关于世界3的客观性和独立性,波普尔有以下论辩。

第一,世界3不同于世界2。世界2指的是心理和思想的状态和过程,它是主观的;而世界3则是思想的内容,它是客观的。心理和思想过程是流动的、不定形的、隐蔽的,而任何知识都有相对稳定的、固定的和公众可以接近的内容。他说:"我认为决定性的是我们能够把客观的思想,即理论,放在我们的面前,使我们能够批判它们和对它们进行讨论。为了做到这一点,我们就必须用或多或少持久的(尤其是语言的)形式表述它们。写的形式比说的形式好,印刷就更好了。"① 只有对客观知识的世界和属于个人的主观世界作出区别之后,才会有知识自身的积累和发展,知识才能成为全人类的精神财富,而不至于仅仅存在于发明家的头脑里。

第二,世界3也不同于世界1。固然,世界3的很多要素被物化在世界1之中,人工产品和文化产品是人利用世界1的材料制造而成的,但人的知识是这些物质材料的价值和灵魂,没有前者,后者只是一堆无益于人的废料。再者,世界3是物质材料的思想内容,不管人们是否认识了或者物化了这些思想内容,它们都自主地存在着。比如,最大的质数的值,哥德巴赫猜想的解答,有待发现的人工化合物和科学仪器,等等,都是尚未被物化而处

---

① 波普尔:《无尽的探索》,第193页。

于潜在状态的世界3的成员,"我们的心灵和自我没有世界3便不能生存,它们固定在世界3中"①。

第三,世界3与世界1和世界2一样,具有自主性。世界3的成员具有本体的地位,它们是如同桌子和椅子一样的客观实在。另外,世界3以自身固有的方式产生出人们料想不到的后果,也具有相对于人的意识的独立性。当然,这种独立性不是绝对的。很多世界3的成员是按照人的思想意识进行创造的结果,但是,它们一旦被创造出来之后,就有了不依赖于人的思想的独立性。比如,数字序列是人创造的,但奇数和偶数却不是人创造的,它们只是人的创造活动的一个后果。即使人们没有意识到它们,它们也自主地存在于数列之中。自主性还意味着不可还原性。世界3的自主性是相对于其他两个世界没有的特性和特殊规律,这些特性和特殊规律在原则上是不可预测的,不能从其他世界的特征和规律中推测出来。

三、历史主义批判

波普尔的批判理性主义对西方政治哲学也有显著影响。他在二战期间写作的《开放的社会及其敌人》适应了战后英美自由主义发展的需要,获得了英国女王授予的爵士称号。

波普尔认为,基础论的认识论与专制主义的政治学说有着共同的根源。他说:"经验主义者的问题:'你如何知道?你的断定的根源是什么?'在提法上就是错误的。这不是表述得不精确或太马虎,而是他们的构想不对,它们是些企求独裁主义回答的问题。"②知识论中的独裁主义指的是一劳永逸地证实知识真理性的企图。同样,政治哲学的传统问题是:"谁有资格统治?主权应归谁所有?"这些也是企求极权主义回答的问题。

历史主义(historicism)是波普尔政治哲学的主要批判对象。他赋予这一概念的特定含义是,"它认为历史预见是它的主要目的,并且认为通过揭示隐藏在历史演变之中的'节律''类型''规律'和'趋势'就可以达到这一目的"③。历史主义是一种源远流长的古老理论。它的最古老形式是"上帝选民论",即认为上帝意志决定社会发展方向,这是"神学形式的历史主

---

① 波普尔:《无尽的探索》,第208页。
② 波普尔:《猜想与反驳》,第32页。
③ 波普尔:《历史主义的贫困》,何林、赵平译,社会科学文献出版社,1987年,第47页。

义"。此外,还有认为自然界的客观规律决定社会历史发展的"自然主义的历史主义",还有认为思想规律决定社会发展的"心灵主义的历史主义"和认为经济规律决定社会发展的"经济主义的历史主义"。

在《开放社会及其敌人》这部著作中,波普尔在西方哲学的传统中考察历史主义的起源与发展。从古希腊哲学家柏拉图、亚里士多德到德国唯心主义者费希特、黑格尔都被描绘成历史主义的奠基人。历史主义进一步被说成是封闭社会的意识形态,和开放社会所依赖的理性批判精神格格不入。因此,所有倡导和拥护历史主义的哲学家都是开放社会的敌人。他重点批判了柏拉图、黑格尔和马克思的历史理论,说他们都是"错误的预言家"。波普尔抨击最力的是马克思主义。因为他看到,马克思主义是最严密、最精巧的历史主义,是历史主义发展的最高阶段。如果马克思主义经受不住理性的批判,那么,其他形式的历史主义自然也都站不住脚了,他于是把批判的矛头集中指向马克思主义。

波普尔认为,历史主义在实践中的危害表现在,它依据自己所理解的历史规律,提供了改造社会的通盘计划。波普尔把这种通盘计划之制订和实施称为"乌托邦工程"。历史主义者大抵都是乌托邦工程师,"希望他们能够使用历史主义的方法把社会科学转化为政治家手里的一种强大有力的工具"[①]。乌托邦工程要顺应历史规律,创造一个美好、完善、充满人道、无阶级差别的大同世界,但却用暴力、镇压、内部倾轧的手段,以反理性和无计划的混乱状态告终。波普尔说,"即使怀抱着建立人间天堂的最美好愿望,但它只是成功地制造了人间地狱——人以自身的力量为自己的同胞准备的地狱"[②]。

波普尔还认为,社会科学的真正任务是使用试错法,逐步、逐个、温和地治疗社会弊病,他称之为"渐进的社会工程"。他的目标不是"最大限度地增加幸福",而是"最大限度地排除痛苦"。表面上看来,"增加幸福"和"排除痛苦"似乎是同一目标的正反两个方面。因为从语义学的角度分析,"痛苦"是"幸福"的反义词,人们可以把"幸福"定义为"缺乏痛苦的状态"。这样的文字游戏诱使人们相信,"最大限度地增加幸福"和"最大限度地排除

[①] 波普尔:《历史主义的贫困》,第91页。
[②] 波普尔:《开放社会及其敌人》,陆衡等译,中国社会科学出版社,1999年,第一卷,第315页。

痛苦"两种提法含义相同。波普尔反驳说,语言分析的方法把"幸福"和"痛苦"从人的实际体验中抽象出来加以比较,却忘记了这是两种不同性质的体验。它们并不是同一体验的正反两面,而是独立的、一个不能补偿另一个的身心状态。事实上,幸福非但不能补偿痛苦,也不能被归结为缺乏痛苦的状态。从伦理学的角度来看,排除人们的痛苦是比增加他们的幸福更为直接和迫切的道德要求,锦上添花不如雪中送炭,也就是这个意思。从认识论的角度来看,排除痛苦的标准是明显的、确切的,但却没有一个增加人们幸福的确定标准。这不仅因为人的欲望是无止境的,而且因为人们对利益得失有着不同看法。因此,人们对痛苦的各种形态、产生原因以及消除办法有着明确的认识。幸福的状态却千差万别,因人因时因地而变化,并且,新的享受和幸福正在不断地被创造出来。在一般情况下,只有在亲密关系的人之间,一个人才会知道如何有效地增加另一个人的幸福。但政府却不可能达到这一目标。用行政手段建立和增加人们幸福的做法,不但会把幸福的形态简单化,造成生活单调乏味,而且还有干涉公民私生活之嫌,因此,波普尔的结论是:"我的论点是,人类的苦难是一个公共政策最紧迫的问题,而幸福不是这样的问题,获得幸福应留待个人的努力。"[①]这个结论保持了自由主义者的基调:人们各自寻求自己的幸福,政府为他们铲除弊害。不难看出,波普尔把社会科学和政府政策的任务由增加幸福转变为消除痛苦,与他把自然科学的任务由揭示真理转变为消除错误的做法相一致,无论在自然科学还是在社会科学领域,人们都不会达到真、善、美的理想境界,但是,人们却可以通过排除和克服假、丑、恶的现象,逐步地取得进步,渐进的社会工程是运用科学的通行方法逐步地改良社会的合理途径。

第二节 社会历史学派

不论逻辑实证主义还是波普尔的证伪主义都相信科学有一个统一的逻辑,这种统一的逻辑能够划清科学与非科学的界线,保证科学知识按照一定的模式不断增长,并能对科学理论的发展趋向、经验内容和应用条件作出圆满的解释。这种以科学的逻辑为中心的科学哲学在20世纪60年代之后被强调科学的社会历史条件的科学哲学所取代。

[①] 波普尔:《猜想与反驳》,第459页。

科学哲学的社会历史学派有哪些特征呢？首先,他们否定适用于一切科学理论的统一的方法论或发明的逻辑,他们认为方法论从属于理论,如同理论一样是多元的;科学研究和发现的方法总是具体的、历史的,没有抽象的、普遍的方法。其次,他们否认有独立于科学理论的经验检验,认为不同的理论体系有不同的理论前提,因而也就规定了检验的不同途径和标准。再次,他们不同意对科学理论的模式作统一的解释,认为科学理论的结构不是一成不变的,而是在一定的社会历史条件下变化的产物;他们于是注重研究科学史中的社会的和心理的因素。另外,他们认为,波普尔的证伪主义是科学中的"不断革命论",它否认或弱化了理论的巩固、发展过程,不符合科学史实际。

一、库　恩

托马斯·库恩(Thomas Kuhn,1922—1996),1943年毕业于哈佛大学物理系,1949年获哲学博士学位。1976年以后在麻省理工学院任哲学和科学史讲席教授。他的主要著作是《科学革命的结构》(1962)和《必要的张力》(1977)等。

《科学革命的结构》一书标志着社会历史学派的兴起。库恩对科学发展持历史阶段论。每一个科学发展阶段都有特殊的内在结构,体现这种结构的模型即库恩所谓的范式(paradigm)。"范式"是一个相当模糊的概念。库恩说:"范式是共有的范例"[①],如亚里士多德的物理学是古代科学的范例,托勒密天文学是中世纪科学的范例,伽利略的动力学是早期近代科学的范例,微粒光学是近代科学成熟期的范例,爱因斯坦的相对论是现代科学的范例。范式通过解决科学发展提出的关键性、全局性的问题,描述了新的世界观图式。范式的变动,如从"地心说"到"日心说",从"燃素说"到"氧化说",从光的"粒子说"到"波动说",从牛顿引力论到广义相对论,都不是个别概念或定律的转换,而是世界观的变化,以范式的改变为标志的科学革命的实质是世界观的根本转变。

库恩的科学历史观具有美国哲学所特有的实用主义倾向。科学的作用被归结为解决实际问题,范式的作用在于它对解决科学理论中的问题具有特殊重要的作用。一个科学理论成为范式,必须具备两个条件:第一,它解

---

① 库恩:《科学革命的结构》,金吾伦、胡新和译,北京大学出版社,2003年,第168页。

决了旧范式所不能解决的问题,开拓了新的认识领域,扩大和深化了研究范围和背景条件,具有发散型思维的特点;第二,它留下了有待解决的问题和疑点,为科学界集中力量攻克难关准备了条件。科学家大都是现实主义者,他们不是波普尔所要求的那种冒险家,科学家一般不愿冒着失败的风险投身于前途渺茫的问题。范式保证了问题有确定的解,赋予围绕这些问题展开的研究以崇高的价值。因此,范式又具有收敛型思维的特点,科学的张力即存在于发散和收敛之间,这就是为什么范式能够引导科学发展的原因。

范式的社会学意义是科学家共同体,"范式是团体承诺的集合"①。科学家共同体根据范式决定了什么是常规意义上的科学,决定了研究的问题、方向、方法、手段、过程、标准,等等。常规科学研究时期是范式稳固化和科学集团化、社会化的过程。常规科学的任务是解决理论中的疑点,顶住或者消解反常现象对理论的干扰或否证。但是,反常现象总会趋向于增加,直至常规科学应付不了,陷入危机阶段。为了弥补漏洞,范式或改变形态,或提出辅助性假设,产生范式"增生"现象。但是,这种变形的范式往往穿凿附会,捉襟见肘,反而使危机加深。此时,新的范式应运而生,对关键问题作了成功的解释,在竞争中逐步赢得了支持者,淘汰了反对者。新范式取代老范式的过程就是科学革命。科学革命结束了科学危机时期四分五裂、争论不休的局面。新的范式代表了科学家共同体成员们的世界观、价值观和技术手段的总体,它建立了新的常规科学。

科学发展的过程是"常规科学→危机→革命→新的常规科学"在不同历史时期的循环往复。在这一过程中起支配作用的是范式的转变和稳定。以范式为中心的科学世界观成功地回答了科学史中关于科学理论的合理性的问题。但是,合理性是相对于范式而言的,从范式以外看到的明显谬误在范式中却是合理的,这就是"革命前与革命后的常规科学传统间有不可通约性(incommensurability)"。没有判断新老不同范式优劣的客观、中立的标准,"即使在旧范式遇到危机的领域,新范式也不比旧的优越"。任何标准(包括衡量方法、证据、论证)都是在范式中建立的,科学家虽然是理性的人,"但没有哪一个单独的论证能够或应该说服所有的科学家"②。

---

① 库恩:《科学革命的结构》,第 113 页。
② 同上书,第 133、149、143 页。

库恩在他的早期著作中强调科学家的范式转化是"改宗",那些坚持旧范式的人好似老的常规科学的殉葬品,"在整个专业共同体都已改宗后,那些继续抗拒下去的人事实上已不再是科学家了"①。然而,如果新老范式没有优劣之别,新范式取代老范式在何种意义上是科学革命?科学革命究竟是不是进步呢?库恩在后期著作中承认,科学家依据实践理性选择范式。实践理性的特点是:第一,它是信仰转变的过程,而不是逻辑上的推演和归纳;第二,它受科学家共同体的社会实践规定;第三,它选择的标准是价值观念而不是理论规则。总之,实践理性以社会成员的共同实践为准则,它不是以个人为主体、以抽象思辨为内容的纯智慧。

二、拉卡托斯

伊姆雷·拉卡托斯(Imre Lakatos,1922—1974)出生于匈牙利的一个犹太人家庭。二战期间参加地下抵抗运动,战后被送往莫斯科大学留学,毕业后回国任教育部官员,在清洗运动中被捕入狱三年。1956年匈牙利事件后流亡英国,在剑桥大学学习,获得哲学博士学位后在伦敦经济学院任科学哲学和逻辑学讲席教授。他的主要著作有《证明与反驳》(1964)、《科学研究的纲领》和《数学、科学和认识论》(1978)。

拉卡托斯修正并发展社会历史学派的观点。他对波普尔与社会历史学派的分歧持中间立场。他赞成波普尔对逻辑经验主义的批判,但不赞成证伪主义的极端立场。他认为,波普尔的证伪主义是"瞬间理论",即,通过一次性的证伪,便能立即把理论驳倒。在科学研究的现实中,一次性的证伪并不被看作决定性的判决,并不一定能说明理论的错误。拉卡托斯说,科学家都是厚脸皮,他们不会甘心一驳就倒。"瞬间理论"既不利于成熟理论的繁衍,又不利于新理论的成长。因此,他赞成库恩的科学发展历史观和阶段论,但不赞成其中的非理性主义,尤其反对费耶阿本德的极端相对主义和无政府主义。他认为,历史主义的错误在于夸大了个人心理因素和社会因素(包括信仰)对科学发展的作用,从而错误地把范式的改变看作"信仰上的非理性变化"和"宗教的皈依"。他说,信仰的强度不是知识的标志,一个理论的科学价值在于理性。他倾向于波普尔的批判理性主义立场。

拉卡托斯也用科学史案例分析方法揭示并论证科学哲学的一般原则,

---

① 库恩:《科学革命的结构》,第113页。

他作了科学的"内部历史"与"外部历史"的区分。所谓内部历史包括"所谓确凿事实的发现及所谓归纳概括",以及规范的合理重建;而外部历史指"由经验外部理论作为补充以说明剩下的非理性因素"。拉卡托斯强调:"合理重建或内部历史是首要的,外部历史只是次要的,因为外部历史的最重要问题是由内部历史限定的",外部历史为科学发明的"速度、地点、选择等问题提供非理性的说明",但"科学增长的合理方面,完全由科学发现的逻辑来说明"。①

拉卡托斯用"科学研究纲领"代替波普尔所说的"假说"和库恩所说的"范式"。科学研究纲领指应用范围大的科学理论。它可以是指导一个时代的科学活动,深刻影响人们思维方式的理论,如牛顿的理论和爱因斯坦的理论;也可以是属于某一学科的理论纲领,如热力学研究纲领、洛伦兹研究纲领,等等。科学研究纲领的特征是,它由硬核和保护带组成。硬核是经过了"试探和纠错"的漫长过程才形成的基本理论,它具有不容反驳和改变的稳定性和确定性。保护带由辅助性假设和应用理论的初始条件构成,它可以随时调整和改变,以应付反常情况,使硬核免遭证伪的伤害。

与科学研究纲领相对应的是两种方法论规则:正面的和反面的"启发法"(heuristic)。反面的启发法消极应付问题,设法改变保护带,把反常解释得符合"硬核"理论,或者完全推翻反常,比如,

> 在牛顿纲领中,反面启示法禁止我们把否定后件式指向牛顿动力学的三定律和万有引力定律。根据其支持者的方法论决定,这一"内核"是"不可反驳的";反常必须只在辅助、"观察"假说和初始条件构成的保护带中引起变化。②

正面的启发法规定科学研究的方向、问题和途径,它不顾反常的干扰,用实际研究成果把反常转变为正常。比如,牛顿知道他的科学纲领的困难"是数学上的困难,而不是经验上的困难","牛顿纲领的伟大部分是由于牛顿主义者发展了古典微积分,这是牛顿纲领获得成功的重要前提"③。

波普尔和库恩都不承认辅助性假说的作用。拉卡托斯根据正反两种方法论规则的区分,区别了两种辅助性假说。消极的辅助性假说只能应付反

---

① 拉卡托斯:《科学研究纲领方法论》,兰征译,上海译文出版社,1986年,第163页。
② 同上书,第67页。
③ 同上书,第71、72页。

常,不能预示新的现象;积极的辅助性假说能扩大科学研究纲领的适用范围,并增强其预见力。能否提出积极的辅助性假说,是衡量科学研究纲领处于进化阶段抑或退化阶段的重要标准。在进化阶段,科学研究纲领能增生积极的辅助性假说,不断增强其预见力的强度。当它处于退化阶段,便只能提出消极的辅助性假说,穷于应付反常,预见力逐渐减弱。

依照预见力强度的这种变化,每一个科学研究纲领都有一个发生、发展以至衰亡的历史过程。比如,牛顿物理学的发生期,许多反常事例涌来,物理学家一方面运用反面的启发法,修改了辅助性假说和理论应用的初始条件,另一方面运用正面的启发法,把反常事例转化为证实事例,促进了研究纲领的完善。直到19世纪后期,它才转为退化阶段,并终于被相对论和量子力学的新纲领所代替。

三、费耶阿本德

保罗·费耶阿本德(Paul Feyerabend, 1924—1994)出生于维也纳。二战期间参加党卫军,在苏联战场负伤,落下跛腿的残疾。战后进维也纳大学学习,1951年获得博士学位后,原计划到剑桥研究维特根斯坦哲学,因维特根斯坦的逝世而转到伦敦经济学院,在波普尔的指导下作博士后研究。五六十年代在世界各地任教,最后在伯克利大学定居。他的主要著作有:《反对方法》(1975)、《自由社会的科学》(1978)、《哲学论文集》(3卷,1981,1999)和《告别理性》(1987)。

从波普尔开始的证伪主义被费耶阿本德推到极端,他完全否定科学理论的客观性,否认科学界有公正的价值标准。他认为,科学理论虽然被看作具体观点、方法和行为的世界观,但却是并不能、也不需要正确地描述外部世界的"世界观";它们只是一些由某些社会因素偶然造成的"范式",在历史中不断变动,其是非真假都是相对的,优劣高下是不可衡量的;范式的功用在于成功地解决问题,但科学问题并不完全来自实在,而与社会环境、个人心理因素有密切关系。费耶阿本德彻底排除了库恩思想中的理性主义。他否认任何科学方法,把范式"无公约性"推向极端。他认为,没有一种理论可以被称为真理,因为任何理论都不可能与它所研究的全部事实完全符合。然而,我们无须过分关注理论和事实之间不完全符合的情况,因为"不符合"并不能证伪理论。对于接受了一个理论的人来说,他可以不理睬和理论不符合的事实,甚至根本否认它们是事实。对他们来说,该理论与一切事实都符合。我们甚至不能比较一个理论是否比另一个理论更有用。因为任何理论都可以应付问题,并且都有自己的"有用"和"成功"的标准。比如,西医西药和中医中草药各有各的用处,很难说哪一种医药理论和实践更有效。费耶阿本德还以亚里士多德的物理学和伽利略的物理学为例,从四个方面说明了两种理论之间"无公约性"。

(1) 两者有着不同的目标。亚里士多德物理学的目的是获得心灵享受和社会稳定;伽利略物理学旨在预测运动和非平衡状态。从各自的标准来衡量,双方都没有达到科学的目的。

(2) 两者关于运动的概念根本不同。亚里士多德认为,所有运动都是可以被观察到的,让石头从高塔上落下,石头将落在塔基上;自由落体在水平方向没有可观察的运动可以证明地球是静止不动的。伽利略却说,只有相对运动才是可观察的,自由落体在水平方向没有相对运动,但并不是没有运动;在上述实验中,落体和塔都相对于地球之外的物体运动,我们虽然观察不到地球的运动是因为地球和观察者之间没有相对运动,但地球相对于太阳和其他星球却是运动的。

(3) 两者有着不同的观察手段和标准。信奉亚里士多德学说的神学家反驳"日心说"的一个证据是,如果行星围绕太阳转,那么火星和金星将在一定时候接近地球,比平常亮40~60倍,但是,我们观察不到火星和金星的亮度变化,由此可证明行星不是绕着太阳运行的。伽利略用自制的望远镜观察到了火星和金星在特定时候确实比平常亮40~60倍。神学家们却坚持认为,只有肉眼观察的结果才是可靠的,通过中间媒介的观察歪曲了事情本来面目;光线透过望远镜会发生折射,如同它透过水时那样,因此,伽利略的观察是不可信的。近代物理学家普遍认为借助仪器的观察才是精确、可靠的,感官往往是导致错误观察的原因,伽利略的物理学遂替代了亚里士多德的物理学。

(4) 近代物理学之所以最终取代了古代物理学,根本原因并不是前者比后者更接近真理,或者更加有用,范式的改变并不取决于理性的进步而是依靠理性之外的力量。伽利略在1610年绘制的月亮草图很粗糙,并不能证明他的结论,但他借助技巧和宣传在争论中占上风,比如,他用意大利文而不用拉丁文写作,并按照教会可以接受的标准改写他的著作,获得了逐渐说服科学界的效果。

费耶阿本德只承认科学的"外部历史",完全否定"内部历史"。他认为,西方科学不是靠理论的说服力,而是靠非科学的力量,如商业的诱惑、传教士的宣传和武力征服,取代其他地区的文化的。费耶阿本德说:

> 科学同神话的距离,比起科学哲学打算承认的来,要切近得多。科学是人已经发展起来的众多思想形态的一种,但并不一定是最好的一种。科学惹人注目,哗众取宠而又冒失无礼,只有那些已经决定支持某一种意识形态的人,或者那些已接受了科学但从未审察过科学的优越性和界限的人,才会认为科学天生就是优越的。……科学是最新、最富有侵略性、最教条的宗教机构。①

他还说:"在几乎人人都可以成为科学家的今天",科学与国家权力混同一起,科学家已经成为特权阶层,

> 科学家就是这样在他们的业务上自欺欺人,而未造成任何实际害处:他们在金钱、权威和吸引力上都得到非分的报偿,他们领域中最无聊的程序和最可笑的结果都被罩上卓越的光辉。现在是时候了,该给他们恰如其分的评价,赋予他们比较适当的社会地位。②

这些极端论调的矛头所向已不是唯科学主义,而是科学本身。费耶阿本德的科学哲学由此成为不折不扣的"反科学哲学"。

费耶阿本德"反对方法"的主张有两层意思。(1)没有任何方法。他说:唯一在"一切境况下和人类发展的一切阶段都可加维护"的原理就是:"一切都行",为了反对"科学沙文主义",他主张在科学上放任自流。他认为,因为科学理论不可比,一个理论不能被还原为另一个理论,对待科学理论的正确态度和政策是鼓励理论繁衍,不要用理性的规则和整齐划一的方法阻碍和限制理论的产生和发展。混乱、偏差、机会主义更能促进科学的繁荣。(2)提出与科学界主流相反的规则。费耶阿本德说:"提出同充分确凿的事实不一致的反规则","反归纳总是合理的,总有成功的机会","任何思想,不管多么古老和荒谬,都有可能改善我们的知识"③。当事实、观察与理论发生抵触时,要保护新理论,给它以"喘息时间",耐心等待着它的价值的显现,并用宣传等手段消除旧理论对事实潜移默化的"污染",促成事实符

---

① 费耶阿本德:《反对方法》,周昌忠译,上海译文出版社,1992年,第255页。
② 同上书,第262、264页。
③ 同上书,第6、7、10、24页。

合新理论的解释。

费耶阿本德毫不掩饰地宣称,他是无政府主义者,从事科学哲学是"为了挖'理性'权威('真理''诚实''正义',如此等等)的墙脚而玩弄'理性'"①。他把科学哲学等同于现代艺术家的"达达主义"。从科学家的观点看,这些极端论调是难以接受的,因为科学毕竟是探索外部世界的事业。

四、后现代科学哲学

费耶阿本德主观主义和相对主义把社会历史学派的某些结论推到极端,使科学哲学积极的正面研究由盛转衰,为后现代的消极、负面的科学哲学铺平了道路。从根本上说,后现代的科学哲学是不折不扣的"反科学的哲学"。1996年出版的《劳特里奇哲学史》第9卷第7章题为"当今科学哲学",其中反复用"科学的公关关系发言人"和"科学俱乐部的守门人"两个名衔指称科学哲学。作者阿加西攻击说:"官方的科学哲学,被科学建制所支持的科学哲学,远不如电视上推销肥皂和化妆品的商业广告显得宽容。他们远离独创者疯狂地寻求宇宙秘密,犹如色情狂远离对上帝的理智之爱。"他还说:"自以为是的半官方的科学公共关系发言人是排他的科学俱乐部里的吹牛者,而头号科学社会学家罗伯特·默顿所说的'守门人'……在科学哲学的中心问题上引导着这些吹牛者。谁是或不是俱乐部的真正会员?什么是科学?科学有没有区别于吹牛者与之竞争的性质?很明显,科学是开放的,守门使之成为封闭的俱乐部。"②关于科学的"开放",作者的结论是:"科学是一种文化现象","科学是一种自然宗教"。他说:"科学研究作为我们文化的一个中心项目以及看待我们文化的其他项目与科学的互动是一条开放的大道。重要的是把科学哲学看作我们文化的一部分,而不是哲学的一个孤立项目。把科学哲学从人类文化哲学一般割裂开来的是守门人把任何非科学的项目都视作低于哲学尊严的观念。这个观念不是哲学的。任何人性的东西,无论是科学或人类文化其他任何方面的东西,对任何哲学家都不是局外的。"③这些论调反映了后现代科学观的特点:一是把批

---

① 费耶阿本德:《反对方法》,第11页。
② Joseph Agassi,"The Philosophy of Science Today", in *Routledge History of Philosophy*, vol. ix, London: Routledge, 1996, pp. 240, 244.
③ Joseph Agassi,"The Philosophy of Science Today", pp. 240, 256, 259.

判科学的哲学与科学研究的实际工作混为一谈,二是对科学理论与文化话语不作任何区分。

具有讽刺意义的是,就在这篇《后现代的科学哲学》的代表作发表的当年,发生了"索克尔事件"。1996 年,对后现代的科学观极为反感的美国理论物理学教授艾伦·索克尔(Alan Sokal)以恶作剧的方式,给后现代思潮研究的主要期刊《社会文本》投了一篇名为《超越界线:走向量子引力的超形式的解释学》的论文,他自称该文讨论"后现代哲学和 20 世纪物理学的政治蕴涵"。这一话题符合后现代主义对科学的政治批判的文化话语,而且该文形式符合学术规范,109 个注释和 217 篇参考文献准确无误。《社会文本》5 位副主编一致同意将其发表在名为"科学之战"的特刊上。不料索克尔 3 周后在《交流》(Lingua Franca)杂志上发表《曝光:一个物理学家的文化研究实验》一文,坦言他的那篇"诈文"不过是"把有意编造的谬误、语言的滥用以及各种毫无根据的结论捏合在一起的大杂烩",他有意识地捏造编辑们所信奉的后现代主义与当代科学之间的"联系",甚至加入常识性的科学错误,后现代的文化精英却无力辨识。索克尔认为,"诈文"之所以被接受,是因为它"听上去很有趣",并且"迎合了《社会文本》的编辑们在意识形态上的偏见"[①]。"索克尔事件"是后现代主义的丑闻,但并未阻止后现代的科学哲学继续在人文领域大行其道。西方的文化学者与科技专家之间存在难以沟通的鸿沟,令当今科技哲学陷入窘境。

第三节 自由主义

英美政治哲学的主流是自由主义。现在很难给自由主义下一个明确定义,大体说来,历史上那些主张选举权平等、男女平等的要求、反对种族歧视和民族压迫的立场、维护自由市场经济和个人自由权、反对政治迫害的要求,都可以归于自由主义的范畴。英美的自由主义有两个来源:一是从洛克到卢梭和潘恩的"天赋自由论",二是边沁、密尔的功利主义。霍布豪斯说:"两种势力联合起来,形成了一个学派,这个学派在改革时期对英国自然主义产生了极其巨大的影响。"[②]"改革时期"指 19 世纪的英国政治运动。二

---

① 张聚:《索克尔事件概述》,《自然辩证法研究》2000 年第 6 期,第 9—13 页。
② 霍布豪斯:《自由主义》,朱曾汶译,商务印书馆,1986 年,第 37 页。

战之后,英美自由主义超越了古典自由主义和 19 世纪的功利主义。为了认识自由主义的发展脉络,我们要从它的内在矛盾谈起。

一、自由主义的困境

霍布豪斯指出古典自由主义内部的一个张力:一方面,"天赋自由论"把人民主权建立在个人自由和人人平等的基础之上,"安全"和"反抗压迫"在原则上是没有区别的;另一方面,个人的自由权"假定一个有秩序社会的存在,并规定社会的义务是保证其成员的自由",同样,"平等是被'共同福利'所限制的,自由的领域最终将由'法律'规定"。面临个人自由权与社会秩序张力,古典自由主义不得不从个人权利优先的原则退回到社会优先的原则,"个人要末退回到全社会的需要,要末退回到全社会的决定"①。

功利主义选择了"全社会需要"的退路。其创始人杰里米·边沁(Jeremy Bentham,1748—1832)把全社会的需要或决定归结为"最大幸福原则"。他说:功利原则是这样一个原则,它根据增加或减少当事人的幸福的倾向来认可或拒绝一种行为,我指的是任何一种行为,不仅包括任何私人行为,也包括政府的任何措施。② 按照这一原则,行为后果应根据所有当事人所感受到的快乐和痛苦总量来衡量,如果快乐总量大于痛苦总量,便是善、正义,反之就是邪恶和不正义。边沁从量的方面算计的快乐和痛苦总量只能适用于物质利益和生理感受。当时的道德家们为此指责功利主义是鼓吹感官享乐的"猪的哲学"。

密尔的《功利主义》是一部论战性的著作,对一切指控功利主义的不实之词进行了大力的反驳。密尔认识到,快乐不仅有量的规定性,而且有质的规定性。只从量的方面看待功利是荒谬的,边沁的快乐计算法是不可能的。从质的方面来衡量,快乐有精神的和肉体的两种,精神快乐高于肉体快乐。他说:

> 做一个不满足的人要比做一个满足的猪要好,做一个不满足的苏格拉底比做一个满足的傻瓜要好。如果傻瓜和猪都不同意的话,那是因为他们只知道问题与自己相关的那一个方面,而苏格拉底这些人却知道问题的两个方面。

---

① 霍布豪斯:《自由主义》,第 30 页。
② Bentham, *Utilitarians and Other Essays*, Penguin, 1987, pp.17-18.

密尔知道,大多数人未必会选择精神快乐而舍弃肉体快乐,因此,他强调"有资格的鉴定人"的判断才有效。"假如那些人之中意见也有不同,那么,我们就不得不承认他们大多数人的判断是最后的定案。"①密尔把"最大幸福原则"中的"大多数人"解释为少数精英中的大多数。那些趋向肉体快乐的人是意志薄弱者(傻瓜),他们虽然人数众多,但他们的选择应不予考虑。

密尔看到了过分强调社会功利有牺牲个人自由的危险。他的《论自由》的重点是反对"多数人的暴政"。他给自由的定义是:"真正意义上的自由只有一个,那就是用自己的方式寻求自己的利益,而且,并不因此而剥夺他人的利益,或阻碍他人谋求利益的努力。"在个人所能享有的自由中,密尔最看重表达意见的自由,因为这种自由完全符合"真正意义上的自由":拥有并表达完全属于自己的意见是一种精神上的享受,而且不会妨碍他人的自由。密尔说:

> 我否认公众有控制意见表达的权利。不管公众自身还是通过政府来行使,这样的权利都是非法的。最好的政府并不比最坏的政府更有权这样做。这一权利是极其有害的,顺从公众的权利也许比反对公众的权利更有害……压制一种意见表达的最坏之处,在于对人类将来的和现在的一代人的剥夺,对反对这一意见者的剥夺甚于对它的拥有者的剥夺。如果这一意见是正确的,那么,他们被剥夺的是用真理代替错误的机会;如果这一意见是错误的,那么他们失去的是几乎同样宝贵的东西,那就是,与错误的冲突会使真理更清晰、更有活力。②

经过密尔的修正,功利主义虽然守住了古典自由主义维护个人自由权利的底线,但"最大多数人的最大幸福"的原则仍保留着集体主义和整体主义的底蕴,即,要求为了集体利益而牺牲个人利益,或为了整体的、长远的利益而牺牲局部的、眼前的利益。如果由"有资格的鉴定人"来决定什么是全社会的利益,那么少数精英就有可能牺牲大多数"傻瓜和猪"的利益;如果由大多数人来决定什么是他们的集体利益,那么牺牲少数人的利益就是必要和正当的。在功利主义内部,始终存在强调个人权利的自由主义与强调人人平等的民主主义的张力。

---

① 密尔:《功用主义》,唐钺译,商务印书馆,1962年,第10、11页。
② 参阅密尔:《论自由》,程崇华译,商务印书馆,1959年,第13、17页。

我们看到,波普尔把政治的目标由"最大限度地增加幸福"转变为"最大限度地排除痛苦"。他说:"功利主义的最大幸福原则和康德的'增进他人幸福'的原则,在我看来,两者在这一点上都是根本错误的。"[①]这些主张包含着对功利主义的批判。哈耶克(Friedrich Hayek,1899—1992)是与波普尔有着同样政治理念的"自由主义大师"。他说,最高的政治目标"并非出于一个良好的公共管理的需要,而是为了保障对市民社会和私人生活的最高目标的追求"[②]。

二战后第一代著名英美政治哲学家大多是德语国家的难民。奥地利籍的波普尔和哈耶克在英美自由主义传统中维护西方民主制度,反对极权主义。与此同时,二战时移民到美国的德籍犹太人利奥·施特劳斯(Leo Strauss,1899—1973)和汉娜·阿伦特(Hannah Arendt,1906—1975)利用德国哲学传统发展出反自由主义的政治哲学。德法知识分子在与英美自由主义的对弈中控制了学术和舆论。1968年西方社会大规模群众抗议以尖锐的方式提出了西方民主制度是否合法的问题,他们质疑人民是否真正享有自由、民主、平等的权利,社会分配是否公正,现行的社会制度是否合理,等等。面对这些问题,功利的自由主义已不敷用,反极权的自由主义引火烧身。在此形势下,罗尔斯的正义理论应运而生。

二、罗尔斯的正义论

约翰·罗尔斯(John Rawls,1921—2002),1950年在普林斯顿大学获得哲学博士学位,1962年起任哈佛大学教授。他的著作有《正义论》(1970)、《政治自由主义》(1993)、《万民法》(1998)、《道德哲学讲演录》(2000)、《作为公平的正义——正义新论》(2001)等。

罗尔斯还看到,20世纪英美分析哲学的元伦理学以直觉主义和情感主义为特征,它们虽然也批判功利主义,但囿于语言领域,难以在理论和实践上与功利主义相抗衡。他放弃了分析哲学的方法,转向西方政治哲学的传统,把现在已被人们淡漠的"社会契约论"当作自己反对功利主义的理论基础。他说:"我试图做的就是要进一步概括洛克、卢梭和康德所代表的传统

---

① 波普尔:《开放社会及其敌人》,第一卷,第293页注①。
② 哈耶克:《通往奴役之路》,王明毅等译,中国社会科学出版社,1997年,第71页。

的社会契约理论,使之上升到一个更高的抽象水平。"①罗尔斯恢复"社会契约论"的努力不是简单的回复,他的理论标志着继社会契约论和功利主义之后的自由主义政治哲学发展的第三块里程碑。

1. 正义即公平

罗尔斯把他的政治—道德哲学称作关于正义的理论,这是因为"正义是社会制度的首要美德",没有正义的社会制度如同缺乏真理的思想体系一样;一种思想理论,不管它如何精致和简明,只要不真实,就要被拒绝或修正。同样,一种社会制度,不管它是如何严密和有效,只要缺乏正义,就要被改造或废除。"每一个人都拥有基于正义的不可侵犯性,即使以整个社会的福利之名也不能逾越的不可侵犯性";因此,正义否认了为了一些人分享更大利益能损害另一些人自由的正当性,"在一个正义的社会中,公民的平等的自由权利是确定不移的;正义所保证的权利决不受制于政治的交易或社会利益的算计"。②

罗尔斯所说的正义,指的是社会权益分配的正义。他没有区别权利和责任、利益和义务,把社会成员应该承担的责任、义务和应享有的权利和利益统称为基本利益,包括权利和自由、权力和机会、收入和财富。基本权利是每一个有理性的人都想得到东西。人们之所以组成社会,就是因为他们指导社会中的人能够获得他们单凭个体力量所得不到的利益。但是,社会成员的利益既是一致的,也是冲突的。每一个人都有获得较大份额的利益的欲望和惟恐得到较少份额的顾虑。因此,社会需要一些原则来分配社会合作所产生的基本利益。这些原则是否公正,直接决定着这个社会是否正义。社会的正义首先就是分配的公正,政治哲学的首要任务就是保证社会分配原则的公正,这就是罗尔斯提出的"正义即公平"命题的含义。

2. 正义原则及其证明

什么是公正的社会分配?不同的人有不同的回答,比如,能力强的人会强调按弱肉强食的原则来分配社会利益;而出身高贵的人会坚持以血统为

---

① 罗尔斯:《正义论》(修订版),何怀宏、何包钢、廖申白译,中国社会科学出版社,2009年,"初版序言"第1页。
② 同上书,第4页。

分配的标准;富裕家庭认为子女继承父母财产理所当然;而贫穷家庭却认为遗产不应该无条件地被继承;在一个不同种族混居的社会中,一个种族的成员要求享有比其他种族成员更多的利益,如此等等,不一而足。由于人们实际上处于不平等的地位,由于处于不平等地位的人们对社会权益分配的要求是不同的,甚至是互相冲突的,生活在日常环境中的人永远不会达成一个人人都可以接受的关于正义的原则。

为了达到公正分配的共识,罗尔斯把社会契约论的"自然状态"修改为"原初状况"(original position)。他解释说,原初状况不是历史事实,而是理论模型,设定它的目的是为了在理想的条件下,达到既能适应社会具体情况、又具有普遍必然性的原则。在原初状况中,人们似乎都被蒙上一层"无知之幕",不知道或不想知道一切与自己的能力、社会地位和身份相关的具体事实,但并没有降低人们的理性能力,他们能按照合理的计划,在任何环境中追求最大限度的利益。给定这些条件,正义原则即可被推理出来。

首先,参加协商的各方将会同意,每人均应享有平等的基本的社会权益,包括平等的自由权利和平等的机会。如果他们选择了另外一些原则,容许社会中一部分成员(如有能力的、聪明的、高贵的、有某种信仰的人)将享有比另一部分成员更多的利益,在"无知之幕"被揭开之后,一旦他们不属于享有特权的那部分成员,这意味着他们将失去基本的自由权而沦为低等人。因此,期待在基本权益的分配中获得大于平均份额的选择是不明智的,人们将会同意人人享有基本社会权益的"平等原则"。

平等原则仅是协商的起点。原初状况中的人具有政治经济学的常识,他们知道用绝对平均主义的原则来分配社会福利,将会带来生产效率低下、平均收益不断下降的弊病。为了预防这一弊病,他们必须容忍某些方面和某些程度上的社会和经济差别,以此来刺激人们的积极性,提高生产和工作效率。这就是社会和经济利益分配的"差别原则"。

差别原则带来的不平等的分配必须比平等的分配给每个人都带来更大的利益,才能被参加协商的各方所同意。为此,必须对社会和经济差别的范围和限度作一定限制,使得差别所产生的不平等后果必须对每个社会成员都有利,对在社会经济竞争中处于最不利地位的人尤其有利,这是各方都能允许的不平等分配的先决条件。

通过以上推理,罗尔斯得出了两个正义原则:第一,每个人都在最大程度上平等地享有和其他人相当的基本自由权利;第二,"社会和经济的不平等应这样安排,使它们:(1)被合理地期待适合于每个人的利益;并且,(2)依系于它们的地位和职务和岗位对向所有人开放"①。

3. 正义原则的应用

罗尔斯把社会的基本利益分为三类:自由权、竞争机会和财产。按照正义原则,所有的成员均有平等的自由权(它保证政治法律平等)和平等的社会身分(它保证平等的竞争机会),承认并限制经济上的不平等及其带来的财产收入和社会职务的不平等(它保证生产效率和社会福利同步增长)。

平等原则所保证的基本的自由权主要指政治权利,包括:选举和被选举的权利,言论和集会自由,信仰自由和思想自由,个人自由和拥有私人财产的权利,平等参与政治事务的权利,受法律条款所规定的免遭任意逮捕和劫持的权利,公民不服从(civil disobedience)和良心违抗(conscientious refusal)的权利。这些权利是不可侵犯、不可转让的。不能为了经济繁荣和社会福利而取消或削减这些政治权利,不能拿这些基本的自由权利做交易。简而言之,政治权利比财产占有权更为基本,更为重要。罗尔斯把这种观点表达为"正义优先于效率和福利的规则"。就是说,平等的原则是第一的、首要的原则,差别原则是从属的;只有在无条件地执行了第一原则的基础上才能贯彻第二原则,却不能以牺牲第一原则的代价去满足第二原则。这两个原则不容颠倒的前后次序,表达了自由主义的典型观念:自由是最重要的人生价值,机会比财富更为可贵。

只有在"对所有人都有利"和"竞争机会平等"条件的限制下,认可经济和社会福利领域不平等分配的"差别原则"才是正义的原则。罗尔斯不满足于形式上的公正,而要求实质上的公正。他把"对所有人都有利"的含义解释为"对处于最不利地位的人最有利",因此必须对穷人和弱者实行"补偿原则",在分配、社会福利、教育、就业机会等方面向他们倾斜。正义原则要求,不能把穷人和弱者仅仅当作受保护和怜悯的对象,而是把他们应该享有的经济社会利益归还给他们。

为了确保经济利益的公正分配,罗尔斯设计了政府干预自由市场经济的体系,它包括配置、稳定、转让和分配四个职能部门。(1)配置部门用税收和补贴等财政手段和修订财产权范围的法律手段引导投资方向,配置财

---

① 罗尔斯:《正义论》(修订版),第47页。

政和自然资源,防止市场的盲目性。(2)稳定部门根据价格浮动和商品供求关系的变化,用劳动力调度和财政贷款等经济手段,把经济资源投入到高于平均利润的生产项目。(3)转让部门确定社会最低贫困线,负责把一部分财富转让到福利、教育、公共服务和救济部门,保证所有成员享受平等的教育、医疗和养老待遇,尽可能地满足穷人和弱者的物质需要。(4)分配部门用重新定义财产权、征收累进税、继承税、房产税和礼品税等手段,向富裕阶级征收财富,为转让部门输送可分配的财源。

罗尔斯设计的政府全面干预市场经济的措施具有社会主义的性质,在保护私有制的资本主义制度中何以可能?罗尔斯解释说:

> 我一直假设政府各部门的目标是要建立一种民主政体,在这个政体中,人们广泛地、虽然大概不是平均地拥有土地和资金。社会的划分不会导致一个相当小的团体控制大部分生产资源……至少在理论上很清楚,一个自由的社会主义政权也能满足两个正义原则。①

在他看来,"自由的社会主义"和"正义的资本主义"没有本质区别,现实中全面推行高福利政策的北欧和西欧社会接近于罗尔斯的理论模式。

三、诺齐克的资格正义论

罗伯特·诺齐克(Robert Notzick,1938—2002)是哈佛大学的哲学教授,主要著作有《无政府状态、国家与乌托邦》(1974)和《哲学说明》(1981)。诺齐克建立了与罗尔斯并驾齐驱的不同模式的正义理论。

1. 最小政府

和罗尔斯一样,诺齐克将权利问题列为政治哲学的首要问题。但是,两人的着眼点却有所不同:罗尔斯关心社会权利的分配,并用正义原则来保证社会权利分配的公正性。诺齐克认为,任何权利都是个人权利,个人权利不是对社会权利的分割,它是个人在发挥与生俱存的能力的过程中获得的。国家的功能只限于保护个人业已获得的权利,而不能对个人权利进行再分配。他宣称:

> 我们有关政府的主要结论是:只有最小政府(minimal state)可被证

---

① 罗尔斯:《正义论》(修订版),第220页。

明为是正当的(justified),只仅限于防止暴力、盗窃、诈骗和强制履行契约等有限功能的政府,而任何比这更广泛的政府都将因其侵犯到人们不得被迫做某些事情的权利而得不到正当的证明。最小政府不仅是正当的(right),而且是有吸引力和鼓舞人心的。①

这种"最大的个人利益和最小政府"的目标反映了诺齐克理论的"无政府主义"特征。他从国家和政府的起源、作用的角度论证了"乌托邦"的合理性。

从洛克关于政府起源于保护财产权需要的观点出发,诺齐克具体地描述了自然的无政府状态向政府管理过渡的过程。在自然状态中,出于保护人们劳动成果和财产权的需要,一批代理机构应运而生。这些机构受人雇佣,负责保护雇主的财产不受他人侵占。这种类似保镖局的机构的生存受市场供需关系的支配。这些机构之间进行商业性的竞争,其结果导致一些机构发展,一些机构破产或被兼并,最终形成了在某一界域内占统治地位的权威性的保卫机构。这种机构代理个人行使保护自己财产权的权利,它不能、并且也没有必要去干涉个人权利。政府不过是放大了的保卫机构,最初的政府是自然状态中各个地区的保卫代理机构的联合体。除了具有比原初的保卫代理机构更大的垄断性和管辖范围以外,政府不应具有比保卫代理机构更加广泛的权力。

2. 两种正义观的原则对立

诺齐克批判说,20世纪西方政治哲学的最显著特点是分配主义或再分配主义。这种理论提倡运用政府的权力对财产权进行重新规定,对个人财产进行再分配,以达到限制贫富差别的目的。这种理论运用在政府政策上表现为福利主义、国有化经济和国家干预主义。针对这些做法,诺齐克提出,任何妨碍个人追求自己目标的权利的政治权力都是侵犯人权的不合法和不正义的行为,因为判断一种政治权力和社会制度是否正义的标准不是看它是否最大限度地满足了人们的需要,而是看它是否保障和看重每个人的个人权利。

诺齐克认为罗尔斯的理论属于模式化理论。罗尔斯虽然不同意功利主

---

① 诺齐克:《无政府状态、国家与乌托邦》,何怀宏等译,中国社会科学出版社,1991年,第 ix 页。

义的最大幸福的模式,但以分配关系中处于劣势的人为重心建立了另一种再分配的模式。诺齐克把分配或再分配主义称为模式化理论,而把自己的理论称为关于财产权的资格理论,这两种理论的对立是即时原则与历史原则的对立。诺齐克说:"分配正义的权利理论是历史的,分配是否正义依赖于它是如何演变过来的。与此形成对照的是,正义的即时原则认为,一种分配的正义取决于事物现在是如何分配的(即谁有什么)。"①

3. 财产权的历史资格理论

按照历史原则,"无论什么,只要它是从一个公正状态中以公正的步骤产生的,它本身就是公正的"②。"公平的状态"和"公平的步骤"是实现个人权利的历史过程,谁在此过程中更充分地实现了自己的权利,谁就有获得更大利益的资格。资格不是分配的产物,也不需要在某种人为的结构中被重新审定。为了达到某种结果而对个人资格进行限制,对私有财产进行再分配不可能是正义的。他的理由是:不管按照什么样的模式对财产进行分配,其结果都会在历史过程中发生变化;为了维持分配的最终结果,政府不得不经常干涉人们的活动,阻止这些变化的发生。

为了证明这一论点,诺齐克举了一个例子。设想美国著名运动员维尔特·张伯伦在一个平均主义的社会中表演篮球。他和组织表演的单位达成协议,门票收入的25%归他所有。由于张伯伦的名望,一年当中有一百万人观看了他的演出。如果每张门票售价一美元,张伯伦的年收入为25万美元,大大超过了这个社会中人的平均收入。如果 D_1 表示最初的平均分配,D_2 表示张伯伦获得超额收入的不平均分配,诺齐克问道:"如果 D_1 是一个正义的分配,并且人们自愿地从 D_1 走向 D_2,转移他们在 D_1 中所得到的部分份额,D_2 也是正义的吗?"在他看来,D_2 毫无疑问是正义的,因为 D_2 表示的分配是观众和张伯伦之间的自愿交易,观众有花钱看表演的权利,张伯伦有凭特殊技能赚钱的权利,他们之间的交易与第三方无关。但是,政府为了维持平均分配的模式,会向张伯伦征收重税,使其只能得到相当于平均分配额的收入。其结果是张伯伦不再情愿表演,观众也丧失了一部分娱乐的权利。诺齐克说,这个例子说明了,"如果不去不断干涉人们的生活,任何目

---

① 诺齐克:《无政府状态、国家与乌托邦》,第159页。
② 同上书,第157页。

的原则模式化的分配正义原则就都不可能持久地实现"①。对财产的再分配实际上是不断侵犯个人权利的不正义。

诺齐克不但用"历史原则"证明获得财产的状态是否正义,而且证明财产转让的过程和手段是否正义。他说:

> 正像推理的正确规则保持着真理,任何通过这种规则的重复应用从唯一真实的前提中演绎出来的结论本身都是真的一样,由转让的正义原则规定从一个状态到另一个状态的转让手段也保持着正义。②

诺齐克澄清了正义分配的两种意义。第一,自然赋予人们以不同的能力,人们运用这些能力创造财富,这是一个将生产能力分派于自然资源之中的过程。贡献出较大的生产能力的人有资格获得较多的财富。人们最初的财产权的合法性是由生产能力的发挥来定义的。每人发挥出的生产能力就是他在生产中分摊的贡献。从这种意义上说,他取得的财富是在一种特殊的分配过程中,在将自己的生产能力分配在自然资源的过程中取得的。第二,财产的转让和继承也是一种分配。如果最初的财产是合法的,拥有这一财产的人自愿将它转让给另一个人,那么,后者由于转让而获得的财产也是合法的。并且,财产转让的合法性具有连续传递的特征:如果 a 自愿将他的合法财产转让给 b,b 又自愿将其转让给 c,那么 c 对这一财产的拥有也是合法的。财产在转让和继承过程中可能被集中在少数人手中,但是只要被转让和继承的财产最初是合法地取得的,并且转让和继承的过程也是合法的,那么,少数人占有大宗财产的合法性便是无可非议的。财产的转让和继承应是有一定理解力和责任感的人的公开和自愿的行为,只有当不符合这些条件时,政府才有权阻止。

总而言之,拥有财产的资格是在历史过程中形成,并且不受这一过程的任何即时状态的影响。比如,这一过程的某一时间的财产集中的程度,不能成为按照某种模式进行再分配的正当理由。诺齐克为社会和经济不平等,乃至悬殊的贫富差别的社会制度辩护的主要理由是,经济上的不平等是不平等地行使个人权利的必然产物,消除或者限制经济不平等必然会侵犯个人权利,而侵犯了个人权利的制度都是不正义的。为了避免不正义的制度

---

① 诺齐克:《无政府状态、国家与乌托邦》,第 168 页。
② 同上书,第 157 页。

和政策,政府的权力应严格限制在保护合法的财产权和其他个人权利的范围之内。这种保护功能体现在承认和保护个人拥有财产的资格,并保证财产转让和继承的合法性。政府干预的目的是防止财产在转让和继承过程中被强占或骗取,或被一些缺乏健全能力的人(如白痴和疯子)所占有。他要求政府不应限制个人拥有财产的数量。征收高累进的所得税和高额继承税在他看来都是滥用政治权力、干涉合法财产权的不正义措施。

诺齐克和罗尔斯一样,继承了自由主义的传统,他们都把个人的自由权放在高于经济利益和社会福利的位置上。他们都反对功利主义,反对为了多数人的利益而牺牲少数人的权利,为了社会功利而牺牲个人自由权的做法。诺齐克对罗尔斯的批评主要针对"差别原则",因为罗尔斯的差别原则是他主张由政府重新分配财产或重新定义财产权的理论根据。两者的分歧是自由主义内部的争论。罗尔斯主张"福利社会的自由主义",而诺齐克主张古典式的"天赋权利的自由主义"。诺齐克的政治哲学与反对国家干预的新自由主义经济学顺应了英美政界的撒切尔主义和里根主义,而罗尔斯的影响在左派知识分子占上风的学术界长盛不衰。

第四节 社群主义

罗尔斯的正义论不但在自由主义内部引起争议,而且受到其他立场思想家的批评,社群主义(communitarianism)对罗尔斯和一般自由主义的批判尤其引人注目。社群主义的政治主张可概括为五点:(1)自由主义的基础是原子式的个人主义,即把社会的公共利益(common good)还原为个人自由与福祉;(2)个人自由和福祉只有在共同体中才能实现,应该用"共同利益的政治"取代"权利的政治";(3)社会共同利益是文化传统的历史产物,文化传统支配着、而不依赖于现代社会中的个人利益;(4)个人的生活目标历史地嵌入在社会共同目标之中,个人实际上没有选择生活目标的自由,充其量只能在社会共同目标允许的空间中进行"自由选择";(5)国家负有保护和尊重共同体传统和主流社会方式的责任,在社会文化议题上,应放弃"国家中立"的自由主义立场。

在第(3)、(4)两点上,社群主义有"向后看"(backward-looking)和"向前看"(forward-looking)两种视角。"向后看"者是文化保守主义者,致力于批判现代价值观,把前现代的社会目标作为现代社会效法的典范;"向前看"者在强调历史传统连续性的前提下,承认文化多元和自由选择的现代价值观的积极作用,对传统和现代的相互适应持乐观态度。

在第(5)点上,社群主义有国家主义和社区主义两种立场。前者强调主流的传统价值,如美国的 WASPs(White Anglo-Saxon Protestants,即祖先是英国新教徒的美国白人)是美国人的共同利益和生活方式。后者尊重不同共同体(如美国天主教、伊斯兰教和黑人、西班牙裔、华裔)各自不同的文化传统,要求国家协调不同共同体的利益,而不能让某个文化传统"一家独大"。

社群主义者对内引用西方文化传统的经典,对外利用"东方主义""亚洲价值"和"新儒家"等思潮支持自己的政治主张。以下通过几个代表人物对西方文化传统的解释说明社群主义的主要观点。

一、麦金太尔的"德性伦理"

阿拉斯代尔·麦金太尔(Alasdair MacIntyre),出生于苏格兰的格拉斯哥,毕业于曼彻斯特大学和牛津大学,1969 年起到美国任教,现任圣母大学哲学系教授,主要著作有:《追随德性》(1981)、《谁之正义?何种合理性?》(1988)、《道德探索的三个对抗版本》(1990)和《依赖性的理性动物》(1999),2010 年获得美国天主教哲学会授予的"阿奎那奖章"。

麦金太尔的《德性之后》(After Virtue)也可译作《追寻德性》,因为 After 的含义既有"之后"也有"效仿"的意思。在"之后"的意义上,麦金太尔把亚里士多德—托马斯主义传统之后的近现代伦理学的基本特征概括为规范伦理学,不论情感主义,还是理性主义,不论是义务论,还是功利论,都企图为社会制定一套伦理规则。规范伦理学的差错在于用非历史的思想设想并论证抽象的普遍适用的规则,而没有看到他们是在特定的历史境况、在一定的文化传统中提出和解决问题的,他们提出的规范充其量只适用于这些具体问题。以偏概全的规范必然相互矛盾和冲突,产生无休止的攻击和争论,普通民众无所适从,伦理学越来越脱离社会成员的道德实践。

麦金太尔认为,自由主义政治哲学的基础是个人主义的规范伦理学。比如,罗尔斯与诺齐克虽然各持己见,但两人的共同之处都是"个人第一,社会第二,并且对个人利益的认定优先于并独立于他们之间的任何道德的和社会的连接结构"。在个人主义的社会,不同人的利益要求必然相互冲突,不可能产生出公正分配的共识。他用"两个非想象的典型人物 A 和 B

的争论为例来说明问题"①;设想 A 是靠劳动所得为生的店主、警察或工人,他们不赞成对劳动所得征税,而 B 是靠社会福利、遗产或不固定收入为生的自由职业者,他们要求扩大社会福利和补贴。A 和 B 的要求显然不能同时实现,他们也不会对"什么是正义"的问题达成共识。麦金太尔说,诺齐克代表了 A 的利益,而罗尔斯代表了 B 的利益,两者的分歧不可能在理论范围内获得解决。

为了针砭规范伦理学的弊病,麦金太尔要求追随亚里士多德的"德性伦理"传统。他说:"值得注意的是亚里士多德的两个主张:德性不仅在个人生活中,而且在城邦生活中才有它的位置;个人只有作为政治动物才是真正可理解的"②。德性不是伦理规范,而是具体的生活习惯,个人行为的德性被文化传统所规定,在具体的社会环境所养育,贯穿于一个人的生活全过程。亚里士多德把"正义"视为社会应该给予一个人的待遇,赏罚分明是正义的范例。在追随德性的社会,个人对"公共利益"已有共识,对一个人应该得到什么待遇,也不难达成共识。

麦金太尔指出,当代各种正义理论只在自由主义的框架内讨论问题,"现代政治制度内部的当代论战几乎毫无例外地发生在保守的自由主义者和开明的自由主义者与激进的自由主义之间。在这种政治制度里,批评制度本身几乎没有地位,易言之,没有质疑自由主义的余地"。③《谁之正义?何种合理性》一书站在自由主义体系之外,用历史叙事的方法,追寻了西方关于正义问题的四个历史传统:亚里士多德代表的古代传统,奥古斯丁代表的中世纪传统,苏格兰长老会代表的近代传统,以及现代的自由主义传统。这四个传统有着各自的文化背景、社会功能和理性标准,它们之间存在着"不可公约性",不能用一个传统的标准来衡量另一个传统是否正义和合理。麦金太尔说:"我们寄居于一种文化之中,在该文化中,一直无法达到对正义和实践理性本性的一致合理正当的结论。"但这不意味着道德相对主义是唯一可能的选择,也不意味着麦金太尔认为"德性伦理"是唯一合理的选择。他的意图是在自由主义控制的思想文化中开辟出围绕亚里士多德—托马斯主义传统的空间,"以此方式,他们被证明是可以书写其对手的

---

① 麦金太尔:《德性之后》,龚群等译,中国社会科学出版社,1995 年,第 315、308—314 页。
② 同上书,第 190 页。
③ 麦金太尔:《谁之正义?何种合理性?》,万俊人等译,当代中国出版社,1996 年,第 511—512 页。

历史——他们将从他们自己的立场和托马斯主义的立场出发,进一步确认或否认这种正在突显的托马斯主义的结论"①。

麦金太尔不是自由主义的政治反对派,他的批判主要是文化批判,在漫长和多元的西方文化传统中揭示自由主义的狭隘和短视。他评论说,自由主义的优点是对宽容的价值和言论的肯定,但是更应该看到自由主义的缺点为:

> 自由主义的缺点在于拒绝承认其负面和片面的特征。自由主义的规范在一定程度上限制我们的政治活动,但没有为我们树立一个追求的目标,也没有赋予政治活动以理想和见识,它从不告诉人们应该做些什么。因此,没有一个社会机构和社会活动仅仅或主要是靠自由主义唤起的,当"自由"的大学或"自由"的国家等机构声称自己是被自由主义所唤起的,那总是一种欺骗。②

麦金太尔的批判把人带回到以赛亚·伯林(Isaiah Berlin)关于"消极自由"与"积极自由"的区分,自由主义者以摆脱奴役的消极自由为己任,而把促进社会共同目标的积极自由视为导致新奴役的畏途;而社群主义者要唤起共同体成员积极参与文化传统、共同利益和生活目标的积极自由。

二、泰勒的"现代性之隐忧"

查尔斯·泰勒(Charles Taylor),1961年在以赛亚·伯林的指导下获得牛津大学哲学博士学位,后到加拿大麦吉尔大学任政治学和哲学教授,主要著作包括:《黑格尔和现代社会》(1979),《自我的根源:现代认同的形成》(1989),《现代性之隐忧》(1992),《文化多元主义:审视承认的政治》(1994),《世俗时代》(2007)。2007年获"坦普顿奖"。

泰勒是现代性的批判者,他的批判矛头指向个人主义、工具主义和西方政治文化的分裂。现代社会的繁荣背后隐藏着"现代性隐忧"。个人主义和情感主义相结合,致使人在社会生活中总是孤独地面对外部世界;工具理性用效率以及收益的标准来衡量世界,把自然和他人当作手段,导致生命意义的平庸和狭隘。被封闭在自我世界的个人相互矛盾的"自由抉择"和工

---

① 麦金太尔:《谁之正义?何种合理性?》,第7、526页。
② A. McIntyre, *Against the Self-Images of the Age*, Notre Dame University Press, 1978, p.283.

具理性对个人利益的算计相结合,其结果是这样两难困境:或者是公共领域中无谓的争吵和党派之争,而公权力得不到有效的监督,或者是公众丧失参与政治的热情,退缩到私人领域,从而导致专制的猖獗。

泰勒的忧患意识不是悲观主义,他认为现代性自身孕育着自我批判的力量。他在导致现代性的各种根源中寻找公民对国家的忠诚感和凝聚感。他认为现代性是中世纪之后的新的主体认同性,"这就是内在感、自由、个性和嵌入在自然中的存在,在现代西方,它们就是在家的感觉"①。泰勒勾勒了西方近三四百年中的宗教改革、人道主义、启蒙运动中信仰、理性与道德世俗化的进程,分析了天主教会、民族国家和新教群体以及如何被个人主体性所瓦解的个人主义、自然主义和工具主义等世俗因素。他认为,后现代主义对现代性的批判不过是这些世俗因素的进一步分化和延伸。

但是,泰勒认为,宗教改革"信仰时代"对"伟大的存在之链的信仰"依然是现代社会挥之不去的背景,比如,"在我写作和绘画中,对我来说,存在链条的参照,历史上神圣和世俗事件也是某种我不得不依靠的东西,它是我不得不迁就的现实,尽管此时我可能正全神贯注于作品的韵律或颜色对比"。同样,情感主义因为纯朴的自然欲望而排斥宗教,但它有着维多利亚时代禁欲主义的根源,如强调良知、内疚和责任。泰勒的结论是,虽然现代性的根源是多元的,但他们都有共同的积极支持,那就是"最初的基督教圣爱(agape)概念,这是上帝对人的爱与人作为被造物的善的联系(尽管我们不必决定他们是因善而被爱,还是因爱而是善的)"②。

在最近发表的《世俗时代》中,针对现代化等于世俗化的普遍观念,泰勒区分了三种"世俗性"(secularity)概念"世俗性1(宗教从公共生活领域撤退),世俗性2(信仰和礼仪的衰落),世俗性3(信仰条件的变化)"。泰勒说:"世俗性3涉及到人本主义(humanism)这一替代物的兴起,它是世俗2的前提条件,这种实际上的不信反过来促进了礼仪的衰落"③。然而,人本主义却不能导致世俗性1,相反,它在公共领域激起了基督教与人本主义的争论。

---

① 查尔斯·泰勒:《自我的根源:现代认同的形成》,韩震、王成兵等译,译林出版社,2008年,第1页。
② 同上书,第776、811页。
③ Taylor, *A Secular Age*, The Balnap Press of Harvard University (Cambridge, Mas.), 2007, p.423.

基督教与人本主义之争有两个主要战场：一个在意识形态领域。在基督教看来意识形态是人僭越上帝的超越所产生社会上层建筑，每种意识形态的代表都以神的面目出现，意识形态之争犹如多神教的"诸神之争"。否定一切意识形态的批判对基督教而言具有历史上反偶像崇拜的社会意义，而一切现代性的意识形态也把批判宗教作为人的解放的前提，宗教没有也不可能撤出这场公共领域的争论。第二个战场是性道德，美国天主教反堕胎，新教反同性恋的立场出自上帝的戒律，而自由主义的人本主义把堕胎和同性恋视为正当的个人权利，两者的争论已成为美国政府和法律不得不介入的重要公共事件。

泰勒不主张返回前现代的生活方式。他相信在现代法律的框架中，拥有自己共同体价值的不同社群可以和平相处，通过争论限制任何政治势力的至上权威，既不让个人与社会相分离，又使国家政治充满了活力，这一点也是泰勒的"承认的政治"主张的核心所在。他说：

> 爱国主义以对一种特殊的共同事业中他人的认同为基础。我没有接受捍卫随便哪个人自由的命令，但我感受到我们共同事业中同胞的团结纽带，这种事业是对我们各自尊严的表达。爱国主义介于友谊或家庭感情与利他主义的奉献之间。①

三、桑德尔的"自由主义局限"

麦克尔·桑德尔（Michael Sandel），出生于美国犹太人家庭，师从查尔斯·泰勒，在牛津大学获得博士学位，1980年起任哈佛大学政府学教授，美国人文艺术与科学学院院士，美国外交关系委员会成员。主要著作有：《自由主义与正义的局限》(1982)、《自由主义及其批评者》(1984)、《民主的不满：美国在寻求一种公共哲学》(1996)、《公共哲学》(2005)等。

桑德尔的成名作是批判罗尔斯的《自由主义与正义的局限》。桑德尔说他所批判的是"康德式的自由主义"，泰勒称之为"本体论论题"②。他指出，当罗尔斯试图证明正义原则的普遍必然性时，他需要避免个人愿望和利益的偶然性和特殊性，他需要借助康德的先验观念来建构自己的学说。桑

---

① 应奇、刘训练编：《公民共和主义》，东方出版社，2006年，第378页。
② 同上书，第355、370页。

德尔说:"罗尔斯理论有两个目标:既要避免现实欲望的偶然性,又要避免先验因素的任意和含糊性,两者是不可结合的,折中的观点产生一系列矛盾。"①"原初状况"的理想模型缺乏经验事实的证据,是为了满足预定的正义原则而刻意设计出来的;"无知面纱"里的"个人"带有康德式"先验自我"的底蕴,实际上不能自主选择,而只能认可那些已被先验地安排好的权利和义务。他批判说:

> 原初状况的秘密及其拥有说服力的关键不在于人们在那里做了些什么,而在于人们在那里理解了什么,重要的不是他们选择了什么,而是他们看到了什么;不是他们决定了什么,而是他们发现了什么。在原初状况中产生的根本不是社会契约,而是个人的自我意识的交互主体性。②

就是说,正义原则是从个人主体的自我意识中推演出来的,推演的有效性被任意规定的先验条件所保证,因而,罗尔斯陷入他想避免的先验论的窠臼。

桑德尔在指出正义原则自身不能证明的先决条件之后,又指出它所预设的两个自由主义前提:一是社会正义高于社会利益,二是个体的多元性高于社会的一元性。关于第一点,桑德尔说,正义不一定总能促进和改善社会道德,在一定的环境中,正义可能不是美德而是邪恶。比如,一味坚持正义优先的权利诉求,可能会用报复代替和解,用公平交易代替和睦相处。关于第二点,桑德尔说,个人主义的利益观把社会当作实现多元利益的交易场所,其局限性在于忽视社会成员的共同利益,削弱个人对社会整体认同的程序。与多元个人利益相反的是功利主义的社会整体观。罗尔斯正确地指出功利主义过分强调社会整体利益而忽视社会成员利益的多样性,但却走向另一个极端。桑德尔总结说:"如果说功利主义没有重视我们的差别性,那么正义即公平的观点则未能重视我们的公共性。"③他要寻求功利主义和自由主义之间的"中道"。

桑德尔不愿把自己的政治主张贴上"社群主义"的标签,他倡导的公共哲学是公民共和主义的传统,强调公民的德性、政治参与的义务和公共协商的热情,以及社会共同利益的目标。他说:"这一传统的核心思想是自由取

---

① M. J. Sandel, *Liberalism and the Limit of Justice*, Cambridge University Press, 1982, p. 40.
② Ibid., p. 132.
③ Ibid., p. 174.

决于自治,而自治则需要公民能够就公共利益进行协商,能够蓄意地共享自治和自我管理。"公民共和主义与自由主义一样重视权利,但主张"权利的正当性与某种特定的目的或目标紧密联系在一起,即塑造公民参与自治的能力的目标"①。对共同体价值的权衡和对公共利益的强调一直是美国建国以来所恪守的共和主义的应有之义,但最近一个世纪以来却被忽略了,甚至被视为是扼制个人自由的保守主张。在自由主义经济体制占主流的社会中,片面假定个人拥有自我完善的意志自由,法律只保障个人的自由,而忽视公共利益。

桑德尔呼吁现在的美国式民主亟需改变。在最近发表的《金钱不能买到什么》的讲演中,他反对连公共服务也可以买得到的金钱万能论。2009年,桑德尔批评诺贝尔经济学奖获得者贝克尔(Gary Becker)的"市场移民"提案,这一提案要求按照一个国家的财富数量分配移居美国的难民配额,富国为多占的配额而向失去一定配额的穷国支付相应的一笔费用。桑德尔批评说:"市场难民改变了我们对谁是难民以及如何对待难民的态度。它纵容参与者像买家、卖家和收容所的讨价还价者那样,把难民当作应卸下的重负或财政收入的来源,而不是险境中的人。"桑德尔提醒美国人不要忘记"我们对谁是难民以及如何对待难民的态度",或许可由美国建国初时创作的"新巨人"诗句表达:

> 不同于那座希腊著名的黄铜巨人
> 脚跨列土、有不可一世之尊,
> 而在这里,在我们这个饱经大海洗礼的日落之门,
> 一位伟大的女神将挺然屹立,
> 她手执火炬、光芒迸发犹如被囚禁的闪电;
> 她是流亡者之母,
> 她用照亮黑夜的手,发出向全世界的召唤,
> 她用温和静谧的眼神,把辉映双城的港湾俯瞰;
> "古老的大地,让那载入史册的荣耀永葆灿烂吧!"
> 默默地,她呐喊,
> "来吧,

---

① 应奇、刘训练编:《公民共和主义》,第357页。

> 你那疲惫不堪、贫穷潦倒的人们,
> 你那相依为命、渴望自由生存的人们,
> 你那喧嚣的港湾里无处容身、悲惨不幸的人们;"
> "来吧,
> 所有流离失所、颠簸奔命的人们,
> 我高举光明、为你守候这金色之门!"①

因此可见,"社群主义"和"自由主义"都没有偏离美国建国以来政治理念的大目标。社群主义者提倡的"公民共和主义"淡化了20世纪80年代的社群主义与自由主义之争,共和主义的创始人洛克、孟德斯鸠、托克维尔等,被视为自由主义的前驱,很多自由主义者认可社群主义主张的爱国主义、宗教保守主义和反对个人至上、自由至上的立场。因此,不能把这两种大致有区别的思想观点当作相互对立的阵营。

插叙　罗尔斯的回应

面对来自各方面的批评,罗尔斯在1996年出版的《政治自由主义》中力图用自由主义包容社群主义之内的其他政治学说。他承认,"在我对《正义论》一书目的之概述中,社会契约论传统被看作是道德哲学的一部分,没有区分道德哲学和政治哲学。在《正义论》中,一种普遍范围的道德正义学说没有与一种严格的政治正义观念区别开来",致使不少批评者以为《正义论》"所依赖的是一种抽象的个人观念,所运用的是一种个人主义的、非社会的人性理念;或曰,它对公共与私人领域作了一种无效的区分"②。他认为,只要把"正义即公平"当作一般的政治观念,而不是与其他完备的宗教学说、哲学学说和道德学说相抗衡的完备学说,那么这些指责是可以避免和克服的。

罗尔斯看到,西方现代政治观念是在宗教改革之后形形色色的宗教学说、哲学学说和道德学说的争论中发展起来的。他深知,民主社会的特点是合理的多元化,没有一种完备学说拥有限定的优越性,可以指导社会的走

---

① "The New Colossus", in Emma Lazarus, *Selected Poems and Other Writings*, Broadview Press, 2002. 中文依据"百度百科"中"十四行诗新巨人"译文。

② 罗尔斯:《政治自由主义》,万俊人译,译林出版社,2000年,第3、17页。

向。合理多样性不是民主制度的缺点,而是在自由和宪政的条件下规范人类理性而产生的不容否定事实。罗尔斯说:"政治自由主义的问题是:一个有自由而平等的公民——他们因各种合乎理性的宗教学说、哲学学说和道德学说而产生了深刻的分化——所组成的稳定而公正的社会之长治久安如何可能?这是一个政治的正义问题,而不是一个关于至善的问题。"①

罗尔斯为政治自由主义的适用范围作了三点限制:(1)保障公民自由而平等的宪法;(2)公民相信的不同的宗教学说、哲学学说和道德学说不是"一般多元性的事实,而是理性多元性的事实",不允许非理性的、疯狂的和侵略性的学说存在②;(3)有稳定和公平的社会秩序,或者说,《正义论》中的"有序社会"是政治自由主义的背景。在这三个条件的限制下,政治自由主义的任务是把"正义即公正"的政治观念运用于新的社会问题,以维护正义社会的稳定。

为了达到政治自由主义的目标,罗尔斯提倡用公共理性,促进宪法共识,使各种学说趋向重叠共识(overlapping consensus)。"公共理性"指"各政治集团必须进入政治讨论的公共论坛,并吁求其他不分享其完备性学说的那些集团,超出自己观点的狭小圈子,面对更广阔的公共世界来解释和证明其所偏好的政策,以此为依托争取多数"③。"宪法共识"是合适地履行政治权利的实践的合法性原则,"重叠共识"指各种不同的合理和完备的学说运用公共理性,在宪法共识的前提下所能达到的政治实践的共识,它有足以维持正义社会稳定的宽度和广度。

在《万民法:公共理性观念新论》中,罗尔斯不再局限于"有序社会"或西方民主社会的正义问题,而表达了他对"合理的公民与人民如何能在正义世界里和平共存这一问题思索的最后结论"④。他要把《正义论》中讨论的"作为公平的正义"推广到全世界不同政体的社会。他把这些社会分为五类:(1)"合理的'自由人民'",(2)"正派的(decent)协商等级制人民"(即通过共同体和集团之间的协商满足公正的权利),(3)"法外国家",(4)"负担不利条件的社会",(5)"仁慈专制主义"。

虽然社会制度不同,罗尔斯根据"原初状态"式的论证,要求所有社会

---

① 罗尔斯:《政治自由主义》,第 13 页。
② 同上书,第 153 页。
③ 同上书,第 175 页。
④ 罗尔斯:《万民法:公共理性观念新论》,张晓辉等译,吉林人民出版社,2001 年,第 2 页。

的人民都有遵守八项权利和义务:(1)独立自由,(2)遵守条约与承诺,(3)契约平等,(4)互不干涉的义务,(5)自卫的权利,(6)尊重人权,(7)在战争中遵守一些特定限制,(8)帮助其他生活于不利社会条件下人民的义务。①

罗尔斯承认,把这些"万民法"当作国际法,在现实中很难做到,难免有乌托邦之嫌。但他说,至少前两种社会能够接受这些普遍原则,因而"宪政民主社会不会相互作战"②。在后三种社会中,人民"自卫的权利"包含人民用战争手段推翻政府的合法性,而"帮助其他生活于不利社会条件下的人民的义务"则使得前两种国家(即宪政民主社会)具有介入后三种社会内政的合法性。

不难看出,罗尔斯的"万民法"为把"人权高于主权"当作国际法准则提供理论依据,似乎未卜先知地论证了美国在"9·11事件"之后发动"反恐战争"的合法性。罗尔斯维护的自由正义的普世原则有诸多政治哲学和政治、文化学说的反对者,英美各种不同政治哲学和政治、文化学说在西方学术界各行其道,很难达到"重叠共识"。自由主义有没有普适的学理依据和实践作用,这仍是一个问题。

---

① 罗尔斯:《万民法:公共理性观念新论》,第40页。
② 同上书,第8页。

参考文献

（按姓名汉语拼音次序）

本文献收录近年出版的现代西方哲学概论和资料选辑，分中文和英文两类，不包括哲学家著作、全集、第二手研究著作。

一、中文著作和译作

艾耶尔著，李步楼等译：《二十世纪哲学》，上海译文出版社，1987年。

安东尼·肯尼编，韩东晖译：《牛津西方哲学史》，中国人民大学出版社，2008年。

保罗·利科编，李幼蒸、徐奕春译：《哲学主要趋势》，商务印书馆，1988年。

彼得·沃森著，朱进东等译：《20世纪思想史》，上海译文出版社，2006年。

杜任之主编：《现代西方重要哲学家述评》（上下卷），生活·读书·新知三联书店，1980，1983年。

古廷著，辛岩译：《二十世纪法国哲学》，江苏人民出版社，2004年。

韩震主编：《现代西方哲学》，高等教育出版社，2006年。

贺麟著：《现代西方哲学讲演集》，上海人民出版社，1983年。

洪汉鼎著：《当代西方哲学两大思潮》（上下卷），商务印书馆，2010年。

洪谦著：《维也纳学派哲学》，商务印书馆，1989年重印；《逻辑经验主义论文集》，台湾远流出版公司，1990年。

黄见德著：《西方哲学东渐史》，人民出版社，2006年。

江怡主编：《当代西方哲学演变史》，人民出版社，2009年。

江怡主编：《走向新世纪的西方哲学》，中国社会科学出版社，1998年。

刘放桐等编著：《新编现代西方哲学》，人民出版社，2000年。

刘放桐、俞吾金主编：《西方哲学通史》，人民出版社，2005年，共10卷，其中现代部分包括：

　　刘放桐主编：《西方近现代过渡时期哲学》

莫伟民、姜宇辉、王礼平著:《二十世纪法国哲学》

张庆熊、周东林、徐英瑾著:《二十世纪英美哲学》

张汝伦著:《二十世纪德国哲学》

尼古拉斯·布宁、余纪元编著:《西方哲学英汉对照辞典》,人民出版社,2001年。

珀蒂德芒热著,刘成富等译:《20世纪的哲学与哲学家》,江苏教育出版社,2007年。

施太格缪勒著,王炳文、燕宏远、张金言等译:《当代哲学主流》(上下卷),商务印书馆,1986年,1992年。

斯特隆伯格著,刘北成、赵国新译:《西方现代思想史》,金城出版社,2012年。

斯通普夫等著,丁三东等译:《西方哲学史:从苏格拉底到萨特及其后》(第7版),中华书局,2005年。

涂纪亮著:《分析哲学及其在美国的发展》(上下册),中国社会科学出版社,1987年。

涂纪亮著:《美国哲学史》(上中下卷),社会科学文献出版社,2007年。

托马斯·鲍德温编,周晓亮等译:《剑桥哲学史1870—1945》(上下册),中国社会科学出版社,2011年。

文德尔班著,罗达仁译:《哲学史教程》下卷,商务印书馆,1993年。

夏基松著:《现代西方哲学教程新编》(上下册),高等教育出版社,1998年。

叶秀山、王树人主编:《西方哲学史(学术版)》,江苏人民出版社,2005年,共8卷,其中现代部分包括:

  江怡主编:《现代英美分析哲学》,第八卷(上下册)

  谢地坤主编:《现代欧洲大陆哲学》,第七卷(上下册)

约翰·巴斯摩尔著,洪汉鼎、陈波、孙祖培等译:《哲学百年·新近哲学家》,商务印书馆,1996年。

张汝伦著:《现代西方哲学十五讲》,北京大学出版社,2003年。

张世英、赵敦华主编:《最伟大的思想家》丛书45本,中华书局,2014年。

赵敦华著:《西方哲学经典讲演录》,广西师范大学出版社,2007年。

  《当代英美哲学举要》,当代中国出版社,1997年。

  《回到思想的本源:中西哲学与马克思哲学的对话》,北京师范大学出版社,2006年。

  《西方哲学的中国式解读》,黑龙江人民出版社,2002年。

  《西方哲学简史(修订版)》,北京大学出版社,2011年。

二、中译资料集

车铭洲主编:《语言哲学名著选辑》,生活·读书·新知三联书店,1988年。

陈启伟主编:《现代西方哲学论著选读》,北京大学出版社,1992年。

洪谦主编:《逻辑经验主义》,商务印书馆,1989年。
洪谦主编:《现代西方哲学论著选辑》,上卷,商务印书馆,1993年。
江天骥主编:《科学哲学名著选读:科学方法论》,湖北人民出版社,1988年。
倪梁康主编:《面对实事本身:现象学经典文选》,东方出版社,2001年。
潘德荣主编:《20世纪西方哲学原著选读》,安徽人民出版社,2012年。
涂纪亮主编:《语言哲学名著选辑:英美部分》,生活·读书·新知三联书店,1988年。
俞吾金、吴晓明主编:《二十世纪哲学经典文本》,复旦大学出版社,1999年。
张世英主编:《新黑格尔主义论著选辑》(上下卷),商务印书馆,1997年,2003年。

三、英文著作

Kenny, A., *Philosophy in the Modern World: A New History of Western Philosophy*, Volume 4, Oxford University Press, 2008.

Routledge History of Philosophy, Volume VII, *The Nineteenth Century*, ed. C. L. Ten, Routledge: London and New York, 1994.

Routledge History of Philosophy, Volume VIII, *Twentieth-Century Continental Philosophy*, ed. R. Kearney, Routledge: London and New York, 1994.

Routledge History of Philosophy, Volume IX, *Philosophy of Science, Logic and Mathematics in the Twentieth Century*, ed. S. G. Shanker, Routledge: London and New York, 1996.

Routledge History of Philosophy, Volume X, *Philosophy of Meaning, Knowledge and Value in the Twentieth Century*, ed. J. V. Canfield, Routledge: London and New York, 2005.

Rüdiger, B., *Modern German Philosophy*, trans. E. Mathews, Cambridge University Press, 1981.

Spiegelberg, H., *The Phenomenological Movement*, Martinus Nijhoff, 1982.

四、英文资料集

Baird, F. E. & Kaufmann, W. A., *Philosophic Classics: Twentieth-Century Philosophy*, Upper Saddle River, NJ: 1997.

Baird, F. E., *Philosophic Classics, Volume IV: 19th Century Philosophy*, Pearson Prentice Hall, Upper Saddle River, NJ., 2002.

北京大学西学影印丛书,北京大学出版社,2002—2008年。
    爱本斯坦选编:《政治哲学经典选读》
    彼得选编:《伦理学经典选读》
    伯恩斯选编:《历史哲学经典选读》
    科拉克选编:《哲学经典选读》

罗斯巴特选编:《科学哲学经典选读》
麦凯南选编:《伦理学:原理及当代论争》
斯图尔特、邢滔滔选编:《宗教哲学经典选读》
沃坦恩格伯选编:《艺术哲学经典选读》
韩震、李红、田平、王成兵编:《现代西方哲学经典著作选读》(英文版),北京师范大学出版社,2008年。
赵敦华编:《西方哲学经典名著选读》(英文版),中国人民大学出版社,2003年。